T0128397

WiWi klipp & klar

Reihe herausgegeben von

Peter Schuster, Fakultät Wirtschaftswissenschaften
Hochschule Schmalkalden, Schmalkalden, Deutschland

WiWi klipp & klar steht für verständliche Einführungen und prägnante Darstellungen aller wirtschaftswissenschaftlichen Bereiche. Jeder Band ist didaktisch aufbereitet und behandelt ein Teilgebiet der Betriebs- oder Volkswirtschaftslehre, indem alle wichtigen Kenntnisse aufgezeigt werden, die in Studium und Berufspraxis benötigt werden.

Vertiefungsfragen und Verweise auf weiterführende Literatur helfen insbesondere bei der Prüfungsvorbereitung im Studium und zum Anregen und Auffinden weiterer Informationen. Alle Autoren der Reihe sind fundierte und akademisch geschulte Kenner ihres Gebietes und liefern innovative Darstellungen – WiWi klipp & klar.

Alexander Magerhans
Jan-Frederik Engelhardt

Kundenzufriedenheit klipp & klar

Alexander Magerhans
Ernst-Abbe-Hochschule Jena
Jena, Deutschland

Jan-Frederik Engelhardt
Ernst-Abbe-Hochschule Jena
Jena, Deutschland

ISSN 2569-2194   ISSN 2569-2216 (electronic)
WiWi klipp & klar
ISBN 978-3-658-38495-1   ISBN 978-3-658-38496-8 (eBook)
https://doi.org/10.1007/978-3-658-38496-8

Die Deutsche Nationalbibliothek verzeichnet diese Publikation in der Deutschen Nationalbibliografie; detaillierte bibliografische Daten sind im Internet über https://portal.dnb.de abrufbar.

Planung/Lektorat: Carina Reibold
Springer Gabler ist ein Imprint der eingetragenen Gesellschaft Springer Fachmedien Wiesbaden GmbH und ist ein Teil von Springer Nature.
Die Anschrift der Gesellschaft ist: Abraham-Lincoln-Str. 46, 65189 Wiesbaden, Germany

Ihr Bonus als Käufer dieses Buches

Als Käufer dieses Buches können Sie kostenlos unsere Flashcard-App „SN Flashcards" mit Fragen zur Wissensüberprüfung und zum Lernen von Buchinhalten nutzen. Für die Nutzung folgen Sie bitte den folgenden Anweisungen:

1. Gehen Sie auf **https://flashcards.springernature.com/login**
2. Erstellen Sie ein Benutzerkonto, indem Sie Ihre Mailadresse angeben, ein Passwort vergeben und den Coupon-Code einfügen.

Ihr persönlicher „SN Flashcards"-App Code   E84F8-A85A1-AC4FA-14562-1CF9D

Sollte der Code fehlen oder nicht funktionieren, senden Sie uns bitte eine E-Mail mit dem Betreff **„SN Flashcards"** und dem Buchtitel an **customerservice@springernature.com.**

Vorwort

Liebe Leserin, lieber Leser,

der Wettbewerb auf vielen B2C- und B2B-Märkten wird immer härter. Es reicht daher nicht mehr aus, sich auf die Neukundenakquise zu konzentrieren. Vielmehr ist ein integriertes Kundenmanagement gefragt. Der Zufriedenheit der Kunden kommt dabei eine außerordentlich wichtige Bedeutung zu. Gilt sie doch als Bindeglied zwischen der Kundenorientierung und der Kundenbindung.

Im vorliegenden *klipp&klar*-Band beschäftigen wir uns ausführlich mit dem Konstrukt der Kundenzufriedenheit, mit ihren theoretischen Grundlagen, den Messmöglichkeiten sowie verschiedenen Managementansätzen zur Sicherung und Steigerung der Kundenzufriedenheit. Dabei haben wir den Fokus auf die praktische Umsetzbarkeit der behandelten Konzepte und Methoden gelegt.

Das Buch gliedert sich insgesamt in fünf Kapitel:

- In der Einleitung zeigen wir die wirtschaftlichen und gesellschaftlichen Faktoren auf, die zur steigenden Bedeutung der Kundenorientierung geführt haben bzw. immer noch führen.
- Im zweiten Kapitel wird, basierend auf dem Confirmation/Disconfirmation-Paradigma, ein theoretischer Bezugsrahmen skizziert, der zum besseren Verständnis des Kundenzufriedenheitskonstrukts beitragen soll.
- In Kapitel drei konzentrieren wir uns auf die Messung der Kundenzufriedenheit. Entlang des Marktforschungsprozesses werden die einzelnen Phasen einer Zufriedenheitsstudie aufgezeigt.
- Im vierten Kapitel haben wir für Sie verschiedene Managementansätze zusammengestellt und in ihren Grundzügen skizziert. Die zentrale Fragestellung, die uns bei der Auswahl geleitet hat, lautet: *Wie kann es ein Unternehmen schaffen, seine Kunden zufriedenzustellen und sogar zu begeistern?*
- Mit einem Ausblick auf die Zukunft des Kundenmanagements in Kapitel fünf schließen wir die Diskussion ab.

Es ist uns eine angenehme Pflicht, uns bei unseren Studierenden Sarah Hiergeist und Niklas Klimmek zu bedanken. Sie haben das Manuskript Korrektur gelesen und uns wichtige Hinweise und Verbesserungsvorschläge unterbreitet. Großer Dank geht auch an Carina Reibold und Merle Kammann vom Springer Gabler Verlag, die uns während des Schreibprozesses immer als

Sparringspartner zur Seite standen. Dank gebührt auch dem Herausgeber der Reihe „*klipp&klar*" Prof. Dr. Peter Schuster, der uns zu dieser Publikation inspiriert hat.

Wir wünschen Ihnen viel Freude bei der Lektüre von „*Kundenzufriedenheit – klipp&klar.*"

Über einen konstruktiven Dialog mit Ihnen würden wir uns sehr freuen. Sie erreichen uns am besten über die unten angegebenen E-Mail-Adressen.

Ihr

Dransfeld und Hannover, Deutschland   Alexander Magerhans
März 2023   Jan-Frederik Engelhardt

Inhaltsverzeichnis

1 **Einleitung** 1
   1.1 Kundenorientierung als Erfolgsfaktor 3
   1.2 Wirtschaftliche Faktoren 4
      1.2.1 Internationalisierung und Globalisierung 4
      1.2.2 Intensivierung des Wettbewerbs 4
      1.2.3 Verkürzte Produktlebenszyklen 5
      1.2.4 Aktuelle Herausforderungen für das
           Kundenmanagement 5
   1.3 Gesellschaftliche Faktoren 6
      1.3.1 Konsumerismus 6
      1.3.2 Wertewandel 9
   1.4 Auswirkungen der Kundenzufriedenheit 10
      1.4.1 Kundenzufriedenheit und Wiederkauf 11
      1.4.2 Kundenzufriedenheit und Cross-Selling 11
      1.4.3 Kundenzufriedenheit und Preissensibilität 12
      1.4.4 Kundenzufriedenheit und positive
           Mund-zu-Mund-Kommunikation 12
      1.4.5 Kundenzufriedenheit und Unternehmenswert 13
   1.5 Zusammenfassung und Aufgaben 14
      1.5.1 Zusammenfassung 14
      1.5.2 Wiederholungsfragen 14
      1.5.3 Aufgaben 14
      1.5.4 Lösungen 14
   Literatur 15

2 **Theorie der Kundenzufriedenheit** 17
   2.1 Einleitung: Paradigmen, theoretische Leitprinzipien
      und Theorien 18
      2.1.1 Paradigmen 18
      2.1.2 Theoretische Leitprinzipien 19
      2.1.3 Theorien 19
   2.2 Zum Begriff der Kundenzufriedenheit 20
   2.3 Zur Bedeutung der Kundenzufriedenheit 20
      2.3.1 Kundenorientierung 20
      2.3.2 Kundennähe 20
      2.3.3 Kundenzufriedenheit 22

	2.3.4	Kundenloyalität	22
	2.3.5	Kundenbindung	22
2.4		Entstehung von Kundenzufriedenheit	22
	2.4.1	Das Confirmations-/Disconfirmations-Paradigma	22
	2.4.2	Die Assimilationstheorie	25
	2.4.3	Die Kontrasttheorie	26
	2.4.4	Die Assimilations-Kontrast-Theorie	26
	2.4.5	Die Attributionstheorie	26
	2.4.6	Die Prospect-Theorie	28
	2.4.7	Das qualitative Zufriedenheitsmodell	28
	2.4.8	Das Kano-Modell und die Opponent-Prozess-Theorie	31
2.5		Wirkungen der Kundenzufriedenheit	34
	2.5.1	Die Equity-Theorie	34
	2.5.2	Die Lerntheorien	35
	2.5.3	Die Dissonanztheorie	37
	2.5.4	Die Risikotheorie	38
2.6		Der Zusammenhang zwischen Kundenzufriedenheit und Kundenbindung	39
2.7		Zusammenfassung und Aufgaben	41
	2.7.1	Wiederholungsfragen	41
	2.7.2	Aufgaben	41
	2.7.3	Lösungen	42
		Literatur	42
3		**Messung der Kundenzufriedenheit**	**47**
3.1		Besonderheiten und Anforderungen der Kundenzufriedenheitsmessung	47
3.2		Überblick über ein Projekt zur Messung der Kundenzufriedenheit	50
3.3		Initialzündung und Ziele – Der Anstoß durch die Geschäftsführung	51
3.4		Aufklärung und Motivation der Mitarbeiter sowie Zusammenstellung eines interdisziplinären Kundenzufriedenheitsmessungs-Teams	52
3.5		Problemformulierung	53
3.6		Auswahl der Kundengruppen	54
3.7		Festlegung des Untersuchungsdesigns	55
3.8		Eigen- und/oder Fremdforschung	56
3.9		Explorative Vorstudie zur Ermittlung der relevanten Zufriedenheitskriterien	58
	3.9.1	Das Tiefeninterview	58
	3.9.2	Die Gruppendiskussion	59
	3.9.3	Die Beschwerdeanalyse	60
	3.9.4	Die Opus-Analyse	61
	3.9.5	Das Lead-User-Konzept	62
	3.9.6	Methode der Kritischen Ereignisse	63

3.9.7   Blueprinting und Kundenprozessanalyse bzw.
Sequenzielle Ereignismethode 65

3.9.8   Beobachtung 65

3.10 Entwicklung des Erhebungsinstrumentariums 67

3.10.1 Merkmalsorientierte Verfahren zur Messung der
Kundenzufriedenheit 68

3.10.2 Kundenzufriedenheitskriterien 70

3.10.3 Skalen zur Messung der Kundenzufriedenheit 71

3.10.4 Gewichtung der Zufriedenheitskriterien 73

3.10.5 Auswahl der Befragungsform 77

3.10.6 Fragebogengestaltung und Pretest 78

3.11 Bestimmung der Stichprobe 83

3.12 Durchführung der quantitativen
Kundenzufriedenheitsbefragung 85

3.13 Auswertung und Interpretation der Ergebnisse 87

3.13.1 Auswertung qualitativer Ergebnisse 87

3.13.2 Auswertung quantitativer Ergebnisse 87

3.14 Ergebnisdarstellung 99

3.14.1 Schriftlicher Ergebnisbericht 99

3.14.2 Mündliche Ergebnispräsentation 100

3.15 Hürden und Umsetzungsprobleme 101

3.16 Ableitung von Verbesserungsmaßnahmen 102

3.17 Zusammenfassung und Aufgaben 103

3.17.1 Wiederholungsfragen 103

3.17.2 Aufgaben 103

3.17.3 Lösungen 104

Literatur 104

4   Management der Kundenzufriedenheit 107

4.1   Strategisches Kundenzufriedenheits- und
Kundenbindungsmanagement 108

4.1.1 Konzept des strategischen Kundenzufriedenheits-
und Kundenbindungsmanagements 108

4.1.2 Balanced Scorecard 110

4.1.3 Prozessmanagement 114

4.1.4 Kundenorientierte Unternehmenskultur 117

4.2   Customer Relationship Management (CRM) 118

4.2.1 Konzept des Customer Relationship Managements . . . 118

4.2.2 Operatives Customer Relationship Management 120

4.2.3 Analytisches Customer Relationship Management . . . 121

4.2.4 Kollaboratives Customer Relationship Management . . . 123

4.2.5 Social Customer Relationship Management 123

4.2.6 Mobile Customer Relationship Management
(mCRM) 123

4.3   Kundenorientiertes Erwartungsmanagement 124

4.3.1 Konzept des kundenorientierten
Erwartungsmanagements 124

4.3.2 Maßnahmen des kundenorientierten
Erwartungsmanagements 125

4.4   Kundenorientiertes Qualitätsmanagement 126
        4.4.1 Konzept des kundenorientierten
               Qualitätsmanagements 126
        4.4.2 Benchmarking 128
        4.4.3 Fehlermöglichkeits- und -einflussanalyse (FMEA) . . . 130
        4.4.4 Fishbone-Analyse 133
        4.4.5 Verfahren der Statistical Process Control 134
        4.4.6 Poka-Yoke-Verfahren 135
        4.4.7 Betriebliches Vorschlags- und
               Verbesserungswesen (VVW) 136
4.5   Kundenorientiertes Produktmanagement 136
        4.5.1 Konzept des kundenorientierten
               Produktmanagements 136
        4.5.2 Kundenorientierte Produktentwicklung
               mit QFD 137
        4.5.3 Kundenorientierte Programm- und
               Sortimentsentwicklung 139
        4.5.4 Kundenorientierte Servicepolitik 143
4.6   Kundenorientiertes Preismanagement 144
        4.6.1 Konzept des kundenorientierten Preismanagements 144
        4.6.2 Der Preis als Determinante der
               Kundenzufriedenheit 145
        4.6.3 Preisbezogene Auswirkungen der
               Kundenzufriedenheit 146
4.7   Kundenorientiertes Distributionsmanagement 147
        4.7.1 Konzept des kundenorientierten
               Distributionsmanagements 147
        4.7.2 Handelskundenorientiertes
               Distributionsmanagement 147
        4.7.3 Endkundenorientiertes Distributionsmanagement 148
4.8   Kundenorientiertes Personalmanagement 149
        4.8.1 Konzept des kundenorientierten
               Personalmanagements 149
        4.8.2 Kundenorientierter Personalmanagementprozess 151
        4.8.3 Kundenorientierte Anreiz- und Vergütungssysteme . . . 154
4.9   Kundenorientiertes Kommunikationsmanagement 155
        4.9.1 Konzept des kundenorientierten
               Kommunikationsmanagements 155
        4.9.2 Mobile Marketing 156
        4.9.3 Social Media-Marketing 158
        4.9.4 Kundenclubs 161
        4.9.5 Virtual Communities 163
        4.9.6 Kundenkarten 164
4.10   Beschwerdemanagement 165
        4.10.1 Konzept des Beschwerdemanagements 165
        4.10.2 Direktes Beschwerdemanagement 168
        4.10.3 Indirektes Beschwerdemanagement 169

4.11 Kundenrückgewinnungsmanagement (KRM) 170
    4.11.1 Konzept des Kundenrückgewinnungsmanagements 170
    4.11.2 Strategisches Kundenrückgewinnungsmanagement 171
    4.11.3 Operatives Kundenrückgewinnungsmanagement 172
4.12 Customer Experience Management 174
    4.12.1 Konzept des Customer Experience Managements 174
    4.12.2 Management der Customer Experience 175
    4.12.3 Controlling des Customer Experience
          Managements 176
    4.12.4 Quo Vadis Customer Experience Management 176
4.13 Zusammenfassung und Aufgaben 177
    4.13.1 Wiederholungsfragen 178
    4.13.2 Aufgaben 178
    4.13.3 Lösungen 178
Literatur 178

5 **Quo vadis Kundenmanagement** 185
5.1 CRM-Studie 2020 185
5.2 Trendbook Smarter Customer Experience 189
5.3 Die Einschätzung von Jörg Stefan (DEFACTO) 190
5.4 Zusammenfassung und Aufgaben 191
    5.4.1 Wiederholungsfragen 191
    5.4.2 Aufgaben 191
    5.4.3 Lösungen 191
Literatur 192

Lernziele
- Sie lernen, dass es sich bei der Kundenorientierung um einen Erfolgsfaktor einer marktorientierten Unternehmung handelt.
- Sie können die wichtigsten wirtschaftlichen Faktoren benennen, die zur Bedeutung der Kundenorientierung beigetragen haben.
- Sie sind mit dem Konzept des Konsumerismus vertraut.
- Sie kennen die wichtigsten deutschen Institutionen, die sich um den Schutz der Verbraucher kümmern.
- Ihnen sind die wesentlichen Auswirkungen der Kundenzufriedenheit bekannt.

Für Unternehmen sind zufriedene Kunden das Wichtigste. Dies gilt für den Onlinehandel, den Telekommunikationsmarkt, die Banken- und Versicherungsbranche sowie für jede andere Industrie. Sehr zufriedene Kunden werden zu Markenbotschaftern und sorgen für ein positives Unternehmensimage und mehr Umsatz (Abolhassan, 2018, S. 21).

Wirtschaftliche Prinzipien wirken sich mittlerweile auf nahezu alle Lebens- und Arbeitsbereiche aus. Jendrosch (2001, S. 1) spricht in diesem Zusammenhang von einer **Ökonomisierung der Gesellschaft**, die dazu führt, dass die Grenzen zwischen Privat- und Wirtschaftssphären immer mehr verwischen. Dies hat zur Folge, dass wir alle mittlerweile interne und/oder externe Kunden und/oder Lieferanten sind. Auch Kotler (2004, S. 73) sieht in der heutigen Wirtschaft eine **Kundenwirtschaft**, in der der König Kunde umworben wird. Begründen lässt sich dies durch die **weltweiten Überkapazitäten** in der industriellen Produktion. Daher sind heute nicht mehr die Waren knapp, sondern die Kunden.

▶ Definition „**Tatsächliche Kunden,** i. w. S. auch potenzielle Marktpartei auf der Nachfrageseite eines Marktes, die aus Einzelpersonen, Institutionen oder Organisationen mit mehreren Entscheidungsträgern (Buying Center) bestehen kann. Entscheidend ist die Entscheidungskompetenz für bzw. der Entscheidungseinfluss auf die Einkaufsentscheidung (Diller, 2001, S. 845):

- **Potenzielle Kunden:** Diese Kunden sind zwar Bedarfsträger, haben aber noch nicht beim jeweiligen Anbieter eingekauft.
- **Neukunden:** Diese Kunden kaufen zum ersten Mal beim Anbieter etwas ein.
- **Gelegenheitskunden:** Diese Kunden befinden sich bereits in einer Geschäftsbeziehung mit dem Anbieter. Ihre Kundenbindung ist jedoch schwach oder gar nicht ausgeprägt.
- **Stammkunden:** Diese Kunden zählen seit mehreren Perioden zu den gebundenen Kun-

A. Magerhans, J.-F. Engelhardt, *Kundenzufriedenheit klipp & klar*, WiWi klipp & klar, https://doi.org/10.1007/978-3-658-38496-8_1

den des Unternehmens. Sie haben schon des Öfteren die Produkte und Dienstleistungen eingekauft bzw. genutzt.

- **Schlüsselkunden bzw. Key Accounts:** Diese Kunden sind für das Unternehmen besonders bedeutsam. Sie generieren einen Großteil (z. T. bis zu 80–90 %) des Umsatzes.
- **Verlorene Kunden:** Diese Kunden haben schon seit einiger Zeit nichts mehr beim Unternehmen gekauft. Evtl. sind sie mittlerweile zur Konkurrenz abgewandert.
- **Konkurrenzkunden:** Diese Kunden kaufen die Produkte bzw. nutzen die Dienstleistungen des Wettbewerbs."

Kunden lassen sich nach Kotler (2004, S. 77–78) auch in die folgenden **Kategorien** einteilen:

- **Most Profitable Customers (MPCs):** Diese Kundengruppe verdient das höchste Maß an Aufmerksamkeit.
- **Most Growable Customers (MGCs):** Diese Kundengruppe verfügt über das größte Potenzial. Die Aufmerksamkeit muss daher langfristig ausgerichtet sein.
- **Most Vulnerable Customers (MVCs):** Um diese Kundengruppe muss sich das Management frühzeitig kümmern, damit sie nicht abwandern.
- **Most Troubling Customers (MTCs):** Allerdings gibt es auch Kunden, die nicht gehalten werden sollen. Diese Kundengruppe verursacht hohe Kosten und/oder viel Ärger.

In der heutigen Zeit finden immer mehr Phasen des **Kundenlebenszyklus** in der digitalen Welt statt. Angefangen von der Informationsphase über die Kaufphase bis hin zur Nachkaufphase. In sozialen Medien werden die Nutzungserlebnisse diskutiert. Dadurch kommt es zu einer richtigen Datenflut. Dies ermöglicht es Unternehmen, die Welt durch die Augen der Kunden zu sehen (Böhn & Iffert, 2016, S. 149–150):

- *Welche Produkte und Dienstleistungen sucht der (potenzielle) Kunde? Mit welchen Suchbegriffen? Über welche Vertriebskanäle und auf welchen (Social-Media-)Plattformen?*
- *Welchen Mehrwert erwartet der Kunde? Welche seiner Wünsche und Bedürfnisse und Rahmenbedingungen sind nur implizit vorhanden, werden daher nicht explizit geäußert, müssen aber dennoch beachtet werden?*
- *Was beeinflusst den (potenziellen) Kunden in seiner Kaufentscheidung?*
- *Welche Informationen über seine Ausgangssituation sind dem Unternehmen bekannt?*
- *Wie geht die Konkurrenz mit diesen Informationen um? Wie werden die Angebote des Unternehmens im Verhältnis zur Konkurrenz durch den Kunden beurteilt?*

▶ **„Kundenorientierung** ist die umfassende, kontinuierliche Ermittlung und Analyse der individuellen Kundenerwartungen sowie deren interne und externe Umsetzung in unternehmerische Leistungen sowie Interaktionen im Rahmen eines Relationship-Marketing-Konzepts mit dem Ziel, langfristig stabile und ökonomisch vorteilhafte Kundenbeziehungen zu etablieren" (Bruhn, 2016, S. 15).

Für die Kunden soll sich aus der Geschäfts- bzw. Partnerbeziehung zu einem Unternehmen ein **Vorteil** ergeben. Davon sollen letztendlich **alle Beteiligten** profitieren. Auch außerökonomische Bereiche haben bereits den Gedanken der Kundenorientierung aufgegriffen (Jendrosch, 2001, S. 1):

- in Krankenhäusern = Patientenorientierung,
- in der Stadtverwaltung = Bürgerorientierung,
- in Hochschulen = Studentenorientierung und
- in Museen = Besucherorientierung.

So kann man beispielsweise auf der Website des **Universitätsklinikums Jena** in der Rubrik Patienten und Angehörige lesen: „*Ob bei einem stationären Aufenthalt oder einer ambulanten Behandlung als Patienten sind Sie am Universitätsklinikum Jena jederzeit in den besten Händen. Unsere Ärzte, Krankenschwestern und -pfleger sowie alle anderen Mitarbeiter des Klinikums möchten Ihnen Ihren Aufenthalt bei uns so angenehm wie möglich gestalten.*" (Uniklinikum Jena, 2021)

Bei der **Wirtschaftsförderungsgesellschaft mbH in Jena** ist folgendes, auf der Startseite zu lesen: *„Die Wirtschaftsförderungsgesellschaft Jena mbH – JenaWirtschaft – bietet einen umfassenden und kompetenten Wirtschaftsservice für ansässige und neue Unternehmen. Mit unserer 10-jährigen Kompetenz am Standort Jena beraten wir Sie bei allen Anliegen und unterstützen Sie, wenn Sie in Jena investieren möchten. Wir betreiben außerdem aktives Standortmarketing für den Technologiestandort Jena.“* (Wirtschaftsförderungsgesellschaft Jena, 2021)

Die **Ernst-Abbe-Hochschule in Jena** wirbt damit, dass sie praxisorientiert, forschungsstark, interdisziplinär, modern, familiär und weltoffen ist: *„Das und noch viel mehr zeichnet unsere Hochschule aus. Aktuell studieren hier ca. 4500 junge Menschen im Bachelor und Master in den Bereichen Technik, Wirtschaft, Soziales und Gesundheit. Auf unserem Campus leben wir die bereichsübergreifende Zusammenarbeit in Lehre, Studium, Forschung, Transfer und Verwaltung. Und das alles in einer wunderschönen Stadt, in der auch das studentische Leben nicht zu kurz kommt. Unser Motto? Innovation für Lebensqualität – Gesundheit, Präzision, Nachhaltigkeit & Vernetzung!“* (Ernst-Abbe-Hochschule Jena, 2021)

Die **alte Nationalgalerie in Berlin** bietet beispielsweise das folgende Angebot speziell für Familien mit Kindern an: *„Inszeniert euch wie die römischen Kaiser! Arrangiert euch zu einem Freundschaftsbild! Entschlüsselt geheime Botschaften! Kinder und ihre erwachsenen Begleitungen erkunden die Museen auf eigene Faust und mit Auftrag. Ausgestattet mit Werkzeugen, Requisiten und Fotokameras wird der Museumsbesuch zu einem besonderen Abenteuer. Die Standorte und Themen wechseln.“* (Alte Nationalgalerie, 2021)

Durch diese Kundenorientierung wird ein **Kundennutzen** geschaffen, der ausschlaggebend für die (Kauf-)Entscheidung der Kunden ist. Die Nutzenkomponente kann verschiedene Aspekte beinhalten (Meyer, 1999, S. 10):

- die Qualität der Produkte,
- die Auswahl bzw. Angebotsvielfalt,
- den Service,
- die Ladengestaltung,
- die Verfügbarkeit von Produkten,
- Sonderangebote und
- die Erreichbarkeit usw.

1.1 Kundenorientierung als Erfolgsfaktor

In vielen Branchen sind die Unternehmen bemüht, Programme, die auf Kundenbegeisterung und Kundenbindung ausgerichtet sind, zu implementieren. Dabei kommt es darauf an, die Kundenperspektive umfassend und unternehmensweit zu verinnerlichen. Nur eine derartige, strategische Ausrichtung kann zur Kundenorientierung aller Mitarbeiter führen (Meyer, 1999, S. 12).

Jendrosch (2001, S. 2–3) weist in diesem Zusammenhang darauf hin, dass sich der wirtschaftliche Nutzen der Kundenorientierung, die **Profitabilität**, auf drei Ebenen einstellt:

- **Ebene 1 – Umsatz:** Von der Kundenorientierung geht ein positiver Einfluss auf die Kundenzufriedenheit und -bindung aus. Zufriedene Kunden haben eine größere Zahlungsbereitschaft, kaufen Produkte erneut und probieren auch einmal andere Produkte und Dienstleistungen des Anbieters aus.
- **Ebene 2 – Kosten:** Durch die Kundenorientierung werden Streuverluste der Werbung minimiert. Begründen lässt sich das dadurch, dass sich vertraute und zufriedene Kunden effizienter ansprechen lassen. Insbesondere Innovationen und ergänzende Dienstleistungen können mit einem reduzierten Marketingaufwand abgesetzt werden.
- **Ebene 3 – Investitionen:** Ein kundenorientiertes Unternehmen kann Forschungs- und Entwicklungskosten sparen. Durch die Geschäftsbeziehungen zu zufriedenen Kunden, sind diese dem Unternehmen bekannt. Dies führt zu einer umfassenden Kundenkenntnis. Diese lässt sich für die Entwicklung innovativer Produkte und Dienstleistungen nutzen.

Über die aufgeführten Aspekte hinaus gibt es weitere Gründe, sich mit dem Themenkomplex der Kundenorientierung zu beschäftigen. Die wichtigsten davon werden im Folgenden kurz skizziert.

1.2 Wirtschaftliche Faktoren

1.2.1 Internationalisierung und Globalisierung

Mit der zunehmenden Internationalisierung bzw. Globalisierung wird das Konzept der Kundenorientierung immer wichtiger. Kunden denken und kaufen heute globaler denn je. Sie lösen sich dadurch von lokalen Märkten. Auf der Anbieterseite führen Konzepte wie das Outsourcing und das Global-Sourcing zur Auflösung traditioneller Wertschöpfungsstrukturen. Hinzu kommt der Trend zu internationalen Unternehmensverflechtungen, die dazu führen, dass bisher lokal agierende Unternehmen aus ihren regionalen Märkten herausgelöst werden und sich zukünftig einem internationalen Wettbewerb stellen müssen. Außerdem sind sie gefordert, globale Niederlassungsnetzwerke aufzubauen. Dies alles führt zum **Weltmarkt**, der bisher undenkbare Absatzmöglichkeiten bietet (Jendrosch, 2001, S. 3).

▶ „Im weitesten Sinne bedeutet **Globalisierung** die weltweite Ausrichtung oder Verflechtung von Bestands- und Prozessphänomenen. Als eine Art Gegenbewegung dazu ergibt sich die Regionalisierung (Krystek, 2008, S. 508). Globalisierung ist damit ein allgemeiner Begriff für die seit den 60er-Jahren stetig und stark zunehmende internationale Verflechtung der Volkswirtschaften durch verstärkten Austausch von Waren, Dienstleistungen und Kapital über Ländergrenzen hinweg" (Kater, 1993, S. 834).

Durch die Einführung des Euro wird die Vergleichbarkeit von Preisen und Leistungen erleichtert. Für die Unternehmen bedeutet dies jedoch, dass sie sich seit gut 20 Jahren dem globalen Wettbewerb stellen müssen. Insbesondere für Unternehmen aus Hochlohnländern wie Deutschland ist dies keine einfache Aufgabe. Nur mithilfe von kundenorientierten Profilierungsstrategien können sie diesen Wettbewerb bestehen. Hinzu kommt,

dass Handelsbarrieren abgeschafft sowie die globale Kommunikation und der weltweite Transport immer günstiger werden. Über das Internet sind Informationen frei verfügbar. Für die Kunden kommt es dadurch zu einer enormen Markterweiterung. Sie können auf einfache Art und Weise Preis-, Leistungs- und Konditionenvergleiche durchführen und in ihre Kaufentscheidungen einfließen lassen. Allerdings steigt auch die Komplexität der Märkte stark an. Das Internet erhöht jedoch die Markttransparenz enorm, sodass Unternehmen gezwungen sind ihre (potenziellen) Kunden individuell, differenziert und spezialisiert anzusprechen (Jendrosch, 2001, S. 4).

1.2.2 Intensivierung des Wettbewerbs

Eng verbunden mit der Globalisierung ist die Intensivierung des Wettbewerbs auf nahezu allen Märkten. Dieser wird auch als **Hyper-Wettbewerb** bezeichnet. Insbesondere kleinere Unternehmen sind aufgefordert sich mit anderen Unternehmen (in Netzwerken) zusammenzuschließen, um ihren Kunden weiterhin attraktive Produkte und Dienstleistungen anbieten zu können. Die unternehmerische Größe wird von den Kunden in der Regel positiv beurteilt, da damit ein gewisses Leistungspotenzial verbunden ist (Jendrosch, 2001, S. 7).

▶ Definition „**Wettbewerb** ist das in einer Marktwirtschaft dominierende Verfahren zur Lösung des Problems, was produziert werden soll (Bestimmung der Angebotsstruktur), wie produziert werden soll (Wahl der anzuwendenden Verfahren) und für wen produziert werden soll (Zuweisung von Ansprüchen auf das gesamtwirtschaftliche Produktionsergebnis).

Funktionsfähiger Wettbewerb wird von der Wettbewerbstheorie als ein dynamischer (d. h. zu einer verbesserten Marktversorgung führender) Prozess verstanden, in dem Unternehmen versuchen, durch das Erbringen einer besseren Leistung zu Lasten ihrer Konkurrenten (Wettbewerber) Nachfrage zu gewinnen und ihre unternehmerischen Ziele zu verwirklichen" (Berg, 1993, S. 2354).

Auch bekannten Unternehmen kann es passieren, dass sie dem Wettbewerb und dem oftmals zu beobachtenden ruinösen Preiskämpfen nicht standhalten und vom Markt verschwinden. Außerdem sind viele Firmen, Produkte und Dienstleistungen austauschbar. Dadurch fällt es den Kunden immer schwerer, die einzelnen Angebote zu unterscheiden. Hinzu kommt eine große Marktsättigung bzw. Marktsättigungstendenz in vielen Märkten. Die Differenzierung des Leistungsangebots vom Wettbewerb durch Erlebniswerte, Emotionen, Werbung oder Innovationen wird daher für die Anbieter zur Überlebensfrage. Dieser Aufwand ist gerade für kleinere und mittlere Unternehmen oft nicht realisierbar. Daher kann auch hier die bereits erwähnte Unternehmensgröße einen entsprechenden Beitrag zur Kundenorientierung leisten (Jendrosch, 2001, S. 8).

1.2.3 Verkürzte Produktlebenszyklen

In den letzten Jahren ist, eine drastische Verkürzung der Produktlebenszyklen zu beobachten. Damit ist die Zeitdauer gemeint, in der Kunden die Produkte nutzen und Unternehmen neue Produkte entwickeln (müssen). Insbesondere in der IT-Branche sind die Computer bereits bei ihrer Auslieferung schon wieder veraltet. Die Schnelllebigkeit von Produkten beschleunigt sich dadurch immer mehr. Dies erfordert im Gegenzug auch eine Beschleunigung der Forschungs- und Entwicklungsarbeiten. Unternehmen, die in der Lage sind, in kurzen Abständen Innovationen auf den Markt zu bringen, haben einen deutlichen Wettbewerbsvorteil gegenüber langsameren Anbietern. Dies kommt im folgenden Motto zum Ausdruck: *„Nicht mehr die Großen verdrängen die Kleinen, sondern die Schnellen die Langsamen"* (Jendrosch, 2001, S. 10–11).

▶ „Der **Produktlebenszyklus** stellt die zeitliche Entwicklung eines einzelnen Produktes oder einer Produktklasse am Markt dar. Es wird angenommen, dass, unabhängig von der absoluten Lebensdauer des Produktes, der Verlauf des Produktlebenszyklus einer gesetzmäßigen Entwicklung folgt und jedes Produkt bestimmte Phasen durchläuft. Diese Phasen sind Markteinführung, Wachstum, Reife, Sättigung und Degeneration oder Verfall. Gründe für die begrenzte Lebensdauer eines Produktes können u. a. Änderungen der Nachfrage, eine Ausschöpfung des Nachfragepotenzials oder technologische Entwicklungen sein" (Häberle, 2008a, S. 1039).

Durch das erhöhte Innovationstempo sind Unternehmen gezwungen geeignete **Frühwarnsysteme** aufzubauen. Diese sollen aktuelle Kaufverhaltenstrends und neue Kundenwünsche schnellstmöglich identifizieren bzw. bestimmen, um darauf aufbauend kundengerechte Produkt- und Dienstleistungsangebote entwickeln zu können. Auch wenn Schnelligkeit heute wichtiger denn je ist, darf die Qualität darunter nicht leiden (Jendrosch, 2001, S. 11).

▶ Bei **Trendscouts** bzw. **Trend-Kundschaftern** handelt es sich um Personen, die bereits sehr früh neue Trends aufspüren.

Insbesondere kleine bzw. flexible Unternehmenseinheiten werden diesem Anspruch nach Schnelligkeit am ehesten gerecht. Sie sind in der Lage, auf Basis der identifizierten Kundenwünsche, schnell neue bzw. innovative Angebote zu realisieren. Zu denken ist dabei vor allem an Serviceteams, Profitcenter und Kreativ- bzw. Innovationszirkel. Da sich die Kundenansprüche ständig wandeln, bedarf es also einer flexiblen Angebotspolitik, die diesem schnelllebigen Veränderungsprozess gerecht wird. Nur so kann es den Unternehmen gelingen, den dynamischen Kundenbedürfnissen zu entsprechen (Jendrosch, 2001, S. 11).

1.2.4 Aktuelle Herausforderungen für das Kundenmanagement

Aus den aufgezeigten wirtschaftlichen Entwicklungen ergeben sich zentrale Herausforderungen für das Kundenmanagement, die Schmidt (2021, S. 15) zusammengestellt hat:

- Unternehmen verlieren plötzlich oder schleichend Marktanteile und wissen nicht warum.
- Unternehmen verlieren Kunden, erkennen es aber erst, wenn es schon zu spät ist.
- Anbieter haben zwar tolle Produkte (Eigenwahrnehmung: Wir wissen, was der Kunde will) – aber trotzdem kaufen die Kunden bei der Konkurrenz (Fremdwahrnehmung: Der Kunde will aber etwas ganz Anderes).
- Wenn Sie ehrlich sind, wissen Sie nur wenig oder fast gar nichts über die Kunden. Die groben Kundenklassifikationen aus Studien oder Markterhebungen reichen in einem dynamischen Umfeld nicht aus – zudem fehlt ein systematischer und transparenter Wissensspeicher.
- *Was ist ein Kunde für uns überhaupt? Müssten wir den „Kunden" nicht detaillierter spezifizieren? (Haushalt, Person, Käufer, …).*
- *Wie „erlebt" der Kunde das Unternehmen und seine Leistungen? („Wenn ich drei Mal bei Ihnen anrufe, erhalte ich drei verschiedene Aussagen.", „Ihr Mitarbeiter A weiß nicht, was ich bereits mit Mitarbeiter B vereinbart habe.", „Das Marketing verspricht uns das eine – der Vertrieb verkauft uns das andere und der Service erzählt uns, dass das alles so nicht funktioniert.").*
- Unternehmen *„laufen dem Kunden hinterher"* („Gestern wollte er das eine haben, heute aber bereits etwas Anderes.").
- Sie haben zwar eine Internetseite, einen Online-Shop und einen Facebook-Auftritt, aber wissen nicht wer, was, wie dort macht.

1.3　Gesellschaftliche Faktoren

1.3.1　Konsumerismus

Kunden sind seit den 60er-Jahren gegenüber den Markt- und Marketingaktivitäten der Anbieterseite zunehmend sensibilisiert. Diese Bewegung, die sich ursprünglich in den USA etabliert hat, wird **Konsumerismus** genannt. In Deutschland kam es zur Gründung der Stiftung Warentest (1964), zur Verabschiedung des AGB-Gesetzes, das mit Wirkung zum 1. Januar 2002 ins BGB überführt

wurde, und einem verstärkten medialen Interesse an Konsumfragen (Jendrosch, 2001, S. 17).

▷ **„Konsumerismus** ist i. e. S. die soziale Bewegung der Verbraucher in den USA mit dem Ziel, ihre Interessen gegenüber privaten, aber auch öffentlichen Anbietern, über medienwirksame Aktionen, Boykotts oder Mobilisierung der Gesetzgeber durchzusetzen. I. w. S. umfasst dieser Begriff alle Aktivitäten von staatlichen Institutionen, unabhängigen Organisationen oder Unternehmen zum Schutz der Verbraucher vor sie beeinträchtigenden Praktiken der Anbieter" (Kuhlmann & Stauss, 2001, S. 814).

Stiftung Warentest
1964 wurde die Stiftung Warentest (www.test.de) vom Deutschen Bundestag gegründet. Mittlerweile werden jährlich bis zu 25.000 Produkte getestet. Die Stiftung Warentest testet sowohl Produkte als auch Dienstleistungen nach wissenschaftlichen Standards. Die Tests erfolgen in unabhängigen Instituten und die Testergebnisse werden in den Publikationen der Stiftung Warentest veröffentlicht. Wichtig ist, dass es sich bei der Stiftung Warentest um eine unabhängige Stiftung bürgerlichen Rechts handelt. Dadurch ist sie frei in der Testplanung und in der Auswahl der Testkriterien. Die zu testenden Produkte werden anonym im Handel gekauft und Dienstleistungen verdeckt in Anspruch genommen (Stiftung Warentest, 2021a).

Das oberste Gebot der Stiftung Warentest lautet: **Neutralität**! Daher darf sie auch keine Werbeeinnahmen erwirtschaften. Vom Staat erhält sie dafür eine jährliche Ausgleichszahlung. Diese macht ca. 3 % der Einnahmen aus. Der Großteil der Einnahmen stammt dagegen aus dem Verkauf der hauseigenen Publikationen. Als unabhängiges Testinstitut garantiert die Stiftung Warentest, dass auf ihre Qualitätsurteile Verlass ist. Dies sichert ihr wiederum das Vertrauen von Millionen von Verbrauchern (Stiftung Warentest, 2021a).

Das offizielle Leitbild der Stiftung Warentest
Wir testen Produkte und Dienstleistungen mit wissenschaftlichen Methoden – ohne Einfluss von Herstellern, Anbietern und Anzeigenkunden.

Wir stehen den Menschen in Deutschland zur Seite. Ihre Interessen, Lebensweisen und ihr Anspruch auf Transparenz leiten uns.

Unsere Veröffentlichungen helfen, Hintergründe zu verstehen, Probleme zu lösen und bessere Entscheidungen zu treffen.

Weil wir unabhängig und nachvollziehbar handeln, vertrauen uns die Menschen.

Deshalb sind und bleiben wir Deutschlands wichtigste Testorganisation.

(Stiftung Warentest, 2021a)

Zu den **Publikationen** der Stiftung Warentest zählen (Stiftung Warentest, 2021b):

- **test:** Seit 1966 publiziert die Stiftung Warentest in ihrer bekanntesten und ältesten Zeitschrift test die Ergebnisse der durchgeführten Produkttests. Im Mittelpunkt stehen Produkte des täglichen Lebens. Darüber hinaus gibt es Reports, Tipps und Trends für Verbraucher.
- **Finanztest:** Bei der Zeitschrift Finanztest, die seit 1991 regelmäßig erscheint, dreht sich alles um das Thema Geld. Dabei reicht das Themenspektrum von A wie Autoversicherung bis Z wie Zinsen. Schwerpunkte bilden Fragen zu Versicherungen, zur Geldanlage, zu Steuern und zu Recht. In einem umfassenden Serviceteil werden kontinuierlich Aktienfonds, Kredite und Sparzinsen getestet und beurteilt.
- **Test.de:** Die Stiftung Warentest bereitet alle ihre Testergebnisse interaktiv auf und stellt diese unter www.test.de den Nutzern zur Verfügung. Testdaten lassen sich ein- und ausblenden. Nutzer können nach Urteilen und Produkteigenschaften filtern. Außerdem ist eine Datenbankrecherche möglich. So lassen sich sogar die Testergebnisse aus mehreren Jahren miteinander vergleichen.
- **Bücher:** Jährlich erscheinen mehr als 40 neue Bücher zu den Themen Gesundheit und Ernährung, Haus und Garten sowie Finanzen und Recht. Insgesamt sind mehr als 200 verschiedene Buchtitel lieferbar.

Aber auch im **Social Web** ist die Stiftung Warentest erfolgreich vertreten und erreicht dadurch ein Millionenpublikum. Aktuell engagiert sich die Stiftung Warentest auf Facebook, Instagram, YouTube. Außerdem gibt es einen Wikipedia-Eintrag. Obwohl die Stiftung Warentest die sozialen Medien nutzt, bleibt sie kritisch und beleuchtet weiterhin Fragen zum Datenschutz auf den verschiedenen sozialen Plattformen (Stiftung Warentest, 2021c).

Deutscher Werberat

Als Selbstkontrolleinrichtung der Werbewirtschaft kümmert sich der Deutsche Werberat (www.werberat.de) darum, dass die Werbung keine ethischen Grenzen überschreitet. Der Deutsche Werberat wurde 1972 vom Zentralverband der deutschen Werbewirtschaft (ZAW) gegründet. Seitdem agiert er als Kontrollgremium über kommerzielle Werbekampagnen in Deutschland, frei von staatlicher Kontrolle. Es kann immer wieder vorkommen, dass eine Werbung rechtlich erlaubt bzw. zulässig ist und trotzdem ethische Grenzen verletzt. In einem solchen Fall schreitet der Deutsche Werberat ein. Von der Gesellschaft nicht akzeptierte Werbung soll dadurch vermieden werden. Alternativ kann eine Korrektur der Werbung nach deren Veröffentlichung erfolgen. Die Arbeit des Deutschen Werberats wird von der Wirtschaft, der Öffentlichkeit und Politik sowie den Bürgerinnen und Bürgern sehr geschätzt. Grundsätzlich kann sich jeder Bürger des Landes mit einer Beschwerde über eine Werbekampagne an den Deutschen Werberat wenden. Jedes Jahr kommt es so zu mehreren Hundert Überprüfungen von angezeigten Werbemaßnahmen (Deutscher Werberat, 2021a).

Die Publikationen des Deutschen Werberats umfassen Pressemitteilungen zu den jeweiligen Rügen, die gegen eine Werbekampagne erteilt wurden, Jahrbücher und Gastbeiträge von Experten. Die Jahrbücher können gegen eine Gebühr zuzüglich Versandkosten beim Deutschen Werberat bezogen werden. In den Jahrbüchern, die es auch kostenlos als PDF-Dokument gibt, wird eine Bilanz des vergangenen Jahres präsentiert (Deutscher Werberat, 2021b, c).

► **Wichtig** Grundregeln zur kommerziellen Kommunikation und deren Beurteilung durch den Deutschen Werberat (Fassung von 2007).

Kommerzielle Kommunikation hat die allgemein anerkannten Grundwerte der Gesellschaft und die dort vorherrschenden Vorstellungen von Anstand und Moral zu beachten. Sie muss stets von Fairness im Wettbewerb und Verantwortung gegenüber der Gesellschaft getragen sein. Insbesondere darf Werbung

- das Vertrauen der Verbraucher nicht missbrauchen und mangelnde Erfahrung oder fehlendes Wissen nicht ausnutzen
- Kindern und Jugendlichen weder körperlichen noch seelischen Schaden zufügen
- keine Form der Diskriminierung anregen oder stillschweigend dulden, die auf Rasse, Abstammung, Religion, Geschlecht, Alter, Behinderung oder sexuelle Orientierung bzw. die Reduzierung auf ein sexuelles Objekt abzielt
- keine Form gewalttätigen, aggressiven oder unsozialen Verhaltens anregen oder stillschweigend dulden
- keine Angst erzeugen oder Unglück und Leid instrumentalisieren
- keine die Sicherheit der Verbraucher gefährdenden Verhaltensweisen anregen oder stillschweigend dulden (Deutscher Werberat, 2021d).

Verbraucherschutz

Eine der rund 200 Verbraucherschutzzentralen (www.verbraucherzentrale.de) findet man in jedem Bundesland. Diese leisten für die Verbraucherinnen und Verbraucher eine auf aktuellen und verlässlichen Informationen beruhende, unabhängige Beratung. Es sind in den Verbraucherzentralen der Länder und im Verbraucherzentrale Bundesverband rund 1000 Mitarbeiter beschäftigt. Die einzelnen Verbraucherzentralen werden überwiegend öffentlich finanziert und sind gemeinnützige

Organisationen. Darüber hinaus erwirtschaften sie Einnahmen aus dem Verkauf von Ratgebern. Daher können die Verbraucherzentralen unabhängig agieren. Private Verbraucherinnen und Verbraucher sollen zu Fragen des privaten Konsums informiert, beraten und unterstützt werden. Ziel ist es, einen Überblick über unübersichtliche Marktsituationen und komplexe Produktangebote zu schaffen. Dabei gehen sie auch auf Gesundheits- und Umweltaspekte ein, die einen Einfluss auf Kaufentscheidungen haben (Verbraucherzentrale, 2021).

► **Die Verbraucherzentralen …** verfolgen Rechtsverstöße (etwa durch irreführende Werbung oder unzulässige Vertragsklauseln) durch Abmahnungen und Klagen

- vertreten Verbraucherinteressen auf kommunaler und landespolitischer Ebene
- informieren Medien und Öffentlichkeit über wichtige Verbraucherthemen
- führen verbraucherrelevante Aktionen, Projekte und Ausstellungen durch und
- arbeiten mit Schulen und Einrichtungen der Jugend- und Erwachsenenbildung zusammen (Verbraucherzentrale, 2021).

Freiwillige Selbstkontrolle der Filmwirtschaft (FSK)

Die Freiwillige Selbstkontrolle der Filmwirtschaft (FSK) (www.fsk.de) mit Sitz in Wiesbaden wurde 1949 gegründet. Im Fokus der Prüfer liegen Filme und Bildträger, die für die öffentliche Vorführung und Verbreitung in Deutschland vorgesehen sind. Darunter fallen Kinofilme und digitale sowie analoge Videoformate (z. B. Blueray, DVD und VHS). Außerdem bietet die FSK Serviceleistungen für den gesetzlichen Jugendschutz im Internet an. Darüber hinaus übernimmt sie medienpolitische und medienpädagogische Verantwortung. Die Basis der Arbeit der FSK bilden das Jugendschutzgesetz (JuSchG) und die FSK-Grundsätze. In den unabhängigen Prüfverfahren wird über fünf verschiedene Altersklassen (ab 0, 6, 12, 16 und 18) entschieden. Alle in Deutschland gezeigten Kinofilme durchlaufen die FSK-Prüfung. Auch im Internet ist die FSK aktiv. Seit 2011 gibt es die FSK.online, die eine anerkannte Institution der Freiwilligen Selbstkontrolle für Internetangebote darstellt. Die Arbeit der FSK.online basiert auf dem Jugendmedienschutz-Staatsvertrag der Länder (JMStV). Die FSK-Veröffentlichungen leisten einen wichtigen Beitrag zur gesellschaftlichen Debatte des Jugendschutzes. Die Entscheidungen der FSK haben auch einen Einfluss auf die Sendezeiten von Filmen im Fernsehen (Freiwillige Selbstkontrolle der Filmwirtschaft, 2021a, b).

1.3.2 Wertewandel

Der Wertewandel setzte bereits in den 60er-Jahren ein und dauerte bis in die 80er-Jahre an. In Trendanalysen von Meinungsforschungsdaten wurden breite Bevölkerungsschichten erfasst. Einen Schwerpunkt bildeten dabei die jüngeren Arbeitnehmer mit einer überdurchschnittlichen Ausbildung. Insbesondere die Ansprüche an die Arbeit haben sich verändert. Heute sind Kommunikation, Selbstbestimmung und Sinnerfüllung bedeutsamer als die Bereitschaft zur Unterordnung. Außerdem hat die Attraktivität von materiellen Leistungsanreizen nachgelassen. Daher werden ein kooperativer Führungsstil und die Partizipation bei Entscheidungen immer wichtiger. Mitarbeiter wollen eine Arbeit verrichten, die ihnen Handlungsspielraum und eigene Gestaltungsmöglichkeiten gewährt (Nerdinger, 1993, S. 2350).

▶ „Mit dem Stichwort **Wertewandel** wird ein Prozess umschrieben, wonach sich Werte, Einstellungen und Verhalten von Menschen im Zeitablauf (langfristig) verändern (Häberle, 2008b, S. 1362). Wertewandel ist eine in Trendanalysen von Meinungsforschungsdaten nachgewiesene Verschiebung von den traditionellen Pflicht- und Akzeptanzwerten hin zu Werten der Selbstentfaltung" (Nerdinger, 1993, S. 2350).

Aber auch das Werteempfinden der Kunden hat sich geändert. So werden beispielsweise Pflichtwerte durch hedonistische Werte und traditionelle Werte durch egoistische Erwartungen ersetzt. Dadurch gestaltet sich die Klassifizierung der Kunden in Marktsegmente immer schwieriger (Jendrosch, 2001, S. 21).

Kunden zeigen heute ein diffuses und zum Teil widersprüchliches Wertegefüge. Sie werden daher auch als **hybride Kunden** bezeichnet. Die gezielte Ansprache mithilfe der Kommunikationsinstrumente wird dadurch immer schwieriger. Vor diesem Hintergrund ist eine Mikrosegmentierung gefordert bei der die Unternehmen, im Sinne des One-to-One-Marketings, ihre Kunden kennen und beurteilen können. Dies ist mit den Methoden der quantitativen Marktforschung nur schwer zu leisten. Vielmehr sind hier qualitative Ansätze gefragt, die die Wünsche, Motive und Werte des Kunden tiefenpsychologisch ergründen (Jendrosch, 2001, S. 21).

Vor diesem Hintergrund haben Raab und Lorbacher (2002, S. 20) die folgenden **zehn Gebote** für kundenorientierte Unternehmen zusammengestellt:

1. **Gebot:** Pflegen Sie einen engen Kontakt mit Ihren Kunden, dies gilt insbesondere für leitende Angestellte (dazu gehören: sehen, berühren, fühlen, sich treffen und in regelmäßigen Abständen – außerhalb der Geschäftsräume – ein Gespräch von Angesicht zu Angesicht mit den Kunden führen).

2. **Gebot:** Machen Sie sich mit den Bedürfnissen, Erwartungen und Wünschen Ihrer Kunden vertraut. Es sollte das Ziel Ihrer gesamten Organisation sein, die Erwartungen Ihrer Kunden noch zu übertreffen.

3. **Gebot:** Überprüfen Sie regelmäßig die Zufriedenheit Ihrer Kunden mit Ihren Produkten und Dienstleistungen. Ein ständiger Informationsfluss zwischen Ihnen und Ihren Kunden ist sehr wichtig – sei er positiv, neutral oder negativ. Verschließen Sie sich dem nicht, heißen Sie ihn willkommen.

4. **Gebot:** Konzentrieren Sie sich auf Ihre Leistungen, mit denen Sie die Wertschöpfung für den Kunden erhöhen, wie z. B. Qualität und Service, Umweltfreundlichkeit, Wirtschaftlichkeit, Eingehen auf die Wünsche und Bedürfnisse des Kunden, schnelle Lieferung sowie Leistung, Sicherheit u. a.

5. **Gebot:** Beziehen Sie Ihre Kunden in Ihre Entscheidungsfindung, in themenmäßige Schwerpunktgruppen, Treffen, Planungen

und sogar in betriebsinterne Überlegungen ein. Schließen Sie sie nicht aus.

6. **Gebot:** Verlangen Sie von jeder Person innerhalb der Organisation, Ihre Kunden mindestens einen oder mehrere Tage im Jahr persönlich zu treffen und zu bedienen. Es gibt keinen Ersatz dafür, um am Puls Ihres Unternehmens und Ihrer Kunden zu bleiben.

7. **Gebot:** Passen Sie Ihre Geschäftsprozesse an die Bedürfnisse und Wahrnehmungen des Kunden an, und strukturieren Sie sie gegebenenfalls um. Gehen Sie von oben nach unten vor, und beziehen Sie alle Funktionsbereiche Ihrer Organisation mit ein.

8. **Gebot:** Strukturieren Sie Ihre Organisation entsprechend dem Markt. Richten Sie die Organisation so aus, dass sie auf Ihre Märkte zugeschnitten ist (d. h. 1 Kunde = 1 Vertreter).

9. **Gebot:** Entwickeln Sie eine Kunden-Rückgewinnungs-Strategie (Customer Recovery Strategy = CRS), und wenden Sie sie an. Belohnen Sie CRS-Verhalten, insbesondere bei funktionsübergreifenden Teams mit Kundenkontakt. Sowohl Marriott als auch Nord-

strom nehmen den alten Grundsatz sehr ernst: „*Wenn ein Kunde zufrieden ist, erzählt er oder sie es einem bis drei anderen Personen. Aber jeder unzufriedene Kunde erzählt seine Geschichte elf anderen weiter.*" Beide Organisationen reagieren prompt auf jede Reklamation.

10. **Gebot:** Sie sollten nur kundenfreundliche Mitarbeiterinnen und Mitarbeiter einstellen und fördern. Obwohl dies offensichtlich und vom gesunden Menschenverstand her selbstverständlich zu sein scheint, ist es eine Tatsache, dass die meisten Organisationen so mit ihren eigenen Angelegenheiten beschäftigt sind, dass sie ihre eigentliche Daseinsberechtigung – den Kunden – aus den Augen verlieren.

1.4 Auswirkungen der Kundenzufriedenheit

Die Auswirkungen der Kundenzufriedenheit sind in Abb. 1.1 visualisiert und werden im Folgenden in ihren Grundzügen beschrieben.

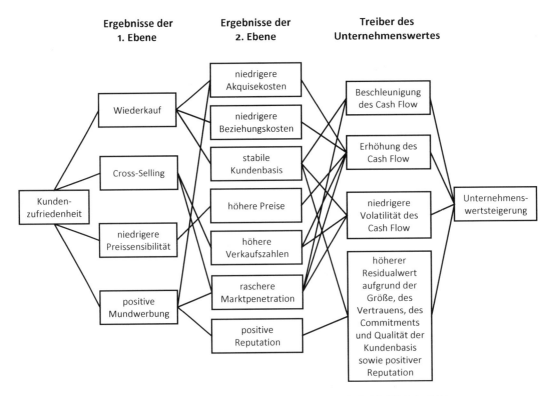

Abb. 1.1 Kundenzufriedenheit und Unternehmenswert. (Quelle: Matzler & Stahl, 2000, S. 631.)

1.4.1 Kundenzufriedenheit und Wiederkauf

Zufriedene Kunden sind geneigt, wieder beim Unternehmen einzukaufen. Dies wird als **Wiederkauf** bezeichnet. Der Wiederkauf hat nach Matzler et al. (2004, S. 9–10) im Wesentlichen zwei zentrale Auswirkungen:

- **Die höhere Wiederkaufrate senkt Akquisitions- und Beziehungskosten:** Zunächst kann festgehalten werden, dass durch den Wiederkauf, der vom Kunden ausgeht, Ressourcen im Unternehmen freigesetzt werden, die für die Kundenakquisition verwendet werden können. Zudem werden durch eine hohe Wiederkaufrate die Akquisitionskosten gesenkt. Darunter fallen Kosten, die für Information und Kommunikation entstehen, um die wechselseitigen Leistungsbeziehungen zwischen Neukunden und Unternehmen anzupassen.
- **Die höhere Wiederkaufrate führt zu einer stabilen Kundenbasis:** Der Cash-flow wird durch eine stabile Kundenbasis beschleunigt. Insbesondere neue Produkte lassen sich schneller und damit besser an eine loyale Kundschaft absetzen. Zudem verteilen sich die Fixkosten für die Anbahnung und den Aufbau von Kundenbeziehungen über einen längeren Zeitraum. Hinzu kommt, dass loyale Kunden weniger auf Marketingaktivitäten der Konkurrenz reagieren. Dies verbessert wiederum den Cash-flow.

▶ **Definition** „Unter **Cash-Flow** wird der Teil der aus dem Umsatzprozess zufließenden Mittel verstanden, der nicht in Kürze zu Ausgaben führt. Er lässt sich wie folgt berechnen:
Bilanzgewinn

+ Nettozuweisungen zu den offenen Rücklagen
+ Abschreibungen
+ Erhöhung langfristiger Rückstellungen

Festzustellen ist, dass der auf der Grundlage des Jahresüberschusses berechnete Cash-Flow eine nachträglich ermittelte Größe ist, mit der die Gegenwerte der in einer vergangenen Periode zugeflossenen Erlöse bezeichnet werden, die nicht durch laufende Ausgaben in dieser Periode kompensiert werden" (Corsten, 2000, S. 166).

1.4.2 Kundenzufriedenheit und Cross-Selling

Beim **Cross-Selling** werden weitere Produkte und Dienstleistungen des Unternehmens an die Kunden verkauft. Diese basieren jedoch auf den gleichen Kernkompetenzen des Anbieters. Dadurch werden weitere Deckungsbeiträge generiert. Die Nachfrager haben durch ihre positiven Erfahrungen mit den Produkten und Dienstleistungen Vertrauen zum Anbieter gefasst. Dies erhöht die Akzeptanz anderer Unternehmensleistungen. Die Umsätze steigen, es kommt zu einer schnelleren Marktpenetration. Gleichzeitig sinken die Beziehungskosten. Insgesamt lassen sich drei Wirkungen des Cross-Selling auf den Cashflow identifizieren (Matzler et al., 2004, S. 11):

- **Cross-Selling führt zu einem höheren Cashflow:** Das Kerngeschäft kann auf andere Unternehmensleistungen ausgeweitet werden. Dadurch erhöhen sich die Umsätze. Zusätzlich kommt es zu einer Verringerung der Akquisitions-, Beziehungs- und Bindungskosten.
- **Cross-Selling führt zu einer Beschleunigung des Cash-flow:** Die Kunden befinden sich in einer zufriedenstellenden Geschäftsbeziehung mit dem Anbieter. Dies schafft Vertrauen in die Unternehmensleistungen und vereinfacht Entscheidungsprozesse. Dadurch werden die Informations- und Entscheidungszeiten verkürzt und komplexe Einkaufsentscheidungen vereinfacht.
- **Cross-Selling führt zu einer geringeren Volatilität des Cash-flow:** Da durch das Cross-Selling auch andere Unternehmensleistungen abgesetzt werden können, kommt es zu einer Diversifikation. Dies reduziert zyklische Nachfrageschwankungen im Kerngeschäft.

1.4.3 Kundenzufriedenheit und Preissensibilität

Im Falle von zufriedenen Kunden wird das **akquisitorische Potenzial** des Unternehmens erhöht. Dies bewirkt eine Abschirmung gegenüber Preiserhöhungen und -senkungen der Konkurrenz, zumindest in einem gewissen Bereich. Dabei spielt das Vertrauen der Kunden in die Unternehmensleistungen eine entscheidende Rolle. Für den Cash-flow ergibt sich daher die folgende Schlussfolgerung (Matzler et al., 2004, S. 12):

- **Niedrigere Preissensibilität führt zu einem höheren Cash-flow:** Unternehmen, die über einen Stamm an zufriedenen Kunden verfügen, können leichter höhere Preise im Markt durchsetzen. Außerdem reagieren die zufriedenen Kunden nicht so stark auf Preisaktionen der Konkurrenz. Beides senkt die Gefahr ruinöser Preiskämpfe.

▶ „Das **akquisitorische Potenzial** ist ein von *Erich Gutenberg* in die Betriebswirtschaftslehre eingeführter Begriff für die durch den Einsatz der Marketinginstrumente erzielbaren dauerhaften und vom Angebotspreis unabhängigen Präferenzen bestimmter Abnehmer für einen Anbieter. Diese verschaffen auch auf Märkten mit konkurrierenden Anbietern einen quasi-monopolistischen Spielraum für die Preispolitik. Messbar ist das akquisitorische Potenzial im Wege von vergleichenden Imageanalysen oder durch Indikatoren wie Markentreue und Firmentreue" (o. V., 1993, S. 49).

1.4.4 Kundenzufriedenheit und positive Mund-zu-Mund-Kommunikation

Gerade in Zeiten von Social Media hat die **positive Mund-zu-Mund-Kommunikation** eine deutliche Aufwertung erfahren. Matzler et al. (2004 S. 12–13) sehen darin mehr als nur einen Nebeneffekt von Marketingmaßnahmen. Sie lässt sich vielmehr als aktives Marketinginstrument einsetzen:

- Kunden vertrauen auf die Aussagen und Erzählungen von Freunden und Bekannten. Diese Konsumschilderungen haben einen wesentlich größeren Einfluss auf die zu treffenden Kaufentscheidungen als die Werbung von Unternehmen. Dies wird als *„Message Effect"* bezeichnet.
- Da Mund-zu-Mund-Kommunikation persönlicher ist, ist sie auch glaubhafter als anonyme Massenkommunikation (*„Source Effect"*). Dadurch wird das *„Versickern"* einer Botschaft maßgeblich verhindert (*„Sleeper Effect"*) (Levitt, 1965, zitiert nach Matzler et al., 2004, S. 13).
- Die Mund-zu-Mund-Kommunikation wird ganz stark von der Zufriedenheit der Kunden ab. Außerdem spielen das Involvement sowie die Kauf- bzw. Nutzungshäufigkeit (*„Light Consumers"* vs. *„Heavy Consumers"*) eine entscheidende Rolle.
- Zu beachten ist, dass negativer Mund-zu-Mund-Kommunikation mehr Beachtung geschenkt wird (z. B. im Rahmen eines Shitstorms).

Auch von der Mund-zu-Mund-Kommunikation gehen Wirkungen auf den Unternehmenswert aus (Matzler et al., 2004, S. 13):

- **Positive Mund-zu-Mund-Kommunikation führt zu einem höheren Cash-flow:** Die Kommunikationsmaßnahmen des Unternehmens werden verstärkt. Dies spart Akquisekosten ein.
- **Positive Mund-zu-Mund-Kommunikation führt zu einer Beschleunigung des Cash-flow:** Da die Kunden eher bereit sind, neue Produkte und Dienstleistungen auszuprobieren, wird der Cash-flow beschleunigt.
- **Positive Mund-zu-Mund-Kommunikation führt zu einer niedrigeren Volatilität des Cash-flow:** Durch die beschleunigte Akzeptanz neuer Produkte kommt es zu einer Stabilisierung des Cash-flow.
- **Positive Mund-zu-Mund-Kommunikation verbessert die Reputation des Unternehmens:** Wenn positiv über das Unternehmen

bzw. dessen Leistungen gesprochen wird, verbessert sich das Unternehmens- bzw. Produktimage.

1.4.5 Kundenzufriedenheit und Unternehmenswert

Heutzutage haben die Unternehmensführungen den Anspruch, den **Unternehmenswert** zu steigern. Daher dürfen sie sich nicht mit der periodischen Überprüfung des Umsatzes und des Gewinns begnügen. Vielmehr müssen die Zusammenhänge zwischen Kundenzufriedenheit, Kundenloyalität und Unternehmenswert im Fokus der Betrachtung liegen. Dabei handelt es sich allerdings um komplexe Zusammenhänge, die sich nicht mithilfe einer einfachen Formel beschreiben lassen. Die Marketingmaßnahmen müssen sich daher auf die Steigerung der Kundenzufriedenheit und -loyalität und des Cross-Selling sowie der positiven Mund-zu-Mund-Kommunikation und der Senkung der Preissensibilität konzentrieren (Matzler et al., 2004, S. 15).

Der vermutete Zusammenhang zwischen Kundenzufriedenheit und Unternehmenswert ist in Abb. 1.2 dargestellt.

Unter Berücksichtigung der aufgezeigten Zusammenhänge empfiehlt Abolhassan (2018, S. 31) **Kunden zu Markenbotschaftern** zu machen und gibt dafür elf Empfehlungen ab:

1. Machen Sie allen Fachabteilungen die Bedeutung zufriedener Kunden deutlich.
2. Schaffen Sie ein unternehmensweit einheitliches Verständnis von erstklassigem Service.
3. Achten Sie bei der Umsetzung auf einen ausgewogenen Dreiklang aus Menschen, Prozessen und Technik.
4. Denken Sie immer daran, dass Service eine zwischenmenschliche Aufgabe ist und bleibt.
5. Treiben Sie die digitale Transformation konsequent, aber mit Augenmaß voran.
6. Überprüfen Sie zuerst den Prozess und optimieren, wenn nötig, bevor Sie ihn digitalisieren.
7. Lassen Sie Mitarbeiter und Kunden eigene Erfahrungen mit neuen Technologien machen.

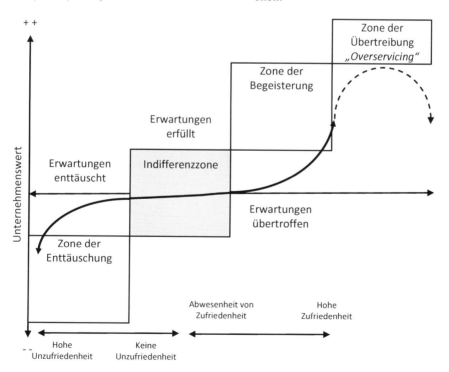

Abb. 1.2 Vermuteter Zusammenhang zwischen Kundenzufriedenheit und Unternehmenswert. (Quelle: Matzler & Stahl, 2000, S. 637.)

8. Hinterfragen Sie regelmäßig den Mehrwert technischer Innovationen – intern wie extern.
9. Scheuen Sie sich nicht davor, erfolglose Ideen einzustellen.
10. Stellen Sie ein begeisterndes, konsistentes Kundenerlebnis über alle Kontaktpunkte hinweg sicher.
11. Bleiben Sie stets aufgeschlossen für neue Entwicklungen und Technologien.

1.5   Zusammenfassung und Aufgaben

1.5.1   Zusammenfassung

Zusammenfassung

Zu den **wirtschaftlichen Faktoren**, die zu einer intensiven Beschäftigung mit dem Konzept der Kundenorientierung geführt haben, zählen vor allem

- die Internationalisierung und Globalisierung,
- die Intensivierung des Wettbewerbs und
- die Verkürzung der Produktlebenszyklen.

Im **gesellschaftlichen Kontext** haben vor allem

- der Konsumerismus und
- der Wertewandel

Einfluss auf die Unternehmen ausgeübt. Wichtige **Institutionen**, die sich um den Schutz der Verbraucher kümmern, sind

- die Stiftung Warentest,
- der Verbraucherschutz,
- der Deutsche Werberat und
- die Freiwillige Selbstkontrolle der Filmwirtschaft (FSK).

Die Kundenzufriedenheit hat positive **Auswirkungen** auf

- den Wiederkauf von Produkten bzw. die Wiedernutzung von Dienstleistungen,
- das Cross-Selling der Kunden,
- die Preissensibilität der Kunden und
- die Mund-zu-Mund-Kommunikation der Kunden.

1.5.2   Wiederholungsfragen

- *Welche Kundenarten lassen sich abgrenzen?* Finden Sie bitte jeweils Beispiele aus Ihrem privaten Umfeld.
- Statten Sie bitte den Websites der Stiftung Warentest (www.test.de), des Deutschen Werberats, (www.werberat.de) des Verbraucherschutzes (www.verbraucherzentrale.de) und der Freiwilligen Selbstkontrolle der Filmwirtschaft (FSK) (www.fsk.de) einen Besuch ab und machen Sie sich mit den Angeboten dieser Institutionen vertraut.

1.5.3   Aufgaben

A1: *In welche Kategorien lassen sich Kunden einteilen?*
A2: Erläutern Sie bitte das Konzept der Kundenorientierung in Ihren eigenen Worten!
A3: Diskutieren Sie bitte die zentralen positiven Auswirkungen der Kundenzufriedenheit und stellen Sie bitte die wesentlichen Zusammenhänge grafisch dar!

1.5.4   Lösungen

L1: Kunden lassen sich in die folgenden Kategorien einteilen:

- **Most Profitable Customers (MPCs):** Diese Kundengruppe verdient das höchste Maß an Aufmerksamkeit.

- **Most Growable Customers (MGCs):** Diese Kundengruppe verfügt über das größte Potenzial. Die Aufmerksamkeit muss daher langfristig ausgerichtet sein.
- **Most Vulnerable Customers (MVCs):** Um diese Kundengruppe muss sich das Management frühzeitig kümmern, damit sie nicht abwandern.
- **Most Troubling Customers (MTCs):** Allerdings gibt es auch Kunden, die nicht gehalten werden sollen. Diese Kundengruppe verursacht hohe Kosten und/oder viel Ärger.

L2: Unter **Kundenorientierung** versteht man in der Literatur:

- „**Kundenorientierung** ist die umfassende, kontinuierliche Ermittlung und Analyse der individuellen Kundenerwartungen sowie deren interne und externe Umsetzung in unternehmerische Leistungen sowie Interaktionen im Rahmen eines Relationship-Marketing-Konzepts mit dem Ziel, langfristig stabile und ökonomisch vorteilhafte Kundenbeziehungen zu etablieren" (Bruhn, 2016, S. 15).

L3: Die Kundenzufriedenheit hat positive **Auswirkungen** auf

- den Wiederkauf von Produkten bzw. die Wiedernutzung von Dienstleistungen,
- das Cross-Selling der Kunden,
- die Preissensibilität der Kunden und
- die Mund-zu-Mund-Kommunikation der Kunden.
- Eine grafische Darstellung dieser Zusammenhänge finden Sie in Abb. 1.2.

Flashcards

Als Käufer dieses Buches können Sie kostenlos unsere Flashcard-App „SN Flashcards" mit Fragen zur Wissensüberprüfung und zum Lernen von Buchinhalten nutzen.

Für die Nutzung folgen Sie bitte den folgenden Anweisungen:

1. Gehen Sie auf https://flashcards.springernature.com/login
2. Erstellen Sie ein Benutzerkonto, indem Sie Ihre Mailadresse angeben und ein Passwort vergeben.
3. Verwenden Sie den folgenden Link, um Zugang zu Ihrem SN Flashcards Set zu erhalten: ▶ https://sn.pub/CO2Gmh

Sollte der Link fehlen oder nicht funktionieren, senden Sie uns bitte eine E-Mail mit dem Betreff „SN Flashcards" und dem Buchtitel an customerservice@springernature.com.

Literatur

Abolhassan, F. (2018). Mit Serviceinnovationen Kunden zu Markenbotschaftern machen. In T. Schwarz (Hrsg.), *Relevanz im Marketing. Neue Wege im Marketing. Mit künstlicher Intelligenz zu mehr Kunden* (S. 21–32). Marketing Börse.

Alte Nationalgalerie. (2021). Durch dick und dünn: Freundschaftsbilder. https://www.smb.museum/museen-einrichtungen/alte-nationalgalerie/bildungvermittlung/angebote/durch-dick-und-duenn-freundschaftsbilder-2021-10-02-140000-122995/. Zugegriffen am 30.09.2021.

Berg, H. (1993). Wettbewerb. In E. Dichtl & O. Issing (Hrsg.), *Vahlens Großes Wirtschafts Lexikon* (2. Aufl., S. 2354–2355). C. H. Beck/Vahlen.

Böhn, M., & Iffert, L. (2016). Customer Analytics – den Kunden verstehen und handeln. In T. Schwarz (Hrsg.), *Digitale Transformation. Beispiele aus der Praxis. Lifecycle-Marketing über alle Kanäle, neue Märkte und Erlösmodelle* (S. 149–163). Marketing-Börse.

Bruhn, M. (2016). *Kundenorientierung. Bausteine für ein exzellentes Customer Relationship Management (CRM)* (5. Aufl.). Beck-Wirtschaftsberater im dtv.

Corsten, H. (2000). *Lexikon der Betriebswirtschaftslehre* (4. Aufl.). Oldenbourg.

Deutscher Werberat. (2021a). Aufgaben und Ziele. https://www.werberat.de/aufgaben-und-ziele. Zugegriffen am 30.09.2021.

Deutscher Werberat. (2021b). Publikationen. https://www.werberat.de/werbekodex/publikationen. Zugegriffen am 30.09.2021.

Deutscher Werberat. (2021c). Jahrbücher. https://www.werberat.de/jahrbucher. Zugegriffen am 30.09.2021.

Deutscher Werberat. (2021d). Grundregeln. https://www.werberat.de/werbekodex/grundregeln. Zugegriffen am 30.09.2021.

Diller, H. (2001). Kunde. In H. Diller (Hrsg.), *Vahlens Großes Marketing Lexikon* (2. Aufl., S. 845). C. H. Beck/Vahlen.

Ernst-Abbe-Hochschule Jena. (2021). Startseite. https://www.eah-jena.de/startseite. Zugegriffen am 30.09.2021.

Freiwillige Selbstkontrolle der Filmwirtschaft. (2021a). Über uns. https://www.fsk.de/?seitid=473&tid=473. Zugegriffen am 30.09.2021.

Freiwillige Selbstkontrolle der Filmwirtschaft. (2021b). Aufgaben und Strukturen. https://www.fsk.de/?seitid=504&tid=473. Zugegriffen am 30.09.2021.

Häberle, S. G. (2008a). Produktlebenszyklus. In S.G. Häberle (Hrsg.), *Das neue Lexikon der Betriebswirtschaftslehre. Kompendium und Nachschlagewerk mit 200 Schwerpunktthemen, 6000 Stichwörtern, 2000 Literaturhinweisen sowie 1300 Internetadressen, Band N-Z* (S. 1039). Oldenbourg.

Häberle, S. G. (2008b). Wertewandel. In S.G. Häberle (Hrsg.), *Das neue Lexikon der Betriebswirtschaftslehre. Kompendium und Nachschlagewerk mit 200 Schwerpunktthemen, 6000 Stichwörtern, 2000 Literaturhinweisen sowie 1300 Internetadressen, Band N-Z* (S. 1362). Oldenbourg.

Jendrosch, T. (2001). *Kundenzentrierte Unternehmensführung*. Vahlen.

Kater, U. (1993). Globalisierung. In E. Dichtl & O. Issing (Hrsg.), *Vahlens Großes Wirtschafts Lexikon* (2. Aufl., S. 834). C. H. Beck/Vahlen.

Kotler, P. (2004). *Philip Kotlers Marketing Guide. Die wichtigsten Ideen und Konzepte*. Campus.

Krystek, U. (2008). Globalisierung. In S.G.Häberle (Hrsg.), *Das neue Lexikon der Betriebswirtschaftslehre. Kompendium und Nachschlagewerk mit 200 Schwerpunktthemen, 6000 Stichwörtern, 2000 Literaturhinweisen sowie 1300 Internetadressen, Band F-M* (S. 508–509). Oldenbourg.

Kuhlmann, E., & Stauss, B. (2001). Konsumerismus (Consumerism). In H. Diller (Hrsg.), *Vahlens Großes Marketing Lexikon* (2. Aufl., S. 814). C. H. Beck/Vahlen.

Matzler, K., & Stahl, H. K. (2000). Kundenzufriedenheit und Unternehmenswertsteigerung. *Die Betriebswirtschaft, 60*(5), 627–641.

Matzler, K., Stahl, H. K., & Hinterhuber, H. H. (2004). Die Customer-based View der Unternehmung. In H. H. Hinterhuber & K. Matzler (Hrsg.), *Kundenorientierte Unternehmensführung. Kundenorientierung, Kundenzufriedenheit, Kundenbindung*, (4. Aufl., S. 3–31). Gabler.

Meyer, A. (1999). Kundenorientierung im Handel – Von erfolgreichen Vorbildern lernen. In A. Meyer; L. Fend & M. Specht (Hrsg.), *Kundenorientierung im Handel. Von Globus, Lands'End, Streamline, Tesco & Co. lernen*, (S. 9–42). Deutscher Fachverlag.

Nerdinger, F. (1993). Wertewandel. In E. Dichtl & O. Issing (Hrsg.), *Vahlens Großes Wirtschafts Lexikon* (2. Aufl., S. 2350). C. H. Beck/Vahlen.

o. V. (1993). Akquisitorisches Potential. In E. Dichtl & O. Issing (Hrsg.), *Vahlens Großes Wirtschafts Lexikon* (2. Aufl., S. 49). C. H. Beck/Vahlen.

Raab, G., & Lorbacher, N. (2002). *Customer Relationship Management. Aufbau dauerhafter und profitabler Kundenbeziehungen*. Sauer.

Schmidt, A. (2021). *Wissenzentriertes Kundenbeziehungsmanagement. Wie Customer Artificial Intelligence Ihr Unternehmen smart macht*. Kohlhammer.

Stiftung Warentest. (2021a). Testprinzip und Leitbild. https://www.test.de/unternehmen/ueberblick-5017075-0/. Zugegriffen am 30.09.2021.

Stiftung Warentest. (2021b). Publikationen – Aktiv auf vielen Kanälen. https://www.test.de/unternehmen/publikationen-5016939-0/. Zugegriffen am 30.09.2021.

Stiftung Warentest. (2021c). Publikationen – Aktiv auf vielen Kanälen. https://www.test.de/unternehmen/publikationen-5016939-5489604/. Zugegriffen am 30.09.2021.

Uniklinikum Jena. (2021). Patienten & Angehörige. https://www.uniklinikum-jena.de/Patienten+und+Angehoerige.html. Zugegriffen am 30.09.2021.

Verbraucherzentrale. (2021). Über uns. https://www.verbraucherzentrale.de/ueber-uns. Zugegriffen am 30.09.2021.

Wirtschaftsförderungsgesellschaft Jena. (2021). Wir über uns. https://www.jenawirtschaft.de/nc/ueber_uns/team/. Zugegriffen am 30.09.2021.

Theorie der Kundenzufriedenheit

Lernziele

- Sie kennen die Begriffe „Theorie", „Paradigma" und „theoretische Leitprinzipien".
- Sie können Kundenzufriedenheit definieren.
- Die Bedeutung der Kundenzufriedenheit für den Unternehmenserfolg ist Ihnen bekannt.
- Sie sind in der Lage, das C/D-Paradigma zu erläutern und grafisch darzustellen.
- Sie können die Entstehung der Kundenzufriedenheit anhand der wichtigsten theoretischen Konzepte erklären.
- Auch die Wirkungen der Kundenzufriedenheit können Sie theoretisch begründen.
- Außerdem ist Ihnen der Zusammenhang von Kundenzufriedenheit und Kundenbindung bekannt.

Die kundenorientierte Unternehmensführung hat zum Ziel, die Kunden des Unternehmens zufrieden zu stellen, um dadurch die Basis für einen nachhaltigen Geschäftserfolg zu schaffen. Unternehmen sind, bedingt durch die aktuelle verschärfte Wettbewerbssituation geradezu dazu gezwungen, sich mit den Ursachen und ökonomischen Auswirkungen der Kundenzufriedenheit zu beschäftigen (Niewerth & Thiele, 2014, S. 23).

Matzler et al. (1997a, S. 645) machen in diesem Zusammenhang darauf aufmerksam, dass feststeht, dass einige Firmen in der Lage sind, auch auf stagnierenden, gesättigten und konkurrenzintensiven Märkten ihre Position zu halten. In einigen Fällen konnten sie sogar ihre Marktposition weiter ausbauen. Da sie sich auf die Zufriedenstellung ihrer Kunden konzentrierten, war ein kräfteaufwendiges Ringen um Marktanteile nicht notwendig. Sie kommen daher zu der Schlussfolgerung, dass überdurchschnittlich zufriedene Kunden die beste Grundlage für den langfristigen Unternehmenserfolg bilden.

Durch umwälzende Entwicklungen auf allen Märkten stehen Unternehmen heutzutage vor großen **Herausforderungen**. Gündling (1997, S. 1) hat bereits Ende des letzten Jahrhunderts wichtige Entwicklungen aufgezeigt, die bis heute Bestand haben:

- dreiviertel der Märkte, insbesondere Business-to-Consumer-Märkte, sind gesättigt, dadurch stagniert die Nachfrage oder ist sogar rückläufig,
- da sich Absatzsteigerungen nur auf Kosten der Wettbewerber erzielen lassen, kommt es auf diesen Märkten zu einem ruinösen Wettbewerb bzw. Hyper-Wettbewerb,
- heutzutage sind viele der angebotenen Produkte und Dienstleistungen austauschbar, le-

A. Magerhans, J.-F. Engelhardt, *Kundenzufriedenheit klipp & klar*, WiWi klipp & klar, https://doi.org/10.1007/978-3-658-38496-8_2

diglich über den Preis können noch Umsätze erzielt werden,

- das Kundenverhalten (Stichwort: hybrider Konsument, Smart Shopper oder Channel Hopper) ist nicht mehr kalkulierbar, eine Marktsegmentierung basierend auf den klassischen Segmentierungskriterien wird immer schwieriger,
- Unternehmen wenden jedes Jahr mehr für Marketing und Vertrieb auf, es kommt zu zweistelligen Zuwächsen, dies stellt eine enorme Kostenbelastung für die Unternehmen dar,
- durch den Preisverfall kommt es zu sinkenden Deckungsbeiträgen, was in der Folge zu radikalen Kostensenkungsprogrammen führt,
- außerdem verkürzen sich die Produktlebenszyklen, dies erschwert ganz gravierend die Realisierung eines Break-even und
- die Komplexität der wirtschaftlichen Zusammenhänge und Zusammenarbeit hat stark zugenommen, dies versperrt den Blick für die Grundlagen erfolgreichen Handelns.

Vor diesem Hintergrund kommt es zu einer Betonung der **marktorientierten Unternehmensführung**. Außerdem rückt die **Kundenbeziehung** als Bezugsobjekt stärker in den Mittelpunkt. Für das Marketing ergibt sich die zentrale Herausforderung, langfristige (für den Anbieter profitable) Kundenbeziehungen aufzubauen und zu erhalten bzw. zu intensivieren. Dieser Marketingansatz wird **Relationship Marketing** genannt (Homburg, 2020, S. 8).

2.1 Einleitung: Paradigmen, theoretische Leitprinzipien und Theorien

2.1.1 Paradigmen

Nach Kuhn (1977, zitiert nach Bortz & Döring, 1995, S. 16) beschreibt ein **Paradigma** das von der Mehrheit der Wissenschaftler akzeptierte Vorgehen (den sogenannten **Modus operandi**) einer wissenschaftlichen Disziplin (Bortz & Döring, 1995, S. 16).

„Ein **Paradigma** ist ein von T. S. Kuhn in die Wissenschaftstheorie eingeführter Begriff. Er stammt aus dem Griechischen und bedeutet Beispiel, beispielhafte Struktur bzw. beispielhaftes Muster. Mit Paradigma wird ein umfassendes Wissenschaftsprogramm bezeichnet, an welchem bzw. mit welchem eine Vielzahl von Forschern arbeitet" (Müller & Kornmeier, 2001a, S. 1244).

Mit dem Beginn der 1980er-Jahre hat sich in der Marketingwissenschaft ein **Paradigmenwechsel** vom **Transaktions-** hin zum **Beziehungsmarketing** bzw. Relationship Marketing vollzogen. Auch die Marketingpraxis hat mittlerweile diesen Paradigmenwechsel nachvollzogen (vgl. dazu Tab. 2.1).

Eingeleitet wurde dieser Prozess durch das Auftreten von neuen Befunden, die sich mit den Annahmen des Transaktionsmarketings nicht mehr vereinen ließen. Hinzu kamen Veränderungen auf den Märkten (z. B. eine stark voranschreitende Liberalisierung), die dazu führten, dass sich

Tab. 2.1 Paradigmenwechsel vom Transaktions- zum Beziehungsmarketing. (Quelle: Bruhn, 2008, S. 31 zitiert nach Bruhn, 2009, S. 15, 2009, S. 15)

Unterscheidungskriterien	Transaktionsmarketing	Beziehungsmarketing
Betrachtungsfristigkeit	- Kurzfristigkeit	- Langfristigkeit
Marketingobjekt	- Produkt	- Produkt und Interaktion
Marketingziel	- Kundenakquisition durch Marketingmix	- Kundenakquisition - Kundenzufriedenheit - Kundenbindung - Kundenrückgewinnung
Marketingstrategie	- Leistungsdarstellung	- Dialog
Ökonomische Erfolgs- und Steuergrößen	- Gewinn - Deckungsbeitrag - Umsatz - Kosten	- Gewinn - Deckungsbeitrag - Umsatz - Kosten - Kundendeckungsbeitrag - Kundenwert

die Unternehmen verstärkt ihren **Bestandskunden** zuwandten. Ganz im Sinne Kuhns standen sich anfangs die Vertreter des alten Paradigmas, des Transaktionsmarketings und die Vertreter des neuen Paradigmas, des Beziehungsmarketings, gegenüber. Die Kritik am Transaktionsmarketing beschränkte sich zunächst auf einzelne Bereiche, wurde jedoch nach und nach immer fundamentaler, sodass es zum **Paradigmenwechsel** kam (Bortz & Döring, 1995, S. 16).

2.1.2 Theoretische Leitprinzipien

Um einen **theoretischen Bezugsrahmen** für die Konstrukte Kundenzufriedenheit und Kundenbindung zusammenzustellen, ist es hilfreich, sich sogenannter **theoretischer Leitprinzipien** zu bedienen. Zu Beginn der Diskussion werden daher das **Gratifikations-** und das **Kapazitätsprinzip** vorgestellt. Anschließend erfolgen die Darstellung ausgewählter Theorien sowie die Diskussion ihres Aussagegehaltes (Silberer & Raffée, 1984 S. 18–19):

- **Das Gratifikationsprinzip:** Grundsätzlich wird angenommen, dass Kunden Verhaltensspielräume haben. Inwieweit sie diese tatsächlich nutzen hängt davon ab, welche *„Belohnungen"* oder *„Bestrafungen"* der Kunde jeweils erwartet. Um dies einschätzen zu können, bilden Kunden Kosten-Nutzen-Erwartungen und beschäftigen sich mit den jeweils zu erwartenden Vor- und Nachteilen einer Alternative. Eine weitere Annahme besteht darin, dass davon ausgegangen wird, dass Menschen nach Belohnungen (z. B. pünktliche Lieferung eines Onlineshops) streben und Bestrafungen (z. B. beschädigte oder zu spät gelieferte Produkte eines Onlineshops) vermeiden wollen. Sie werden zudem ihr Verhalten so ausrichten, dass die Belohnungen maximiert (z. B. durch einen Wiederkauf beim jeweiligen Onlineshop) und die Bestrafungen minimiert (z. B. durch einen Anbieterwechsel) werden. Daher spielt das Wissen um Angebotsalternativen hierbei eine besonders große Rolle.

- **Das Kapazitätsprinzip:** Die beim Kunden vorhandenen Kapazitäten prägen ganz maßgeblich dessen Informations-, Kommunikations- und Kaufverhalten. Unter Kapazitäten werden die Ressourcen der Kunden (z. B. Zeit, Geld und Energie), die Fähigkeiten der Kunden (z. B. kognitive Fähigkeiten oder verbales Ausdrucksvermögen) sowie die Kenntnisse der Kunden (z. B. Konsumerfahrungen) verstanden.

2.1.3 Theorien

Bei **Theorien** handelt es sich um den Hauptinformationsträger der wissenschaftlichen Erkenntnis. Es wird angestrebt mithilfe eines möglichst einheitlichen Begriffsapparats ein sprachliches System zu entwickeln. Den Kern dieses Systems bilden Gesetzesaussagen, die logisch miteinander verknüpft sind (Müller & Kornmeier, 2001b, S. 1668; Schanz, 1993, S. 2086–2087).

„Eine **Theorie** ist ein in sich stimmiges System von Hypothesen, die mehr oder weniger gut empirisch gesichert und mehr oder weniger stark formalisiert sind. Eine Theorie liefert die grundlegende Orientierung (definiert den Objektbereich; definiert, welche Aspekte der Realität untersucht werden sollen) und stellt das begriffliche Bezugssystem zur Verfügung (die Aspekte/Dimensionen des Objektbereichs können systematisch dargestellt und klassifiziert und in Beziehung gebracht werden)" (o. V., 2001a, S. 320–321).

Nach Schanz (1993, S. 2087) bieten (realwissenschaftliche) Theorien die folgenden **Verwendungsmöglichkeiten**:

- Erklärung von (individuellen und allgemeinen) Tatbeständen,
- Prognose von Ereignissen,
- Technologie zur Gestaltung bzw. Veränderung der Realität,
- Mittel zur Sozial- und Ideologiekritik,
- Prüfung ihrer eigenen Richtigkeit und ihres Geltungsbereiches und
- Produktion neuer Theorien (Neue Theorien entstehen vielfach durch die Kritik an bereits bekannten Theorien).

Innerhalb der Geisteswissenschaften handelt es sich bei Theorien meistens um ein Konglomerat von Hypothesen, statistischen Aussagen, empirischen Ergebnissen usw. Dabei ist es wichtig zu wissen, dass Theorien nicht statischer Natur sind. Sie werden vielmehr kontinuierlich ergänzt und weiterentwickelt. Die Wissenschaft ist sich jedoch nicht einig darüber, welchem Entwicklungsmodell diese **Dynamik der Theorien** folgt (Müller & Kornmeier, 2001b, S. 1668):

- **Kontinuierliche Entwicklung (Kumulations- und Evolutionsmodelle):** Im Empirismus wird davon ausgegangen, dass durch systematische Beobachtung gesichertes Wissen angehäuft wird. Dies ist ein Prozess, der allmählich abläuft. Dabei spricht man auch vom Kumulationsmodell der Theorieentwicklung. Diese Vorstellung wird vom Kritischen Rationalismus relativiert. Es wird vielmehr angenommen, dass Wissen durch eine kritische Auslese entsteht. Dies wird als Evolutionsmodell der Theorieentwicklung bezeichnet.
- **Diskontinuierliche (sprunghafte) Entwicklung (Revolutionsmodelle):** Ein prominenter Vertreter dieser Wissenschaftsauffassung ist T. S. Kuhn. Er hat die These formuliert, dass der Wissenschaftsfortschritt schubweise, in einem revolutionären Prozess, erfolgt. Das Paradigma stellt das zentrale Konzept dar.

2.2 Zum Begriff der Kundenzufriedenheit

Umgangssprachlich werden mit dem Begriff der (Kunden-)Zufriedenheit Zustände umschrieben, in denen sich die jeweilige Person wohlfühlt, Freude erlebt, glücklich ist und eine innere Genugtuung empfindet. Daher haben Individuen eine mehr oder weniger klare Vorstellung was sie unter Zufriedenheit bzw. zufrieden sein verstehen. Schließlich handelt es sich um ein psychisches Phänomen, das sie selbst erleben (Herrmann, 1998, S. 262; Runow, 1982, S. 72). Korte (1995, S. 25) sowie Scharnbacher weisen darauf hin, dass mit der Nutzung des Ausdrucks *„zufrieden sein"* umgangssprachlich ein (be-)wertendes

Urteil eines (Konsum-)Erlebnisses gemeint ist. Dabei wird Zufriedenheit als etwas Positives und Unzufriedenheit als etwas Negatives von den Individuen wahrgenommen.

Anhand einiger ausgewählter Definitionen der Marketingwissenschaft werden die unterschiedlichen Auffassungen bezüglich des Konstrukts Kundenzufriedenheit verdeutlicht (siehe dazu Tab. 2.2).

2.3 Zur Bedeutung der Kundenzufriedenheit

Die Bedeutung der Kundenzufriedenheit für die marktorientierte Unternehmensführung ergibt sich aus ihrer zentralen Stellung im **Kundenbeziehungsprozess** (vgl. dazu Abb. 2.1).

2.3.1 Kundenorientierung

Orengo (2017, S. 11) versteht unter Kundenorientierung einen Führungsprozess, der laufend dafür sorgt, dass sich die Kunden für die Leistungen des Unternehmens und nicht für die Leistungen des Wettbewerbs entscheiden. Dazu muss die eigene Alternative in der Kaufentscheidung der Kunden besser abschneiden als das Konkurrenzangebot.

▶ „**Kundenorientierung** ist einer der zentralen Schlüsselfaktoren des Beziehungsmarketing und damit des Unternehmenserfolges. Kundenorientierung schafft nachhaltige Wettbewerbsvorteile durch höhere Kundenbindung" (Trommsdorff & Drüner, 2001, S. 870).

2.3.2 Kundennähe

Bereits vor der ersten Transaktion sollte eine Nähe zum Kunden bzw. Kundennähe aufgebaut werden. Dafür sind geeignete Produkte und Dienstleistungen, ein gutes Image sowie eine moderne Infrastruktur erforderlich. Wenn alles zur spezifischen Situation des Kunden *„passt"*, schafft dies die Basis für den ersten Kaufabschluss (Smidt & Marzian, 2001, S. 27).

Tab. 2.2 Zufriedenheits-Definitionen

Autoren	Jahr/Seite	Definition
Meffert und Bruhn	1981, S. 597	„Die Konsumentenzufriedenheit gibt die Übereinstimmung zwischen den subjektiven Erwartungen und der tatsächlich erlebten Motivbefriedigung bei Produkten oder Dienstleistungen wieder."
Runow	1982, S. 82–83	„Zufriedenheit beziehungsweise Unzufriedenheit ist ein Gefühlszustand des Nervensystems eines Organismus, der sich auf Reizobjekte bezieht und durch einen bewertenden Vergleich von inneren oder äußeren Reizobjekten mit dem Anspruchsniveau bezüglich dieser Objekte zustande kommt, wobei dieser Zustand sich sowohl rasch als auch allmählich ändern kann und in Form von Appetenz beziehungsweise Aversion das Verhalten gegenüber den Reizobjekten beeinflusst. Da es sich beim Zufriedenheitsgefühl um ein sekundäres Gefühl handelt, richtet sich seine Stärke nach der Stärke der ihm zugrundeliegenden Gefühle, des zugrunde liegenden Engagements der Persönlichkeit (der Stärke der affektiven Komponente des Anspruchsniveaus) sowie nach dem Erfüllungsgrad des Anspruchsniveaus. Die Verbraucherzufriedenheit ist die Zufriedenheit, die der Mensch als Verbraucher erfährt. Es kann so viele einzelne Verbraucherzufriedenheiten geben, wie es Elemente der Verbrauchssituation gibt."
Matzler; Hinterhuber und Handlbauer	1997b, S. 733	„Somit ist Kundenzufriedenheit die vom Kunden wahrgenommene Diskrepanz zwischen den erwarteten und erlebten Leistungen des Unternehmens."
Niewerth und Thiele	2014, S. 30	„Im Allgemeinen wird Kundenzufriedenheit als Grad der Übereinstimmung von Erwartungen und deren Erfüllung verstanden. Fällt der Vergleich zwischen subjektiv wahrgenommener Leistung (Produkt bzw. Dienstleistung) und dem persönlichen Erwartungsniveau positiv aus, d. h. der Erwartungsgrad wurde erreicht bzw. übertroffen, dann entsteht Kundenzufriedenheit. Fällt der Vergleich negativ aus, dann liegt Unzufriedenheit vor."

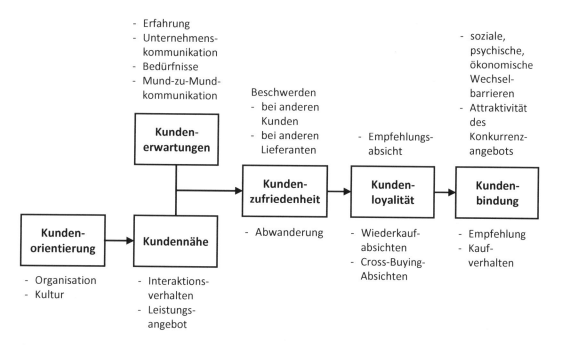

Abb. 2.1 Der Kundenbeziehungsprozess. (Quelle: Smidt & Marzian, 2001, S. 35.)

▶ „Unter **Kundennähe** versteht man die vollständige Ausrichtung aller Abteilungen eines Unternehmens auf die Erfüllung von Kundenwünschen. Insofern bestehen nachhaltige Überschneidungen mit Konstrukten wie Markt- und Kundenorientierung" (Kohli & Jaworski, 1990, zitiert nach Albers & Krafft, 2001, S. 867).

2.3.3 Kundenzufriedenheit

Nach den ersten erfolgreich durchgeführten Transaktionen stellt sich beim Kunden ein Gefühl der Zufriedenheit bzw. Unzufriedenheit ein. Als Ergebnis eines Soll-Ist-Vergleichs wirkt sich die Kundenzufriedenheit auf das Informations-, Kommunikations- und Transaktionsverhalten der Kunden aus (Smidt & Marzian, 2001, S. 30).

▶ „**Kundenzufriedenheit** ist der zentrale Gegenstand der Zufriedenheitsforschung, die sich mit der Erfüllung unterschiedlicher Arten von menschlichen Bedürfnissen befasst und eine starke Verankerung in der Organisationspsychologie aufweist. Kundenzufriedenheit kommt seit jeher eine wichtige Rolle im Rahmen eines auf die Erfüllung von Kundenbedürfnissen ausgerichteten Marketingverständnisses zu" (Hennig-Thurau & Hansen, 2001, S. 878).

Die Bedeutung der Zufriedenheit ergibt sich aus ihren Auswirkungen auf das Kundenverhalten (Niewerth & Thiele, 2014, S. 47–50):

- Gerade in Käufermärkten kommen **Wiederholungskäufe** nur dadurch bzw. dann zustande, wenn die Kunden mit dem Produkt bzw. der Dienstleistung zufrieden sind. Zufriedene Kunden kaufen erneut beim selben Unternehmen. Außerdem beachten sie wesentlich weniger stark die Marketingaktivitäten von Konkurrenten.
- Zufriedene Kunden sind auch geneigt andere Produkte und Dienstleistungen des Unternehmens auszuprobieren. Dadurch werden **Cross-Selling-Effekte** realisiert.
- Hinzu kommt, dass zufriedene Kunden bereit sind, einen etwas höheren Preis für die Produkte und Dienstleistungen *„ihres"* Unter-

nehmens zu zahlen. Sie zeichnen sich durch eine **geringere Preissensitivität** aus.
- Zufriedene Kunden werden zu Fürsprechern für das Unternehmen. Sie betreiben im Freundes- und Bekanntenkreis positive **Mund-zu-Mund-Propaganda**. Dies ist in Zeiten von Social Media besonders bedeutsam.

2.3.4 Kundenloyalität

Kundenzufriedenheit baut auf der Kundenorientierung und -nähe auf und bildet die Basis für die Kundenloyalität. Es ist auf Käufermärkten offensichtlich, dass sich kein Kunde zu einem Unternehmen loyal verhält, wenn er mit den Produkten und Leistungen unzufrieden ist. Eine Ausnahmesituation ist gegeben, falls der Anbieter eine Monopolstellung innehat (Smidt & Marzian, 2001, S. 33).

2.3.5 Kundenbindung

Für die Herausbildung einer dauerhaften und tragfähigen Kundenbindung muss der Anbieter heutzutage einen überdurchschnittlichen **Wertbeitrag** leisten. Dieser wird auch als **Perceived Customer Value** bezeichnet. Dies bringt zum Ausdruck, dass der Wertbeitrag vom Kunden wahrgenommen und erlebt werden muss (Smidt & Marzian, 2001, S. 33).

▶ „**Kundenbindung** als zentrales Marketingziel im Beziehungsmarketing ist Ausdruck einer mehr oder weniger eingeschränkten Austauschbarkeit potenzieller Lieferanten aus der Perspektive des Kunden" (Jackson, 1985, S. 67, zitiert nach Söllner, 2001, S. 847).

2.4 Entstehung von Kundenzufriedenheit

2.4.1 Das Confirmations-/Disconfirmations-Paradigma

Die Kernaussage des C/D-Paradigmas lautet nach Homburg und Stock-Homburg (2016, S. 20), dass Kunden die in Anspruch genommene Leistung, die als Ist-Komponente bzw. Ist-Leistung bezeichnet wird, wahrnehmen und mit ihrer Erwartungshaltung, die als Soll-Komponente, Soll-Leistung bzw. Vergleichsmaßstab bezeichnet wird, vergleichen. Dabei kann es zu drei verschiedenen Ergebnissen kommen. Wenn die Ist-Komponente der Soll-Komponente exakt entspricht, resultiert daraus eine Konfirmation bzw. eine Indifferenz. Es entsteht ein relativ neutrales Gefühl. Liegt die Ist-Komponente dagegen oberhalb der Soll-Komponente, kommt es zu einer positiven Konfirmation, der Kunde ist zufrieden. Bei einer starken positiven Konfirmation kann es sogar zur Begeisterung des Kunden kommen. Liegt dagegen die Ist-Komponente unterhalb der Soll-Komponente, ergibt sich eine negative Konfirmation, der Kunde ist unzufrieden. Bei einer starken negativen Konfirmation kann es sogar zur Verärgerung des Kunden kommen (vgl. dazu Abb. 2.2).

Die einzelnen Elemente des C/D-Paradigmas werden im Folgenden in ihren Grundzügen skizziert.

Die Soll-Komponente
Für die **Entstehung der Sollkomponente** spielen nach Matzler et al. (1997b, S. 734), Kuß & Tomczak (2000, S. 147–148) und Niewerth &

Thiele (2014, S. 35) verschiedene **Determinanten** eine wesentliche Rolle:

- **Die Bedürfnisse des Kunden:** Die Erwartungen der Kunden werden ganz maßgeblich von seinen Bedürfnissen beeinflusst. Dies lässt sich am Beispiel einer Flugreise verdeutlichen. Ein Tourist, der in den Urlaub fliegt, hat ganz andere Bedürfnisse als ein Geschäftsreisender, der zu einem wichtigen Termin fliegt. Der Tourist ist an einem angenehmen und entspannten Flug (z. B. abwechslungsreiches Entertainment-Programm) interessiert und möchte, dass sein Gepäck wohlbehalten ankommt. Für den Geschäftsreisenden sind dagegen Pünktlichkeit und Arbeitsmöglichkeiten im Flugzeug (z. B. eine stabile Internetverbindung) entscheidend.
- **Eigene Erfahrungen:** Wenn der Kunde bereits Erfahrungen mit den Produkten und Dienstleistungen des Anbieters gesammelt hat, prägen diese Erfahrungen seine Erwartungshaltung. Positive Erfahrungen steigern und negative Erfahrungen senken die Erwartungshaltung und können sogar zum Anbieterwechsel führen.

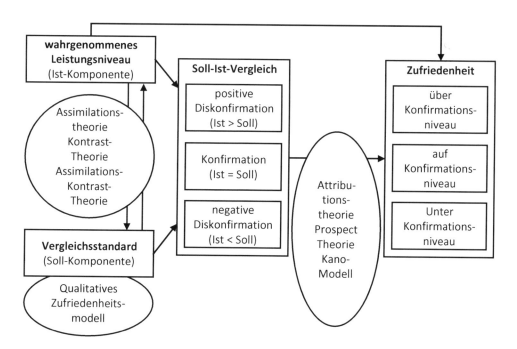

Abb. 2.2 Das C/D-Paradigma und die Einordnung theoretischer Konzepte. (Quelle: Homburg & Stock-Homburg, 2016, S. 21.)

- **Meinungen anderer Kunden:** Im Falle von bisher nicht genutzten Dienstleistungen, ist der Kunde oft nicht in der Lage, die Dienstleistungsqualität vor der Nutzung zu beurteilen. Dann haben die Erzählungen und Berichte von Freunden und Bekannten, die diese Dienstleistung bereits genutzt haben, eine große Bedeutung. Außerdem können sich die Kunden im Internet auf Social Media-Portalen über das Angebot nahezu jeden Unternehmens informieren. Zu nennen sind beispielsweise Produktbewertungsportale, Meinungsforen und Weblogs. Diese Informationsmöglichkeiten wirken sich auf die Erwartungshaltung der Kunden aus.
- **Kommunikation des Anbieters und der Konkurrenz:** Auch von der Kommunikationspolitik des Anbieters (z. B. Direktwerbung, Newsletter-Werbung usw.) geht ein Einfluss auf die Erwartungshaltung der (potenziellen) Kunden aus. Für Anbieter ist es von Bedeutung, nur realistische Erwartungen zu wecken. Schließlich müssen sie mit ihren Leistungen der Erwartungshaltung der Kunden auch gerecht werden. Darüber hinaus spielt die Kommunikationspolitik der Konkurrenz ebenfalls eine erhebliche Rolle.

Eine sehr differenzierte Betrachtung der Soll-Komponente nimmt Schütze (1992, S. 157–158) vor. Er grenzt insgesamt acht verschiedene **Soll-Komponenten** ab, die von den Kunden im Soll-Ist-Vergleich angewendet werden können:

- **Das Erwartete:** Dieser Maßstab stellt eine Art Mittelwert aus früheren Erfahrungen der Kunden dar. Er reflektiert gewissermaßen die subjektive Wahrscheinlichkeit zukünftiger Ergebnisse. Die Basis für das Erwartete bilden eigene Erfahrungen, Empfehlungen aus dem Freundes- und Bekanntenkreis sowie Marketingmaßnahmen des Anbieters.
- **Das Normale:** Hierbei orientiert sich der (potenzielle) Kunde an dem, was in der jeweiligen Branche oder Produktkategorie normalerweise als Produkt- oder Dienstleistung erbracht wird. Die Erwartungen stellen in diesem Fall eine Art Mittelwert dar.
- **Das Ideale:** Die Basis für diesen Erwartungsmaßstab bildet erneut das Wissen des (poten-

ziellen) Kunden. Hinzu kommt ein affektiver Aspekt. Dieser beschreibt, was als ideal erwartet wird. Insbesondere anspruchsvolle Kunden werden das Ideale vom Anbieter erwarten.
- **Das minimal Tolerierbare:** Für (potenzielle) Kunden, die sehr schlechte Erfahrungen gemacht haben, ist dieser Maßstab relevant. Ihr Motto lautet: *„Wenig ist besser als nichts!"* Auch Kunden, die sich unsicher sind, können so denken. Durch den niedrigen Vergleichsstandard wird gewissermaßen ein psychologisches Sicherheits-Moment aufgebaut.
- **Das Gerechte:** Kunden orientieren sich auch daran, was andere Kunden in einer vergleichbaren Situation erhalten haben. Dies wird als angemessen erachtet.
- **Das Verdiente:** Dieser Maßstab basiert auf Erfahrungen der (potenziellen) Kunden. Es handelt sich dabei um realistische Einschätzungen. Zusätzlich berücksichtigt der Kunde, die Anstrengungen, die er selbst aufgebracht hat.
- **Das mit angemessenen Mitteln erreichbare:** In diesem Fall erwarten die (potenziellen) Kunden mehr als das Minimum, streben jedoch nicht das Maximum des Möglichen an. Dabei findet eine Orientierung an einem gerechten Aufwands-Ertrags-Verhältnis statt. Dieser Vergleichsstandard stellt daher einen Spezialfall des Gerechten dar.
- **Die beste Alternative:** Wenn die (potenziellen) Kunden diesen Vergleichsmaßstab zugrunde legen und zufrieden sind, hat der jeweilige Anbieter einen komparativen Wettbewerbsvorteil, denn die Kunden sind erst dann zufrieden, wenn sie die beste Alternative innerhalb einer Branche bzw. Produktkategorie realisiert haben.

Es kann sogar vorkommen, dass ein Kunde mehrere Vergleichsstandards gleichzeitig anwendet (Homburg & Stock-Homburg, 2016, S. 21).

Die Ist-Komponente

In der Zufriedenheitsforschung hat die Ist-Komponente bisher nur eine geringe Beachtung gefunden. Dabei versteht man darunter die tatsächliche Produkt- oder Dienstleistung. Es wird zwischen einer objektiven und einer subjektiv wahrgenommenen Ist-Leistung unterschieden (Niewerth

& Thiele, 2014, S. 37; Tse & Wilton, 1988, zitiert nach Homburg & Stock-Homburg, 2016, S. 21). Die objektive Ist-Leitung ist für alle Kunden gleich. Dagegen variiert die subjektiv wahrgenommene Ist-Leistung aufgrund von Wahrnehmungseffekten von Kunde zu Kunde. Das bedeutet, dass eine objektiv gleiche Leistung von verschiedenen Kunden unterschiedlich wahrgenommen und beurteilt wird. Daher wird bei der Konzeptualisierung der Ist-Komponente auf die subjektiv wahrgenommene Ist-Komponente zurückgegriffen (Homburg & Stock-Homburg, 2016, S. 21–22).

Der Soll-Ist-Vergleich

Im eigentlichen Soll-Ist-Vergleich sehen Homburg und Stock-Homburg (2016, S. 22) die wesentliche intervenierende Variable zwischen der Soll- bzw. Ist-Komponente und dem sich ergebenden Zufriedenheitsurteil (Churchil & Surprenant, 1982, S. 492, zitiert nach Homburg & Stock-Homburg, 2016, S. 22):

- Soll-Komponente = Ist-Komponente = Konfirmation, es entsteht ein Gefühl der Indifferenz.
- Soll-Komponente < Ist-Komponente = positive Diskonfirmation, es entsteht ein Gefühl der Zufriedenheit.
- Soll-Komponente > Ist-Komponente = negative Diskonfirmation, es entsteht ein Gefühl der Unzufriedenheit.

Homburg und Stock-Homburg (2016, S. 22) weisen darauf hin, dass die Soll- und die Ist-Komponente nicht unabhängig voneinander sind. Für den Fall, dass sich beide Größen unterscheiden, kann es zu einer nachträglichen Anpassung der Soll- und/oder der wahrgenommenen Ist-Leistung kommen. Konkret können Assimilations- oder Kontrast-Effekte auftreten. Der Assimilations-Effekt führt zu einer Verringerung und der Kontrast-Effekt zu einer Vergrößerung der wahrgenommenen Diskrepanz. Diese Effekte werden im Rahmen der Assimilations- und Kontrasttheorie noch genauer beschrieben. Außerdem ist mittlerweile bekannt, dass auch affektive Komponenten bei der Entstehung von Kundenzufriedenheit eine Rolle spielen. Kundenzufriedenheit lässt sich daher als kognitives und affektives

Konstrukt definieren. Das Vergleichsergebnis wird noch einem emotionalen Bewertungsprozess unterzogen bevor es letztendlich zur Kunden(un)zufriedenheit kommt.

2.4.2 Die Assimilationstheorie

Der Begriff Assimilation (engl.: assimilation; lat. similis) bedeutet Angleichung, *„Verähnlichung"* oder Verschmelzung. Auch in der Biologie findet der Begriff der Assimilation Verwendung. Dort bedeutet er jedoch die Aufnahme von Stoffen bei Tieren und Pflanzen (Bergius & Flammer, 2020, S. 208). Im Rahmen der **Assimilationstheorie** wird davon ausgegangen, dass Menschen nach einem kognitiven Gleichgewicht streben.

▶ „Der **Assimilationseffekt**, auch als **Angleichungseffekt** bezeichnet, kommt durch den Einfluss des Kontextes zustande. So kann die Bewertung einer Person dadurch steigen, dass sie sich in Begleitung einer anderen attraktiven oder angesehenen Person befindet. Das Ansehen der einen Person färbt auf das Ansehen der anderen Person ab" (o. V., 2001b, S. 136).

Überträgt man die **Assimilationstheorie** auf die Entstehung von Kundenzufriedenheit so lassen sich mit Homburg und Stock-Homburg (2016, S. 25) die folgenden Fälle unterscheiden:

- **Konfirmation:** Da die Erwartungen (Soll-Komponente) durch die Leistungen (Ist-Komponente) erfüllt werden, herrscht ein kognitives Gleichgewicht. Es findet daher keine Assimilation statt.
- **Negative Diskonfirmation:** Die Leistungen (Ist-Komponente) können aus Kundensicht die Erwartungen (Soll-Komponente) nicht erfüllen. Es kommt zu einer als unangenehm wahrgenommenen kognitiven Dissonanz. Jetzt kommt es zum Assimilationseffekt. Entweder wird die Wahrnehmung der Leistungen an die Erwartungshaltung angepasst oder der Kunde passt seine Erwartungshaltung an die wahrgenommene Leistung an.
- **Positive Diskonfirmation:** Dieses Mal können die Leistungen (Ist-Komponente) die Er-

wartungen erfüllen oder übertreffen diese sogar. Allerdings führt dies ebenfalls zu einer kognitiven Dissonanz. Auch hier greift jetzt der Assimilationseffekt. Es kommt zu einer Anpassung der wahrgenommenen Ist-Leistung oder Veränderung der Erwartungshaltung, bis die kognitive Dissonanz beseitigt ist.

Sowohl bei der negativen als auch bei der positiven Diskonfirmation verursacht der **Assimilationseffekt** eine **Anpassung der Zufriedenheit an das Konfirmationsniveau** (Homburg & Stock-Homburg (2016, S. 25)).

2.4.3 Die Kontrasttheorie

Die Grundlage für die Kontrasttheorie bildet die, von Helson (1964, zitiert nach Homburg & Stock-Homburg (2016, S. 25)) entwickelte, **Adaption-Level Theory**. Es werden die folgenden Annahmen getroffen (Homburg & Stock-Homburg (2016, S. 25)):

- **Kontrastierung:** Sollte es vorkommen, dass die Ist- von der Soll-Leistung abweicht (positive oder negative Diskonfirmation), dann nehmen die betroffenen Personen eine Anpassung der Ist- oder der Soll-Leistung vor.
- **Kontrast-Effekt:** Im Vergleich mit der Assimilationstheorie zeigt sich, dass dieses Mal die Personen die wahrgenommene Diskrepanz zwischen Ist- und Soll-Leistung vergrößern. Dies bedeutet, dass ein zufriedener Kunde noch zufriedener wird (es entsteht bei positiver Diskonfirmation eine extreme Zufriedenheit bzw. wird die Zufriedenheit verstärkt) und ein unzufriedener Kunde sich nach der Kontrastierung noch unzufriedener fühlt (es entsteht bei negativer Diskonfirmation eine extreme Unzufriedenheit bzw. wird die Unzufriedenheit verstärkt).

2.4.4 Die Assimilations-Kontrast-Theorie

Mithilfe der **Assimilations-Kontrast-Theorie** lassen sich die Reaktionen von Personen auf einen Stimulus bzw. auf Stimuli erklären. Sie lässt sich auf verschiedene Marketingbereiche, z. B. auf Fragestellungen der Preispolitik, anwenden. Die Grundannahme besteht darin, dass Kunden über Ankerpunkte bzw. Vergleichsstandards (Soll-Komponente) verfügen. Diese Standards werden zur Bewertung einer Leistung (Ist-Komponente) herangezogen. Hierbei fragt sich der Kunde, wie weit ist die wahrgenommene Leistung von seinem Vergleichsstandard entfernt. Es gibt einen Toleranzbereich. Dort findet die Assimilation bzw. Anpassung von Ist- und Soll-Leistung statt. Es kommt zu einer Abschwächung der Kundenzu- bzw. Kundenunzufriedenheit. Sobald die Leistung über den Toleranzbereich hinaus abweicht, greift das Kontraststreben des Kunden. Es kommt zu einer Verstärkung der bestehenden Differenz. Im Ergebnis werden aus unzufriedenen, sehr unzufriedene Kunden und aus zufriedenen, sehr zufriedene Kunden (Hennig-Thurau, 2001a, S. 66–67).

▷ „Die **Assimilations-Kontrast-Theorie** ist eine Theorie der Informationsverarbeitung und Änderung von Einstellungen, wonach Informationen im Bereich der Annahmetoleranz des Empfängers von Informationen zur Stützung der eigenen Meinung verwendet werden, dagegen außerhalb der Annahmetoleranz (und in einer Differenzzone) liegende Informationen als zu unterschiedlich von den eigenen Einstellungen angesehen werde, so dass die eigene Meinung noch weiter in die entgegengesetzte Richtung verschoben wird" (o. V., 2001c, S. 136).

2.4.5 Die Attributionstheorie

Im Rahmen von Wirtschaftsprozessen im Allgemeinen und **Kaufprozessen** im Besonderen stellt sich die Frage nach den **Ursachen** bzw. der **Ursachenzuschreibung**. Eng damit verbunden, steht die Frage nach der **Verantwortlichkeit** für die jeweilige Aktivität (Spieß, 2005, S. 62). Grundsätzlich ist es für ein Individuum nützlich, wenn es Umweltereignisse erklären, vorsehen und kontrollieren kann (Wiswede, 2021, S. 84).

▷ „Mit dem Begriff **Attribution** werden in der Sozialpsychologie alltägliche (ursächliche) Erklärungen für soziale Ereignisse oder Begründungen menschlicher Handlungen bezeichnet. Attributionen werden gebildet, wenn eine Handlung, ein Handlungsergebnis oder ein soziales Ereignis den Erwartungen von Akteur, Adressat oder Beobachter widerspricht" (Barth, 1996, S. 42).

Bei der **(Kausal-)Attribution** nehmen Personen zur Erklärung von Ereignissen eine Ursachenzuschreibung vor. Die Attributionstheorie erklärt somit das Zustandekommen der Attribution (Schöne & Tandler, 2020, S. 914). Die Gedanken der Akteure oder Beobachter sind mit einem Streben nach Kontrolle verknüpft. Daher werden sie auch **Kontrollkognitionen** genannt (Bierhoff, 2001, S. 145).

Die **Attributionstheorie** basiert auf den Arbeiten von Fritz Heider (1977, zitiert nach Bierhoff, 2001, S. 145). Anwendungsbereiche der Attributionstheorie sind beispielsweise Notsituationen und andere negative Ereignisse, interpersonelle Konflikte und Intergruppen-Konflikte (Bierhoff, 2001, S. 145). Wiswede (2021, S. 84) nennt die folgenden Beispiele:

- Zuschreibung von Merkmalen: z. B. „*Jungen sind immer gut in Mathematik.*"
- Dispositionen: z. B. „*Das Arbeitsergebnis entspricht deiner Faulheit.*"
- Ursachen: z. B. „*Peter musste scheitern, weil er nicht ökonomisch handelte.*"
- Intentionen: z. B. „*Der Verkäufer hat diesen Tatbestand bewusst verschwiegen.*"

Eine allgemeine Attributionstheorie besteht bisher nicht. Die allgemeinste Ausarbeitung stammt nach Wiswede (2021, S. 84) von Kelley (1967, zitiert nach Wiswede, 2021, S. 84) und beschreibt die Zuschreibung von Ereignissen auf drei verschiedene Ursachenbereiche:

- Objekt: z. B. der Schwierigkeit einer Aufgabe,
- Person: z. B. einer besonderen Begabung und
- Umstände: z. B. einer besonders heiklen Situation.

Mithilfe der **Attributionstheorie** lässt sich aber auch das folgende Phänomen erklären. Obwohl

die **Erwartungen** von verschiedenen Kunden im gleichen Maße erfüllt wurden, kommt es zu unterschiedlichen Zufriedenheitsurteilen. Die Attributionen bzw. **Ursachenzuschreibungen** können das Niveau der **Kundenzufriedenheit** erhöhen oder absenken (Homburg & Stock-Homburg, 2016, S. 29).

Homburg und Stock-Homburg (2016, S. 29–31) verweisen auf die Arbeiten von Bitner (1990, S. 70, zitiert nach Homburg & Stock-Homburg (2016, S. 29)), Erevelles und Leavitt (1992, S. 110, zitiert nach Homburg & Stock-Homburg (2016, S. 29)) sowie Folkes (1984, S. 402, zitiert nach Homburg & Stock-Homburg (2016, S. 29)) und grenzen drei **Dimensionen zur Kategorisierung der Ursachen** ab und erläutern diese am Beispiel der Kunden(un)zufriedenheit:

- **Ort (intern oder extern):** Die Person schreibt sich selbst (intern) oder einer anderen Person (extern) das Ergebnis zu. Diese Kategorie wird am häufigsten herangezogen. Die Erfüllung der Erwartungen führt im Falle der internen Zuschreibung, d. h. der Kunde sieht sich selbst dafür verantwortlich, zu einem besonders hohen Niveau der Kundenzufriedenheit (Folkes, 1984; Richins, 1985, zitiert nach Homburg & Stock-Homburg (2016, S. 30)). Dagegen fällt das Zufriedenheitsniveau bei externer Zuschreibung geringer aus. Bei Unzufriedenheit führt eine externe Zuschreibung zu einer größeren Unzufriedenheit als bei einer internen Zuschreibung (Valle & Wallendorf, 1977, S. 28, zitiert nach Homburg & Stock-Homburg (2016, S. 30)).
- **Stabilität (stabil oder instabil):** Die Person beurteilt die Ursache als dauerhaft bzw. stabil oder als vorübergehend bzw. instabil. Eine große Stabilität erhöht die Kundenzufriedenheit. Dabei geht der Kunde davon aus, dass der Anbieter auch zukünftig gute bzw. sehr gute Leistungen erbringen wird (Matzler, 1997, S. 57, zitiert nach Homburg & Stock-Homburg (2016, S. 30)). Im Falle der nicht erfüllten Erwartungen ergibt sich bei der stabilen Zuschreibung eine größere Unzufriedenheit (Folkes, 1984, zitiert nach Homburg & Stock-Homburg (2016, S. 30)). Für die In-

stabilität der Zuschreibung ergeben sich genau gegensätzliche Ergebnisse.

- **Kontrollierbarkeit (kontrollierbar oder nicht kontrollierbar):** Die Person sieht die Ursache als beeinflussbar bzw. kontrollierbar oder nicht beeinflussbar bzw. nicht kontrollierbar an. Nimmt der Kunde an, dass der Anbieter die Situation kontrollieren kann und ist er mit der Leistung unzufrieden, wird die Unzufriedenheit noch verstärkt (Folkes, 1984, zitiert nach Homburg & Stock-Homburg (2016, S. 30–31)).

2.4.6   Die Prospect-Theorie

Die Prospect-Theorie wurde von Kahnemann und Tversky (Kahnemann & Tversky, 1979; Tversky & Kahnemann, 1991 alle zitiert nach Schade, 2001, S. 1435) entwickelt. Den Anstoß dazu gaben Beobachtungen zum Entscheidungsverhalten von Individuen, die sich nicht mit der Neumann-Morgenstern-Erwartungsnutzentheorie deckten (Wenig, 2009, S. 193). Im Marketing wird die Prospect-Theorie zur Modellierung der Wahrnehmung und der Preisbeurteilung eingesetzt (siehe dazu Abb. 2.3) (Schade, 2001, S. 1435).

Da die Prospect-Theorie eine a priori-Betrachtung und die Kundenzufriedenheit ein ex post-Konstrukt ist, passen diese beiden Theorieansätze eigentlich nicht zusammen. Homburg und Stock-Homburg (2016, S. 31) abstrahieren jedoch von der zeitbezogenen Diskrepanz und übertragen die Prospect-Theorie und deren funktionalen Verlauf auf das Konstrukt der Kundenzufriedenheit. Dabei interpretieren sie den Referenzpunkt als Niveau der Erwartungen und den Nutzen als Zufriedenheit. Sie kommen dadurch zu dem Schluss, dass eine Erfüllung der Erwartungen zu geringerer Zufriedenheit führt als ein gleiches Nichterfüllen (d. h. um den gleichen Wert) der Erwartungen. Die Unzufriedenheit ist in diesem Falle stärker ausgeprägt. Dies ist dem asymmetrischen Verlauf (sie verläuft für Verluste steiler als für Gewinne) der Funktion der Prospect-Theorie geschuldet (Herrmann et al., 1998, S. 1237, zitiert nach Homburg & Stock-Homburg (2016, S. 31)).

2.4.7   Das qualitative Zufriedenheitsmodell

In der bisherigen Diskussion wurde implizit von einem konstanten Erwartungsniveau bzw. Vergleichsstandard ausgegangen. Es kann jedoch vorkommen, dass das Erwartungsniveau der Kunden sich im Zeitablauf verändert. Das Leistungsniveau davon jedoch unbeeinflusst und damit konstant bleibt (Homburg & Stock-Homburg, 2016, S. 27).

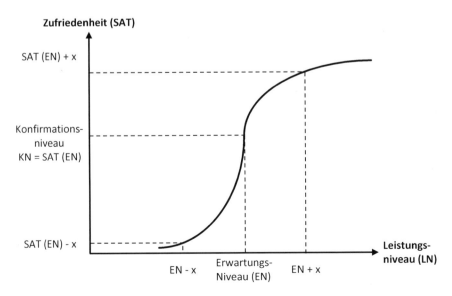

Abb. 2.3 Darstellung des Zufriedenheitsniveaus gemäß der Prospect Theorie. (Quelle: Homburg & Stock-Homburg, 2016, S. 32.)

Vor diesem Hintergrund entwickeln Stauss und Neuhaus (1996, 2000) das Qualitative Zufriedenheitsmodell (vgl. dazu Tab. 2.3 und 2.4). Ihre Argumentation stützen sie dabei auf die Arbeiten zur Arbeitszufriedenheit von Bruggemann (1974, 1976, zitiert nach Stauss & Neuhaus, 1996, S. 130) und Bruggemann et al., 1975, zitiert nach (Stauss & Neuhaus, 1996, S. 130).

Ihre Argumentation stützt sich auf zwei wesentliche **Grundannahmen** (Stauss & Neuhaus, 1996, S. 130):

- **Grundannahme 1:** Hierbei geht es um die Komponenten des Zufriedenheitsempfindens. Sie gehen davon aus, dass Zufriedenheit bzw. Unzufriedenheit, die von den Kunden als Erfüllung bzw. Nichterfüllung von Erwartungen wahrgenommen wird, unmittelbar mit einem Gefühl gegenüber dem Anbieter verbunden ist. Daraus leiten sich Erwartungen bezüglich der zukünftigen Leistungsfähigkeit des Anbieters ab. Zusätzlich bildet sich noch eine Verhaltensintention heraus. Die Kunden wollen die Geschäftsbeziehung fortsetzen und würden sich wieder für den Anbieter entscheiden.
- **Grundannahme 2:** Kunden, die wertmäßig die gleiche Global- bzw. Gesamtzufriedenheit angeben, unterscheiden sich jedoch hinsichtlich ihrer Emotionen, Erwartungen und Bindungsbereitschaften.

Innerhalb ihres Qualitativen Zufriedenheitsmodells grenzen sie insgesamt fünf verschiedene **Kundentypen** ab, die durch die im Folgenden beschriebenen Eigenschaften gekennzeichnet sind (Stauss & Neuhaus, 2000, S. 31–32) (vgl. dazu auch die Hypothesen in Tab. 2.4):

- **Der „Fordernd Zufriedene":** Dieser Kunde ist ein aktiver Zufriedenheitstyp. Er hegt gegenüber dem Anbieter positive Gefühle (z. B. Optimismus und Zuversicht). Durch sein bisheriges Erfahrungsspektrum geht er davon aus, dass der Anbieter auch zukünftig seinen steigenden Erwartungen gerecht werden kann. Grundsätzlich möchte er die Geschäftsbeziehung aufrecht halten. Allerdings erwartet er zukünftig eine kontinuierliche Leistungssteigerung.

- **Der „Stabil Zufriedene":** Dieser Kunde ist durch ein passives Anspruchs- und Forderungsverhalten gekennzeichnet. Auch er hegt positive Gefühle (z. B. Beständigkeit und Vertrauen) gegenüber dem Anbieter. Er möchte auf jeden Fall die Geschäftsbeziehung zum Anbieter aufrechterhalten und wünscht sich zudem, dass alles so bleibt wie es ist.
- **Der „Resigniert Zufriedene":** Durch seine Erfahrungen geht dieser Kundentyp davon aus, nicht mehr als das bisher Erhaltene erwarten zu dürfen. Die Geschäftsbeziehung ist daher emotional nicht positiv gefärbt, sondern durch eine gewisse Gleichgültigkeit seitens des Kunden geprägt. In seinem Anspruchs- und Forderungsverhalten verhält er sich passiv und erwartet daher auch keine Leistungssteigerungen seitens des Anbieters. Bemerkenswert ist, dass er keine Anstrengungen unternimmt, seine Forderungen gegenüber dem Anbieter zum Ausdruck zu bringen.
- **Der „Stabil Unzufriedene":** Dieser Kunde ist mit den Produkten und Dienstleistungen des Anbieters unzufrieden. Allerdings unternimmt er auch nichts, um dies zu ändern. Enttäuschung macht sich breit, jedoch ohne konkrete Verhaltenskonsequenz. Allerdings ist er zum Anbieterwechsel bereit. Bis die richtige Gelegenheit kommt, verharrt er unzufrieden in seiner jetzigen Position.
- **Der „Fordernd Unzufriedene":** Seine Unzufriedenheit verbindet er mit einem aktiven Anspruchs- und Forderungsverhalten. Zum einen erwartet er ganz bewusst eine Leistungssteigerung des Anbieters und zum anderen wird er diese Leistungssteigerung auch selbstbewusst einfordern. Außerdem ist er, sollte der Anbieter nicht auf seine Forderungen eingehen, zum Wechsel bzw. zur Abwanderung entschlossen.

Homburg und Stock-Homburg (2016, S. 27–28) greifen das Qualitative Zufriedenheitsmodell von Stauss und Neuhaus (1996) auf und ergänzen es um eine weitere Kundenkategorie. Konkret unterscheiden sie zwischen progressiver, stabiler und resignativer Zufriedenheit sowie zwischen progressiver, stabiler und resignativer Unzufriedenheit. Die sich ergebende Typologie ist in Abb. 2.4 visualisiert.

Tab. 2.3 Die fünf Kundentypen des Qualitativen Zufriedenheitsmodells. (Quelle: Stauss & Neuhaus, 1996, S. 131)

	Der Fordernd Zufriedene	Der Stabil Zufriedene	Der Resignativ Zufriedene	Der Stabil Unzufriedene	Der Fordernd Unzufriedene
Gefühl	Optimismus/Zuversicht	Beständigkeit/Vertrauen	Gleichgültigkeit/Anpassung	Enttäuschung/Ratlosigkeit	Protest/Einflussnahme
Erwartung	… muss in Zukunft mit mir Schritt halten	… soll alles bleiben wie bisher	… mehr kann man nicht erwarten	… erwarte eigentlich mehr, aber was soll man schon machen	… muss sich in einigen Punkten erheblich verbessern
Verhaltens-intention (Wiederwahl?)	Ja, da bisher meinen ständig neuen Anforderungen gewachsen	Ja, da bisher alles meinen Anforderungen entsprach	Ja, denn andere sind auch nicht besser	Nein, aber kann keinen konkreten Grund angeben	Nein, denn trotz eigener Bemühungen wurde nicht auf mich eingegangen

Tab. 2.4 Hypothesen des qualitativen Zufriedenheitsmodells. (Stauss & Neuhaus, 1996, S. 130–133)

Nr.	Hypothese	Ergebnis
H 1a	*Kunden, die die gleiche Globalzufriedenheit angeben, haben gegenüber dem Anbieter unterschiedliche Gefühle.*	Nicht verworfen
H 1b	*Unter den zufriedenen Kunden gibt es ein emotionales Gefährdungspotenzial.*	Nicht verworfen
H 2a	*Kunden, die die gleiche Globalzufriedenheit angeben, haben gegenüber der zukünftigen Leistungsfähigkeit des Anbieters unterschiedliche Erwartungen.*	Nicht verworfen
H 2b	*Unter den zufriedenen Kunden gibt es ein erwartungsbezogenes Gefährdungspotenzial.*	Nicht verworfen
H 3a	*Kunden, die die gleiche Globalzufriedenheit angeben, zeigen unterschiedliche Bindungsbereitschaften im Sinne einer Wiederwahl der derzeitigen Geschäftsbeziehung.*	Nicht verworfen
H 3b	*Unter den zufriedenen Kunden gibt es ein bindungsintentionales Gefährdungspotenzial.*	Nicht verworfen
H 4a	*Kunden lassen sich entsprechend ihrer Gefühle, Erwartungen und Verhaltensintentionen den fünf qualitativen Zufriedenheitstypen zuordnen.*	Nicht verworfen
H 4b	*Auch unter den Kunden, die angeben, mit dem Anbieter „sehr zufrieden" bzw. „zufrieden" zu sein, befinden sich „Resignative Zufriedene" mit hohem Gefährdungspotenzial.*	Nicht verworfen
H 5a	*Der „Fordernd Zufriedene" und der „Resignativ Zufriedene" haben mehr als der „Stabil Zufriedene" bereits in der Vergangenheit einen Anbieterwechsel erwogen.*	Nicht verworfen
H 5b	*„Fordernd Zufriedene" und „Resignativ Zufriedene" sind weniger als „Stabil Zufriedene" bereit, den Anbieter weiterzuempfehlen.*	Nicht verworfen

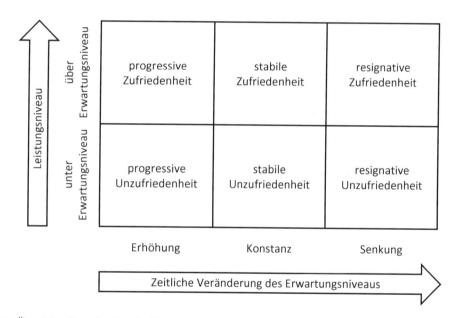

Abb. 2.4 Übersicht über die Typologisierung der verschiedenen Zufriedenheitsformen. (Quelle: Homburg & Stock-Homburg, 2016, S. 28.)

Es können zwischen den einzelnen Zufriedenheitstypen Übergänge stattfinden. Ein progressiv zufriedener Kunde kann beispielsweise durch die Steigerung seiner Erwartungshaltung zu einem progressiv unzufriedenen Kunden werden (Homburg & Stock-Homburg, 2016, S. 28–29) (siehe dazu auch Abb. 2.5).

2.4.8 Das Kano-Modell und die Opponent-Prozess-Theorie

Das Kano-Modell

Die Erkenntnis, dass ein hoher Erfüllungsgrad nicht immer zu hoher Zufriedenheit führt, hat zur Entwicklung des **Kano-Modells** geführt (siehe

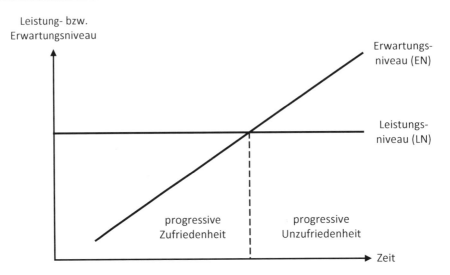

Abb. 2.5 Beispiel für den Übergang zwischen verschiedenen Zufriedenheitsformen im Zeitablauf. (Quelle: Homburg & Stock-Homburg, 2016, S. 29.)

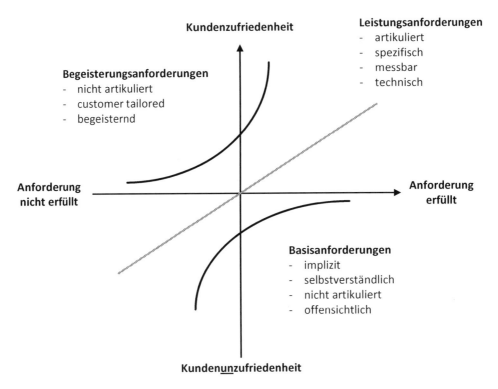

Abb. 2.6 Das Kano-Modell der Kundenzufriedenheit. (Quelle: Kano et al., 1984, S. 170; Berger et al., 1993, zitiert nach Bailom et al., 1996, S. 118.)

dazu Abb. 2.6). In ihrem Modell differenzieren Kano et al. (1984) zwischen fünf verschiedenen Produktanforderungen. Das Besondere daran ist, dass diese einen unterschiedlichen Einfluss auf die Kundenzufriedenheit ausüben (Bailom et al., 1996, S. 117–118):

- **Basisanforderungen (Must-be):** Dabei handelt es sich um Musskriterien eines Produktes. Werden diese Anforderungen nicht erfüllt, ergibt sich eine starke Unzufriedenheit bei den Kunden. Im umgekehrten Fall führt eine Erfüllung dieser Anforderungen jedoch nicht zur Zufriedenheit der Kunden. Es wird lediglich Unzufriedenheit vermieden. Die Kunden haben bezüglich der Basisanforderungen eine klare Erwartungshaltung aber artikulieren dies nicht extra in Befragungen. Kurz gesagt: Basisanforderungen sind für die Kunden eine Selbstverständlichkeit.

- **Leistungsanforderungen (One-dimensional):** Bei diesen Produktanforderungen zeigt sich ein proportionaler Zusammenhang zwischen der Erfüllung der Erwartungshaltung und der daraus resultierenden Kundenzufriedenheit. Kurz gesagt: Je höher der Erfüllungsgrad ausfällt, desto größer ist die Kundenzufriedenheit oder je niedriger der Erfüllungsgrad ausfällt, desto geringer ist die Kundenzufriedenheit. Die Kunden erwarten das Angebot von Leistungsanforderungen und artikulieren dies auch in Befragungen.

- **Begeisterungsanforderungen (Attractive):** Diese Anforderungen üben einen sehr starken Einfluss auf die Kundenzufriedenheit bzw. -begeisterung aus. Allerdings werden sie nicht explizit von den Kunden erwartet und in Befragungen auch nicht von selbst artikuliert. Kurz gesagt: Sie werden nicht erwartet. Die Kunden freuen sich jedoch über derartige Angebote. Sollten diese Produktanforderungen nicht erfüllt bzw. angeboten werden, resultiert daraus keine Unzufriedenheit.

- **Reverse Anforderungen (Reverse):** Wenn derartige Leistungen (z. B. Pop-up-Werbung bei einem E-Mail-Provider) angeboten werden, sind die Kunden unzufrieden. Im umgekehrten Fall, d. h. die Pop-up-Werbung entfällt, sind die Kunden zufrieden.

- **Indifferente Anforderungen:** Die Leistungen üben (derzeit) keinen Einfluss auf die Kundenzufriedenheit aus.

Die Opponent-Prozess-Theorie (OPT)

Matzler (2000, S. 16) bringt die **Opponent-Prozess-Theorie** (OPT) von Solomon (Solomon & Corbit, 1974, 1973 sowie Solomon, 1980, alle zitiert nach Matzler, 2000, S. 16) in die Diskussion um die **Faktorstruktur der Kundenzufriedenheit** ein. Diese Theorie ist in der Lage, Kundenzufriedenheit zu erklären und ist mit dem CD-Paradigma vereinbar.

Die **Homeostase** ist das grundlegende physiologische Phänomen auf dem die OPT basiert. Dabei adaptiert sich der Körper an bestimmte Stimuli. Ziel ist es, ein konstantes Niveau an Erregung bzw. Aktivierung sicherzustellen bzw. aufrechtzuerhalten. Dies wird durch einen neurophysiologischen Prozess, den Opponent-Prozess, erreicht. Der Opponent-Prozess reagiert auf störende Stimuli und wirkt diesen entgegen, um dadurch wieder die Homeostase herzustellen (Matzler, 2000, S. 16–17).

Dieses physiologische Prinzip übertragen Solomon und Corbit (1973, S. 158 ff., 1974, S. 119 ff., zitiert nach Matzler, 2000, S. 17) auf die menschliche Psyche. Danach wirkt der Opponent-Prozess immer dann, wenn das **affektive Gleichgewicht** des Individuums gestört wird. Die Störung des affektiven Gleichgewichts wird als **Prozess A** bezeichnet. Dies kann in positiver, aber auch negativer Hinsicht erfolgen. Das Besondere daran ist, dass der Opponent-Prozess dem störenden Stimulus immer entgegenwirkt (**Prozess B**). Der Opponent-Prozess ist allerdings träge, er benötigt daher immer eine gewisse Zeit, bis er wirkt. Im Laufe der Zeit, d. h. nach mehrmaligem Einsatz beim gleichen Stimulus, kommt es jedoch zu **Lerneffekten**, sodass der Opponent-Prozess immer schneller in der Lage ist, das angestrebte Erregungsniveau wiederherzustellen. Darüber hinaus kann festgehalten werden, dass der Opponent-Prozess stärker wird, eine höhere Asymptote aufweist und einen längeren Wirkungszeitraum hat (Matzler, 2000, S. 17).

Vor diesem Hintergrund zieht Matzler (2000, S. 19–21) die folgenden **Schlussfolgerungen** für die **Konzeptualisierung des Zufriedenheitskonstrukts:**

- **Kundenzufriedenheitsmessung:** Kundenzufriedenheit und -unzufriedenheit können nur einen begrenzten Zeitraum anhalten. Nämlich so lange, bis der Opponent-Prozess der Erregung entgegenwirkt und aufgrund des Homeostase-Prinzips das emotionale Gleichgewicht wiederherstellt. Daher sollte die Zufriedenheit der Kunden immer unmittelbar nach dem Konsumerlebnis gemessen werden.
- **Leistungssteigerung:** Da der Opponent-Prozess im Laufe der Zeit *„dazulernt"* kann nur durch eine Verstärkung des Stimulus Zufriedenheit erzeugt werden.
- **Begeisterungsfaktoren:** Als neu wahrgenommene Stimuli können das affektive Gleichgewicht der Konsumenten stören, es entsteht im positiven Fall eine große Zufriedenheit. Der Opponent-Prozess *„kennt"* diese Stimuli noch nicht und setzt daher erst mit einer gewissen Verzögerung ein. Daher können diese Stimuli, die in der Lage sind, positive Emotionen auszulösen, als Begeisterungsfaktoren im Sinne des Kano-Modells bezeichnet werden.
- **Basisfaktoren:** Stimuli, die der Kunde schon des Öfteren wahrgenommen hat, sind dem Opponent-Prozess bereits *„bekannt"*. Da in diesem Falle der Opponent-Prozess sehr schnell einsetzt und dem bekannten Stimulus entgegenwirkt, können keine positiven Emotionen ausgelöst werden. Der Opponent-Prozess ist zudem träge, werden die entsprechenden Stimuli nicht wahrgenommen, wirkt er noch nach und es entstehen durch die entgegengesetzte Wirkung negative Emotionen. Somit lassen sich dadurch die Basisfaktoren im Sinne des Kano-Modells theoretisch fundieren.
- **Leistungsfaktoren:** Diese Faktoren befinden sich gewissermaßen in einem Übergangsstadium und liegen daher zwischen Begeisterungs- und Basisfaktoren. Da die Stimuli noch relativ neu für den Opponent-Prozess sind, können sie kurzfristig positive Emotionen auslösen. Dies geht so lange, bis der Opponent-Prozess einsetzt. Durch frühere Erfahrungen hat der Opponent-Prozess schon *„gelernt"*. Werden diese Stimuli nicht angeboten, kommt es zur Überreaktion des Opponent-Prozesses. Unzufriedenheit ist die Folge. Daher lassen

sich auch die Leistungsfaktoren des Kano-Modells mithilfe der OPT theoretisch untermauern.
- **Zufriedenheitsdynamik:** Sofern die Argumentation zutrifft, lässt sich durch die OPT eine Dynamik der Kundenzufriedenheit begründen. Je nachdem, welche Erfahrungen der Kunde bisher mit den Produkten und Dienstleistungen des Anbieters gemacht hat, stuft er die jeweiligen Eigenschaften als Basis-, Leistungs- oder Begeisterungsfaktoren ein. Im Laufe der Zeit werden jedoch aus Begeisterungsfaktoren Leistungsfaktoren und später dann Basisfaktoren. Diese Entwicklung ist vom *„Lernprozess"* des Opponent-Prozesses abhängig.
- **Drei-Faktor-Struktur:** Mithilfe der OPT lässt sich eine Drei-Faktor-Struktur der Kundenzufriedenheit, bestehend aus Basis-, Leistungs- und Begeisterungsfaktoren, theoretisch begründen.

2.5 Wirkungen der Kundenzufriedenheit

2.5.1 Die Equity-Theorie

Es wird angenommen, dass auch Kunden das eigene **Input-Outcome-Verhältnis** mit dem des Anbieters vergleichen. Stimmt das Input-Outcome-Verhältnis in etwa überein, empfindet der Kunde **Gerechtigkeit**. Sollte der Vergleich des Input-Outcome-Verhältnisses dazu führen, dass sich der Kunde benachteiligt fühlt, dann fühlt er sich ungerecht behandelt. Dies ist beispielsweise dann der Fall, wenn der Kunde mit dem Produkt oder Dienstleistung unzufrieden ist (sein Outcome fällt relativ gering aus), dafür aber einen relativ hohen Preis (sein Input fällt relativ hoch aus) bezahlt hat. Hier liegt eine Benachteiligung des Kunden vor. Allerdings kann auch der umgekehrte Fall, eine Begünstigung, zum Gefühl der Ungerechtigkeit führen. Als Beispiel mag ein sehr zufriedener Kunde (hoher Output) dienen, der aber nur relativ wenig für das Produkt bzw. die Dienstleistung bezahlt hat (niedriger Input). Dieses Mal wird der Anbieter schlechter gestellt. Dies nimmt der Kunde als ungerecht wahr. Daraus lässt sich ableiten, dass Kunden bereit sind, für eine sehr gute Leistung einen entsprechend hohen Preis zu zahlen (Homburg & Stock-Homburg, 2016, S. 38).

▶ „Bei der **Equity-Theorie** (Gerechtigkeitstheorie) handelt es sich um einen grundlegenden motivationstheoretischen Ansatz zur Erklärung des Verhaltens von Individuen. Zentral dabei ist die Bewertung eines Input-Outcome-Verhältnisses bzw. einer Transaktion" (Hennig-Thurau, 2001b, S. 529).

Der eigentliche Vergleichsprozess lässt sich in zwei Ebenen aufteilen. Zunächst wendet der Kunde die sogenannte **Integrationsregel** an. Dabei wird für jede Vertragspartei das Input-Output-Verhältnis bestimmt. Anschließend werden die beiden Input-Output-Verhältnisse miteinander verglichen. Das Vergleichsergebnis wird mithilfe der **Distributionsregel** hinsichtlich der erzielten Gerechtigkeit bewertet. In der aktuellen Gerechtigkeitsforschung wird zwischen zwei Distributionsregeln unterschieden (Hennig-Thurau, 2001b, S. 529):

- **Fairness-Regel:** Jede Abweichung der Input-Output-Verhältnisse wird vom Kunden als ungerecht empfunden. Die Fairness-Regel deckt sich damit mit der klassischen Gerechtigkeitstheorie.
- **Präferenz-Regel:** Hier greift die Egoismus-Hypothese. Das bedeutet, dass Kunden Abweichungen zu ihren Gunsten als gerecht empfinden. Daraus resultiert dann eine entsprechende Kundenzufriedenheit. Damit lässt sich beispielsweise das Verhalten von Schnäppchen-Jägern erklären.

Für die **Wiederherstellung von Gerechtigkeit** stehen dem Kunden verschiedene **Strategien** zur Verfügung (Homburg & Stock-Homburg, 2016, S. 38):

- **Einstellungsänderung:** Kunden können ihre Einstellung hinsichtlich des Anbieters ändern. Dabei wird die Bedeutung des Anbieters relativiert und somit die wahrgenommene Ungerechtigkeit reduziert.

- **Abbruch der Geschäftsbeziehung:** Kunden, die sich ungerecht behandelt fühlen, kaufen zukünftig bei anderen Anbietern ein. Dies gilt es aus Unternehmenssicht, beispielsweise durch eine transparente Preispolitik, unbedingt zu vermeiden.
- **Beeinflussung des Anbieters:** Fühlt sich der Kunde ungerecht behandelt, hat er grundsätzlich zwei Ansatzpunkte dies zu ändern. Er kann versuchen, bessere Konditionen auszuhandeln oder den Anbieter auffordern, die Leistung nachzubessern. Letzteres ist allerdings nicht in allen Fällen möglich.
- **Variation des Inputs:** Ungerecht behandelte Kunden können z. B. die Zahlungen verkürzen. Sehr zufriedene Kunden, die sich ungerechtfertigter Weise zu gut behandelt fühlen, zeigen dagegen eine hohe Zahlungsbereitschaft.

Bisher standen die Input-Output-Verhältnisse sowie deren Bewertung im Mittelpunkt des Interesses. Hennig-Thurau (2001b, S. 529) macht jedoch darauf aufmerksam, dass auch das **Zustandekommen** des Input-Output-Verhältnisses Gegenstand der Betrachtung sein kann. Insgesamt lassen sich drei Gerechtigkeitsarten abgrenzen:

- Ergebnisorientierte Gerechtigkeit = Distributive Justice
- Prozessbezogene Gerechtigkeit = Procedural Justice
- Interaktionsbezogene Gerechtigkeit = Interactional Justice

2.5.2 Die Lerntheorien

Das Lernen wird heutzutage nicht mehr mit einer bestimmten Lebensphase (z. B. der Kindheit und Jugend) in Verbindung gebracht, sondern es ist erforderlich, dass die Menschen ihr gesamtes Leben lang lernen (Spieß, 2005, S. 65). Hinzu kommt, dass das wirtschaftliche Verhalten der Menschen in der Regel nicht angeboren, sondern erlernt ist. Es stellt gelerntes (Kauf-)Verhalten dar. Daher können die verschiedenen Lerntheorien einen wichtigen Beitrag zur Erklärung des

Verhaltens zufriedener bzw. unzufriedener Kunden leisten (vgl. Wiswede, 2021, S. 68).

▷ „**Lernen** ist die Aufnahme von Informationen und ihre Speicherung im Gedächtnis. Es handelt sich dabei um die zusammenfassende Bezeichnung für die Prozesse, die ein Individuum befähigen bzw. veranlassen, sein Verhalten zu ändern, sofern die Verhaltensänderung nicht durch organische Reifung, Ermüdung, Sinnesadaption oder Eingriffe von außen (z. B. Verletzungen oder Medikamente), sondern allein durch die frühere Begegnung mit der Situation hervorgerufen wird. Entscheidend ist dabei die Erfahrung von positiven bzw. negativen Konsequenzen, die zusammen mit den Handlungen, dazu führten, behalten zu werden" (Leszczynski & Schumann, 1995, S. 262–263).

Bis heute ist noch keine allumfassende Lerntheorie entwickelt worden. Dies ist bedingt durch die großen Unterschiede in den individuellen Lernvorgängen (Leszczynski & Schumann, 1995, S. 263). Homburg und Stock-Homburg (2016, S. 39–43) sehen insbesondere in der **instrumentellen Konditionierung** und in der **sozialen Lerntheorie** interessante Ansätze zur Erklärung des Verhaltens zufriedener bzw. unzufriedener Kunden. Auf diese beiden Ansätze wird im Folgenden genauer eingegangen.

Instrumentelle bzw. operante Konditionierung
Ursprünglich wurde die **instrumentelle Konditionierung** in den 1930er-Jahren von Burrhus Frederic Skinner entwickelt. Die Grundannahme lautet, dass von vergangenen Verhaltenskonsequenzen eine verstärkende Wirkung auf das zukünftige Verhalten eines Menschen ausgeht. Zentral dabei sind die Begriffe „*Belohnung*" und „*Bestrafung.*" Verhaltensweisen, die eine Belohnung zur Folge hatten, werden beibehalten. Dagegen werden Verhaltensweisen, die eine Bestrafung zur Folge hatten, zukünftig gemieden. Eine Verhaltensänderung ist im letzteren Fall daher sehr wahrscheinlich. Kommt es weder zu einer Belohnung noch zu einer Bestrafung, dann wird das jeweilige Verhalten aus dem Verhaltensrepertoire gelöscht (Homburg & Stock-Homburg, 2016, S. 41; Wiswede, 2021, S. 68).

Im hier vorliegenden Kontext ist besonders die Beibehaltung eines gewünschten Verhaltens (z. B: der Wiederkauf) von Interesse. Homburg und Stock-Homburg (2016, S. 41) führen für die Wiederholung eines Verhaltensmusters unter Bezugnahme auf Wiswede (2021, S. 68) die folgenden Gründe an (vgl. dazu ausführlich Wiswede, 2021, S. 68):

- die **Häufigkeit** der Verstärkung (in Abhängigkeit von der Deprivation des Individuums und der Spezifität des Verstärkers),
- die **Valenz** (Qualität/Quantität) eines Verstärkers (in Bezug auf mögliche Alternativen),
- die **Kontinuität** der Verstärkung (wobei sich diskontinuierliche Abfolgen das Verhalten zwar langsam, jedoch dauerhafter etablieren),
- die **Kontiguität** (zeitliche Nähe) und
- die **Kontingenz** (erlebter Zusammenhang) der Verstärkung (in Abhängigkeit von bisherigen Verstärkungserfahrungen).

Diese Erkenntnisse lassen sich auf einen Kaufprozess, der mit der Auswahl des Produktes oder der Dienstleistung beginnt, übertragen. Dies ist der Beginn der instrumentellen Konditionierung. Erst bei der Nutzung zeigt sich, ob das gewählte Kriterium (z. B. die Markenloyalität) zur geeigneten Leistungsauswahl beigetragen hat. Erfüllen sich die Erwartungen des Kunden, ist er zufrieden und wird durch den Kauf der zufriedenstellenden Marke belohnt. In der Folge wird er sich loyal verhalten, die Marke also auch zukünftig kaufen. Ist er hingegen unzufrieden, kommt es zur Bestrafung durch eine nicht zufriedenstellende Leistung. Zukünftig wird er wahrscheinlich sein Verhalten ändern und eine andere Marke kaufen. Er verhält sich illoyal (Homburg & Stock-Homburg, 2016, S. 42).

Modelllernen bzw. soziale Lerntheorie
Beim **Lernen am Modell** handelt es sich um eine neuere Lerntheorie, die von Albert Bandura ausformuliert wurde. Dabei werden durch das Beobachten eines Modells (z. B. der Nachbarn) und deren Verhalten (z. B. Kauf eines bestimmten Autos) sowie der sich ergebenden Konsequenzen (z. B. Anerkennung in der Nachbarschaft) Lernprozesse

(z. B. Kauf eines vergleichbaren oder desselben Automodells) initiiert. Dadurch erwerben Menschen kognitive Fähigkeiten und Verhaltensmuster, die vorher noch nicht zu ihrem Verhaltensspektrum gehörten (vgl. Spieß, 2005, S. 66–67).

Die **Soziale Lerntheorie** leistet einen wichtigen Beitrag zur Erklärung der Verhaltensweisen zufriedener bzw. unzufriedener Kunden. Homburg und Stock-Homburg (2016, S. 42–43) skizzieren dazu zwei Arten des Lernens am Modell:

- **Lernen durch Imitation:** Beispielsweise beobachtet ein Kunde bei einem Modell bzw. einer Referenzperson (z. B. einer berühmten Persönlichkeit oder einem Freund), dass diese bzw. dieser sich zu einer Marke loyal verhält. In der Folge verhält sich dieser Kunde ebenfalls loyal. Er ahmt gewissermaßen das beobachtete Verhalten nach.
- **Lernen aus den Verhaltenskonsequenzen anderer:** Ein Kunde bemerkt, dass sich ein Modell bzw. eine Referenzperson loyal zu einer Marke verhält und dadurch das Risiko eines Fehlkaufs reduziert (z. B. weil er das Qualitätsrisiko anderer Anbieter ausschließt). Dadurch ergibt sich für die Referenzperson eine positive Verhaltenskonsequenz bzw. eine Belohnung. Wenn sich der Kunde ebenfalls loyal zu der Marke verhält, kommt er in den Genuss der Belohnung, da auch er das Qualitätsrisiko anderer Anbieter eliminiert.

2.5.3 Die Dissonanztheorie

Die **Theorie der kognitiven Dissonanz** wurde von Leon Festinger entwickelt. Er geht davon aus, dass unvereinbare gedankliche Elemente bzw. kognitive Dissonanzen (z. B. Einstellungen, Meinungen usw.) einen als unangenehm empfundenen Spannungszustand auslösen, den der Betroffene zu verringern sucht. Dabei kann es zu einer Verhaltensänderung, einer Veränderung der Umwelt oder Einstellungsänderung kommen (vgl. Leszczynski & Schumann, 1995, S. 73).

Silberer (2001, S. 323) weist darauf hin, dass **Dissonanzen** vor allem **nach dem Kauf** eines

Produktes oder der Inanspruchnahme einer Dienstleistung auftreten können:

- Der Kunde könnte feststellen, dass er auf die **Vorteile der nicht gewählten Alternative(n)** verzichten muss.
- Andererseits könnte der Kunde **negative Erfahrungen** mit der gewählten Alternative machen. Seine Erwartungen werden in diesem Falle nicht erfüllt, der Kunde ist unzufrieden.
- Auch an **kritische Kommentare** oder Hinweise anderer Personen ist zu denken. Wenn diese kompetent und glaubwürdig sind, kann dies kognitive Dissonanzen auslösen.
- Außerdem können auch **Werbemaßnahmen der Konkurrenz**, die die betreffende Person nach dem Kauf wahrnimmt und in denen die Vorzüge der Konkurrenzprodukte kommuniziert werden, kognitive Dissonanzen auslösen.
- Zu guter Letzt bergen auch die **Testberichte der Stiftung Warentest** das Potenzial, kognitive Dissonanzen auszulösen. Liest ein Kunde beispielsweise nach dem Kauf einen Testbericht, in dem das gewählte Produkte bzw. die in Anspruch genommene Dienstleistung schlechter abschneidet als die Konkurrenzangebote, können kognitive Dissonanzen die Folge sein.

Das Auftreten und die Stärke der kognitiven Dissonanzen können von mehreren **Faktoren** abhängen bzw. begünstigt werden (Silberer, 2001, S. 323):

- Wenn die Person, die die Dissonanzen empfindet, **auf die widersprüchliche Position festgelegt** ist, werden kognitive Dissonanzen gefördert.
- Die Person hat **freiwillig** die entsprechende **Position eingenommen**. Damit trägt sie auch die persönliche Verantwortung.
- Wenn das **Einbezogensein** des Selbstverständnisses, des Selbst-Wertes und des Kompetenzempfindens ausgeprägt sind.
- Auch die **subjektive Toleranz** hinsichtlich der Ungereimtheiten bzw. das Streben der Person nach Konsonanz oder einem Gleichgewicht wirken sich auf das Dissonanzempfinden aus.

Konsumenten können verschiedene **Dissonanz-reduktionsstrategien** verfolgen (Silberer, 2001, S. 324):

- Eine Möglichkeit besteht darin, das gekaufte Produkt auf- und die **nicht gewählte Alternative abzuwerten**. Dadurch werden Dissonanzen reduziert.
- Auch das **Informationsverhalten** des Konsumenten bietet Möglichkeiten zur Dissonanzreduktion. Es werden dann verstärkt rechtfertigende oder bestätigende Informationen (z. B. positive Testberichte über das eigene Produkt) gesucht bzw. genutzt und gegenteilig lautende Informationen gemieden.
- Einen weiteren Ansatz zur Dissonanzreduktion stellt die **Informationsmeidung** dar. Hinweise auf die Vorteile der nicht gewählten Alternative werden gezielt gemieden.

2.5.4 Die Risikotheorie

Im Rahmen der Risikotheorie, die maßgeblich auf der Arbeit von Bauer (1960, zitiert nach Homburg & Stock-Homburg, 2016, S. 43) beruht, wird davon ausgegangen, dass das Kaufverhalten der Kunden von wahrgenommenen Risiken geprägt ist bzw. beeinflusst wird und diese das wahrgenommene Risiko durch verschiedene Strategien zu reduzieren versuchen (Homburg & Stock-Homburg, 2016, S. 43).

▹ „Das **Kaufrisiko** bezeichnet das Zusammenwirken von zwei Aspekten der bei Kaufentscheidungen empfundenen Ungewissheit: Einerseits geht es um die Ungewissheit hinsichtlich des Eintretens bestimmter negativer Konsequenzen einer Entscheidung (Risikoinhalt), andererseits darum wie gravierend diese Konsequenzen sein können (Risikomaß)" (Kuß & Diller, 2001, S. 757–758).

Es können verschiedene **Risikotypen** abgegrenzt werden (Kuß & Diller, 2001, S. 758):

- **Funktionelles Risiko:** Der Kunde ist an einem funktionsfähigen Produkt interessiert.

Dies können die Kunden aber nicht immer vor dem Kauf beurteilen, da es sich bei den Produkteigenschaften um Erfahrungs- oder Vertrauenseigenschaften handeln kann. Erstere können die Kunden erst nach dem Kauf durch den Gebrauch des Produktes überprüfen. Da eine Überprüfung bei Vertrauenseigenschaften durch den Kunden nicht möglich ist, muss er auf die Angaben des Anbieters vertrauen.
- **Finanzielles Risiko:** Kunden wollen einen angemessenen Preis bzw. tragbare finanzielle Belastungen erzielen. Dieses Risiko versuchen Kunden heutzutage dadurch zu reduzieren, indem sie bereits im stationären Laden mit dem Smartphone im Internet nach dem günstigsten Preis recherchieren.
- **Physisches Risiko:** Von Produkten können Gesundheitsgefährdungen ausgehen, die der Kunde selbstverständlich vermeiden möchte.
- **Psychologisches Risiko:** Darüber hinaus wollen sich die Kunden mit dem gekauften Produkt identifizieren. Dies gilt beispielsweise für Markenkleidung aber auch Elektroprodukte (z. B. das iPhone von Apple).
- **Soziales Risiko:** Damit ist beispielsweise die soziale Akzeptanz des Produktes oder der Dienstleistung im Freundes- und Bekanntenkreis gemeint.

Es gibt ein als normal angesehenes Risikoverhalten, von dem eine stimulierende Wirkung ausgehen kann. Somit werden nicht alle Situationen, die mit einem Risiko verbunden sind, als unangenehm empfunden (Leszczynski & Schumann, 1995, S. 415). Für den Fall, dass das wahrgenommene Kaufrisiko aber als zu groß und damit als unangenehm empfunden wird, greifen Kunden auf verschiedene **Reduktionsstrategien** zurück (Kuß & Diller, 2001, S. 758):

- **Risikoreduktion durch Informationsbeschaffung:** Dabei greifen die Kunden auf sicherheitsrelevante Schlüsselinformationen zurück. Dies kann beispielsweise eine bekannte Marke, ein vertrauensvoller Hersteller bzw. Händler sein. Aber auch das Interesse an Gütesiegeln spielt bei diesem Risiko eine Rolle.

- **Kaufzurückhaltung:** Kunden kaufen erst einmal nur eine geringe Menge des Produktes ein.
- **Markenloyalität bzw. -treue:** Die Kunden bleiben bei einer ihnen vertrauten Marke, sie zeigen sich loyal.
- **Preis als Qualitätsindikator:** Viele Kunden verbinden mit einem hohen Preis eine höhere Qualität. Durch den Kauf höherpreisiger bzw. teurerer Produkte reduzieren sie das wahrgenommene Kaufrisiko.
- **Aufschub oder Verzicht:** Wird das Risiko als zu groß wahrgenommen und können die Kunden keine der oben genannten Strategien anwenden schieben sie den Kauf auf oder verzichten vollständig auf den Kauf.

2.6 Der Zusammenhang zwischen Kundenzufriedenheit und Kundenbindung

Die Marktsituation hat sich für viele Anbieter drastisch verschärft. Daher kommt der Kundenbindung in den letzten Jahren eine verstärkte Bedeutung zu. Allerdings ist in zahlreichen Branchen eine sinkende Loyalität und Bindungsbereitschaft der Kunden feststellbar (Meyer & Oevermann, 2006, S. 3334). Vor diesem Hintergrund sollte der **Stammkundenpflege** im Vergleich zur Neukundenakquise ein entsprechender Stellenwert eingeräumt werden (Diller, 1996, S. 81).

▶ „Die aktuelle **Kundenbindung** umfasst einerseits das bisherige Kauf- und Weiterempfehlungsverhalten und andererseits die zukünftigen Wiederkauf-, Zusatzkauf- (Cross-Selling-) und Weiterempfehlungs-Absichten (Goodwill) eines Kunden gegenüber einem Anbieter oder dessen Leistungen, die aus psychologischen, situativen, rechtlichen, ökonomischen oder technologischen Bindungsursachen resultieren" (Meyer & Oevermann, 2006, S. 3335).

Die Ursachen und Wirkungen der Kundenbindung sind in Abb. 2.7 überblicksartig dargestellt.

Die Kundenzufriedenheit stellt auf Käufermärkten eine wesentliche Voraussetzung der Kundenbindung dar und ist mit dieser einfach zu verknüpfen (Diller, 1996, S. 90). Es ist jedoch noch nicht ganz geklärt, welcher Zusammenhang zwischen der Kundenzufriedenheit und -bindung besteht. Denkbare Funktionsverläufe, die in der Wissenschaft und Praxis diskutiert werden, sind in Abb. 2.8 dargestellt.

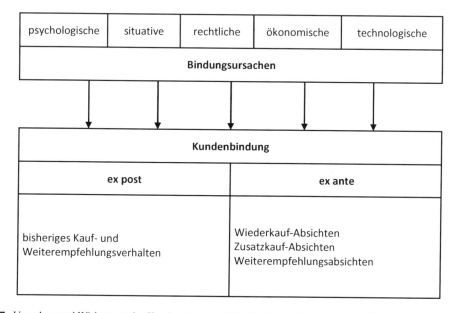

Abb. 2.7 Ursachen und Wirkungen der Kundenbindung. (Quelle: Meyer & Oevermann, 2006, S. 3335.)

Abb. 2.8 Mögliche
funktionale
Zusammenhänge
zwischen
Kundenzufriedenheit
und Kundenbindung.
(Quelle: Homburg et al.,
2017, S. 111.)

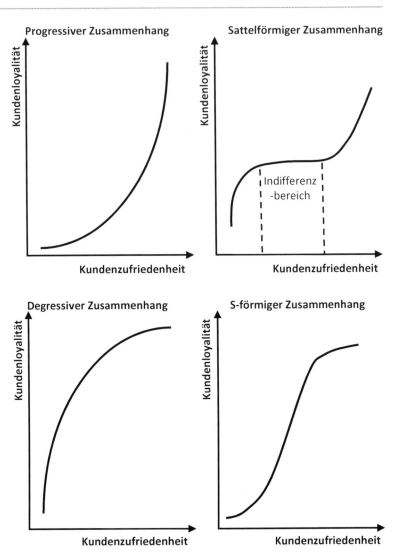

Die verhaltenswissenschaftlich dargestellten Theorien (z. B. Risiko-, Dissonanz- und Lerntheorien) lassen einen signifikanten Einfluss der Kundenzufriedenheit auf die Kundenbindung vermuten (Homburg et al., 2017, S. 110). Trotzdem kann es vorkommen, dass auch zufriedene Kunden zu einem Konkurrenzunternehmen wechseln. Beispielsweise neigen einige Kunden dazu, die Anbieter zu wechseln, um etwas Abwechslung in den Konsum von Produkten und/oder Dienstleistungen zu bringen. Dieses Phänomen wird **Variety Seeking** genannt. Dieses Streben nach Abwechslung kommt besonders häufig bei Produkten vor, bei denen das wahrgenommene Risiko einer Fehlentscheidung gering ist (Kuß, 2001, S. 1721).

▶ „**Variety Seeking** bezeichnet ein Verhalten des Markenwechsels, das trotz Zufriedenheit mit bisher verwendeten Produkten stattfindet und durch den Wunsch nach Abwechslung, Neugier und Langeweile beim bisherigen Konsumverhalten begründet ist" (Kuß, 2001, S. 1721).

Hinzu kommt, dass der Zusammenhang zwischen Kundenzufriedenheit und -bindung durch Einflussfaktoren, so genannte **moderierende Variablen**, beeinflusst wird, die den funktionalen Verlauf stärken oder abschwächen (Homburg et al., 2017, S. 112). Eine Zusammenstellung der wichtigsten moderierenden Variablen findet sich in Tab. 2.5.

Tab. 2.5 Mögliche Moderatoren des Zusammenhangs zwischen Kundenzufriedenheit und Kundenbindung. (Quelle: Giering, 2000, S. 103; Homburg et al., 2017, S. 113)

Merkmale der Geschäftsbeziehung	- Vertrauen zum Anbieter - gegenseitiger Informationsaustausch - kooperative Zusammenarbeit - Flexibilität des Anbieters - Dauer der Geschäftsbeziehung
Merkmale des Kunden	Unternehmen als Kunde - Zentralisierung - Strukturelle Unruhe - Risikoaversion des Managements Individuum als Kunde - kognitive Unsicherheitsorientierung - Variety Seeking - Involvement - soziale Beeinflussbarkeit
Merkmale des Produktes	- Produktbedeutung - Produktkomplexität
Merkmale des Anbieters	- Reputation - Generierung von Zusatznutzen
Merkmale des Marktumfeldes	- Verfügbarkeit von Alternativen - technologische Dynamik - Wettbewerbsintensität auf dem Absatzmarkt

2.7 Zusammenfassung und Aufgaben

Zusammenfassung
Kundenzufriedenheit ist sehr bedeutsam für den Unternehmenserfolg. Zur Erklärung der Entstehung der Kundenzufriedenheit hat sich das C/D-Paradigma als theoretisches Rahmenkonzept etabliert. In das C/D-Paradigma lassen sich die folgenden Theorien integrieren und zur Erklärung des Konstrukts Kundenzufriedenheit nutzen:

• Assimilationstheorie
• Kontrasttheorie
• Assimilations-Kontrast-Theorie
• Attributionstheorie
• Prospect-Theorie

• Das qualitative Zufriedenheitsmodell
• Das Kano-Modell und die Opponent-Prozess-Theorie
• Equity-Theorie
• Lerntheorien
• Dissonanztheorie
• Risikotheorie

Die Zufriedenheit der Kunden ist eine notwendige aber keine hinreichende Bedingung für Kundenbindung. Es gibt mindestens vier verschiedene Funktionsverläufe, die in der Forschung diskutiert werden. Es spricht viel für einen sattelförmigen Verlauf. Hier besteht noch weiterer Forschungsbedarf.

2.7.1 Wiederholungsfragen

• *Was versteht man unter einer Theorie?*
• *Kam es in den letzten Jahren zu einem Paradigmenwechsel im Marketing? Wenn ja, was hat es damit genau auf sich?*
• Diskutieren Sie verschiedene Kundenzufriedenheitsdefinitionen.
• *Welche Bedeutung hat die Kundenzufriedenheit für den Unternehmenserfolg?*
• *Warum handelt es sich beim C/D-Paradigma um ein theoretisches Rahmenkonzept?*
• *Mit welchen Theorien lässt sich die Entstehung von Kundenzufriedenheit begründen?*
• *Welche Theorien, die die Wirkungen der Kundenzufriedenheit zum Gegenstand haben, kennen Sie?*
• *Welcher Zusammenhang besteht zwischen der Kundenzufriedenheit und -bindung?*
• *Ist Kundenzufriedenheit eine notwendige oder eine hinreichende Determinante der Kundenbindung?*

2.7.2 Aufgaben

A1: Stellen Sie bitte das C/D-Paradigma grafisch dar und berücksichtigen Sie dabei die behandelten Theorien.

A2: Im qualitativen Zufriedenheitsmodell von Stauss und Neuhaus kommen fünf verschiedene Kundentypen vor. Welche sind das und wie lassen sie sich charakterisieren?

A3: Erläutern Sie bitte alle Bestandteile des Kano-Modells und begründen Sie die jeweiligen Funktionsverläufe sowie die Dynamik des Modells mit der Opponent-Prozess-Theorie.

A4: Stellen Sie den Zusammenhang zwischen Kundenzufriedenheit und Kundenbindung grafisch dar. Welcher Funktionsverlauf erscheint Ihnen am plausibelsten? Bitte begründen Sie Ihre Antwort.

2.7.3 Lösungen

L1: Eine mögliche Lösung ist in Abb. 2.2 wiedergegeben.

L2: Eine Übersicht der gefragten Kundentypen finden Sie in Tab. 2.3.

L3: Das Kano-Modell finden Sie in Abb. 2.6. Sie sollten auf jeden Fall auf Basis-, Leistungs- und Begeisterungsfaktoren eingehen. Aber auch indifferente Faktoren sowie Reverse-Faktoren sollten zur Sprache kommen.

L4: Es gibt mindestens vier verschiedene Lösungen, die in Abb. 2.8 dargestellt sind.

Literatur

Albers, S., & Krafft, M. (2001). Kundennähe. In H. Diller (Hrsg.), *Vahlens Großes Marketing Lexikon* (2. Aufl., S. 867–869). C. H. Beck/Vahlen.

Bailom, F., Hinterhuber, H. H., Matzler, K., & Sauerwein, E. (1996). Das Kano-Modell der Kundenzufriedenheit. *Marketing ZFP, 18*(2), 117–126, Jg. (1996).

Barth, M. (1996). Attribution (attribute theory). In G. Strube, B. Becker, C. Freksa, U. Hahn, K. Opwis & G. Palm (Hrsg.), *Wörterbuch der Kognitionswissenschaft* (S. 42–43.). Klett-Cotta.

Bauer, R. (1960). Consumer behavior as risk-taking. In R. Hancock (Hrsg.), *Proceedings of the 43rd conference of the American Marketing Association* (S. 389–398). American Marketing Association. (zitiert nach: Homburg, C. & Stock-Homburg, R. (2016). Theoretische Perspektiven zur Kundenzufriedenheit. In C. Homburg (Hrsg.). *Kundenzufriedenheit. Konzepte, Methoden, Erfahrungen* (9. Aufl., S. 17–52.). Wiesbaden: Springer Gabler).

Berger, C. et al. (1993). Kano's Methods for Understanding Customer-defined Quality. In *Center for Quality Management Journal, Fall*, 3–35.

Bergius, R. J., & Flammer, A. (2020). Assimilation, Kausalattribution. In M. A. Wirtz (Hrsg.), *Dorsch Lexikon der Psychologie* (19. Aufl., S. 208). Hogrefe.

Bierhoff, H. -W. (2001). Attribution. In W. Gerd (Redaktion) (Hrsg.), *Lexikon der Psychologie: in fünf Bänden* (Bd. 4, S. 145–147). Spektrum Akademischer.

Bitner, M. J. (1990). Evaluating service encounters: The effect of physical surroundings and employee responses. *Journal of Marketing, 54*(2), 69–82. (zitiert nach Homburg, C. und Stock-Homburg, R. (2016).Theoretische Perspektiven zur Kundenzufriedenheit. In C. Homburg (Hrsg.). *Kundenzufriedenheit. Konzepte, Methoden, Erfahrungen* (9. Aufl., S. 17–52). Springer Gabler.).

Bortz, J., & Döring, N. (1995). *Forschungsmethoden und Evaluation* (2. Aufl.). Springer.

Bruggemann, A. (1974). Zur Unterscheidung verschiedener Formen von Arbeitszufriedenheit. *Arbeit und Leistung*, 28, 281–284, Jg. (1974). (zitiert nach Stauss, B. und Neuhaus, P. (1996), Das Unzufriedenheitspotential zufriedener Kunden. *Marktforschung & Management, 40*(4), 129–133, Jg. (1996)).

Bruggemann, A. (1976). Zur empirischen Untersuchung verschiedener Formen von Arbeitszufriedenheit. *Zeitschrift für Arbeitswissenschaft, 30*, 71–74, Jg. (1976). (zitiert nach Stauss, B. und Neuhaus, P. (1996): Das Unzufriedenheitspotential zufriedener Kunden. *Marktforschung & Management, 40*(4), 129–133, Jg. (1996)).

Bruggemann, A., Großkurth, P., & Ulich, E. (1975). *Arbeitszufriedenheit*. Huber. (zitiert nach Stauss, B. und Neuhaus, P. (1996): Das Unzufriedenheitspotential zufriedener Kunden. *Marktforschung & Management, 40*(4), 129–133, Jg. (1996)).

Bruhn, M. (2008). *Marketing. Grundlagen für Studium und Praxis* (9. Aufl.). Gabler. (zitiert nach Bruhn, M. (2009). *Relationship Marketing. Das Management von Kundenbeziehungen* (2. Aufl.). Vahlen.

Bruhn, M. (2009). *Relationship Marketing. Das Management von Kundenbeziehungen* (2. Aufl.). Vahlen.

Churchil, G. A., & Surprenant, C. (1982). An investigation into the determinants of customer satisfaction. *Journal of Marketing, 19*(4), 491–504. (zitiert nach: Homburg, C. & Stock-Homburg, R. (2016). Theoretische Perspektiven zur Kundenzufriedenheit. In C. Homburg (Hrsg.). *Kundenzufriedenheit. Konzepte, Methoden, Erfahrungen* (9. Aufl., S. 17–52.). Wiesbaden: Springer Gabler).

Diller, H. (1996). Kundenbindung als Marketingziel. *Marketing ZFP, 18*(2), 81–94, Jg. (1996).

Erevelles, S., & Leavitt, C. (1992). A comparison of current models of consumer satisfaction, dissatisfaction. *Journal of Consumer Satisfaction, Dissatisfaction and Complaining Behavior, 5*, 104–114. (zitiert nach: Homburg, C. & Stock-Homburg, R. (2016). Theoretische Perspektiven zur Kundenzufriedenheit. In C. Homburg (Hrsg.). *Kundenzufriedenheit. Konzepte,*

Methoden, Erfahrungen (9. Aufl., S. 17–52.). Wiesbaden: Springer Gabler).

Folkes, V. (1984). Consumer reactions to product failure: An attributional approach. *Journal of Consumer Research, 10*(4), 398–409. (zitiert nach: Homburg, C. & Stock-Homburg, R. (2016). Theoretische Perspektiven zur Kundenzufriedenheit. In C. Homburg (Hrsg.), *Kundenzufriedenheit. Konzepte, Methoden, Erfahrungen* (9. Aufl., S. 17–52.). Wiesbaden: Springer Gabler).

Giering, A. (2000). *Der Zusammenhang zwischen Kundenzufriedenheit und Kundenloyalität. Eine Untersuchung moderierender Effekte.* Gabler.

Gündling, Chr. (1997). *Maximale Kundenorientierung. Instrumente, individuelle Problemlösungen, Erfolgsstories* (2., Aufl.). Schäffer-Poeschel.

Heider, F. (1977). *Psychologie der interpersonellen Beziehungen.* Klett. (zitiert nach: Bierhoff, H.-W. (2001). Attribution. In W. Gerd (Redaktion) (Hrsg.). *Lexikon der Psychologie: in fünf Bänden* (Bd. 4, S. 145–147). Spektrum Akademischer).

Helson, H. (1964). *Adaptation-level theory.* Harper/Row. (zitiert nach: Homburg, C. & Stock-Homburg, R. (2016). Theoretische Perspektiven zur Kundenzufriedenheit. In C. Homburg (Hrsg.), *Kundenzufriedenheit. Konzepte, Methoden, Erfahrungen* (9. Aufl., S. 17–52.). Wiesbaden: Springer Gabler).

Hennig-Thurau, T. (2001a). Assimilations-Kontrast-Theorie. In H. Diller (Hrsg.), *Vahlens Großes Marketing Lexikon* (2. Aufl., S. 69–70). C. H. Beck/Vahlen.

Hennig-Thurau, T. (2001b). Gerechtigkeitstheorie (equity theory, justice theory). In H. Diller (Hrsg.), *Vahlens Großes Marketing Lexikon* (2. Aufl., S. 529). C. H. Beck/Vahlen.

Hennig-Thurau, T., & Hansen, U. (2001). Kundenzufriedenheit. In H. Diller (Hrsg.), *Vahlens Großes Marketing Lexikon* (2. Aufl., S. 878–882). C. H. Beck/Vahlen.

Herrmann, A. (1998). *Produktmanagement.* Vahlen.

Herrmann, A., von Nitzsch, R., & Huber, F. (1998). Referenzpunktbezogenheit, Verlustaversion und abnehmende Sensitivität bei Kundenzufriedenheitsurteilen. *Zeitschrift für Betriebswirtschaftslehre, 68*(11), 1225–1244. Jg. (1998). (zitiert nach: Homburg, C. & Stock-Homburg, R. (2016). Theoretische Perspektiven zur Kundenzufriedenheit. In C. Homburg (Hrsg.). *Kundenzufriedenheit. Konzepte, Methoden, Erfahrungen* (9. Aufl., S. 17–52.). Wiesbaden: Springer Gabler).

Homburg, C. (2020). *Marketingmanagement. Strategie, Instrumente, Umsetzung, Unternehmensführung* (7. Aufl.). Springer Gabler.

Homburg, C., & Stock-Homburg, R. (2016). Theoretische Perspektiven zur Kundenzufriedenheit. In C. Homburg (Hrsg.), *Kundenzufriedenheit. Konzepte, Methoden, Erfahrungen* (9. Aufl., S. 17–52). Springer Gabler.

Homburg, C., Becker, A., & Hentschel, F. (2017). Der Zusammenhang zwischen Kundenzufriedenheit und Kundenbindung. In M. Bruhn & C. Homburg (Hrsg.), *Handbuch Kundenbindungsmanagement. Strategien*

und Instrumente für ein erfolgreiches CRM (9. Aufl., S. 99–124). Springer Gabler.

Jackson, B. B. (1985). *Winning and keeping industrial customers. The dynamics of customer relationships.* Lexington. (zitiert nach Söllner, A. (2001). Kundenbindung. In H. Diller (Hrsg.). *Vahlens Großes Marketing Lexikon* (2., Aufl., S. 847–849). C. H. Beck und Vahlen).

Kahnemann, D., & Tversky, A. (1979). Prospect theory; an analysis of decision under risk. *Econometrica, 47*(2), 263–291. (zitiert nach Schade, C. (2001). Prospecttheorie. In H. Diller (Hrsg.). *Vahlens Großes Marketing Lexikon* (2., Aufl., S. 1435–1438). München: C. H. Beck und Vahlen).

Kano, N., Seraku, N., Tahahashi, F., & Tsuji, S. (1984). Attractive quality and must-be quality. In J. D. Hromi (Hrsg.), *The best on quality. Targets, improvements, systems, international acadamy for quality* (Bd. 7, S. 165–186). Milwaukee.

Kelley, H. H. (1967). Attribution theory in social psychology. In D. Levine (Hrsg.), *Nebraska symposium on motivation.* Lincoln. (zitiert nach Wiswede, G. (2021). *Einführung in die Wirtschaftspsychologie* (6. Aufl.). Ernst Reinhardt).

Kohli, A., & Jaworski, B. (1990). Market orientation. The construct, research, propositions, and, managerial implications. *Journal of Marketing, 54*(4), 1–18. (zitiert nach Albers, S. und Krafft, M. (2001): Kundennähe. In H. Diller (Hrsg.). *Vahlens Großes Marketing Lexikon* (2., Aufl., S. 867–869). München: C. H. Beck und Vahlen).

Korte, C. (1995). *Customer Satisfaction Measurement. Kundenzufriedenheitsmessung als Informationsgrundlage des Herstellermarketing am Beispiel der Automobilwirtschaft.* Lang.

Kuhn, T. S. (1977). *The essential tension. Selected studies in scientific tradition and change.* University of Chicago Press. (zitiert nach Bortz und Döring (1995). Forschungsmethoden und Evaluation (2. Aufl.). Berlin: Springer).

Kuß, A. (2001). Variety Seeking. In H. Diller (Hrsg.), *Vahlens Großes Marketing Lexikon* (2. Aufl., S. 1721). C. H. Beck/Vahlen.

Kuß, A., & Diller, H. (2001). Kaufrisiko. In H. Diller (Hrsg.), *Vahlens Großes Marketing Lexikon* (2. Aufl., S. 757–758). C. H. Beck/Vahlen.

Kuß, A., & Tomczak, T. (2000). *Käuferverhalten* (2. Aufl.). Lucius und Lucius.

Leszczynski, C., & Schumann, W. (1995). *Lexikon der Psychologie, herausgegeben vom Faktum Lexikoninstitut.* Bassermann.

Matzler, K. (1997). *Kundenzufriedenheit und Involvement.* Gabler. (zitiert nach: Homburg, C. & Stock-Homburg, R. (2016). Theoretische Perspektiven zur Kundenzufriedenheit, In C. Homburg (Hrsg.), *Kundenzufriedenheit. Konzepte, Methoden, Erfahrungen* (9. Aufl., S. 17–52.). Wiesbaden: Springer Gabler).

Matzler, K. (2000). Die Opponent-Prozess-Theorie als Erklärungsansatz einer Mehr-Faktor-Struktur der

Kundenzufriedenheit. *Marketing ZFP, 22*(1), 5–24, Jg. (2000).

Matzler, K., Hinterhuber, H. H., & Handlbauer, G. (1997a). Erfolgspotential Kundenzufriedenheit (I). *WISU, 26*(7), 645–650, Jg. (1997a).

Matzler, K., Hinterhuber, H. H., & Handlbauer, G. (1997b). Erfolgspotential Kundenzufriedenheit (II). *WISU, 26*(8–9), 733–739, Jg. (1997b).

Meffert, H., & Bruhn, M. (1981). Beschwerdeverhalten und Zufriedenheit von Konsumenten. *Die Betriebswirtschaft, 41*(4), 597–613, Jg. (1981).

Meyer, A., & Oevermann, D. (2006). Kundenbindung. In Handelsblatt (Hrsg.), *Wirtschaftslexikon. Das Wissen der Betriebswirtschaftslehre* (Bd., 6, S. 3334–3343). Schäffer-Poeschel.

Müller, S., & Kornmeier, M. (2001a). Paradigma. In H. Diller (Hrsg.), *Vahlens Großes Marketing Lexikon* (2. Aufl., S. 1244–1245). C. H. Beck/Vahlen.

Müller, S., & Kornmeier, M. (2001b). Theorie. In H. Diller (Hrsg.), *Vahlens Großes Marketing Lexikon* (2. Aufl., S. 1668). C. H. Beck/Vahlen.

Niewerth, B., & Thiele, H. (2014). *Praxishandbuch Kundenzufriedenheit. Grundlagen, Messverfahren, Managementinstrumente.* Erich Schmidt.

o. V. (2001a). Theorie. In G. Wenninger (Redaktion) (Hrsg.), *Lexikon der Psychologie: in fünf Bänden* (Bd. 4, S. 320–321). Spektrum Akademischer.

o. V. (2001b). Assimilationseffekt. In G. Wenninger (Redaktion) (Hrsg.), *Lexikon der Psychologie: in fünf Bänden* (Bd. 1, S. 136). Spektrum Akademischer.

o. V. (2001c). Assimilations-Kontrast-Theorie. In G. Wenninger (Redaktion) (Hrsg.), *Lexikon der Psychologie: in fünf Bänden*, (Bd. 1, S. 136). Spektrum Akademischer.

Orengo, M. (2017). *Kundenorientierung in Innovation, Marketing, Vertrieb, Organisation und Führung* (2. Aufl.). tredition.

Richins, M. (1985). Factors affecting the level of consumer-initiated complaints to marketing organizations. In H. Hunt & R. Day (Hrsg.), *Consumer satisfaction, dissatisfaction and complaining behavior* (S. 82–85). Indiana University. (zitiert nach: Homburg, C. & Stock-Homburg, R. (2016). Theoretische Perspektiven zur Kundenzufriedenheit, In C. Homburg (Hrsg.). *Kundenzufriedenheit. Konzepte, Methoden, Erfahrungen* (9. Aufl., S. 17–52.). Wiesbaden: Springer Gabler).

Runow, H. (1982). *Zur Theorie und Messung der Verbraucherzufriedenheit.* Barudio & Hess.

Schade, C. (2001). Prospecttheorie. In H. Diller (Hrsg.), *Vahlens Großes Marketing Lexikon* (2. Aufl., S. 1435–1438). C. H. Beck/Vahlen.

Schanz, G. (1993). Theorie. In E. Dichtl & O. Issing (Hrsg.), *Vahlens Großes Wirtschaftslexikon* (Bd. 2, S. 2086–2087). C. H. Beck/Vahlen.

Schöne, C., & Tandler, S. (2020). Kausalattribution. In M. A. Wirtz (Hrsg.), *Dorsch Lexikon der Psychologie* (19. Aufl., S. 914). Hogrefe.

Schütze, R. (1992). *Kundenzufriedenheit. After-Sales-Marketing auf industriellen Märkten.* Gabler.

Silberer, G. (2001). Dissonanztheorie. In H. Diller (Hrsg.), *Vahlens Großes Marketing Lexikon* (2. Aufl., S. 323–324). C. H. Beck/Vahlen.

Silberer, G., & Raffée, H. (1984). Einleitung. In G. Silberer & H. Raffée (Hrsg.), *Warentest und Konsument* (S. 11–24). Campus.

Smidt, W., & Marzian, S. H. (2001). *Brennpunkt Kundenwert. Mit dem Customer Equity Kundenpotenziale erhellen, erweitern und ausschöpfen.* Springer.

Solomon, R. L. (1980). The opponent-process theory of acquired motivation. The costs of pleasure and the benefits of pain. *American Psychologist, 35*(8), 691–712. (zitiert nach: Matzler, K. (2000). Die Opponent-Prozess-Theorie als Erklärungsansatz einer Mehr-Faktor-Struktur der Kundenzufriedenheit. *Marketing ZFP, 22*(1), 5–24, Jg. (2000)).

Solomon, R. L., & Corbit, J. D. (1973). An opponent-process theory of motivation: II. Cigarette addiction. *Journal of Abnormal Psychology, 81*(2), 158–171. (zitiert nach Matzler, K. (2000) Die Opponent-Prozess-Theorie als Erklärungsansatz einer Mehr-Faktor-Struktur der Kundenzufriedenheit. *Marketing ZFP, 22*(1), 5–24, Jg. (2000). Söllner, A. (2001). Kundenbindung. In H. Diller (Hrsg.). *Vahlens Großes Marketing Lexikon* (2. Aufl., S. 847–849). München: C. H. Beck und Vahlen).

Solomon, R. L., & Corbit, J. D. (1974). An opponent-process theory of motivation: I. Temporal dynamics of affect. *Psychological Review, 81*(2), 119–145. (zitiert nach Matzler, K. (2000). Die Opponent-Prozess-Theorie als Erklärungsansatz einer Mehr-Faktor-Struktur der Kundenzufriedenheit. *Marketing ZFP, 22*(1), 5–24 Jg. (2000)).

Spieß, E. (2005). *Wirtschaftspsychologie. Rahmenmodell, Konzepte, Anwendungsfelder.* Oldenbourg.

Stauss, B., & Neuhaus, P. (1996). Das Unzufriedenheitspotential zufriedener Kunden. *Marktforschung & Management, 40*(4), 129–133 Jg. (1996).

Stauss, B., & Neuhaus, P. (2000). Das Qualitative Zufriedenheitsmodell (QZM). In H. Hinterhuber & K. Matzler (Hrsg.), *Kundenorientierte Unternehmensführung. Kundenorientierung, Kundenzufriedenheit, Kundenbindung* (2., Aufl., S. 25–39). Gabler.

Trommsdorff, V., & Drüner, M. (2001). Kundenorientierung. In H. Diller (Hrsg.), *Vahlens Großes Marketing Lexikon* (2. Aufl., S. 870–971). C. H. Beck/Vahlen.

Tse, D. K., & Wilton, P. C. (1988). Models of consumer satisfaction formation: An extension. *Journal of Marketing Research, 25*(2), 204–212. (zitiert nach: Homburg, C. & Stock-Homburg, R. (2016). Theoretische Perspektiven zur Kundenzufriedenheit. In C. Homburg (Hrsg.). *Kundenzufriedenheit. Konzepte, Methoden, Erfahrungen* (9. Aufl., S. 17–52.). Wiesbaden: Springer Gabler).

Tversky, A., & Kahnemann, D. (1991). Reference dependence and loss aversion in riskless choice. *Quarterly Journal of Economics, 106*(4), 1039–1061. (zitiert nach Schade, C. (2001): Prospecttheorie. In H. Diller (Hrsg.). *Vahlens Großes Marketing Lexikon*, (2. Aufl., S. 1435–1438). München: C. H. Beck und Vahlen).

Valle, V., & Wallendorf, M. (1977). Consumers' attributions of the cause of their product satisfaction and dissatisfaction. In R. Day (Hrsg.), *Consumer satisfaction, dissatisfaction and complaining behavior* (S. 26–30). Foundation for the School of Business. (zitiert nach: Homburg, C. & Stock-Homburg, R. (2016). Theoretische Perspektiven zur Kundenzufriedenheit. In C. Homburg (Hrsg.). *Kundenzufriedenheit. Konzepte,* *Methoden, Erfahrungen* (9. Aufl., S. 17–52.). Wiesbaden: Springer Gabler).

Wenig, C. (2009). Die Prospect-Theorie. In M. Schwaiger & A. Meyer (Hrsg.), *Theorien und Methoden der Betriebswirtschaft. Handbuch für Wissenschaftler und Studierende* (S. 193–206). Vahlen.

Wiswede, G. (2021). *Einführung in die Wirtschaftspsychologie* (6. Aufl.). Ernst Reinhardt.

Lernziele

- Sie kennen die Besonderheiten und Anforderungen der Kundenzufriedenheitsmessung.
- Sie können den Ablauf eines Projektes zur Messung der Kundenzufriedenheit beschreiben.
- Sie erkennen die Bedeutung einer explorativen Vorstudie.
- Sie können ein Erhebungsinstrument zur Messung der Kundenzufriedenheit entwickeln.
- Sie sind in der Lage, eine Kundenzufriedenheitsmessung durchzuführen.
- Die wichtigsten Verfahren der Datenanalyse sind Ihnen in den Grundzügen bekannt.
- Sie können Basis-, Leistungs- und Begeisterungsfaktoren bestimmen.
- Ihnen ist der Aufbau eines schriftlichen Ergebnisberichtes bekannt.
- Sie wissen, wie Sie die Ergebnisse Ihrer Zufriedenheitsstudie mündlich präsentieren können.
- Sie kennen die wichtigsten Hürden und Umsetzungsprobleme, die im Zusammenhang mit einer Kundenzufriedenheitsstudie auftreten können.

Einleitend sei angemerkt, dass erst eine umfassende Messung der Kundenzufriedenheit die Basis für den Aufbau und die Sicherstellung der Kundenloyalität schafft (Töpfer, 1996, S. 229). Damit ist der erste und wichtigste Schritt eines konsequenten Kundenbindungsmanagements getan. Schließlich ist es nicht ausreichend, zu denken, dass das eigene Unternehmen kundenorientiert handelt und sich dadurch zufriedene Kunden gewissermaßen automatisch einstellen. Vielmehr ist eine systematische Messung, Analyse und Steuerung der Kundenzufriedenheit gefragt. Das bedeutet, dass aufgrund von qualitativen und/oder quantitativen Daten der Nachweis erbracht werden muss, dass die Kunden mit den Produkten und Dienstleistungen des Unternehmens zufrieden sind. Im Fokus steht daher die Frage nach der Zufriedenheit der derzeitigen Kunden und welche Faktoren die Zufriedenheit beeinflussen. Dies lässt sich nur durch eine Messung der Kundenzufriedenheit beantworten (Raab et al., 2018, S. 392–393).

3.1 Besonderheiten und Anforderungen der Kundenzufriedenheitsmessung

Zunächst geht es darum, die unterschiedlichen Ansatzpunkte der klassischen Marktforschung und der Zufriedenheitsforschung bzw. -messung

A. Magerhans, J.-F. Engelhardt, *Kundenzufriedenheit klipp & klar*, WiWi klipp & klar, https://doi.org/10.1007/978-3-658-38496-8_3

(Customer Satisfaction Measurement (CSM)) zu erkennen und zu verinnerlichen. Bei der Messung der Kundenzufriedenheit handelt es sich nicht um einen völlig neuen Forschungsansatz. Es gibt vielmehr einen nicht unerheblichen Überschneidungsbereich mit der klassischen Marktforschung. Dies ermöglicht es den Verantwortlichen im Unternehmen, die bisher betriebene klassische Marktforschung in Richtung der Kundenzufriedenheitsmessung auszudehnen bzw. auszuweiten (Töpfer, 1996, S. 229–230).

▷ „Unter **Messen** versteht man die reglementierte Zuweisung von Zahlen oder Symbolen zu einer bestimmten beobachtbaren Merkmalsausprägung von Lebewesen, Gegenständen, Zuständen oder Ereignissen, die zusammenfassend Merkmalsträger genannt werden können, mit dem Ziel Daten zu gewinnen. Die Zuweisung der Zahlen oder Symbole erfolgt dabei anhand einer Skala, die jeder Messung zugrunde liegen muss. Die gewonnenen Daten können dann je nach verwendeter Skala anhand unterschiedlicher methodischer Verfahren so aufbereitet werden, dass sie die Entscheidungsgrundlage für zu treffende Marketingmaßnahmen darstellen" (Helmig, 2004, S. 352).

Die klassische Marktforschung befragt in der Regel Kunden und Nichtkunden. Im Rahmen einer Zufriedenheitsstudie werden ebenfalls Kunden befragt. Darüber hinaus interessiert man sich auch noch für die Meinung verlorener Kunden, also Nicht-Mehr-Kunden. Die moderne Zufriedenheitsforschung ist beziehungsorientiert. Dadurch wird die traditionelle Erforschung der Vorkaufsituation um die Erfassung von Nachkauf-Phänomenen bzw. vergangenheitsorientierte Nachkauf-Analysen erweitert. Diese bilden wiederum die empirische Basis für die nächste Vorkaufphase. Der Fokus der klassischen Marktforschung liegt auf der generellen prospektiven Analyse des Käuferverhaltens. Da die Zufriedenheitsforschung Konsumerlebnisse erforscht ist sie konkreter als die klassische Marktforschung. Ihr prospektives Ziel ist die Kundenbindung. Daher stehen nachvollziehbare Erfahrungen und Nutzenbeurteilungen der Kunden im Mittelpunkt des Interesses. Um die Unternehmensleistungen an die aktuellen und zukünftigen Marktgegebenheiten anpassen zu können, interessiert sich die Kundenzufriedenheitsforschung auch für die in die Zukunft gerichteten, dynamischen Kundenerwartungen (Töpfer, 1996, S. 230–231).

▷ „Die bei einer Messung generierten Werte einer oder mehrerer Variablen heißen Messdaten. Genauer formuliert sind **Messdaten**, die durch Zahlen wiedergegebenen, bei den Merkmalsträgern festgestellten Merkmalsausprägungen. Messdaten liefern in aggregierter Form wichtige, für die Entscheidungsfindung notwendige, Informationen. Typische Beispiele stellen die Antworten einer Untersuchungsgruppe, die in einem standardisierten Fragebogen anhand einer metrischen Skala gegeben werden, dar" (Graf, 2004, S. 352).

Tab. 3.1 veranschaulicht die Beziehung zwischen klassischer Marktforschung und der Messung der Kundenzufriedenheit (Customer Satisfaction Measurement (CSM)).

Mithilfe einer Kundenzufriedenheitsbefragung können die folgenden **Themenkomplexe** bearbeitet und die folgenden **Fragen** beantwortet werden (Töpfer, 1996, S. 233–234):

• **Zufriedenheit und Anforderungen – Erkennen von Stärken und Schwächen:** *Wie zufrieden sind die Befragten mit den Leistungen des Unternehmens bzw. Wettbewerbern im Detail bzw. bei einzelnen Kriterien? Welches sind aus Kundensicht die wichtigsten Kriterien für ihre Zufriedenheit, Kundenbindung und Lieferantenwahl? Bei welchen Kriterien werden die Anforderungen der Kunden erfüllt, wo bestehen noch Defizite?*

• **Vergleiche – Erkennen von kundengruppen- und unternehmensspezifischen Unterschieden:** *Wie schneiden die einzelnen Niederlassungen untereinander im Vergleich zum Gesamtdurchschnitt sowie vor allem zum externen Klassenbesten ab? Existieren spezielle Kundengruppen, die sich in ihren Anforderungen oder Bewertungen von anderen wesentlich unterscheiden? Worin unterscheiden sich zufriedene und unzufriedene Kunden, und was sind wesentliche Zufriedenheitsfaktoren? Wo*

Tab. 3.1 Beziehung zwischen Marktforschung und Customer Satisfaction Measurement (CSM)

Kriterien	Klassische Marktforschung	Customer Satisfaction Measurement
Grundlage	Traditionelles Marketing – Instrument- und zielgruppenorientiert	Beziehungsmarketing – Kundenorientiert
Zeitbezug	Primär zukunftsgerichtet – Vorkauf-Analyse	Primär vergangenheitsgerichtet – Nachkauf-Analyse
Zentrale Fragestellung	Wer ist Interessent? Was erwartet/will Interessent/Kunde? – Generelle Einstellung Wie bewertet er die Leistungen des Unternehmens – Potenziale	Wie nah steht uns der Kunde? – Geistig = Verständnis des Produktes – Emotional = Einstellung zum Unternehmen Wie stark ist die Zufriedenheit und Bindung des Kunden? Welche zukünftigen Erwartungen hat der Kunde
Inhalte	Einstellungen Käuferverhalten – Prospektiv – Erwartungen Verkaufsstatistiken Panelforschung Wettbewerbsvergleich	Kundenzufriedenheit und -verhalten – Retrospektiv und prospektiv – Erfahrungen/Beurteilungen CSI-Berechnungen Kundengruppenbezogene Wechsel-Analysen mit Benchmarking Wettbewerbsvergleich
Ergebnisse	Repräsentative Einstellungs- und Strukturdaten	Detaillierte Messung von Verhalten und Ergebnissen
	Was ist der geforderte und erstellte Nutzen?	Was ist der erfahrene und bewertete Nutzen?

Töpfer, 1996, S. 230–231

bestehen Ansatzpunkte, um die unzufriedenen Kunden in Zukunft stärker zufriedenstellen zu können?

- **Wettbewerb – Erkennen der vom Kunden wahrgenommenen Positionierung im Markt:** *Wie gut oder wie schlecht erfüllen die Wettbewerber bzw. deren Produkte und Dienstleistungen die Kundenanforderungen? Wo sind die Wettbewerber bzw. deren Produkte und Dienstleistungen bei wichtigen Kundenanforderungen besser? Wo bestehen Differenzierungschancen gegenüber den Wettbewerbern bzw. den Produkten und Dienstleistungen der Wettbewerber?*
- **Dynamik – Erkennen von Veränderungen:** *Ist die Kundenzufriedenheit im Zeitablauf (von Quartal zu Quartal bzw. oder Jahr zu Jahr) gestiegen? Haben sich bzw. wie haben sich die Anforderungen der Kunden im Zeitablauf geändert?*
- **Verbesserungen – Erkennen von Maßnahmen mit großer Hebelwirkung:** *Wo besteht schneller und nachhaltiger Nachhol- bzw. Handlungsbedarf? Wo bestehen Einsparungs-*

potenziale? Was sind strategisch erforderliche Maßnahmen?

Die Kundenzufriedenheitsmessung erfüllt im Wesentlichen drei zentrale **Funktionen** (vgl. Günter, 1995, S. 279–281, zitiert nach Schneider, 2000, S. 51):

- **Reparaturfunktion:** Zunächst geht es um die Identifizierung unzufriedener Kunden. Diese sollen in der Folge durch gezielte Maßnahmen umgestimmt werden. Es wird versucht, die negativen Kundenmeinungen in positive Kundenurteile umzuwandeln. Konkret steht dem Unternehmen dafür eine breite Palette an Instrumenten zur Verfügung (z. B. Umtausch, Reparatur, Schadensersatz, Preisnachlass, Geld zurück, Beratungsleistungen, kleine Geschenke und Gutscheine u. ä.).
- **Lernfunktion:** Sofern sich das Unternehmen lediglich auf die Bearbeitung von Einzelfällen konzentriert, wird sich an der zukünftigen Qualität der Produkte und Dienstleistungen im Grunde nichts ändern. Es würden immer

wieder die gleichen Fehler auftreten. Besser ist es, wenn das Management aus den gemachten Fehlern lernt und zukünftig darauf bedacht ist, die gleichen Fehler nicht zu wiederholen. Nur so ist es möglich, die Unzufriedenheit zu reduzieren oder sogar ganz zu vermeiden. Dafür ist eine sorgfältige Dokumentation, Auswertung und Diskussion der negativen Vorfälle erforderlich. Nur so können die Mitarbeiter aus den gemachten Fehlern lernen und gezielt Verbesserungspotenziale aufdecken.

- **Anreizfunktion:** Kundenzufriedenheit stellt einen Erfolgsfaktor dar und ist eine wesentliche Voraussetzung für den unternehmerischen Erfolg. An diesem ökonomischen Erfolg sollte das Management die Mitarbeiter durch zufriedenheitsbasierte Anreizsysteme teilhaben lassen. Die Grundlage für derartige Anreizsysteme bildet die kontinuierliche und differenzierte Messung der Kundenzufriedenheit.

Raab et al. (2018, S. 393–394) weisen darauf hin, dass Zufriedenheitsbefragungen bestimmten **Anforderungen** entsprechen müssen. Eine derartige Messung muss systematisch, regelmäßig, objektiv und differenziert nach Marktsegmenten (z. B. Ländern, Kundengruppen, Branchen) durchgeführt werden. Diese Vorgehensweise bietet die folgenden **Vorteile** (vgl. Raab & Lorbacher, 2002, S. 82–83; Raab et al., 2018, S. 394):

- **Kundenorientierte Unternehmensführung:** Im Rahmen einer Zufriedenheitsbefragung teilen Kunden ihre Ziele, Bedürfnisse und Wünsche mit. Dadurch hat das anbietende Unternehmen die Chance, sein Leistungsspektrum auf die Erwartungen und Wahrnehmungen der Kunden abzustimmen. Durch das Kundenfeedback wird es möglich, das Marketing auf die Kunden auszurichten und eine langfristige Kundenzufriedenheit und Kundenbindung zu sichern.
- **Wettbewerbsvergleich:** Kunden können heute aus einer Fülle von oft homogenen Angeboten auswählen. Sie werden daher einem Anbieter nur dann treu bleiben, wenn sie mit den Produkten und Dienstleistungen zufrieden sind

und diese besser beurteilen als alternative Angebote. Für das jeweilige Unternehmen ist es daher wichtig, seine Produkte und Dienstleistungen mit denen der Konkurrenz zu vergleichen.
- **Zeitraumbezogene Vergleiche:** Ziel der Zufriedenheitsanalyse ist die Ableitung konkreter Verbesserungsmaßnahmen. Daher bietet eine regelmäßige Messung der Kundenzufriedenheit interessante Vergleichsmöglichkeiten im Zeitablauf. Somit können Vergleiche bezüglich der Produkt- und Dienstleistungsqualität über einen bestimmten Zeitraum hinweg angestellt werden.
- **Gewinn von spezifischen Erkenntnissen:** Im Zusammenhang mit Innovationen ist eine schnelle und frühzeitige Erfassung der Kundenzufriedenheit von Vorteil. Hierbei bietet es sich an, die zielgerichtete Zusammenarbeit mit potenziellen Kunden sowie Meinungsführern (sogenannte Schlüsselkunden) zu suchen und die Produkte und Dienstleistungen direkt an die Erwartungshaltung der Kunden anzupassen bzw. diese gleich kundenorientiert zu entwickeln.

3.2 Überblick über ein Projekt zur Messung der Kundenzufriedenheit

In der Marktforschungsliteratur finden sich ganz unterschiedlich differenzierte Projektpläne. Beispielsweise präsentieren Kühn und Kreuzer (2006, S. 28) ein Fünf-Phasen-Modell mit insgesamt 17 Unterpunkten, Weis und Steinmetz (2008, S. 32–33) präferieren ein Neun-Phasen-Modell mit 26 Unterpunkten. Wie greifen hier das Zehn-Phasen-Modell von Töpfer (1996, S. 229 ff.) auf und verbinden es mit dem Fünf-Phasen-Ansatz von Hinterhuber et al. (1997, S. 61 ff.), dem Sechs-Phasen-Modell von Schneider (2000, S. 83 ff.) und dem Zehn-Phasen-Modell von Homburg (2020, S. 275 ff.). Die sich dadurch ergebenden Ablaufschritte sind in Abb. 3.1 zusammenfassend dargestellt.

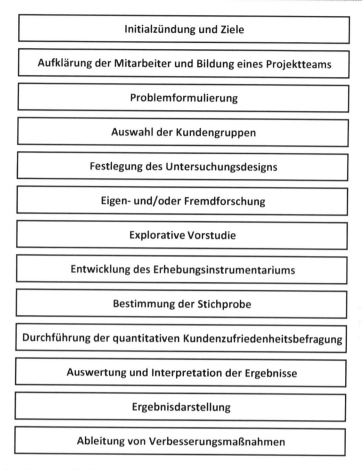

Aufklärung der Mitarbeiter und Bildung eines Projektteams

Problemformulierung

Auswahl der Kundengruppen

Festlegung des Untersuchungsdesigns

Eigen- und/oder Fremdforschung

Explorative Vorstudie

Entwicklung des Erhebungsinstrumentariums

Bestimmung der Stichprobe

Durchführung der quantitativen Kundenzufriedenheitsbefragung

Auswertung und Interpretation der Ergebnisse

Ergebnisdarstellung

Ableitung von Verbesserungsmaßnahmen

Abb. 3.1 Phasen eines Kundenzufriedenheitsmessungsprojektes. (Quelle: In Anlehnung an Töpfer, 1996, S. 229 ff.; Hinterhuber et al., 1997, S. 61 ff.; Schneider, 2000, S. 83 ff. und Homburg, 2020, S. 275 ff.)

3.3 Initialzündung und Ziele – Der Anstoß durch die Geschäftsführung

Idealerweise wird die Geschäftsführung in das Projekt zur Messung der Kundenzufriedenheit eingebunden bzw. wird dieses durch sie angestoßen. Kurz gesagt: Die Messung der Kundenzufriedenheit ist zur Chefsache zu erklären. Begründen lässt sich diese Forderung dadurch, dass ein derartiges Vorhaben mit einem nicht zu unterschätzenden Aufwand verbunden ist. Zudem haben die Ergebnisse der Kundenzufriedenheitsbefragung in der Regel Einfluss auf Unternehmensprozesse sowie Aktivitäten und Verhaltensweisen gegenüber Kunden. Nur wenn die Geschäftsführung den Sinn und Zweck der Kundenzufriedenheitsbefragung verstanden hat, kann sie das Projekt nach innen und außen selbstbewusst vertreten und die Mitarbeiter zur Mitarbeit motivieren. Dadurch wird das Kundenzufriedenheitsprojekt zu einer Angelegenheit des gesamten Unternehmens (vgl. Töpfer, 1996, S. 235).

Im Folgenden ist festzulegen, was von dem Kundenzufriedenheitsprojekt an Ergebnissen zu erwarten ist. Töpfer (1996, S. 235) macht darauf aufmerksam, dass es dabei um den Abgleich des Selbstbildes (Sichtweise der Mitarbeiter) mit dem Fremdbild (Beurteilung durch die Kunden) geht und unterteilt die jeweiligen Zielstellungen in externe und interne Ziele. Zu den **externen Zielen** gehören die folgenden Aspekte (Töpfer, 1996, S. 235):

- Analysieren der Kundenanforderungen und -erwartungen
- Ermitteln der Wichtigkeit bzw. Bedeutung einzelner Kriterien für die Kunden bzw. deren Zufriedenheit
- Analyse der Zufriedenheit der Kunden mit den Leistungen des Unternehmens und der Wettbewerber
- Ermittlung des Kunden-Zufriedenheits-Index (KZI bzw. CSI)

Hinzu kommen die folgenden **internen Ziele** (Töpfer, 1996, S. 235):

- Interne Befragung von Mitarbeitern aus verschiedenen Bereichen über die eingeschätzte Kundenzufriedenheit
- Ermitteln von Schwachstellen und Verbesserungspotenzialen
- Ermitteln von Einsparpotenzialen und Handlungsbedarf
- Ermitteln der strategisch erforderlichen Maßnahmen

Insbesondere die Einschätzungen der Mitarbeiter lassen sich später mit den erhobenen Zufriedenheitswerten der Kunden abgleichen. Dies ermöglicht einerseits eine klare Kommunikation des Nutzens der Zufriedenheitsbefragung und andererseits die klare Kommunikation und Realisierung von notwendigen Veränderungen im Unternehmen (vgl. Töpfer, 1996, S. 235).

3.4 Aufklärung und Motivation der Mitarbeiter sowie Zusammenstellung eines interdisziplinären Kundenzufriedenheitsmessungs-Teams

Die Geschäftsführung ist zunächst gefordert, für eine frühzeitige Einbeziehung und Mitwirkung der Belegschaft zu sorgen. Nur so kann eine Akzeptanz des Kundenzufriedenheitsprojektes sichergestellt werden. Dazu ist unter Leitung der Geschäftsführung Informationsmaterial (z. B. Flyer oder Info-Newsletter) zu erstellen. Dieses Informationsmaterial ist an alle betroffenen Mitarbeiter weiterzuleiten. Nur so lässt sich erreichen,

dass der Sinn sowie die Bedeutung des Projektes von den Mitarbeitern des Unternehmens verinnerlicht wird (vgl. Schneider, 2000, S. 84).

Darüber hinaus ist die Einrichtung eines interdisziplinären Projektteams erforderlich. Mit der Leitung ist ein Mitarbeiter zu beauftragen, der über einschlägige Kenntnisse und Erfahrungen im Projektmanagement verfügt. Konkret geht es um die Sachkompetenz, Methoden- und Sozialkompetenz und das persönliche Engagement für das Kundenzufriedenheitsprojekt. Des Weiteren ist die zeitliche Verfügbarkeit des jeweiligen Mitarbeiters zu prüfen. Als Projektleiter kommen insbesondere Abteilungsleiter infrage. Dadurch wird die Bedeutsamkeit des Projektes zum Ausdruck gebracht (vgl. Schneider, 2000, S. 84).

▷ „Ein **Projektteam** ist eine für einen bestimmten Zeitraum eingesetzte Arbeitsgruppe zur Lösung einer Aufgabe. Die Gruppenmitglieder sollen sich aus allen für die Aufgabenerfüllung wichtigen Bereichen der Organisation zusammensetzen; sie sind vorübergehend hauptberuflich für das Projekt tätig, kehren aber nach dessen Abschluss in ihren ursprünglichen Bereich zurück" (Pieper, 1991, S. 304).

Bei der Zusammenstellung des Projektteams ist zu klären, welche Abteilungen einbezogen werden sollen. Vorrangig ist dabei an Mitarbeiter aus Abteilungen mit direktem Kundenkontakt zu denken. In der folgenden, durchaus weit gefassten Auflistung, sind Abteilungen aufgelistet, aus denen entsprechende Mitarbeiter rekrutiert werden sollten (Töpfer, 1996, S. 236):

- **Mitglieder der Geschäftsleitung:** Zunächst sollten ein bzw. zwei Machtpromotor(en) aus der Geschäftsleitung gefunden werden, der/die für die unternehmensstrategische Ausrichtung und schnelle Umsetzung des Projektes sorgt/sorgen.
- **Marktforschung:** Diese Mitarbeiter haben Informationen über vorhandene Kundendaten und können durch ihr Methodenwissen unterstützen.
- **Marketing:** Hier besteht ein großer Fundus an Konzept- und Instrumentenwissen für die Marktbearbeitung.

- **Kundendienst/Customer Service:** Diese Mitarbeiter stehen im unmittelbaren Kundenkontakt und haben Kenntnisse über mögliche Problemfälle bzw. Kundenbeschwerden.
- **Vertrieb/Außendienst:** Der Außendienst verfügt über aktuelles Wissen bzgl. der Kundenanforderungen und des Kundenverhaltens sowie über derzeitige Wettbewerberaktivitäten.
- **Produktentwicklung:** Produktentwickler können kundenbezogene Anforderungen nach innen transferieren und somit einen wichtigen Beitrag für die Entwicklung neuer Produkte leisten.
- **Produktion:** Die Produktionsmitarbeiter stehen für einen Transfer der Kundenanforderungen nach innen und für die Umsetzung in (neue) Produkte.
- **Qualitätswesen:** Diese Mitarbeiter haben Kenntnisse über Qualitätsanforderungen und können bei der Umsetzung von Verbesserungsmaßnahmen behilflich sein.
- **Beschaffung:** Die Beschaffungsverantwortlichen nehmen eine Spezifizierung von Anforderungen an Lieferanten vor und sind für die Optimierung des geforderten produktbezogenen Kundennutzens verantwortlich.
- **Personalentwicklung:** Im Mittelpunkt des Interesses steht die Ermittlung des Qualifizierungsbedarfs bei den jeweiligen Mitarbeitern, insbesondere bei Mitarbeitern mit direktem Kundenkontakt.
- **Controlling:** Controller transferieren kundenbezogene Informationen nach innen und setzen diese in internen Steuerungskonzepten um (z. B. im Rahmen der Balanced Scorecard).
- **Lieferanten:** Lieferanten können Optimierungspotenziale für die Parameter Qualität, Zeit und Kosten aufzeigen.
- **Kunden:** Im Fokus stehen originäre Informationen über Stärken und Schwächen des Unternehmens und seiner Marktleistungen.

▷ **Regeln für die Bildung eines Projektteams**

- Das Projektteam darf nicht zu groß sein. Fünf bis acht Mitglieder sind in der Regel ausreichend.
- Im Projektteam sollten Mitarbeiter jedes Unternehmensbereichs vertreten sein, der regelmäßigen Kundenkontakt hat. Diese Mitarbeiter müssen über ausreichende Kenntnisse der Märkte und Produkte verfügen.
- Das Projektteam muss einen klar Verantwortlichen haben, der dem Management gegenüber berichtet und die nötige Entscheidungskompetenz hat, das Projekt voranzutreiben.
- Es hat sich als sinnvoll erwiesen, dass – zumindest zeitweise – federführend ein Mitglied der Geschäftsführung im Projektteam vertreten ist. Dadurch wird allen Beteiligten die Bedeutung des Themas nachdrücklich vermittelt.
- Im Projektteam sollten Mitglieder vertreten sein, die Erfahrung mit der Messung der Kundenzufriedenheit und -bindung haben. Dies können entweder eigene Mitarbeiter oder aber externe Experten sein (Homburg & Werner, 1998, S. 60).

3.5 Problemformulierung

Häufig findet die Formulierung der Problemstellung eines Kundenzufriedenheitsprojekts weitestgehend ohne die späteren Ergebnisnutzer statt. Dies kann insbesondere in Unternehmen beobachtet werden, in denen es eine Marktforschungsabteilung gibt. Diese betreuen gebündelt die verschiedenen Marktforschungsprojekte und es kommt zu einer *„Marktforschung auf Zuruf.“* D. h. ein Abteilungsleiter möchte Fragen zur Zufriedenheit der Kunden beantwortet haben und brieft dazu den Marktforschungsspezialisten. Die eigentliche Definition des Marktforschungsprojekts erfolgt dann zwischen der Marktforschungsabteilung und externen Marktforschungsinstituten. Eine Rücksprache mit der Fachabteilung unterbleibt dagegen. Es besteht daher die Gefahr, dass zentrale Erkenntnisbedürfnisse der potenziellen Nutzer vernachlässigt werden (Herrmann et al., 2008, S. 12).

▷ **Tip** Maßnahmen zur Erhöhung der Nutzungswahrscheinlichkeit von Marktforschungsergebnissen in der **Phase der Problemformulierung** (Herrmann et al., 2008, S. 13):

- Potenzielle Nutzer der Marktforschungsergebnisse bei der Problemformulierung beteiligen!

- Marktforschungsprojekte im Hinblick auf konkrete Entscheidungsprobleme konzipieren!
- Bereits frühzeitig mögliche Ängste von Mitarbeitern adressieren und ausräumen!
- Den Support des Top-Managements für das Marktforschungsprojekt sicherstellen!

Es ist daher empfehlenswert, potenzielle Nutzer in die Phase der Problemformulierung miteinzubeziehen. Dabei sollte besonderer Wert auf die jeweiligen Erkenntnisinteressen der Nutzer gelegt werden. Darauf aufbauend kann dann eine präzise und umfassende Problemformulierung erfolgen (Herrmann et al., 2008, S. 13).

3.6   Auswahl der Kundengruppen

Im nächsten Schritt muss die Festlegung der zu befragenden Zielgruppe(n) bzw. Kundengruppe(n) erfolgen. Vorrangig geht es dabei um den bestehenden Kundenstamm aber auch Kunden der Konkurrenz und abgewanderte Kunden können bzw. sollten in die Befragung einbezogen werden. Insbesondere durch die Befragung von Konkurrenzkunden können Unterschiede in der wahrgenommenen Qualität der Produkte und Dienstleistungen ermittelt und Wettbewerbsnachteile identifiziert werden. Abgewanderte Kunden hingegen können zu den Abwanderungsgründen Auskunft geben. Sie weisen auf Schwächen des Unternehmens hin und können mitteilen, was als Mindestleistung erwartet wird. Neben den Privatkunden kommen auch noch Einzelhändler als Befragungspersonen infrage. Als Händler sind sie in der Regel die erste Anlaufstelle für Beschwerden und stellen damit eine wichtige Informationsquelle für Produktverbesserungen dar (Hinterhuber et al., 1997, S. 63). Abb. 3.2 stellt die Informationsbasis für ein proaktives Kundenbeziehungsmanagement grafisch dar.

Erst wenn die Kundengruppen, die befragt werden sollen, festgelegt sind, kann sich das Pro-

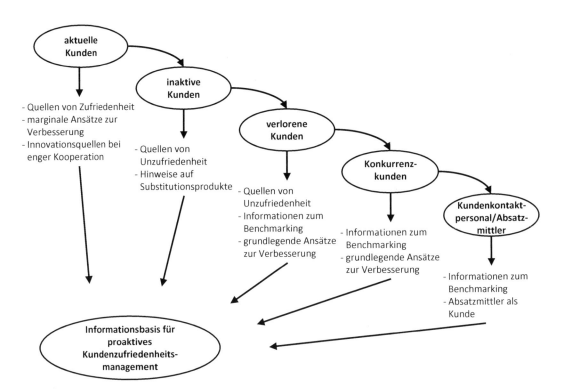

Abb. 3.2 Informationsbasis für ein proaktives Kundenzufriedenheitsmanagement. (Quelle: Matzler & Bailom, 2004, S. 268)

jektteam mit der Fragenentwicklung beschäftigen. Dadurch wird eine breite und auseinandergehende Diskussion unter den Projektmitgliedern vermieden. Diese Diskussionen kommen dadurch zustande, dass die verschiedenen Projektmitglieder oft völlig unterschiedliche Vorstellungen bezüglich der jeweiligen Kundengruppen haben. Eine Festlegung der einzelnen Zufriedenheitskriterien wird erst durch ein einheitliches Kundenbild bzw. -verständnis möglich (vgl. Töpfer, 1996, S. 237).

In diesem Kontext formuliert Schneider (2000, S. 87) drei **Fragestellungen**, die es zu beantworten gilt:

- *Inwieweit soll nach einzelnen Marktsegmenten differenziert werden?* Es muss also geklärt werden, ob sämtliche Kundengruppen (z. B. Schlüsselkunden, Clubmitglieder, interne bzw. externe Kunden), Produktgruppen (z. B. PC-Sparte, Laptops, Smartphones), Verantwortungsbereiche (z. B. Filialen), Vertriebswege (z. B. stationärer Handel, eCommerce), Länder und/oder Regionen (z. B. DACH-Region) in die Befragung einbezogen werden sollen. Alternativ kann das Augenmerk auch auf einzelne Kundensegmente gelegt werden. Für den Fall, dass das Unternehmen zum ersten Mal eine Kundenzufriedenheitsbefragung durchführt, ist es empfehlenswert, sich im Rahmen eines Pilotprojektes auf ein ausgewähltes Kundensegment zu fokussieren. Dadurch kann das Projektteam aus Anfängerfehlern lernen, ohne diese bei allen Kunden zu begehen. Aus Gründen der Vergleichbarkeit sollten später dann alle Kundensegmente in die Zufriedenheitsbefragung mit einbezogen werden. Gesetzt den Fall es stehen genügend finanzielle Mittel und Kapazitäten zur Verfügung. Dadurch wird die Philosophie der Kundenorientierung im gesamten Unternehmen verankert.
- *Sollen sämtliche Leistungskomponenten, d. h. sowohl Produkte als auch Dienstleistungen, in die Untersuchung einbezogen werden?* Kunden unterscheiden in der Regel nicht zwischen Produkten und Dienstleistungen. Sie beurteilen die Unternehmensleistung als Ganzes. Daher ist es empfehlenswert, sowohl die

Produkte als auch die Dienstleistungen des Unternehmens in die Befragung mit einzubeziehen.
- *Wer soll im Falle gewerblicher Kunden befragt werden?* Beschaffungsentscheidungen werden im Unternehmen üblicherweise in einem Buying Center von mehreren Personen getroffen. Es handelt sich daher um eine multipersonale Kundenzufriedenheit. Daraus folgt, dass mehrere Funktionsbereiche und Personen kontaktiert und befragt werden müssen. Als wesentliche Funktionsbereiche sind der Einkauf, die Nutzer, die Geschäftsleitung sowie die Finanzabteilung zu nennen.

3.7 Festlegung des Untersuchungsdesigns

Bei der Planung einer Kundenzufriedenheitsstudie ist zunächst der konkrete Forschungsansatz festzulegen. Dabei kann zwischen drei verschiedenen Forschungsansätzen gewählt werden: Explorative Studien, deskriptive Studien und kausale bzw. explikative Studien (Fantapié Altobelli, 2017, S. 33; Nieschlag et al., 2002, S. 381).

▶ **Definition** „**Explorative Studien** dienen der Gewinnung erster Einsichten zum aktuellen Forschungsproblem. Typischerweise finden explorative Analysen bei neuartigen, komplexen und schlecht strukturierten Forschungsproblemen Anwendung. Erhebungsmethoden im Rahmen explorativer Studien sind:

- Sekundärforschung,
- qualitative Befragungen und Beobachtungen sowie
- Fallstudienanalysen" (Fantapié Altobelli, 2017, S. 33).

Explorative Studien werden durchgeführt, wenn das vorhandene Wissen über die relevanten Zufriedenheitsaspekte noch unzureichend ist und sich das Forschungsproblem noch nicht präzise formulieren lässt. Mithilfe der explorativen Studien kann ein erster empirisch fundierter Einblick in die Struktur des Kundenzufriedenheitsproblems geschaffen werden. Im Anschluss ist meist eine präzise Formulierung des Forschungsproblems möglich (Nieschlag et al., 2002, S. 381).

➤ **„Deskriptive Studien** beschreiben marketingrelevante Phänomene und überprüfen konkrete Forschungshypothesen, welche z. B. durch explorative Analysen generiert wurden. Je nachdem, ob die Daten zu einem bestimmten Zeitpunkt oder wiederholt erhoben werden, unterscheidet man zwischen Querschnittsanalysen und Längsschnittanalysen" (Fantapié Altobelli, 2017, S. 35).

Häufig sollen bestimmte Marktgegebenheiten quantitativ beschrieben werden. Dafür eignen sich deskriptive Studien. Diese beschreiben einen Sachverhalt, ohne ihn zu erklären. Idealerweise liegt ein hypothesenartiges Vorverständnis zum jeweiligen Sachverhalt vor. Um eine deskriptive Studie zu planen, ist eine ausführliche Auseinandersetzung mit dem jeweiligen Untersuchungsgegenstand sowie den verfügbaren Methoden erforderlich. Dabei ist zu beachten, dass in der Regel eine Vielzahl an Variablen zu messen bzw. Daten zu erheben ist. Diese müssen in ein logisches Gerüst eingeordnet werden, um bei der Lösung von Marketingproblemen hilfreich zu sein (Nieschlag et al., 2002, S. 382).

➤ „Mit Hilfe **kausaler Studien** werden sogenannte Kausalhypothesen überprüft. Kausalität bedeutet, dass zwischen den untersuchten Variablen Ursache-Wirkungs-Beziehungen bestehen, d. h. eine interessierende Variable wird von einer oder mehreren anderen Variablen beeinflusst" (Fantapié Altobelli, 2017, S. 37).

Da Marketingentscheidungen auf die Zukunft ausgerichtet sind und auf bestimmten Annahmen beruhen, werden Informationen über die vorhandenen Handlungsalternativen benötigt. Vor allem die damit verbundenen Konsequenzen sind von besonderem Interesse. Schließlich soll diejenige Alternative gewählt werden, die den größten Zielerreichungsgrad verspricht. Daher müssen die relevanten Ursache-Wirkungs-Zusammenhänge erforscht werden. Dies ist die Aufgabe der explikativen Studien (Nieschlag et al., 2002, S. 382–383).

3.8 Eigen- und/oder Fremdforschung

Bei der Messung der Kundenzufriedenheit handelt es sich um ein komplexes Projekt, für dessen erfolgreiche Abwicklung entsprechende Kompetenzen im Unternehmen vorhanden sein müssen. Daher stellt sich die Frage, ob das Unternehmen dieses Vorhaben in Eigenregie durchführen kann oder besser einen entsprechenden Auftrag an ein Marktforschungsinstitut vergeben sollte. Um diese Frage beantworten zu können lohnt sich ein Blick auf die Vor- und Nachteile der Eigenbzw. Fremdforschung (vgl. Schneider, 2000, S. 131–132).

Für die **Eigenforschung** können die folgenden Argumente aufgeführt werden (Berekoven et al., 2009, S. 36–38; Homburg, 2020, S. 283; Weis & Steinmetz, 2008, S. 43):

- **Unternehmensspezifische Erfahrungen:** Die betrieblichen Marktforscher sind mit dem Untersuchungsgegenstand in der Regel besser vertraut. Sie kennen sich besser als externe Marktforscher mit *„ihrem"* Unternehmen aus. Zudem verfügen sie über gute Branchenkenntnisse, die bei externen Marktforschern nicht immer gegeben sind.
- **Vertraulichkeit:** Durch Geheimhaltungsvereinbarungen sind externe Marktforscher zur Vertraulichkeit verpflichtet. Gerade Marktforschungsinstitute, die sich auf eine bestimmte Branche spezialisiert haben, sind üblicherweise auch für direkte Wettbewerber des beauftragenden Unternehmens aktiv. Es besteht, zumindest theoretisch, die Möglichkeit, dass sensible Unternehmensdaten oder allgemeine Erkenntnisse aus der Zufriedenheitsstudie an die Wettbewerber gelangen.
- **Kontrolle des Marktforschungsprozesses:** Betriebliche Marktforscher haben einen besseren Überblick über die Marktforschungsaktivitäten und können die Zufriedenheitsanalyse besser kontrollieren.
- **Datenschutz eher gewährleistet:** Sensible Unternehmensdaten werden nicht an Wettbewerber weitergegeben.

Für die **Fremdforschung** sprechen dagegen die folgenden Argumente (Berekoven et al., 2009, S. 39; Homburg, 2020, S. 283–284; Weis & Steinmetz, 2008, S. 43):

- **Methodenkenntnis und Erfahrung:** Marktforschungsinstitute, die sich auf ein bestimmtes Themenspektrum spezialisiert haben, verfügen über bessere Methodenkenntnisse und haben im jeweiligen Untersuchungsfeld mehr Erfahrungen aus vergleichbaren Projekten als betriebliche Marktforscher. Dies trifft insbesondere auf die multivariaten Analysemethoden zu.
- **Kostenvorteile:** Externe Marktforscher verfügen über mehr Erfahrung und können daher Projekte effizienter abwickeln als betriebliche Marktforscher. Gerade Aufgaben, die nur relativ selten im Unternehmen anfallen sind für ein Outsourcing prädestiniert. Zudem verfügen externe Marktforschungsinstitute häufig über eine gut ausgebaute Infrastruktur (z. B. Call Center für CATI-Umfragen), deren Unterhaltung für das beauftragende Unternehmen nicht wirtschaftlich wäre.
- **Objektivität:** Die Ergebnisse von Zufriedenheitsumfragen können im Unternehmen zu weitreichenden Konsequenzen führen. Es besteht damit immer die latente Gefahr, dass betroffene Manager versuchen, Einfluss auf die betrieblichen Marktforscher zu nehmen und die Ergebnisse im eigenen Sinne zu lenken. Andererseits können auch betriebliche Marktforscher politische Interessen zeigen und Einfluss auf das Studiendesign und damit auf die Ergebnisse der Zufriedenheitsstudie nehmen. Beide Aspekte gefährden die Objektivität der Studie.
- **Akzeptanz:** Für den Erfolg eines Kundenzufriedenheitsbefragungsprojektes ist es ganz entscheidend, dass die Ergebnisse von allen (betroffenen) Mitarbeitern auch akzeptiert werden. Renommierten Marktforschungsinstituten (z. B. der GfK in Nürnberg) wird eine größere Glaubwürdigkeit zugesprochen als den betrieblichen Marktforschern.
- **Kapazitätsrestriktionen:** Soll im Rahmen des Zufriedenheitsprojektes eine umfassende Feldarbeit durchgeführt werden, stehen dafür beim Auftraggeber häufig nicht genügend Mitarbeiter zur Verfügung. Daher empfiehlt sich in diesem Fall die Vergabe an ein externes Marktforschungsunternehmen, das über die entsprechenden Kapazitäten verfügt.
- **Fehlende Betriebsblindheit:** Die Beauftragung von externen Marktforschern hat zudem den Vorteil, dass diese nicht persönlich in die unternehmensinternen Gegebenheiten involviert sind. Betriebliche Marktforscher können dagegen u. U. unter einer gewissen Betriebsblindheit leiden, was sich negativ auf die Konzeption und Durchführung der Studie auswirken kann.

Für den Fall, dass sich das Unternehmen für die **Zusammenarbeit mit einem Marktforschungsunternehmen** entscheidet, erfolgt dies idealerweise anhand des folgenden **Ablaufplans** (Schneider, 2000, S. 134–135):

- **Research-Briefing – Projektstart:** Zunächst wird der Problemhintergrund formuliert, d. h. warum möchte das Unternehmen eine Zufriedenheitsstudie in Auftrag geben. Die Marktforscher verschaffen sich einen Überblick über bereits vorhandene Daten. Damit sind Ergebnisberichte bisheriger Studien, sekundärstatistisches Datenmaterial wie Reklamations- und Garantiestatistiken, Unternehmenspublikationen, Geschäftsberichte sowie Umsatz- und Gewinnentwicklungen u. ä. gemeint. Das Management äußert gegebenenfalls Vorstellungen zum Forschungsdesign (z. B. nur Befragung von Privatkunden mittels einer Online-Umfrage). Es wird über das Budget und den Zeitrahmen gesprochen. Das beauftragende Unternehmen benennt einen Ansprechpartner aus dem Unternehmen. Eventuell erfolgt schon die Bildung eines Projektteams, das aus Mitarbeitern des Unternehmens und Marktforschern besteht. Zudem werden sogenannte Action-Standards festgelegt. Dabei handelt es sich um (Marketing-)Maßnahmen, die je nach Analysebefund, ins Auge gefasst werden.
- **Konferenz – zwei bis drei Wochen später:** Im Fokus des Interesses steht die Frage, inwie-

weit es dem Projektteam bzw. dem Marktforschungsinstitut geglückt ist, die Vorstellungen der Auftraggeber in ein Untersuchungsdesign und in einen Fragebogen umzusetzen.

- **Zwischenbericht – nach Bedarf:** Die Marktforscher berichten über den aktuellen Stand des Zufriedenheitsprojektes (z. B. die Rücklaufquoten und erste Zwischenergebnisse). Gerade Ad-hoc-Studien sind durch einen enormen Zeit- und Entscheidungsdruck gekennzeichnet. Der Zwischenbericht bietet daher die Gelegenheit, notwendige Korrekturen (z. B. das Versenden von Erinnerungsschreiben) vorzunehmen.
- **Auswertungssitzung – kurz vor Projektende:** Wenn auf Seiten des beauftragenden Unternehmens Marktforschungskompetenzen vorhanden sind, kann die Ergebnisauswertung und Ableitung von Verbesserungsmaßnahmen gemeinsam mit den Marktforschern erfolgen.
- **Endpräsentation der Befunde und Diskussion der Ergebnisse – Projektende:** Die Präsentation der Ergebnisse ist durch die folgenden Bestandteile gekennzeichnet. 1. Ausgangssituation und Ziele der Studie, 2. Darstellung des Forschungsdesigns, 3. Zeitraum der Planung, Durchführung der Feldarbeit sowie Analyse der Daten, 4. Bei schriftlichen und Online-Befragungen = Höhe der Responsequote, 5. Angaben zur Repräsentativität der Ergebnisse, 6. Übersichtliche und interpretierbare Ergebnisdarstellung (keine Zahlenfriedhöfe), 7. Abschließende Fokussierung auf ausgewählte Kernaussagen, 8. Diskussion mit den Auftraggebern.

3.9 Explorative Vorstudie zur Ermittlung der relevanten Zufriedenheitskriterien

Die explorative Vorstudie dient der Aufhellung und Strukturierung des jeweiligen Problemfeldes. Das Projektteam versucht dadurch, etwas über die Kundenerwartungen sowie die Kriterien, die für die Kaufentscheidung relevant sind, zu erfahren. Dafür haben sich das halbstrukturierte

(Tiefen-)Interview und die **Gruppendiskussion** bewährt (Schneider, 2000, S. 91). Beide Forschungsansätze werden in ihren Grundzügen im Folgenden vorgestellt. Darüber hinaus kann sich das Projektteam noch speziellerer Methoden bedienen, um mehr über die Kundenwünsche und -erwartungen zu erfahren. Konkrete Anregungen liefern die **Beschwerdeanalyse**, die **Opus-Analyse**, die **Lead-User-Analyse**, die **Methode der Kritischen Ereignisse** (Critical Incident Technique) sowie die **Kundenprozessanalyse**, die im Folgenden ebenfalls in ihren Grundzügen skizziert werden (Hinterhuber et al., 1997, S. 64–73; Schneider, 2000, S. 91–92).

3.9.1 Das Tiefeninterview

Das Tiefeninterview zählt zu den qualitativen Formen der Datenerhebung. Dabei handelt es sich um relativ freies, qualitatives Interview.

▷ „**Tiefen-** oder **Intensivinterviews** gehören zur qualitativen Markt- und Sozialforschung und bezeichnen ein zeitlich umfassendes, intensives Interview über vorgegebene Themen, die ein geschulter Interviewer weitgehend selbständig durchführt. Aufgrund der geringen oder fehlenden Standardisierung des Interviews wird das Gespräch weitgehend auf das Verhalten und die Individualität des Befragten hin orientiert, um tieferliegende Begründungszusammenhänge zu erfassen. Teilweise soll das Tiefeninterview Zusammenhänge analysieren, die dem Befragten selbst nicht bewusst sind. Das zumeist sehr aufwändige Verfahren wird eher als Pilot- oder Explorationsstudie zu einer quantitativen Erhebung genutzt" (Ernst, 2004, S. 506).

Der Interviewer versucht, eine offene und vertrauensvolle Gesprächssituation zu erzeugen. Das Ziel des Tiefeninterviews besteht darin, tiefere Einsichten in den Forschungsgegenstand zu gewinnen. Dabei greift der Interviewer auf psychologisch geschickte Fragestellungen zurück, um dadurch die Denk-, Empfindungs- und Handlungsweisen der Befragten zu ermitteln. Als Arbeitsinstrument verwendet der Interviewer einen

Interviewleitfaden. Dieser ist halbstrukturiert und enthält die wichtigsten Themen, die im Interview angesprochen werden sollen. Dadurch ist der Interviewer in der Lage, das Gespräch in gewisser Art und Weise zu lenken. Häufig kommt es vor, dass sich einzelne Fragestellungen erst im Laufe des Tiefeninterviews ergeben. Die vertrauensvolle Gesprächsatmosphäre soll den Befragten dazu anregen, seine Wünsche, Bedürfnisse und Erwartungen möglichst spontan zu äußern (Homburg, 2020, S. 287).

3.9.2 Die Gruppendiskussion

Während einer Gruppendiskussion können Produktentwickler (z. B. Techniker und/oder Marketingmanager) gemeinsam mit ausgewählten Kunden über Probleme, Wünsche und Erwartungen diskutieren. An der Gruppendiskussion nehmen in der Regel acht bis zehn Kunden teil. Ein Moderator leitet die Diskussion und ein Protokollant begleitet diese und notiert wichtige Aussagen der Kunden. Ein wesentlicher Vorteil von Gruppendiskussionen besteht darin, dass durch die entstehende Gruppendynamik Motivationen und Motivationsstrukturen, tiefere Bewusstseinsschichten und emotionale Zusammenhänge aufgedeckt werden, die im Einzelinterview nicht zutage treten würden. Gerade durch diese Gruppendynamik ist es in relativ kurzer Zeit möglich, ein weites Spektrum an Kundenwünschen aber auch

Kundenproblemen zu ermitteln. Dadurch erhalten die anwesenden Techniker und Marketingmanager ein tiefergehendes Verständnis der jeweiligen Kundenprobleme. Somit wird sichergestellt, dass die genannten Kundenwünsche im Produktentwicklungsprozess konsequent und umfassend berücksichtigt werden (Hinterhuber et al., 1997, S. 66–67). Zu den Vor- und Nachteilen der Gruppendiskussion siehe Tab. 3.2.

➢ „Die **Gruppendiskussion** (Focus Group) ist das in der qualitativen Marktforschung am weitesten verbreitete Erhebungsverfahren. Für eine Gruppendiskussion erfolgt die gezielte Rekrutierung und Einladung mehrerer Teilnehmer (meistens 8 bis 10), die im Zuge einer in der Regel etwa zweistündigen Veranstaltung unter der Anleitung eines geschulten Moderators über eine vorgegebene Thematik diskutieren. Zur Erreichung des Erkenntniszieles werden in der Gruppendiskussion bewusst die Interdependenzen der Teilnehmer untereinander genutzt, um die Meinungsbildung der Probanden im interaktiven Umfeld zu erfassen" (Roland Berger Market Research, 2004a, S. 218–219).

Für beide Forschungsansätze, also Tiefeninterview und Gruppendiskussion, ist es also erforderlich, dass ein Interview- bzw. Moderationsleitfaden erstellt wird. Gerade bei der Gruppendiskussion kommt es auf ein gutes Timing der einzelnen Diskussionsabschnitte an. Neben den inhaltlichen

Tab. 3.2 Vor- und Nachteile von Gruppendiskussionen. (Quelle: Weis & Steinmetz, 2008, S. 123)

Vorteile	Nachteile
Die unmittelbare Reaktion der Teilnehmer wird beobachtet.	Es kann ein gruppendynamischer Kontrollmechanismus erfolgen (Gruppennorm).
Die Gruppensituation führt zu intensiveren Auseinandersetzungen mit dem Sachverhalt und provoziert spontane Äußerungen.	Repräsentativität ist nicht gegeben.
Die Interaktion in der Gruppe führt zu einer Vielzahl von Meinungsäußerungen und Ideen.	Gegen abweichende Ansichten können sich Barrieren aufbauen.
Gruppendynamische Prozesse führen zu freierer Meinungsäußerung.	Das Ergebnis ist stets interpretationsbedürftig.
Gruppendiskussionen können schnell und kostengünstig durchgeführt werden.	Das Ergebnis hängt von der Qualität des Moderators ab.
	Man erhält nur qualitative Ergebnisse. Eine quantitative Auswertung ist nicht möglich.

Aspekten muss der Moderationsleitfaden daher möglichst realistische Zeitangaben enthalten. Die Tiefeninterviews und Gruppendiskussionen sollten, das Einverständnis der Befragungspersonen vorausgesetzt, aufgezeichnet werden. Dies kann in Form einer Tonbandaufnahme oder als Videoaufzeichnung umgesetzt werden. Beide Verfahren stellen sehr hohe Anforderungen an den Interviewer bzw. Moderator. Sind diese Kompetenzen im Unternehmen nicht vorhanden, sollte das Projektteam mit erfahrenen qualitativen Marktforschern zusammenarbeiten. Gleiches gilt für die Datenauswertung, die entsprechend hohe Anforderungen an den auswertenden Mitarbeiter bzw. Marktforscher stellt (vgl. Schneider, 2000, S. 91).

Heutzutage werden Online-Gruppendiskussionen bzw. Online Focus Groups immer wichtiger. Sie bieten zahlreiche Vorteile (insbesondere Kosten- und Zeitersparnis) im Vergleich zu traditionellen Gruppendiskussionen. Zudem ist es möglich, weite voneinander entfernte Teilnehmer für eine Online Focus Group zu gewinnen (Weis & Steinmetz, 2008, S. 124). In Tab. 3.3 findet sich eine Gegenüberstellung der beiden Gruppendiskussionsansätze.

3.9.3　Die Beschwerdeanalyse

Ein proaktives Beschwerdemanagement ist durch zwei zentrale Aufgaben gekennzeichnet. 1. Durch die möglichst schnelle Bearbeitung von Beschwerden sollen unzufriedene Kunden wieder zufriedengestellt werden. 2. Das Beschwerdemanagement soll ein probates Informationssystem zur Aufdeckung von Schwachstellen im betrieblichen Leistungsprozess zur Verfügung stellen. Gerade die in Beschwerden enthaltenen Informationen sind für das Projektteam von großer Relevanz. Schließlich schildern die Kunden in ihren Beschwerden ganz aktuelle und gravierende Probleme, die sich beim Konsum der Produkte und Dienstleistungen des jeweiligen Unternehmens ergeben haben. Zudem beschreiben die sich beschwerenden Kunden das vorliegende Problem klar und deutlich.

▷ „Unter einer **Beschwerdeanalyse** wird die systematische Sammlung, Erfassung, Auswertung und Interpretation von Informationen über alle Sachverhalte verstanden, die im Zusammenhang mit Beschwerden von Kunden stehen. Be-

Tab. 3.3 Vergleich traditionelle vs. Online Focus Group. (Quelle: Weis & Steinmetz, 2008, S. 125)

	Traditionelle Gruppendiskussion	Online Focus Group
Kosten	höher	niedriger
Teilnehmerkreis	An einem Ort, zu einer Zeit, anwesende Personen (meist geringe Anzahl).	Im Prinzip kommen alle Internet-User infrage.
Zeitaufwand	Meist über drei Stunden. Vielbeschäftigte Personen sind, schwierig zu gewinnen.	Geringer, auch viel beschäftigte Personen können teilnehmen.
Teilnehmersituation	Wechselseitige Beeinflussung der Teilnehmer gegeben.	„*Freie*" Äußerung weitgehend ohne (präsente) Beeinflussung durch die übrigen Teilnehmer.
Nonverbale Kommunikation	Verbale und nonverbale Kommunikation möglich.	Meist ist nur eine nonverbale Kommunikation möglich.
Gruppendynamische Prozesse	Treten ein und wirken sich auf das Ergebnis aus.	Keine, wenn dann haben diese nur geringe Auswirkungen.
Teilnehmergewinnung	Bestimmte Teilnehmer sind schwer, zu gewinnen.	Scheint grundsätzlich leichter zu sein.
Teilnehmerengagement	In der Regel höher, da live und persönliche Interpretation.	In der Regel geringer, da in der Regel nur schriftliche Dialoge stattfinden.
Objektbeurteilung	Besser, da die zu beurteilenden Wahrnehmungen real den Teilnehmern vorliegen (auch Gerüche, Geschmack, Berührung usw.).	Da die Beurteilung über den Bildschirm erfolgt, ist der Eindruck meist nicht so wirkungsvoll (keine Gerüche, Geschmack, Berührung usw.).

schwerdeanalysen stellen die informatorische Grundlage für ein Beschwerdemanagement dar" (Bruhn & Siems, 2004a, S. 68).

Da sich in der Regel nur etwa sechs bis zehn Prozent der unzufriedenen Kunden mit einer Beschwerde direkt an das Unternehmen wenden, liefern Beschwerden kein vollständiges Bild über die Unzufriedenheit der Kunden. Die Beschwerderate bzw. -quote hängt maßgeblich von persönlichkeitsspezifischen und situativen Faktoren ab. Zu nennen sind hier die angenommene Erfolgswahrscheinlichkeit, die Art des Problems und der Wert des Produktes. Mithilfe der Beschwerdeanalyse wird daher nur ein unvollständiges Bild der Unzufriedenheit skizziert. Insbesondere können keine Aspekte aufgedeckt werden, die zur Zufriedenheit der Kunden führen. Dennoch sind die in Beschwerden enthaltenen Informationen gut geeignet, um Zufriedenheitskriterien zu ermitteln. Des Weiteren ist vorteilhaft, dass Beschwerdeanalysen zeitnah bzw. kontinuierlich und relativ kostengünstig durchgeführt werden können. Beschwerdeanalysen sind aber auf jeden Fall, noch durch andere Instrumente zu ergänzen (Hinterhuber et al., 1997, S. 65–66).

3.9.4 Die Opus-Analyse

Es kommt häufig vor, dass Kunden nicht in der Lage sind, sich zu ihren Wünschen und Bedürfnissen hinsichtlich einer bestimmten Produktgruppe bzw. Dienstleistungskategorie zu äußern. Daher liefern derartige Befragungen oft nur Informationen bzw. Ideen, die eigentlich schon bekannt sind. Wirkliche Neuentwicklungen bzw. Innovationen lassen sich aus dieser Datenbasis nicht herleiten (Matzler & Bailom, 2004, S. 273).

Abhilfe kann hier die sogenannte OPUS-Methodik schaffen, die nach der Opus Development AG benannt wurde (Winiger, 1986, zitiert nach Matzler & Bailom, 2004, S. 273). In persönlichen Interviews mit Verwendern konzentrieren sich die Marktforscher auf tatsächlich aufgetretene oder potenziell denkbare Probleme mit den Produkten bzw. Dienstleistungen des Anbieters. Alle aufgeführten Probleme werden anschließend in eine Rangreihenfolge gebracht. Dabei ist,

durch eine ausreichende Stichprobengröße, auf statistische Signifikanz der Ergebnisse zu achten. In der Folge werden dann für die wichtigsten Problemfelder innovative Lösungen entwickelt. Es ist empfehlenswert, Kunden in diese Phase des Innovationsprozesses einzubeziehen. So kann es vorkommen, dass für einzelne Probleme bis zu 200 Ideen entwickelt werden. Die gewonnenen Ideen sind nach ihrem Innovationsgrad zu bewerten. So wird sichergestellt, dass nur die besten Ideen später in einzelnen Fachgruppen weiterbearbeitet werden (Matzler & Bailom, 2004, S. 273).

Matzler und Bailom (2004, S. 273–274) greifen ein Beispiel von Winiger (1986) auf. Konkret handelt es sich dabei um einen Farbenhersteller, der seine Produktpalette der Außenanstriche neu überarbeiten wollte. Mittels einer aufwändigen, traditionellen Kundenbefragung wurden die folgenden Kundenwünsche und -erwartungen ermittelt:

- lange Haltbarkeit,
- gute Wetterbeständigkeit,
- gutes Haftungsvermögen,
- ein Verschlussdeckel, der auch nach dem Wiederverschließen dichthält,
- gut deckend und
- eine starke Oberfläche bildend.

Leider war es dem Farbenhersteller aufgrund dieser Ergebnisse nicht möglich, eine wirkliche Innovation zu entwickeln. Daher entschied sich der Farbenhersteller, eine OPUS-Analyse durchzuführen. Wie die Ergebnisse erkennen lassen, kam die OPUS-Analyse zu ganz anderen Problemfeldern der Kunden:

- Die Vorbereitung ist mühsam.
- Die Vorarbeit braucht viel Zeit.
- Es ist schwierig, die alte Farbe wegzubekommen.
- Es ist langweilig, die Vorarbeiten zu erledigen.
- Es gibt keine praktischen Werkzeuge, um die alte Farbe wegzubekommen.

Im Kern geht es den Kunden also um die lästigen bzw. mühsamen Vorarbeiten. Dieser Wunsch wurde in der klassischen Kundenbefragung nicht ermittelt. Basierend auf den durch die OPUS-Analyse identifizierten Kundenproblemen war es dem Farbenhersteller möglich, ein ganzes Programm neuer Farben und Werkzeuge zu entwickeln.

Für die Aufdeckung von relevanten Zufriedenheitskriterien bietet dieses Vorgehen erhebliche Vorteile. Die Anbietersicht wird konsequent durch die Nachfragersicht ergänzt. Es kommen dadurch Kriterien zum Vorschein, an die die Anbieter vorher gar nicht gedacht haben.

3.9.5   Das Lead-User-Konzept

Eine gelebte Kundenorientierung kommt auch in einer konsequenten, Nachfrager orientierten Produktentwicklung zum Ausdruck. Gerade im Investitionsgüterbereich werden daher in einer frühen Phase des Innovationsprozesses ausgewählte Kunden in den Entwicklungsprozess einbezogen. Dadurch kommt es zu einer kooperativen Produktentwicklung. Diese Kunden werden als *„Lead User"* bezeichnet. Ihre Wünsche und Probleme sind neu und richtungsweisend für die gesamte Branche. Mithilfe der Lead User lässt sich daher das Floprisiko beträchtlich reduzieren (Engelhardt, 2001, S. 897).

Im Konsumgüterbereich kommt es jährlich zu hohen Flopraten von Innovationen. Es kann davon ausgegangen werden, dass sich, je nach Produktkategorie, 80–90 % der Neuentwicklungen nicht im Markt durchsetzen können. Vielfach wurde einfach an den Wünschen und Bedürfnissen der Kunden vorbeientwickelt. Abhilfe kann hier das Lead-User-Konzept schaffen. Im Rahmen dieses Konzeptes wird versucht, ganz bestimmte Kunden, die Innovatoren, in den Produktentwicklungsprozess einzubinden (Matzler & Bailom, 2004, S. 274).

Matzler und Bailom (2004, S. 274) verweisen in diesem Zusammenhang auf eine Arbeit von Herstatt und Hippel (1992). Sie konnten zeigen, dass …

- erfolgreiche Ideen für Innovationen aus der konkreten Anwendung und den dort auftretenden Problemen stammen und
- Personen, die von den zu entwickelnden Innovationen besonders profitieren, ihre Ideen auch gerne detailliert dem Forscherteam weitergeben.

Die Innovationsfreudigkeit von verschiedenen Kundengruppen kann annähernd als Normalverteilung dargestellt werden (Rogers, 1962, zitiert nach Matzler & Bailom, 2004, S. 275) (siehe dazu Abb. 3.3)).

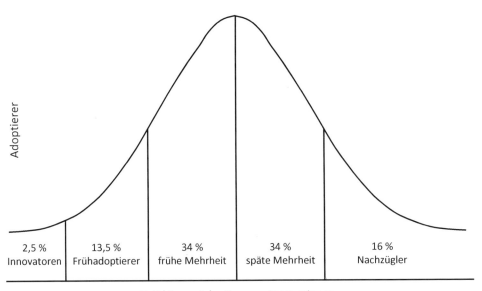

Abb. 3.3 Diffusion und Innovation. (Quelle: Rogers, 1962, zitiert nach Matzler & Bailom, 2004, S. 275)

Überträgt man die Erkenntnisse aus der Diffusionskurve auf die Zufriedenheitsforschung, so lassen sich zwei Personengruppen identifizieren, die besonders auskunftsfreudig sind (Matzler & Bailom, 2004, S. 175):

- **Innovatoren:** Diese Kundengruppe ist unternehmenslustig und risikobereit. Auf 2,5 % der Bevölkerung treffen diese Eigenschaften zu. Sie haben gute Ideen und teilen diese auch gerne dem Forscherteam mit.
- **Frühadaptoren:** Immerhin 13,5 % der Bevölkerung sind Frühadaptoren, die neue Ideen frühzeitig übernehmen und als Meinungsführer agieren.

Sowohl die Innovatoren als auch die Frühadaptoren können somit eine wertvolle Hilfestellung bei der Entwicklung von Innovationen leisten. Aber auch bei der Ableitung von Zufriedenheitskriterien können diese Personengruppen eine wichtige Hilfestellung bieten. Im Kern geht es also darum, Innovatoren und Frühadaptoren zu identifizieren und zur Mitarbeit zu motivieren (Matzler & Bailom, 2004, S. 275).

3.9.6 Methode der Kritischen Ereignisse

Diese Methode wird häufig im Zusammenhang mit der Ermittlung von Kundenerwartungen und -problemen von Dienstleistungskunden eingesetzt. Allerdings lässt sie sich auch auf Produkte übertragen. Ausgangspunkt der Überlegungen ist die Annahme, dass die Zufriedenheit nicht nur durch die Produkte und Dienstleistungen eines Unternehmens entsteht, sondern durch den gesamten Transaktionsprozess zwischen Anbieter und Kunde beeinflusst wird (Hinterhuber et al., 1997, S. 67–69).

▶ „Die **Critical Incident Technique (CIT)** ist eine Spezialform der qualitativen, standardisierten Befragung, mit der versucht wird, die aus Kundensicht kritischen Ereignisse zu identifizieren. Als kritische Ereignisse werden Erlebnisse bei der Inanspruchnahme einer Dienstleis-

tung bezeichnet, die von einem Kunden als besonders positiv oder als besonders negativ empfunden werden. Die CIT findet insbesondere im Dienstleistungsbereich Anwendung und stellt dort ein ereignisorientiertes Verfahren dar, mit dem die Wahrnehmung der Dienstleistungsqualität und die Kundenzufriedenheit untersucht und Ansatzpunkte zur Verbesserung derselben abgeleitet werden können" (Bruhn & Siems, 2004b, S. 99).

Unter kritischen Ereignissen versteht man in diesem Zusammenhang Kundenerlebnisse, die die Kunden emotional besonders positiv oder besonders negativ in Erinnerung haben. Die Ermittlung der kritischen Ereignisse erfolgt durch eine standardisierte Befragung der Kunden. Der Interviewer stellt direkte, offene Fragen und versucht somit, die kritischen Kundenerlebnisse in Erfahrung zu bringen. Im Mittelpunkt des Interviews stehen Kundenerlebnisse, die die Kunden emotional berührt haben. Die Kunden werden daher aufgefordert die folgenden Fragen zu beantworten:

- *„Denken Sie bitte an ein besonders negatives/ positives Erlebnis bei Ihrem Besuch unseres Onlineshops!"*
- *„Beschreiben Sie diesen Vorfall bitte ganz genau! Geben Sie bitte alle Einzelheiten an, damit ich mir ein genaues Bild machen kann!"*

Der vollständige Ablauf der CIT ist in Tab. 3.4 zusammengestellt.

▶ **Wichtig** Jedes **kritische Ereignis** muss dabei …

1. eine prägnante Interaktion des Kunden mit einem einzelnen Mitarbeiter eines Unternehmens darstellen,
2. aus der Perspektive des Kunden sehr zufriedenstellend oder gar nicht zufriedenstellend sein,
3. eine eigenständige Episode betreffen,
4. über ausreichend detaillierte Darstellungen die Kunden-Mitarbeiter-Interaktion betreffend verfügen,

Tab. 3.4 Methodisches Vorgehen der Critical Incident Technique. (Quelle: Flanagan, 1954 und Gremler, 2004, beide zitiert nach Bartsch & Specht, 2009, S. 385; Bartsch & Specht, 2009, S. 385)

Schritt 1	**Problemdefinition und Bestimmung der Zielkriterien**
	– Definition und Präzisierung der Forschungsfrage
	– Prüfung, ob CIT die geeignete Methode zur Untersuchung der Forschungsfrage ist
Schritt 2	**Untersuchungsdesign und Planung der Erhebung**
	– Verdeutlichung, was ein kritisches Ereignis auszeichnet
	– Definition von Kriterien, die festlegen, was ein kritisches Ereignis auszeichnet und was nicht
	– Definition der Untersuchungseinheit
	– Entwicklung des Datenerhebungsinstruments (klare Instruktionen, zusätzliche Fragen als Katalysator für eine detaillierte Darstellung)
	– Definition der Stichprobe (passender Kontext, passende Probanden)
Schritt 3	**Datensammlung**
	– Training der Interviewer oder Beobachter
	– Sammlung der Daten
	– Entwicklung von Kriterien für den Ausschluss kritischer Ereignisse (*Welche kritischen Ereignisse sind auszuwerten? Welche sind auszuschließen?*)
	– Identifikation auswertbarer kritischer Ereignisse
Schritt 4	**Datenauswertung mittels Inhaltsanalyse**
	– Inhaltsanalytische Auswertung der kritischen Ereignisse
	– Lesen und wiederholtes Lesen der kritischen Ereignisse
	– Entwicklung eines Klassifikationsschemas (inklusive der Beschreibungen für die Kategorien)
	– Sortierung bzw. Zuordnung der kritischen Ereignisse entsprechend des Klassifikationsschemas
	– Kontrolle der Güte der Auswertung mittels Gütekriterien
Schritt 5	**Interpretation und Ergebnisdarstellung**
	– Darstellung der Forschungsfrage, Erläuterung der Eignung der CIT und Darlegung der Kriterien für ein kritisches Ereignis (für deren Berücksichtigung bei der Auswertung)
	– Beschreibung der Datenerhebung
	– Beschreibung der Stichprobe
	– Beschreibung der zugrunde liegenden Daten
	– Beschreibung der Datenqualität
	– Darstellung der Datenanalyse und des Klassifikationsschemas

5. innerhalb der letzten sechs Monate stattgefunden haben und
6. ein eindeutiges (nicht wechselhaftes) Verhalten des Mitarbeiters zeigen (Specht, 2008, S. 55, zitiert nach Bartsch & Specht, 2009, S. 383; Bartsch & Specht, 2009, S. 383).

Die spätere Auswertung erfolgt in mehreren Schritten. Zunächst werden Erlebnisschilderungen ausgewählt, die detailreich genug sind und sich auf eine konkrete Transaktion beziehen. Es kommt darauf an, dass diese Erlebnisse zu einer starken Zufriedenheit bzw. Unzufriedenheit der Kunden geführt haben. Anschließend werden verschiedene Kategorien gebildet, denen die einzelnen Erlebnisschilderungen zugeordnet werden. Als Ergebnis erhält man diejenigen Dimensionen, die einen erheblichen Einfluss auf die Kundenzufriedenheit bzw. -unzufriedenheit haben. Der wesentliche Vorteil der Methode der Kritischen Ereignisse besteht darin, dass das Unternehmen Informationen zu Aspekten erhält, die für die Kunden von besonderer Relevanz sind, als Mindestleistung erwartet oder als Werterhöhung anerkannt werden (Hinterhuber et al., 1997, S. 67–69).

▶ Bartsch und Specht (2009): Die Critical Incident Technique (CIT), in: Manfred Schwaiger und Anton Meyer (Hrsg.): Theorien und Methoden der Betriebswirtschaft. Handbuch für Wissenschaftler und Studierende, München: Vahlen, S. 377–400.

3.9.7 Blueprinting und Kundenprozessanalyse bzw. Sequenzielle Ereignismethode

Mithilfe der **Kundenprozessanalyse** bzw. der **Sequentiellen Ereignismethode** (SEM) werden diejenigen Prozesse untersucht, die der Kunde im Laufe einer Geschäftsbeziehung mit dem Unternehmen wahrnimmt und die sich auf seine Zufriedenheit auswirken. Diese Prozesse sind in der Regel nicht deckungsgleich mit den dahinterliegenden Geschäftsprozessen, da diese nicht alle für den Kunden sichtbar sind. Darüber hinaus werden noch Aktivitäten vor und nach dem Kauf erfasst, die über die internen Geschäftsprozesse hinausgehen.

▶ „Bei der **Sequentiellen Ereignismethode** (SEM) handelt es sich um eine Befragung von Kunden zu einzelnen Phasen des Dienstleistungsprozesses. Die SEM zählt zu den ereignisorientierten Verfahren der Qualitäts- bzw. Kundenzufriedenheitsmessung von Dienstleistungsunternehmen" (Bruhn & Siems, 2004c, S. 150).

Das zentrale Ziel der Kundenprozessanalyse bzw. SEM ist die Visualisierung der Kontaktpunkte und Aktivitäten, die die Kunden während einer einzelnen Transaktion bzw. während einer längeren Geschäftsbeziehung erleben. Dadurch lassen sich mögliche Probleme identifizieren und genauer auf ihre Ursachen hin untersuchen. Im Mittelpunkt des Interesses stehen Prozesse, die einen Einfluss auf die Kundenzufriedenheit haben. Die systematische und strukturierte Kundenprozessanalyse lässt sich gut mit der Methode der Kritischen Ereignisse kombinieren. Hierdurch kann das Projektteam einen sehr umfassenden und differenzierten Einblick in die Ursachen der Kunden(un)zufriedenheit erlangen. Die Kun-

denprozessanalyse verursacht jedoch einen nicht unerheblichen Analyse- und Auswertungsaufwand (Hinterhuber et al., 1997, S. 69–73). Der Ablauf einer Kundenprozessanalyse wird von Stauss und Seidel (1995, zitiert nach Hinterhuber et al., 1997, S. 71) folgendermaßen skizziert:

1. In einem ersten Schritt wird der Kundenprozess in einem Ablaufdiagramm, dem sogenannten Blueprint (vgl. dazu Abb. 3.4), visualisiert. Dabei kommt es darauf an, dass alle Interaktionen eines Kunden mit dem Unternehmen erfasst werden.
2. Danach stehen die Beziehungen zu den unternehmensinternen Prozessen im Fokus der Betrachtung.
3. Anschließend erfolgt die Abtrennung der von den Kunden allein ausgeführten Handlungen von den Interaktionen mit dem Kundenkontaktpersonal („*Line of External Interaction*"). Durch die „*Line of Visibility*" wird der für die Kunden sichtbare Teil des Dienstleistungssystems abgegrenzt.
4. Für die Beurteilung der wahrgenommenen Dienstleistungsqualität spielt das physische Umfeld eine bedeutende Rolle. Daher werden alle Aspekte des physischen Umfeldes, die der Kunde am jeweiligen Kontaktpunkt erlebt, erfasst.
5. Im Interview werden dann alle Probleme, Kriterien und Teilprozesse berücksichtigt, die einen Einfluss auf die Kunden(un)zufriedenheit haben.

3.9.8 Beobachtung

Im Rahmen einer Beobachtung können evidente Mängel im Dienstleistungsprozess, wie z. B. an einem Kundenschalter einer Bank aufgedeckt werden. Allerdings lassen sich nicht alle Verhaltenskategorien mithilfe der Beobachtung erfassen. Zudem kann man nur unzureichend aus dem beobachteten Verhalten auf das Situationserleben der Kunden schließen (Meister & Meister, 1999, S. 81).

Es können die folgenden **Beobachtungssituationen** unterschieden werden (Heidel, 2008, S. 41):

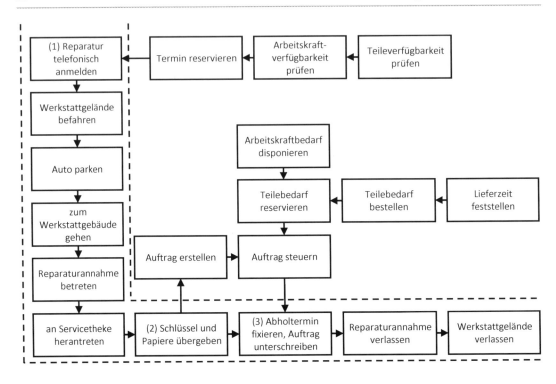

Abb. 3.4 Blueprinting einer Autoreparaturannahme. (Quelle: Meister & Meister, 2018, S. 50)

- **Das Aufzeichnen bzw. Ablesen allgemeiner Sachverhalte:** Beispielsweise prüfen Preis-Checker die Preise in den Geschäften der Konkurrenz oder aber Sonder- bzw. Zeitplatzierungen der Wettbewerber.
- **Das Aufzeichnen des menschlichen Verhaltens:** Beispielsweise wird das Beratungsgespräch in einem Reisebüro beobachtet (im Rahmen des sogenannten Mystery Shoppings).

Relevante Beobachtungskriterien sind in Tab. 3.5 zusammengestellt.

▶ „Neben der Befragung ist die **Beobachtung** eine der wesentlichen Verfahren zur Datenerhebung in der Marktforschung. Eine Beobachtung ist ein nicht-reaktives Verfahren, d. h. im Gegensatz zur Befragung äußert sich die Testperson nicht zum Erhebungsgegenstand. Die Beobachtung richtet sich auf sinnlich wahrnehmbare Sachverhalte (z. B. Aktivitäten, äußere Merkmale etc.). Die Erhebung von Daten kann visuell bzw. persönlich oder instrumentell bzw. apparativ erfolgen" (Schröder, 2004, S. 62).

Die Beobachtung ist mit den folgenden **Vorteilen** verbunden (Schröder, 2004, S. 63):

- Die Ergebnisse können unabhängig von der Auskunftswilligkeit und -fähigkeit der Testperson ermittelt werden.
- Außerdem lassen sich Sachverhalte ermitteln, die der Testperson selbst gar nicht bewusst sind (z. B. ihr Blickverhalten auf einer Website).

Dem stehen die folgenden **Nachteile** gegenüber (Schröder, 2004, S. 63):

- Einige Sachverhalte sind nur bedingt beobachtbar.
- Von den beobachteten Indikatoren lässt sich nur begrenzt auf die zugrunde liegenden Sachverhalte schließen (z. B. Hautwiderstandsmessung).

Ein vergleichender Überblick über wichtige ereignisorientierte Verfahren findet sich in Tab. 3.6.

Tab. 3.5 Beobachtungskriterien. (Quelle: Weis & Steinmetz, 2008, S. 160)

Kriterium	Ausprägungsform
Art der Beobachtung	- Feldbeobachtung - Laborbeobachtung
Objekt	- ein Objekt - mehrere Objekte
Häufigkeit	- Einmalbeobachtung - Mehrfachbeobachtung - Panelbeobachtung
Beobachtungssituation	- offen - biotisch - nicht biotisch
Beobachtungsstrategie	- standardisiert - nicht standardisiert
Beobachtungsumfeld	- real - experimentell
Beobachter	- teilnehmend - nicht teilnehmend
Methode	- persönlich - apparativ

Tab. 3.6 Ereignisorientierte Verfahren. (Quelle: Meister & Meister, 1999, S. 631)

Beobachtung	Offene oder verdeckte Beobachtung von Personen in der Kunden-Dienstleister-Interaktion.	Hohe Kosten, Zeitaufwand und ein evtl. auftretender Beobachtungseffekt; wenig Aussagekraft, da kaum Informationen über das subjektive Kontakterlebnis des Kunden vorhanden sind.
Lob- oder Beschwerdeanalyse	Kundeninitiierte Berichterstattung, daher keine spezifische Methode der Datenerhebung.	Nur wenige Kunden geben in der Regel von sich aus Informationen an das Unternehmen, daher eher begrenzte Aussagekraft sowie Probleme der Repräsentativität.
Sequenzielle Ereignistechnik (SEM)	Basiert auf den Erkenntnissen des Blueprinting; Zerlegung der Leistung in Teilprozesse; Kunden memorieren Kontaktpunkte und schildern ihre Erlebnisse.	Probanden müssen auf vorgegebene Kontaktpunkte antworten und beurteilen so möglicherweise Punkte, die für sie normalerweise unbedeutend sind.
Methode der Kritischen Ereignisse (CIT)	Kunden schildern besonders positive oder negative Erlebnisse aus der Kunden-Dienstleister-Interaktion.	Das individuelle Qualitätserlebnis wird am optimalsten ermittelt, aber die Durchführung ist zeitlich und monetär sehr aufwendig.

▶ „Das **Mystery Shopping** ist eine spezielle, als verdeckte teilnehmende Beobachtung ausgestaltete Methode der Marktforschung, die insbesondere im Dienstleistungs-Marketing zur Anwendung kommt. Die Mystery Shopper treten dabei als (potenzielle) Kunden auf, die den zu analysierenden Dienstleistungsprozess möglichst „real" – z. T. sogar bis hin zum Kauf – durchlaufen, ohne dass sie für die Mitarbeiter als Testkäufer erkennbar sind. Auf diese Weise sollen subjektive Erfahrungen, wie sie auch die „normalen" Kunden bei der Leistungsinanspruchnahme erle-

ben, systematisch erfasst und auf einer möglichst objektiven Ebene beurteilt werden" (Haas & Diller, 2001, S. 1159–1160).

3.10 Entwicklung des Erhebungsinstrumentariums

Nachdem die relevanten Produkteigenschaften für die Zufriedenheit der Kunden ermittelt wurden, geht es darum zu entscheiden, ob eine Vollerhebung durchgeführt werden kann oder aber

eine Stichprobe gezogen werden muss (Hinterhuber et al., 1997, S. 73).

≫ Maßnahmen zur Erhöhung der Nutzungswahrscheinlichkeit von Marktforschungsergebnissen
in der **Phase der Gestaltung des Erhebungsinstrumentariums** (Herrmann et al., 2008, S. 13):

- Eng mit potenziellen Nutzern zusammenarbeiten!
- Bei Streitigkeiten klare Grenzwerte definieren, bei denen die verschiedenen Optionen
angenommen oder abgelehnt werden!

3.10.1 Merkmalsorientierte Verfahren zur Messung der Kundenzufriedenheit

Für die konkrete Messung der Kundenzufriedenheit steht eine Vielzahl an Messansätzen zur Verfügung. Grundsätzlich lassen sich diese in objektive und subjektive Verfahren einteilen. (siehe
dazu die Übersicht in Abb. 3.5) (vgl. Raab et al.,
2018, S. 397).

Mithilfe der **objektiven Verfahren** wird die
Kundenzufriedenheit anhand beobachtbarer Größen bzw. Indikatoren erfasst. Zu diesen Indikatoren zählen beispielsweise der Umsatz, der Gewinn, der Marktanteil, die Wiederkauf- und die
Abwanderungsrate. Da diese Indikatoren nicht
durch die persönliche, subjektive Wahrnehmung
der Kunden beeinflusst sind, werden sie als objektive Messverfahren bezeichnet. Es muss jedoch kritisiert werden, dass die Aussagekraft dieser ökonomischen Indikatoren als eher gering
einzustufen ist. Dies lässt sich dadurch begründen, dass neben der Kundenzufriedenheit auch
andere Faktoren auf diese Indikatoren einwirken.
Zu nennen sind beispielsweise die Wettbewerbssituation, das Marktwachstum und neue Innovationen (des Wettbewerbs). Daher lässt sich ein er-
höhter (verringerter) Gewinn nicht immer auf
eine erhöhte (verringerte) Kundenzufriedenheit

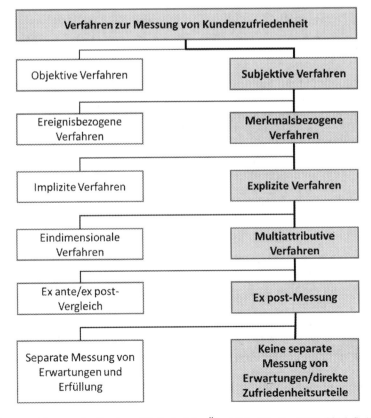

Abb. 3.5 Verfahren zur Messung der Kundenzufriedenheit im Überblick. (Quelle: Fürst, 2016, S. 129)

zurückführen. Für die Messung der Kundenzufriedenheit empfehlen sich daher eher die subjektiven Verfahren (Fürst, 2016, S. 128; Raab et al., 2018, S. 397).

Die **subjektiven Verfahren** erfassen die subjektive Sicht der Kunden. Dabei handelt es sich um nicht direkt beobachtbare Größen, sondern die vom Kunden subjektiv wahrgenommenen Zufriedenheitswerte (sogenannte hypothetische Konstrukte). Die subjektiven Verfahren können in merkmals- und ereignisorientierte Verfahren unterteilt werden (vgl. Fürst, 2016, S. 129; Raab et al., 2018, S. 398).

Merkmalsorientierte Verfahren basieren auf der Annahme, dass sich die Gesamtzufriedenheit der Kunden mit den Unternehmensleistungen auf die Bewertung von Teilzufriedenheiten zurückführen lässt. Innerhalb der merkmalsorientierten Verfahren lassen sich implizite und explizite Ansätze voneinander abgrenzen (Fürst, 2016, S. 130; Raab et al., 2018, S. 398). Eine Übersicht über wichtige merkmalsorientierte Verfahren findet sich in Tab. 3.7.

Bei **impliziten Verfahren** konzentriert man sich auf wahrgenommene Leistungsdefizite, die im Rahmen von Beschwerden an das Unternehmen herangetragen werden. Diese Vorgehensweise basiert auf der Annahme, dass sich ein Großteil der unzufriedenen Kunden auch beim jeweiligen Unternehmen beschwert. Dies ist aber nicht immer der Fall. Dies lässt sich dadurch begründen, dass mit einer Beschwerde ein hoher Zeitaufwand verbunden sein kann, eine mangelnde Aussicht auf Erfolg besteht oder der mit einer Beschwerde verbundene Ärger vom unzufriedenen Kunden als zu groß eingestuft wird. Daher ist die ausschließliche Anwendung von impliziten Verfahren zur Messung der Kundenzufriedenheit als kritisch einzustufen (vgl. Fürst, 2016, S. 130; Raab et al., 2018, S. 398). Ihr Wert besteht hauptsächlich in der Inspiration des Projektteams während der explorativen Vorstudie.

Explizite Verfahren messen die Kundenzufriedenheit mithilfe von ein- oder mehrdimensionalen Zufriedenheitsskalen.

Kommen **eindimensionale Verfahren** zur Anwendung, dann wird die Kundenzufriedenheit lediglich anhand eines Indikators gemessen (z. B. anhand der Gesamtzufriedenheit). Hierzu ist kritisch anzumerken, dass diese Vorgehensweise keine differenzierten Rückschlüsse auf Faktoren zulässt, die für die Unzufriedenheit der Kunden verantwortlich sind. Daher werden die eindimensionalen Verfahren der Komplexität des Konstrukts Kundenzufriedenheit nicht gerecht. Zudem ist die Reliabilität bei Konstruktmessungen, die

Tab. 3.7 Merkmalsorientierte Verfahren. (Quelle: Meister & Meister, 1999, S. 627)

Analyse des Globalurteils/ Gesamtzufriedenheit	Befragung der Kunden hinsichtlich ihrer generellen (Produkt-) Zufriedenheit anhand einer vorgegebenen Struktur.	Man erhält nur undifferenzierte Anhaltspunkte, daher ist die Aussagekraft beschränkt.
Frequenz-Relevanz-Analyse	Kunden beurteilen Problemfälle anhand einer Problemliste, wobei die Problemkategorien durch andere Verfahren erhoben werden.	Methode muss im Zusammenhang mit anderen Verfahren gesehen werden; es werden nur negative Kunden-Dienstleister-Kontakte erhoben; Kriterienvorgabe erfolgt durch den Anbieter.
Conjoint-Analyse	Beurteilungsobjekte werden von den Kunden nach ihrer Qualität in eine Rangordnung gebracht, um dann die Qualitätsbeiträge einzelner Merkmale und Merkmalsausprägungen berechnen zu können.	Kombinationsmöglichkeiten der einzelnen Merkmale und Merkmalsausprägungen sind beliebig; Aufstellung einer Rangordnung erlaubt keine konkrete Aussage über das Qualitätsurteil der Kunden.
Multiattributivverfahren	Mithilfe einer Liste werden Bedeutungs- und Eindruckswerte aus Kundensicht ermittelt, analysiert und zu Globalurteilen verdichtet.	Es wird unterstellt, dass sich die wahrgenommene Servicequalität aus der Summe der bewerteten Einzelmerkmale ergibt; es ist das populärste Konzept.

nur einen Indikator verwenden (Single Item), schwierig zu beurteilen (vgl. Fürst, 2016, S. 131; Raab et al., 2018, S. 398).

Im Gegensatz dazu führen **mehrdimensionale Verfahren** zu aussagekräftigeren Aussagen. Hierbei werden mehrere Einzelleistungen bzw. Teilzufriedenheiten ermittelt aus denen sich die Gesamtzufriedenheit zusammensetzt (Multi Item). Sie sind einfach zu handhaben und erfassen sowohl positive als auch negative Urteile der Kunden. Innerhalb der multiattributiven Verfahren existieren Ansätze, die ex ante die Erwartungshaltung der Kunden abfragen und einer ex post erfragten Beurteilung der Leistungserfüllung gegenüberstellen. Diese Messmethode wird zunehmend kritisiert und verliert in der praktischen Anwendung an Bedeutung. Andere mehrdimensionale Verfahren verzichten dagegen auf eine ex ante Messung der Erwartungshaltung. Sie verwenden ausschließlich eine **Ex-post-Messung** der Zufriedenheiten. Diese Form der Zufriedenheitsmessung gilt als valideste Methode und ist in Forschung und Marktforschungspraxis weit verbreitet. Problematisch ist, dass nicht immer alle relevanten Merkmale erfasst werden. Zudem sind sie nicht in der Lage, individuelle, psychische Abläufe bzw. Konsumerlebnisse der Kunden vollständig und konkret abzubilden. (vgl. Fürst, 2016, S. 131; Raab et al., 2018, S. 398).

3.10.2 Kundenzufriedenheitskriterien

Für die multiattributive Messung der Kundenzufriedenheit bedarf es einer Kriterienliste, die mithilfe der ereignisorientierten Verfahren herzuleiten ist. Basierend auf dem gewonnenen Problemverständnis sind die genannten und latenten Kundenerwartungen, die Kundenwünsche und -probleme sowie deren Lösungsmöglichkeiten zu messen (Matzler & Bailom, 2004, S. 279). In Abb. 3.6 und 3.7 sind exemplarisch derartige Zufriedenheitskriterien aufgeführt.

Zufriedenheit mit Dienstleistungen	Zufriedenheit mit Produkten
• Freundlichkeit der Telefonzentrale • Schnelligkeit der Telefonzentrale • Erreichbarkeit des Ansprechpartners am Telefon • Atmosphäre der Empfangssituation • Ausstattung der Geschäftsräume • Atmosphäre der Geschäftsräume • Freundlichkeit des Verkaufspersonals • Hilfsbereitschaft des Verkaufspersonals • Qualität der Beratung vor Ort • Preis-Leistungs-Verhältnis • Termineinhaltung • Umweltverträglichkeit der Leistungserstellung • Umweltverträglichkeit der Leistung • ... • Gesamturteil	• Eignung des Produktes (Fit for use) • Produktqualität • Zuverlässigkeit des Produktes • Preis-Leistungs-Verhältnis • Partnerschaftliche Zusammenarbeit mit dem Kunden • Lieferzuverlässigkeit • Flexibilität in der Produktion • Flexibilität bei der Lieferung • Schnelle Reaktion auf Probleme • Kundenservice • Kulanz bei Reklamationen • ... • Gesamturteil

Abb. 3.6 Kriterienkataloge für die Kundenzufriedenheitsmessung. (Quelle: Töpfer, 1996, S. 239)

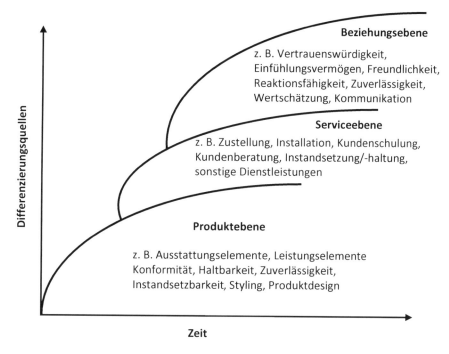

Abb. 3.7 Zufriedenheitskriterien auf Produkt-, Service- und Beziehungsebene. (Quelle: Matzler & Bailom, 2004, S. 279)

Matzler und Bailom (2004, S. 279–281) weisen darauf hin, dass in der Literatur zahlreiche Vorschläge für Kriterienkataloge existieren und diskutiert werden. Diese Kataloge können als erster Ansatz gewertet werden. Für eine unternehmensspezifische Messung der Kundenzufriedenheit sind sie jedoch oft zu allgemein oder nicht mehr aktuell genug. Daher besteht die Herausforderung für das Forscherteam darin, sie auf die eigene Branche, das eigene Unternehmen sowie die eigenen Produkte und Dienstleistungen anzupassen. Dabei können die Erkenntnisse, die mittels der ereignisorientierten Verfahren erhoben wurden, sehr hilfreich sein.

3.10.3 Skalen zur Messung der Kundenzufriedenheit

Im Rahmen einer Zufriedenheitsstudie sollen im Wesentlichen psychische Größen (Kundenzufriedenheit und -loyalität) erfasst werden. Diese bilden die Zustände und Prozesse im Inneren der Konsumenten ab. Da sie sich der direkten Beobachtung entziehen, werden sie als **hypothetische Konstrukte** bzw. abstrakte theoretische Begriffe bezeichnet, die durch geeignete Indikatoren zu **operationalisieren** sind. Diese Indikatoren sind unmittelbar messbare Sachverhalte (Grunwald & Hempelmann, 2012, S. 54).

▶ „Mithilfe von **Skalen** sollen Merkmalsausprägungen in nummerischen Größen ausgedrückt werden. Dies dient in erster Linie dazu, qualitative Merkmale vergleichbar zu machen. Bei den Merkmalen, die mittels Skalen gemessen und eingeteilt werden, handelt es sich häufig um solche Merkmale, die nicht direkt beobachtet werden können (z. B. Einstellungen von Testpersonen bezüglich eines Produktes)" (Lauper, 2004, S. 466–467).

In Tab. 3.8 sind die vier wesentlichen Skalierungsniveaus überblicksartig zusammengestellt.

In Abb. 3.8 ist ein Beispiel für eine Multi-Item-Skala wiedergegeben.

Tab. 3.8 Aufstellung der Skalenniveaus mit Beispielen. (Dannenberg & Barthel, 2002, S. 214–215)

allgemein	Skalierungs-niveau	mathematische Beschreibung	verbale Beschreibung	Beispiele mit Fragen
nicht metrische Daten (nur qualitative Aussagen sind möglich)	Nominal skala	A = A A ≠ B B = B B ≠ C	Bei einem Vergleich der Messwerte kann nur wahrgenommen werden, ob die Werte identisch/ nicht identisch sind (keine Wertigkeit).	Absatzarten: Direktvertrieb, Intermediäre Frage: fahren Sie gerne einen BMW? Ja/Nein
	Ordinal skala	A > B > C	Bei einem Vergleich können hinsichtlich einer Dimension Unterschiede wahrgenommen werden. Die Messwerte können in eine Rangreihe gebracht werden (Wertigkeit in einer Dimension gegeben).	Kunden-zufriedenheit: - sehr zufrieden - kaum zufrieden - ein wenig zufrieden - unzufrieden Frage: Bringen Sie die Automodelle gemäß Ihrer Präferenz in eine Reihenfolge: Audi A4, 3er MBW, VW Passat
metrische Daten (qualitative und quantitative Aussagen sind möglich)	Intervall skala	A > B > C plus A − B = B − C A + B + C = F	In einem Vergleich der Messwerte kann eine Rangordnung erstellt werden mit Angabe der Messabstände (reelle Zahlen vorhanden; willkürlicher Nullpunkt).	Zeit im 24-Stunden-Rhythmus Temperatur angaben Frage: Der BMW Z3 ist ein sportliches Auto! Antwort-möglichkeiten: - stimme voll zu - unentschieden - stimme nicht zu
	Ratioskala (Verhältnis-skala)	A = x + B	Bei einem Vergleich der Messwerte können neben einer Rangordnung und der Abstandsangabe auch Verhältnisse errechnet werden (absoluter Nullpunkt).	Umsätze, Gehälter, Alter usw. Frage: *Wie hoch ist die Wahr-scheinlichkeit, dass Sie in den nächsten 12 Monaten ein neues Auto kaufen?* 0 % bis 100 %

Da es eine Vielzahl an unterschiedlichen Zufriedenheitsskalen gibt, wird die Auswahl für den Zufriedenheitsforscher erschwert. Grundsätzlich können die drei bzw. vier folgenden Zufriedenheitsskalen unterschieden werden (Matzler & Bailom, 2004, S. 281) (vgl. dazu auch Abb. 3.9 und 3.10):

- **Nummerische Skalen:** Die Werte auf der Skala werden durch Zahlen wiedergegeben.
- **Verbale Skalen:** Die Abstufungen auf der Skala sind wörtlich benannt.
- **Visuelle Skalen:** Für jede Antwortkategorie sind Zeichnungen vorgegeben (z. B. Gesichter).
- **Mischformen:** Bei Mischformen kommt es beispielsweise zu einer Kombination aus nummerischen und verbalen Bezeichnungen.

Bei der Ausgestaltung der jeweiligen Skala ist darauf zu achten, dass die Probanden durch die Anzahl der Antwortkategorien nicht überfordert werden. Andererseits darf eine Skala nicht zu „grob" ausfallen. Dies würde bei der Beantwortung zu einem Informationsverlust führen. Als Richtgröße kann die Formel 7 +/− 2 dienen (Matzler & Bailom, 2004, S. 281).

Außerdem ist darüber zu entscheiden, ob eine gerade oder ungerade Skala Verwendung finden soll. Bei **ungeraden Skalen** kann das Problem auftreten, dass im Nachhinein nicht mehr zu klären ist, ob die mittlere Antwortmöglichkeit für die mittlere Antwort oder für die Antwort „weiß nicht" steht. Daher ist eine verbale Bezeichnung der Antwortkategorien empfehlenswert. Bei **geraden Skalen** werden die Antwortpersonen

„Das Personal der Werkstatt ist stets so freundlich und zuvorkommend, wie ich es erwarte."

(1)	(2)	(3)	(4)	(5)
Stimme voll zu	Stimme teilweise zu	Teils/teils	Stimme eher nicht zu	Stimme überhaupt nicht zu

„Die Ausstattung der Werkstatt entspricht meinen Erwartungen."

(1)	(2)	(3)	(4)	(5)
Stimme voll zu	Stimme teilweise zu	Teils/teils	Stimme eher nicht zu	Stimme überhaupt nicht zu

„Termine werden pünktlich eingehalten."

(1)	(2)	(3)	(4)	(5)
Stimme voll zu	Stimme teilweise zu	Teils/teils	Stimme eher nicht zu	Stimme überhaupt nicht zu

„Das Personal wirkt kompetent."

(1)	(2)	(3)	(4)	(5)
Stimme voll zu	Stimme teilweise zu	Teils/teils	Stimme eher nicht zu	Stimme überhaupt nicht zu

„Das Personal wirkt vertrauenswürdig."

(1)	(2)	(3)	(4)	(5)
Stimme voll zu	Stimme teilweise zu	Teils/teils	Stimme eher nicht zu	Stimme überhaupt nicht zu

Abb. 3.8 Beispiel für eine Multi-Item-Skala. Die Befragungsperson gibt ihre Antworten zu den fünf Einzelfragen an. Je nachdem wie die Person antwortet, wird der einzelnen Frage ein Zahlenwert (1: sehr positiv bis 5: sehr negativ) zugeordnet. Durch das Aufaddieren der einzelnen Zahlenwerte erhält man einen Gesamtwert (zwischen 5 und 25). Dieser Zahlenwert wird für jede Auskunftsperson bestimmt und gibt an, wie diese die Werkstatt einschätzt. Ein niedriger Gesamtwert steht für eine eher positive und ein hoher Gesamtwert steht für eine eher negative Einschätzung. Das Besondere an der Multi-Item-Skala ist also, dass die Zufriedenheit mit der Werkstatt nicht durch eine einzelne Frage, sondern durch fünf Teilfragen ermittelt wird. (Quelle: Kuß et al., 2018, S. 100–101)

„gezwungen" sich in eine Richtung zu entscheiden. Entweder in Richtung Zufriedenheit oder in Richtung Unzufriedenheit. Beide Skalentypen haben also Vor- und Nachteile, die es im konkreten Befragungsprojekt abzuwägen gilt (Matzler & Bailom, 2004, S. 281).

3.10.4 Gewichtung der Zufriedenheitskriterien

Im Normalfall sind nicht alle Anforderungen für den befragten Kunden gleich wichtig. Da das Management gezielt Maßnahmen zur Verbesserung der Gesamtzufriedenheit ableiten möchte, ist es erforderlich zu wissen, welche Kundenanforderungen besonders wichtig und welche weniger wichtig sind. Sind die Kunden bspw. mit weniger wichtigen Produktmerkmalen unzufrieden, ist dies erst einmal nicht so sehr von Bedeutung. Bei wichtigen Produktmerkmalen sieht das ganz anders aus. Sollten die Kunden hiermit unzufrieden sein, kann dies sogar einen Marktanteilsverlust bedeuten. Zur direkten Bestimmung der Wichtigkeit einzelner Produktmerkmale können Paarvergleiche, Rangordnungsverfahren, Konstantsummen- und Ratingskalen zum Einsatz kommen (Matzler & Bailom, 2004, S. 284):

Messung des Zufriedenheitsausmaßes – Evaluative/kognitive Skalen

Wie zufrieden sind Sie insgesamt mit _____ ?

0 %	10	20	30	40	50	60	70	80	90	100 %

vollkommen   überhaupt nicht
Zufrieden   zufrieden

Wie zufrieden waren Sie mit _____ ?

sehr unzufrieden	ziemlich unzufrieden	leicht unzufrieden	weder noch	leicht zufrieden	ziemlich zufrieden	sehr zufrieden
○	○	○	○	○	○	○

ich bin immer oder fast immer unzufrieden mit …	ich bin manchmal unzufrieden mit …	ich bin manchmal zufrieden mit …	ich bin immer oder fast immer zufrieden mit …
○	○	○	○

sehr unzufrieden	etwas unzufrieden	weder zufrieden noch unzufrieden	etwas zufrieden	sehr zufrieden
○	○	○	○	○

Ich bin zufrieden mit _____ ?

stimme ○   ○   ○   ○   ○   ○   ○   ○   ○ stimme
Zu   nicht zu

Abb. 3.9 Messung des Zufriedenheitsausmaßes – Evaluative/kognitive Skalen, Matzler & Bailom, 2004, S. 282

Messung des Zufriedenheitsausmaßes – Emotional/affektive Skalen

Bitte kreuzen Sie auf folgender Skala an, welches Kästchen am besten Ihre Zufriedenheit mi
_____ zum Ausdruck bringt!

neutral	schreck-lich	un-glücklich	ziemlich un-zufrieden	gemischt	ziemlich zu-frieden	erfreut	begeistert	habe nie nie da-rüber nach gedacht
○	○	○	○	○	○	○	○	○

Likertskalen, z. B.

a) Ich bin zufrieden mit _____ .
b) Wenn ich es noch einmal überdenken/entscheiden müsste, würde ich _____ .
c) Meine Wahl für _____ war eine gute Wahl.
d) Ich habe kein gutes Gefühl bei der Entscheidung _____ .
e) Ich glaube, dass ich das richtige tat, als ich mich für _____ entschied.

Hier sind drei Gesichter, die verschiedene Gefühle ausdrücken. Welches Gesicht drückt am besten
ihr Gefühl aus?

☺   ☺   ☹

Abb. 3.10 Messung des Zufriedenheitsausmaßes – Emotional/affektive Skalen, Matzler & Bailom, 2004, S. 283–284

- **Paarvergleich:** Die Probanden werden gebeten, jeweils zwei von insgesamt n Objekten zu beurteilen und miteinander zu vergleichen. Sie sollen sich jeweils für das von ihnen bevorzugte Objekt entscheiden. Dadurch entsteht eine Paarvergleichsmatrix mit n * (n − 1)/2 einzelnen Vergleichen. Für jedes Objekt wird ermittelt, wie oft es präferiert wurde. Es ergeben sich ordinalskalierte Präferenzdaten. Eine entsprechendes Zahlenbeispiel findet sich in Tab. 3.9.

▶ „Der **Paarvergleich** ist eine Methode, die der Ermittlung von Reizunterschieden dient und sowohl in der Psychophysik als auch in der Marktforschung ihre Anwendung findet. Dazu werden alle möglichen paarweisen Kombinationen von Reizen erstellt und jedem Probanden vorgelegt. Der Reiz kann dabei sowohl akustischer als auch optischer Natur sein und kann damit auch ein Produkt repräsentieren. Jeder Proband muss beurteilen, welcher Reiz innerhalb eines Reizpaares eine bestimmte Eigenschaft (z. B. Lautstärke, Größe, Schönheit, Preis usw.) stärker aufweist als der Vergleichsreiz bzw. welchen der jeweils beiden dargebotenen Reize er präferiert" (Roland Berger Market Research, 2004b, S. 393).

- **Rangordnungsverfahren:** Die Probanden werden auch hier mit einer Reihe an Produkteigenschaften konfrontiert, für die die Wichtigkeiten bestimmt werden sollen. Sie sollen die präsentierten Eigenschaften in eine Rangordnung bzw. -folge (z. B. nach abnehmendem Nutzen) bringen. Erneut ergeben sich ordinal skalierte Präferenzdaten. Den einzelnen Produktmerkmalen werden Rangplätze zugeordnet. Allerdings kann keine Aussage

über die Abstände zwischen den Rangplätzen getroffen werden. Das Rangordnungsverfahren wird in der Marktforschung häufig angewendet (Homburg, 2020, S. 337).

▶ „Eine **Rangordnung** liegt dann vor, wenn ordinale und nicht absolute Angaben vorhanden sind. Ordinal bedeutet, dass eine Anordnung einzelner Elemente gemäß subjektiver Präferenz stattfindet. Ein Proband ordnet bspw. eine Menge von Objekten (z. B. Marken ein und derselben Produktgruppe) in aufsteigender oder abfallender Rangordnung seiner persönlichen Präferenzen" (Guery, 2004c, S. 437).

- **Konstantsummenskala:** Die Probanden sollen dieses Mal eine vorgegebene Punktezahl (z. B. 100) auf die verschiedenen Produkteigenschaften verteilen. Je mehr Punkte die Probanden pro Eigenschaft vergeben, desto wichtiger ist diese für das Gesamturteil (Homburg, 2020, S. 337–338) (Tab. 3.10).

▶ „Die **Konstantsummenskala** wird durch eine konstante Summe zu verteilender, präferenzrepräsentierender Einheiten definiert. Hierbei wird den Probanden eine feste Anzahl hinsichtlich eines Kriteriums zu beurteilender Objekte vorgelegt, denen sie, entsprechend ihrer Präferenzen, Einheiten (Punkte, Geldbeträge etc.) zuordnen müssen, deren Summe aber einen bestimmten Wert nicht überschreiten darf (z. B. 20 Punkte oder 100 €)" (Römer, 2004, S. 285).

- **Rating-Skalen:** Mithilfe von Wichtigkeitsskalen wird die Bedeutung der einzelnen Produkteigenschaften direkt abgefragt. Dies geschieht für jede Produkteigenschaft. Proble-

Tab. 3.9 Paarvergleichsmatrix. (Quelle: Homburg, 2020, S. 338)

	Apple	Lenovo	Dell	Acer	Toshiba
Apple	–	0	0	1	0
Lenovo	1	–	0	1	0
Dell	1	1	–	1	1
Acer	0	0	0	–	0
Toshiba	1	1	0	1	–
Anzahl der Bevorzugungen	3	2	0	4	1

Die Marke in der Spalte wurde gegenüber der Marke in der Zeile bevorzugt

Tab. 3.10 Konstantsummenskala. (Quelle: Homburg, 2020, S. 338)

Wie wichtig sind die folgenden vier Faktoren für Ihre Entscheidung über den Kauf des genannten Softwareproduktes? Bitte verteilen Sie gemäß ihrer Bedeutung insgesamt 100 Punkte auf die vier Faktoren:

Leistungsumfang (Anzahl Tools)	–
Preis	–
Kompatibilität mit bestehender Software	–
Verwendbarkeit bestehender Daten	–
Summe	100

Tab. 3.11 Wichtigkeitsskala

sehr unwichtig	unwichtig	weder noch	wichtig	sehr wichtig
☐	☐	☐	☐	☐

matisch ist jedoch, dass es zu einer sogenannten **Anspruchsinflation** kommen kann. Das bedeutet, dass nahezu alle Produkteigenschaften als *„wichtig"* oder *„sehr wichtig"* eingestuft werden (Matzler & Bailom, 2004, S. 285) (Tab. 3.11).

▶ „Die **Ratingskala** bezeichnet die in der Marktforschung am häufigsten eingesetzte Skalierungsmethode. Dies v. a. aufgrund ihrer einfachen Handhabbarkeit und Vielseitigkeit. Bei diesem Verfahren der direkten Selbsteinstufung bestimmt die Versuchsperson durch ihre Antwort auf eine Frage die Position auf der interessierenden Merkmalsdimension" (Guery, 2004d, S. 439).

• **Regressionsanalyse:** Für die Durchführung einer Regressionsanalyse zur indirekten Bestimmung von Wichtigkeiten ist es erforderlich, dass die Gesamtzufriedenheit und die jeweiligen Teilzufriedenheiten erhoben werden. Im Rahmen der multiplen Regressionsanalyse repräsentiert die Gesamtzufriedenheit die abhängige Variable und die einzelnen Teilzufriedenheiten die unabhängigen Variablen. Die einzelnen Regressionskoeffizienten werden als Maß der relativen Wichtigkeit der jeweiligen Teilzufriedenheit interpretiert. Somit lässt sich die Wichtigkeit der einzelnen Produktmerkmale indirekt berechnen, ohne diese abfragen zu müssen. Dies führt zu einer kognitiven Entlastung der Probanden (Matzler & Bailom, 2004, S. 285–286).

▶ „Die **Regressionsanalyse** ist ein struktur prüfendes Verfahren, das in der Regel metrisches Skalenniveau voraussetzt. Mittels der Regressionsanalyse wird die Beziehung einer oder mehrerer abhängiger Variablen und einer oder mehreren unabhängigen metrischen Variablen untersucht" (Tien, 2004c, S. 443).

• **Conjoint-Analyse:** Die Conjoint Analyse zählt zu den dekompositionellen multiattributiven Analyseverfahren. Sie ermöglicht es, aus den abgefragten Gesamtnutzenurteilen der Probanden, die Teilnutzenwerte der einzelnen Produktmerkmale zu berechnen. Die Teilnutzenwerte werden als Indikator für die relative Wichtigkeit der jeweiligen Produkteigenschaft interpretiert (Matzler & Bailom, 2004, S. 286).

▶ „Eine direkte Abfrage der Wichtigkeit bzw. Relevanz einzelner Produkt- oder Dienstleistungskomponenten liefert aus marktforscherischer Sicht oft kaum bzw. nur unzureichend interpretierbare Resultate. Die **Conjoint Analyse** besteht zunächst aus einem Erhebungskonzept, das die Präferenzen und Wichtigkeiten der Produkt- bzw. Dienstleistungskomponenten und der Merkmalsausprägungen verbunden (= Conjoint) misst. Diese Erhebungsmethode wird mit einem Analysemodell verknüpft, das die Relationen aller Merkmale zueinander in Beziehung setzt" (Tien, 2004a, S. 96–97).

3.10.5 Auswahl der Befragungsform

Als Befragungsformen stehen das mündliche Interview, die schriftliche Befragung, die telefonische Befragung und die Online-Befragung zur Verfügung. Neuerdings wird darüber hinaus auf mobile Befragungen zurückgegriffen.

Mündliche Befragungen werden heutzutage mithilfe von Tablet-PCs oder Laptops durchgeführt und daher auch als **Computer Assisted Personal Interview (CAPI)** bezeichnet. Da sich bei einer mündlichen Befragung der Interviewer und die Befragungsperson unmittelbar gegenüberstehen nennt man diese Interviewform auch **Face-to-Face-Interview**. Dabei kann die konkrete Erhebungssituation sehr unterschiedlich ausgestaltet sein (Schneider, 2000, S. 97):

- **Home-Befragung:** Der Interviewer besucht die Auskunftsperson zu Hause und führt dort auch die Befragung durch.
- **Office-Befragung:** Die Befragung der Auskunftsperson findet an ihrem Arbeitsplatz statt. Diese Variante empfiehlt sich bei der Befragung von gewerblichen Kunden. Insbesondere dann, wenn es sich um eine vergleichsweise bedeutende Person aus dem Kundenunternehmen handelt (z. B. den Geschäftsführer).
- **In-Hall-Befragung:** Hierzu wird ein Raum angemietet, in dem die Befragung stattfindet. Dabei kann es sich um einen Interviewraum in einem Einkaufszentrum handeln (sogenanntes Testlokal).
- **Street-Befragung:** Für diese Befragungsvariante eignen sich stark frequentierte Straßenkreuzungen oder Fußgängerzonen. Die eigentliche Befragung findet draußen auf dem Bürgersteig, eventuell an einem eigens dafür aufgebauten Stand, statt.
- **Store-Test:** Der Interviewer befragt die Auskunftsperson in der stationären Einkaufsstätte.

Die **schriftliche Befragung** eignet sich insbesondere dann, wenn sich die zu befragenden Kunden Zeit zum Ausfüllen des Fragebogens nehmen sollen. Da in den entwickelten Industrienationen relativ viel Marktforschung betrieben wird, leiden schriftliche Befragungen unter geringen Responsequoten. Hinterhuber et al. (1997, S. 78) zeigen auf, wie sich die **Antwortquoten** bei einer schriftlichen Befragung steigern lassen:

- Dem Fragebogen sollte ein einladendes und freundliches **Begleitschreiben** beigelegt werden. Ideal ist eine persönliche Ansprache des Kunden. Es sollte der Sinn und Zweck der Befragung deutlich sowie die Wichtigkeit der Teilnahme betont werden. Zusätzlich muss ein Hinweis auf die vertrauliche und anonyme Verarbeitung der Befragungsdaten erfolgen. Zudem muss dem Kunden verdeutlicht werden, dass er den Fragebogen innerhalb einer bestimmten Frist zurückschicken soll. Im Begleitschreiben sollte außerdem ein Ansprechpartner aus dem Unternehmen mit Telefonnummer und E-Mail-Adresse genannt sein. Eventuelle Fragen zum Fragebogen lassen sich so leicht klären. Zusätzlich sollte ein adressierter Rückumschlag beigelegt werden, mit dem Aufdruck, dass der Empfänger das Porto übernimmt.
- Eine beigelegte **Postkarte** kann als Antwortbestätigung Verwendung finden. Diese kann unabhängig vom Fragebogen an das Marktforschungsinstitut oder Unternehmen zurückgeschickt werden. Dadurch erhält man für eine mögliche Nachfassaktion wertvolle Hinweise darüber, wer bisher geantwortet hat und wer noch nicht geantwortet hat.
- Das Ausfüllen des gesamten Fragebogens sollte nicht mehr als 15 bis 20 min in Anspruch nehmen. Andernfalls kommt es zu einer drastischen Reduktion der Antwortrate. Daher sollte der Fragebogen eher kurz und einfach gehalten sein.
- Eine **ansprechende optische Gestaltung** des Fragebogens wirkt sich ebenfalls positiv auf die Rücklaufquote aus.
- Durch kleine **Incentives** lässt sich die Responsequote deutlich steigern. Gerade im Business-to-Consumer-Bereich sind Verlosungen von attraktiven Preisen sehr beliebt.

Im Falle einer **telefonischen Befragung** auch als **Computer Aided Telefone Interview (CATI)** bezeichnet ist es empfehlenswert, die Kunden ein bis zwei Wochen vor der geplanten Befragung schriftlich zu kontaktieren. Dies kann per Brief oder per E-Mail erfolgen. Die Kunden müssen über Sinn und Zweck des Interviews informiert und zur Mitarbeit aufgefordert bzw. motiviert werden. Insgesamt betrachtet lässt sich dadurch die Teilnahmebereitschaft erheblich erhöhen und langwierige Erklärungen am Telefon werden vermieden (Hinterhuber et al., 1997, S. 78).

Online-Befragungen haben in den letzten Jahren stark zugenommen. Um bei dieser Befragungsmethode die Rücklaufquote zu erhöhen, bietet es sich an, die jeweiligen Kunden durch eine elektronische oder postalische Nachfassaktion an das Ausfüllen des Fragebogens zu erinnern. Wie Zerr und Müller-Schneider (2002, zitiert nach Raab et al., 2018, S. 123) zeigen konnten, sind elektronische Nachfassaktionen effektiver. Durch postalische Vorankündigungen können hingegen Stichprobenverzerrungen reduziert werden. Dadurch lässt sich die Stichprobenausschöpfung verbessern. Die Anforderungen an die Frageformulierungen entsprechen denen anderer Erhebungsformen. Auch bei einer Online-Befragung sollte das Fragebogenlayout einfach und einladend gestaltet sein, damit es zu einer möglichst hohen Rücklaufquote kommt. Analog zu den bereits beschriebenen Befragungsformen können auch bei der Online-Befragung Incentives die Teilnahmebereitschaft erhöhen.

Fantapié Altobelli (2017, S. 64–65) unterteilt die **mobile Befragung** in mobile, Interviewer gestützte CATI-Umfragen und selbst administrierte Befragungen. Erstere bilden eine Untergruppe der telefonischen Befragungen. Diese werden von Marktforschungsinstituten eingesetzt, um Undercoverage-Effekte durch die reduzierten Festnetzanschlüsse zu kompensieren. Dagegen arbeitet man bei selbstadministrierten Verfahren ohne Interviewer. Dies bedeutet, dass die Steuerung der Interviews über eine Software erfolgt. Sie steuert die Fragenreihenfolge, die Filterführung usw. Innerhalb dieser mobilen Befragungsform kann weiter in mobile Internet-Umfragen und eigenständige mobile Befragungen mittels einer mobilen App unterschieden werden:

- **Webbasierte mobile Umfragen:** Hierbei handelt es sich um eine klassische Online-Umfrage. Die Probanden nutzen ihr Smartphone bzw. Tablet für die Beantwortung der Fragen. Die Befragungspersonen werden durch eine SMS oder per E-Mail über die mobile Online-Umfrage informiert und zur Teilnahme eingeladen. Alternativ können die Befragungsteilnehmer einen QR-Code einscannen über den sie zur Umfrage gelangen. Außerdem können sie über Links oder Banner in Apps oder auf mobilen Websites zur Umfrage geführt werden (Context Research, 2016, o. S. zitiert nach Fantapié Altobelli, 2017, S. 65).

- **Befragungen über mobile Apps:** Die Teilnehmer müssen sich eine spezielle Befragungs-App auf ihr Smartphone oder Tablet herunterladen, um an der Befragung teilnehmen zu können. Diese Befragungen sind speziell für die mobile Beantwortung konzipiert.

In Tab. 3.12 sind die **Vor-** und **Nachteile** der behandelten **Befragungsformen** gegenübergestellt.

3.10.6 Fragebogengestaltung und Pretest

Befragungsziel Im ersten Schritt ist gemäß dem Studienziel, das Befragungsziel zu konkretisieren. Die zentrale Fragestellung lautet: *„Was soll konkret mit der Befragung erreicht werden?"* Grundsätzlich wird sich das Befragungsziel mit dem Studienziel decken. Darüber hinaus lassen sich mit Befragungen aber auch noch andere Ziele erreichen. Beispielsweise soll mittels einer Befragung die Kundenzufriedenheit gemessen werden. Darüber hinaus kann das jeweilige Unternehmen aber auch seine Kundennähe und Serviceorientierung gegenüber den Befragungspersonen zum Ausdruck bringen bzw. betonen. Außerdem können durch eine Zufriedenheitsbefragung Geschäftskunden stärker in die Produktentwicklung eingebunden werden (Grunwald & Hempelmann, 2012, S. 62–63).

Tab. 3.12 Vor- und Nachteile unterschiedlicher quantitativer Befragungsformen. (Quelle: Fantapié Altobelli, 2017, S. 66; Homburg, 2020, S. 295–296)

Befragungsmethode	Vorteile	Nachteile
Standardisiertes mündliches Interview	- Möglichkeit zur Erklärung komplizierter Sachverhalte durch den Interviewer - Möglichkeit von Rückfragen der Befragten bei Verständnisproblemen - Möglichkeit zur Illustration der Fragen durch ergänzende Materialien wie Produktmuster und Bilder - Reduktion der Verweigerungsquote durch geschultes Verhalten des Interviewers - gute Realisierbarkeit von Verzweigungen im Fragebogen durch den Interviewer	- Interviewer Bias durch soziale Interaktion zwischen Interviewer und Befragtem kann die Ergebnisse des Interviews verzerren - relativ hohe Kosten der Durchführung
Standardisierte schriftliche Befragung	- relative Kostengünstigkeit - kein Vorliegen eines Interviewer Bias - Möglichkeit für die Befragten, in Ruhe über eine Antwort nachzudenken - Erreichbarkeit großer Fallzahlen	- relativ geringe Rücklaufquoten, insbesondere bei der Befragung von Privathaushalten - daraus resultierende Gefahr der mangelnden Repräsentativität - keine Möglichkeit für Verständnisfragen - keine Erfassung non-verbaler Reaktionen der Befragten
Standardisierte telefonische Befragung	- zeitliche Flexibilität: Durchführung zu unterschiedlichen Tages- und Wochenzeiten; Abbruchmöglichkeit mit Fortsetzung zu späterem Zeitpunkt - Zeitersparnis aufgrund der schnellen Verfügbarkeit von Ergebnissen - relative Kostengünstigkeit - Möglichkeit für Rückfragen und zusätzliche Verdeutlichungen - geringer Interviewer Bias	- geringe Auskunftsbereitschaft der Befragten in der relativ anonymen Befragungssituation - keine Erfassung non-verbaler Reaktionen der Befragten - Problematik der schwierigen telefonischen Erreichbarkeit bestimmter Befragungsgruppen (z. B. Manager und Ärzte)
Online-Befragung	- relative Kostengünstigkeit - hohe Reichweite: Ansprache einer Vielzahl von Befragten möglich - schnelle Erzielbarkeit großer Fallzahlen - Möglichkeit zur ergänzenden audio-visuellen Illustration - Möglichkeit zur einfacheren Personalisierung und zur Abbildung komplexer Verzweigungen im Fragebogen	- geringe Repräsentativität - oftmals unzureichende Informationen über die Grundgesamtheit - Gefahr der Verzerrung durch Selbstselektion der Teilnehmer - Gefahr unseriöser Antworten aufgrund der Anonymität
Mobile Befragung	- sehr geringer Zeitbedarf pro Erhebungsfall - sehr geringe Kosten pro Erhebungsfall - hohe bis sehr hohe Flexibilität - hohe Kontrollierbarkeit der Erhebungssituation - geringe Verzerrungen durch die Interviewsituation	- geringe Repräsentativität - oftmals unzureichende Informationen über die Grundgesamtheit - Gefahr der Verzerrung durch Selbstselektion der Teilnehmer - Gefahr unseriöser Antworten aufgrund der Anonymität

Frageninhalte Im nächsten Schritt wird über die Frageninhalte entschieden. Diese Entscheidung wird maßgeblich von der Fähigkeit und der Antwortbereitschaft der Auskunftspersonen beeinflusst. Durch die Wahl geeigneter Frageninhalte sollen mögliche Fehlerquellen ausgeschlossen werden. In den Fragebogen lassen sich neben den Sachfragen auch Kontrollfragen integrieren. Dadurch lässt sich die Plausibilität der Antworten überprüfen. Aber Vorsicht: Fällt dem Befragten auf, dass er durch einige Fragen kontrolliert wird, kann dies zum Abbruch der Befragung führen. Fragebögen, die eine starke Inkonsistenz aufweisen, sollten aus der späteren Datenanalyse ausgeschlossen werden. Bei der Auswahl der Frageninhalte muss bedacht werden, dass der Fragebogen nicht zu lang wird, andernfalls könnte es zu einer erhöhten Abbruchquote kommen. Die mögliche Länge eines Fragebogens wird maßgeblich vom Themeninvolvement der Auskunftspersonen und dem verwendeten Medium beeinflusst. Je höher das Themeninvolvement ausfällt, desto länger kann eine Befragung sein. CATI-Interviews sollten nicht länger als 20 bis 30 min dauern. In einer schriftlichen Befragung können maximal 100 und in einer Online-Befragung maximal 25 Fragen realisiert werden (Homburg, 2020, S. 335).

Fragenformate Grundsätzlich können offene und geschlossene Fragen gestellt werden. Darüber hinaus gibt es auch noch Mischformen, also eine Kombination aus weitgehend geschlossenen Fragen, die eine weitere Antwortkategorie „*Sonstiges*" vorsehen. Üblicherweise werden geschlossene mit offenen Fragen kombiniert. Um etwas Abwechslung in den Fragebogen zu bringen, schließt sich an eine Reihe von geschlossenen Fragen eine offene Frage an. Darüber hinaus können Sprungmarken bei bestimmten Antworten auf geschlossene Fragen (z. B. „*sehr zufrieden*" oder „*sehr unzufrieden*") zu offenen Fragen weiterleiten. So kann ermittelt werden, warum die Kunden „*sehr zufrieden*" bzw. „*sehr unzufrieden*" sind (vgl. Homburg, 2020, S. 335–336).

Geschlossene Fragen sind nach Kuß et al. (2018, S. 94) mit den folgenden **Vorteilen** verbunden:

- Einfache Beantwortung (Erleichterung für Auskunftspersonen und dadurch ergibt sich eine höhere Responsequote).
- Wenig Probleme bei der Verarbeitung der Angaben.
- Ermunterung zu Antworten, auf die die Auskunftsperson ohne Vorgaben nicht gekommen wären.

Allerdings sind mit **geschlossenen Fragen** auch **Nachteile** verbunden (vgl. Kuß et al., 2018, S. 94):

- Auskunftspersonen können aus der Frage und den Antwortkategorien entnehmen, welche Antworten im üblichen Bereich liegen.
- Oberflächliches Antwortverhalten durch schnelles, unbedachtes Ankreuzen von Kategorien wird erleichtert.
- Originelles Antwortverhalten (Antworten, an die der Fragebogengestalter vorher nicht gedacht hat) wird erschwert.

Einen Überblick über die verschiedenen Fragearten gibt Tab. 3.13.

Fragenformulierung In diesem Schritt ist zu klären, wie die Inhalte in Form von Fragen umgesetzt werden sollen. *Wie sollen die Fragen formuliert werden?* Ein Fragebogen muss grundsätzlich immer in der Sprache der Zielgruppe bzw. in der Empfängersprache formuliert werden. Zudem muss der Fragebogen auf den Informations- bzw. Wissensstand der Auskunftspersonen abgestimmt sein. Die Empfänger des Fragebogens sollen diesen leicht verstehen können. Eine besondere Herausforderung ergibt sich, wenn sehr unterschiedliche Personen befragt werden, die über einen unterschiedlichen Erfahrungshintergrund bezüglich des interessierenden Themas verfügen. Jede Auskunftsperson sollte eine möglichst einheitliche Vorstellung von den Variableninhalten haben (Grunwald & Hempelmann, 2012, S. 63).

Wichtige Praxishinweise zur Fragebogengestaltung sind in Tab. 3.14 zusammengestellt.

Homburg (2020, S. 340) empfiehlt, sich bei der Fragenformulierung an den folgenden Prinzipien zu orientieren:

- **Einfachheit:** z. B. Vermeidung von komplexen Sätzen und Fachausdrücken, die der Zielgruppe möglicherweise Probleme bereiten.
- **Neutralität:** z. B. Vermeidung von Suggestivformulierungen, die beispielsweise zu sozial erwünschten Antworten führen.
- **Eindeutigkeit:** z. B. Vermeidung von Doppelfragen.

Tab. 3.13 Fragenarten im Überblick. (Quelle: Grunwald & Hempelmann, 2012, S. 64)

offene Frage	Es werden keine festen Antwortkategorien vorgegeben. Eine individuelle Antwort ist möglich.	*„Was gefällt Ihnen an den Produkten der Marke XY?"* *„Marke X verbinde ich mit _____ "* (Satzergänzungsfrage)
geschlossene Frage	Es werden Antwortkategorien zur Beantwortung vorgegeben.	*„Ihre Funktion im Unternehmen?* (Bitte kreuzen Sie an!) *a) Geschäftsführer b) Marketingleiter c) Produktmanager"*
direkte Frage	Der Frageinhalt wird direkt auf den zu beantwortenden Inhalt gelenkt. Der Sinn der Frage ist dem Befragten sofort erkennbar.	*„Waschen Sie sich regelmäßig?"*
indirekte Frage	Der Befragte wird mithilfe einer psychologisch geschickten Fragestellung veranlasst, Antworten zu geben, die er bei direkter Ansprache evtl. nicht gegeben hätte. Der Sinn der Frage ist für den Befragten nicht unmittelbar erkennbar.	*„Welche Art der Körperhygiene haben Sie in den letzten Tagen angewandt?"*
Alternativfrage	Antwortmöglichkeit: Ja, Nein	*„Besitzen Sie ein Smartphone?"*
Selektivfrage	Der Befragte kann bei der Beantwortung auswählen.	*„Wie häufig kaufen Sie Duschgel?* Bitte nur eine Antwort ankreuzen: *a) 1 Mal pro Woche oder häufiger b) 1 Mal alle 2–3 Wochen c) Weniger häufig"*
Beurteilungsfrage	Der Befragte kann bei der Beantwortung Schwerpunkte mithilfe von Punktwerten setzen, Rangfolgen bilden oder Bewertungen durch Ankreuzen auf einer Skala abgeben.	*„Welche der folgenden Marken mögen Sie am liebsten?* Geben Sie mit den Ziffern 1 bis 6 eine Rangfolge an (1 = am liebsten)."* *„Wie bewerten Sie Anbieter X?* Bitte kreuzen Sie an: *a) sehr positiv b) positiv c) indifferent d) negativ e) sehr negativ"*

Fragenreihenfolge Für die Planung der Fragenreihenfolge empfiehlt sich die Verwendung eines Flussdiagramms. Damit lassen sich mögliche Verzweigungen im Fragebogen visualisieren. Dabei gilt es drei Hauptziele zu verfolgen (Homburg, 2020, S. 340):

- **Nachvollziehbarkeit des Aufbaus:** Grundsätzlich sollte der Fragebogen mit interessanten Einleitungsfragen beginnen. Mittels dieser Fragen soll *„das Eis gebrochen"* werden. Für die spätere Auswertung sind diese Fragen von geringerer Bedeutung. Sensible Fragen werden erst am Ende des Fragebogens gestellt. Den Abschluss bilden Fragen zur Person des Befragten bzw. zum Unternehmen.

- **Verhindern von Ausstrahlungseffekten durch Extremerfahrungen des Befragten:** Die Abfrage von aktuellen, extrem positiven oder negativen Erfahrungen mit dem Unternehmen (wie dies im Rahmen der Methode der Kritischen Ereignisse erfolgt) sollte zu Beginn des Fragebogens erfolgen. Dadurch wird sichergestellt, dass mögliche Ausstrahlungseffekte verhindert werden, die auftreten, wenn Auskunftspersonen ihre Erfahrungen auch in die Beantwortung anderer Fragestellungen einfließen lassen.

- **Vermeidung von Reihenfolgeeffekten:** Es ist wichtig, dass die Reihenfolge der Fragen bzw. die Reihenfolge der Items in geschlossenen Fragen keinen Einfluss auf die Beantwortung

Tab. 3.14 Praxishinweise für die Fragebogengestaltung. (Quelle: Grunwald & Hempelmann, 2012, S. 66)

Frageformulierung	- einfache, kurze und präzise (eindeutige) Formulierung - an das Sprachniveau der Befragten anpassen (Empfängersprache) - keine Fremdwörter benutzen - Abkürzungen erläutern - keine doppelte Verneinung - emotional besetzte Wörter nur in Ausnahmefällen verwenden (z. B. Ehrlichkeit, Pflicht, Loyalität, Elite, Bürokrat) - keine Fragen stellen, die umfangreiche Nachforschungen erfordern - keine hypothetischen Fragen stellen - keine Suggestivfragen stellen (z. B. *„Sind Sie nicht auch der Meinung, dass …"*)
Antwortformulierung (bei geschlossenen Fragen)	- auf Vollständigkeit der Antwortmöglichkeiten achten - ggf. Ergänzungskategorien wie *„Sonstige"* oder *„Weiß nicht"* anbieten - keine Überschneidungen bzw. Überlappungen der Antwortkategorien zulassen - keine Scheinalternativen bieten
Fragenreihenfolge	- Einleitungsfragen stellen - Themenblöcke bilden - Trichterprinzip verwenden – vom Allgemeinen zum Speziellen - Gliederung mithilfe von Fragen (Überleitungsfragen, Filterfragen, Kontrollfragen, Puffer-/Auslöscherfragen …) - heikle Fragen erst am Ende stellen - Danksagung
Äußere Gestaltung (Layout)	- handliches Format, Fragebogen nicht überfrachten (Gefahr der Ermüdung) - übersichtliche Anordnung (Blöcke bilden) - optisch ansprechende Aufbereitung – Farbe und Formen einsetzen - ausreichend Platz für Antworten geben

der Fragen nimmt. In Online-Befragungen kann durch die Rotation von ganzen Fragen(-blöcken) bzw. Items diesen Reihenfolgeneffekten entgegengewirkt werden.

Äußere Gestaltung – Layout Dieser Schritt ist, in seiner Bedeutung für den Erfolg der Befragung nicht zu unterschätzen. Durch eine (farblich) ansprechende Gestaltung des Fragebogens lässt sich die Antwortquote steigern. Den Auskunftspersonen sollte der Eindruck vermittelt werden, dass die Befragung interessant ist und nur wenig Zeit zum Beantworten benötigt wird (Homburg, 2020, S. 342). Kuß et al. (2018, S. 122–123) haben einige **Regeln** zusammengestellt, die es bei der grafischen **Gestaltung des Fragebogens** zu beachten gilt (vgl. dazu auch Homburg, 2020, S. 342):

- Den Fragebogen als kleine handliche Broschüre gestalten.
- Verwendung einer (mindestens 10 Punkt) großen und klaren Schrifttype (z. B. Calibri).
- Die Fragen sind übersichtlich anzuordnen.
- Fragen auf keinen Fall über mehrere Seiten hinziehen bzw. verteilen.

- Optische Hilfsmittel (z. B. Pfeile, Linien und Hervorhebungen) verwenden.
- Die Fragen sind durchzunummerieren.
- Anweisungen für die Beantwortung (z. B. *„Bitte nur eine Antwort ankreuzen!"* oder *„Mehrfachantworten möglich!"*) deutlich machen.

Pretest, Revision und endgültige Fertigstellung des Fragebogens Sofern ein subjektives Verfahren der Zufriedenheitsmessung zur Anwendung kommt, ist es empfehlenswert einen **Pretest** durchzuführen.

▶ **„Pretest** (Synonyme: Vorabbefragung, Vorabuntersuchung): „Dabei handelt es sich um den probeweisen Einsatz eines Messinstrumentes, z. B. eine Befragung, zur Überprüfung auf Praxistauglichkeit"" (Heidel, 2008, S. 240).

Dadurch soll das Messinstrument auf Verständlichkeit, Vollständigkeit und Zweckmäßigkeit getestet werden. Somit lassen sich unklare Frageformulierungen identifizieren. Dazu wird eine kleine Anzahl an Kunden (ca. 20–30 Kunden) befragt. Es ist darauf zu achten, dass es sich bei den Kunden um typische Vertreter der Grundgesamtheit handelt. Sie sollten daher alle demografisch relevanten Ausprägungen aufweisen. Sollten sich im Pretest zeigen, dass das Messinstrument noch Fehler aufweist, dann muss der Fragebogen nochmals überarbeitet werden. Insgesamt betrachtet führt ein sorgfältig durchgeführter Pretest zu einer Zeit- und Geldersparnis (Hinterhuber et al., 1997, S. 78; Raab et al., 2018, S. 395–396).

3.11 Bestimmung der Stichprobe

In einem ersten Schritt muss die Grundgesamtheit definiert werden. Dies ist die Menge derjenigen Objekte, auf die die Ergebnisse der Zufriedenheitsstudie zutreffen bzw. hochgerechnet werden sollen. Diejenigen Objekte, von denen im Rahmen der Zufriedenheitsstudie Informationen eingeholt werden sollen, nennt man **Stichprobe**. Sie ist eine Teilmenge der Grundgesamtheit. Da nicht immer alle angeschriebenen Personen antworten, ergibt sich eine weitere Stichprobe, die **effektive Stichprobe**. Diese umfasst alle Personen, die auch tatsächlich geantwortet haben. Daher ist die effektive Stichprobe eine Teilmenge der Stichprobe. Sie bildet die Datenbasis der späteren Auswertung (Homburg & Krohmer, 2008, S. 37).

Nachdem die Grundgesamtheit definiert wurde, ist zu entscheiden, ob eine Voll- oder eine Teilerhebung infrage kommt. Bei einer **Vollerhebung** entspricht die Stichprobe der Grundgesamtheit, d. h. es werden alle Objekte der Grundgesamtheit angeschrieben und gebeten, an der Befragung teilzunehmen. Dies ist nur bei kleineren Grundgesamtheiten (z. B. im Business-to-Business-Bereich) möglich. Im Business-to-Consumer-Bereich handelt es sich i. d. R. um große Grundgesamtheiten. Eine Vollerhebung kommt dabei aus Kosten- und Zeitgründen nicht infrage, obwohl die Vollerhebung aus statistischer Sicht den Idealfall darstellt (Homburg & Krohmer, 2008, S. 37).

Für den Fall der **Teilerhebung** schließen sich zwei zentrale Fragen an (Homburg & Krohmer, 2008, S. 37):

- **Stichprobenumfang:** Wie groß soll die Stichprobe sein?
- **Verfahren der Stichprobenauswahl:** Wie soll die Stichprobe gebildet werden?

Um die erste Frage beantworten zu können, ist es erforderlich, die voraussichtliche Antwortquote zu schätzen. Strebt das Team beispielsweise an, insgesamt 300 Personen (effektive Stichprobe) zu befragen und geht es gleichzeitig von einer 30-prozentigen Antwortquote aus, dann müssen 1000 Personen (Stichprobe) angeschrieben bzw. angesprochen werden. Bei einer 50-prozentigen Antwortquote wären es nur 600 Personen, die zu kontaktieren sind. Es gibt zwar Richtwerte für die Antwortquote, sie fällt aber für jedes Befragungsprojekt unterschiedlich aus. Problematisch ist, dass in den letzten Jahren die Antwortquoten immer weiter abgesunken sind. Dies liegt an der Fülle von Marktforschungsprojekten, die zu einer „Überfagung" der Bevölkerung geführt haben. Mithilfe der folgenden Maßnahmen kann dem entgegengewirkt werden (Homburg & Krohmer, 2008, S. 38):

- **Incentives** sind Auslobungen finanzieller (z. B. 30 €-Amazon-Gutschein) oder sachlicher (z. B. ein Buch aus der Spiegel-Bestseller-Liste) Belohnungen.
- Durch eine **Personalisierung** der Befragung kann ebenfalls die Teilnahmebereitschaft gesteigert werden.
- Ein **frankierter Rückumschlag** erleichtert die Beantwortung einer schriftlichen Befragung.
- **Nachfassaktionen** bzw. Reminder können ebenfalls die Teilnahmebereitschaft steigern.
- Durch die Zusicherung von **Anonymität** kann **Vertrauen** aufgebaut werden, das sich wiederum positiv auf die Teilnahmebereitschaft auswirkt.

Aber auch **Budgetrestriktionen** können sich auf den Stichprobenumfang auswirken. Je nach Befragungsart entstehen pro befragter Person ganz unterschiedliche Kosten. Am höchsten sind sie bei mündlichen Interviews und am geringsten bei Online-Umfragen. Steht dem Marktforschungsteam nur ein gewisses Budget für die Datenerhebung zur Verfügung, können dementsprechend nur eine gewisse Anzahl an (telefonischen) Interviews geführt bzw. Fragebögen verschickt werden (Homburg & Krohmer, 2008, S. 38–39).

Die angestrebte **Präzision** wirkt sich ebenfalls auf den erforderlichen Stichprobenumfang aus. Da die Präzision der Ergebnisse einer Zufriedenheitsstudie mit steigendem Stichprobenumfang zunimmt, muss für eine bestimmte Präzision eine entsprechend große Stichprobe befragt werden. Allerdings ist zu beachten, dass der Nutzen einer Vergrößerung der Stichprobe bei steigendem Stichprobenumfang abnimmt. In der Marktforschungspraxis wird daher oft mit Pauschalwerten gearbeitet. So fordert man beispielsweise für jedes betrachtete Kundensegment eine Mindeststichprobengröße von 50 Einheiten (Homburg & Krohmer, 2008, S. 39).

Zudem spielt die **Repräsentativität** der Stichprobe eine große Rolle für die Aussagekraft der Studienergebnisse. Die Stichprobe wird nie zu 100 % über alle Merkmale repräsentativ für die Grundgesamtheit sein. Daher fordert man, dass die Stichprobe zumindest hinsichtlich der zentralen Merkmale der Untersuchung repräsentativ für die Grundgesamtheit ist. Nur dann können die Werte der Stichprobe auf die Grundgesamtheit hochgerechnet werden (Homburg & Krohmer, 2008, S. 39).

Zur Beantwortung der zweiten Fragestellung werden im Folgenden die verschiedenen Verfahren der Stichprobenauswahl in ihren Grundzügen skizziert (vgl. dazu auch die Übersicht in Abb. 3.11). Zunächst ist zwischen Verfahren der bewussten Auswahl und Verfahren der Zufallsauswahl zu unterscheiden (Homburg & Krohmer, 2008, S. 40–42):

- **Verfahren der bewussten Auswahl:** Hierbei erfolgt die Auswahl der Untersuchungsobjekte nach bestimmten Merkmalen.
- **Verfahren der Zufallsauswahl:** Die Auswahl der Befragungsobjekte erfolgt nach dem Zufallsprinzip.

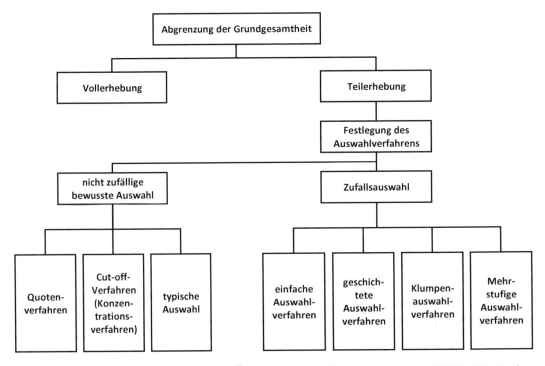

Abb. 3.11 Verfahren der Stichprobenauswahl im Überblick. (Quelle: Hammann & Erichson, 2000, S. 133; Homburg & Krohmer, 2008, S. 41)

Durch die **Verfahren der bewussten Auswahl** lässt sich der Aufwand der Stichprobenbildung begrenzen (Homburg & Krohmer, 2008, S. 40–41):

- **Quotenverfahren:** Bei der Anwendung dieses Verfahrens ist es erforderlich, dass einige wichtige Merkmale und deren Verteilung in der Grundgesamtheit bekannt sind. Auf dieser Basis werden Quoten (z. B. 40 % Männer und 60 % Frauen usw.) für die Zufriedenheitsstudie vorgegeben.
- **Cut-off-Verfahren – Konzentrationsverfahren:** Hierbei beschränkt man sich auf Befragungspersonen, deren Antworten ein besonderes Gewicht für die Ergebnisse der Zufriedenheitsstudie haben. Beispielsweise könnte ein Industrieunternehmen nur A-Kunden mit einem entsprechend hohen Umsatz befragen.
- **Typische Auswahl:** Die auszuwählenden Befragungspersonen sollen besonders typisch bzw. charakteristisch für die Grundgesamtheit sein. Dieses Auswahlverfahren findet insbesondere im Zusammenhang mit Pretests Verwendung.

Da zahlreiche statistische Testverfahren auf einer **Zufallsstichprobe** basieren, ist diese unter den Gesichtspunkten der Datenauswertung vorteilhaft. Allerdings ist sie in der Praxis nur schwer umsetzbar (Homburg & Krohmer, 2008, S. 40–42):

- **Einfache Zufallsauswahl – Random Sampling:** Das Besondere an diesem Auswahlverfahren ist, dass jedes Element der Grundgesamtheit die gleiche Chance bzw. die gleiche Wahrscheinlichkeit hat, in die Stichprobe zu gelangen. Dazu muss die Merkmalsstruktur der Grundgesamtheit nicht bekannt sein. Allerdings wird eine Liste der Elemente der Grundgesamtheit benötigt.
- **Geschichtete Zufallsauswahl – Stratified Sampling:** Zunächst wird die Grundgesamtheit in homogene Teilgesamtheiten aufgeteilt. In sich sind diese Teilgesamtheiten homogen untereinander jedoch heterogen. Aus den so gebildeten Teilgesamtheiten werden Stichpro-

ben gezogen und zu einer Gesamtstichprobe vereinigt.
- **Klumpenauswahl – Cluster Sampling:** Bei diesem Verfahren wird die Grundgesamtheit in heterogene Klumpen bzw. Cluster aufgeteilt. Anschließend wird ein Klumpen oder mehrere Klumpen per Zufall gezogen und in der Studie als Stichprobe berücksichtigt.
- **Mehrstufige Auswahlverfahren:** Anwendung findet dieses Auswahlverfahren bei großen Grundgesamtheiten, die schwer zu überblicken sind. Es kommen dabei verschiedene Verfahren der Zufallsauswahl zur Anwendung. Die erste Zufallsstichprobe (z. B. Klumpenauswahl) bildet dann die Auswahlbasis für das nächste Zufallsverfahren (z. B. einfache Zufallsauswahl).

3.12 Durchführung der quantitativen Kundenzufriedenheitsbefragung

Die zeitliche und räumliche Realisierung des Stichprobenplans (Auswahlplans, Sampling-Plans ist Gegenstand des **Erhebungsablaufs**. Im Mittelpunkt des Interesses steht die folgende Fragestellung:

„Wann und wo lässt sich der in dem Stichprobenplan bezeichnete Personenkreis am besten (einfachsten, kostengünstigsten, ergiebigsten usw.) erreichen?"

Dabei spielen die Gewohnheiten der ausgewählten Stichprobe eine große Rolle (Grunwald & Hempelmann, 2012, S. 67):

- **Freizeitgestaltung:** übliche Aufenthalte an Wochenenden, normale Einkaufszeiten und bevorzugte Einkaufsstätten sowie die Nutzung der öffentlichen Verkehrsmittel
- **Arbeitszeiten:** Teilzeit- oder Vollzeitbeschäftigung, übliche Arbeitszeiten, Schichtdienst, Wochenendarbeit
- **Günstige Befragungssituationen:** Abwesenheit von Freunden und Bekannten sowie Situationen ohne Zeitdruck

▷ **Tip** Maßnahmen zur Erhöhung der Nutzungswahrscheinlichkeit von Marktforschungsergebnissen in der **Phase der Durchführung der
Datenerhebung** (Herrmann et al., 2008, S. 13):

- Kontakt zu potenziellen Nutzern der Marktforschungsergebnisse aufrechthalten!
- Vorabmeldungen über Ergebnisse der
  Marktforschung nur mit sehr viel Bedacht
  einsetzen!

Darüber hinaus muss die Dauer der **Feldphase**
(**Feldzeit, Erhebungsdauer**) konkretisiert werden. Dabei muss die Fragebogenlänge und -kom-
plexität sowie die erwartete Responsequote Berücksichtigung finden. Zunächst geht es um die
Bestimmung geeigneter Erhebungszeitpunkte.
Außerdem muss ein Endtermin für das Ausfüllen
des Fragebogens (Rücksendeschluss, letzter Be-
fragungstag) festgelegt werden. Den Befragungspersonen muss ein ausreichender Zeitraum für
das Beantworten des Fragebogens zur Verfügung
gestellt werden. Schließlich sollen auch viel be-
schäftigte Personen die Möglichkeit haben, den
Fragebogen zu beantworten. Wird die Befragung
auf mehrere Kundengruppen in unterschiedlichen Regionen ausgeweitet, muss entschieden
werden, ob alle Regionen gleichzeitig oder nach-
einander in Wellen berücksichtigt werden sollen.
Die Wellenbefragung bietet den Vorteil, dass et-
waige Fehler im Fragebogen aufgedeckt und bei
folgenden Befragungsrunden in anderen Regionen vermieden werden können. Nachteilig könnte
sich eine Veränderung der Erhebungsbedingun-
gen auswirken. Die Ergebnisse einer Wellenbefragung lassen sich dann nicht mehr vollständig
miteinander vergleichen. Daher ist immer der
Befragungszeitpunkt mit zu erfassen und bei der
Auswertung als Variable zu berücksichtigen. Insgesamt wird das Ziel verfolgt, eine große Ausschöpfung der Zielgruppe bzw. Stichprobe zu
realisieren. Für den Fall, dass nur sehr wenige
Fragebögen ausgefüllt werden, ist über eine
Nachfassaktion, also die nochmalige Kontaktie-
rung der Befragungspersonen, zu entscheiden
(Grunwald & Hempelmann, 2012, S. 67).

Die organisatorische Umsetzung ist Gegenstand der **Durchführung**. Dabei hat der Marktforscher gewisse Freiheitsgrade. Bevor eine persönliche Befragung durchgeführt werden kann,
ist eine Schulung der engagierten Interviewer
notwendig. Dadurch sollen sie in der Lage sein,
einfühlsam, flexibel und fachlich kompetent auf
mögliche Verständnisfragen der Auskunftspersonen zu reagieren. Die Interviewer sollten über
einen möglichsten gleichen Erfahrungsschatz
hinsichtlich der Durchführung von persönlichen
Interviews haben und sich mit dem Untersuchungsgegenstand gut auskennen. Damit soll sichergestellt werden, dass alle Interviews unter
den gleichen Rahmenbedingungen stattfinden
und systematische Verzerrungen durch unter-
schiedliches Befragungsverhalten der Interviewer unterbleiben (Grunwald & Hempelmann,
2012, S. 67).

Durch ein **Anschreiben** lässt sich eine Befragung einleiten. Dies kann personalisiert oder
standardisiert (für alle Auskunftspersonen ein-
heitlich) erfolgen. Mittels einer **Vorankündigung** (postalisch oder per E-Mail) können die
Befragten auf die geplante Befragung einge-
stimmt werden. Dies steigert zudem die Teilnahmebereitschaft. Darüber hinaus können auch
rechtliche Aspekte eine Rolle spielen. Soll beispielsweise im Rahmen einer Mitarbeiterbefra-
gung die Mitarbeiterzufriedenheit erforscht werden, ist zu klären, ob der Betriebsrat einzuschalten
und um sein OK zur Befragung zu bitten ist
(Grunwald & Hempelmann, 2012, S. 67–68).

Dannenberg und Barthel (2002, S. 210) weisen darauf hin, dass während der Befragungs-
durchführung die **Kontrolle der Teilnehmer**
eine große Rolle für die Datenqualität spielt. Will
man beispielsweise die Qualität von Online-Befragungen steigern, können passwortgeschützte
Online-Fragebögen den Teilnehmerkreis einschränken. Dadurch wird die Online-Befragung
vor unerwünschten Zugriffen geschützt. Im Gegensatz dazu sind die Kontrollmöglichkeiten bei
schriftlichen Befragungen sehr beschränkt. Lediglich mittels Kontrollfragen können entsprechende Kontrolleffekte erzielt werden.

3.13 Auswertung und Interpretation der Ergebnisse

Im Rahmen einer Kundenzufriedenheitsstudie werden in der Regel qualitative und quantitative Daten generiert, die es entsprechend auszuwerten gilt.

3.13.1 Auswertung qualitativer Ergebnisse

Qualitative Daten basieren auf den Antworten zu offenen Fragen. Dabei sind keine bestimmten Antwortkategorien vorgegeben. Vielmehr formulieren die Befragungspersonen ihre Antworten frei und selbstständig. Dadurch ergibt sich ein entsprechend hoher und anspruchsvoller Datenauswertungsaufwand. Um diesen Aufwand auf ein sinnvolles Maß zu begrenzen, schlägt Schneider (2000, S. 112–113) die folgende systematische Vorgehensweise vor:

▸ „Die **qualitative Marktforschung** bezeichnet man somit als Forschungsmethode, die auf eher wenig strukturierten und eher nicht standardisierten Erhebungen basiert. Ihre Ergebnisse lassen sich nur schwer in Zahlen beschreiben, es sind dies meist die Resultate aus qualitativen Interviews, wie z. B. aus Expertenbefragungen sowie aus Gruppendiskussionen" (Guery, 2004a, S. 330).

- **Schnelldurchsicht der Antworten und Bildung von Kategorien:** Idealerweise wird die Datenauswertung von zwei Marktforschungsexperten parallel durchgeführt. Die erste Aufgabe besteht darin, die Vielzahl der Antworten auf eine überschaubare Anzahl von Informationen zu verdichten. Dazu werden in einem ersten Durchlauf übergeordnete Kategorien gebildet. Dies macht jedes Teammitglied für sich. Dadurch werden Verzerrungseffekte vermieden. Nachdem das Kategoriensystem gebildet wurde, stimmen sich die Teammitglieder in einem Workshop ab und erstellen ein einheitliches Kategoriensystem, mit dem sie

beide weiterarbeiten. Dabei kommt es darauf an, dass nicht zu viele Kategorien gebildet werden. Jetzt erfolgt die Zuordnung der offenen Antworten zu den Kategorien.

- **Zuordnung der Antworten zu den einzelnen Gruppen und Häufigkeitsauszählung:** Im zweiten Schritt erfolgt eine Häufigkeitsauszählung. Die frei formulierten Antworten werden in Gruppen zusammengefasst und deren Häufigkeit ermittelt. Kategorien, die lediglich sehr wenige Aussagen auf sich vereinen können (z. B. weniger als drei Prozent der Nennungen), werden in der Kategorie „*Sonstiges*" zusammengefasst. Als Ergebnis erhalten die Forscher einen Überblick über alle freien Aussagen und erste Hinweise zur Priorisierung von Verbesserungsmaßnahmen.

- **Wörtliche Wiedergabe prägnanter Aussagen:** Alle Aussagen sind zudem elektronisch, soweit noch nicht geschehen, zu erfassen. Dies bietet die Möglichkeit, besonders prägnante Aussagen aufzugreifen und in der Abschlusspräsentation und im schriftlichen Ergebnisbericht zu verwenden. Dadurch lassen sich qualitative Daten gut veranschaulichen. Da es sich um authentische Aussagen von Kunden handelt, sind diese Zitate sehr überzeugend und werden in der Regel von den Zuhörern mit großem Interesse aufgenommen.

3.13.2 Auswertung quantitativer Ergebnisse

Quantitative Daten sind das Ergebnis geschlossener Fragen. Mit der quantitativen Datenanalyse werden die folgenden drei **Ziele** verfolgt (Schneider, 2000, S. 113):

- **Datenkomprimierung:** Die einzelnen Daten werden beispielsweise zu Kennzahlen verdichtet, zu denken ist dabei an das arithmetische Mittel oder den Median.
- **Deskription:** Die abgefragten Sachverhalte sollen beschrieben werden.
- **Erklärung und Prognose:** Es wird versucht Ursache-Wirkungs-Zusammenhänge aufzudecken.

▶ „Die **quantitative Marktforschung** bezeichnet die Marktforschung, die sich auf mathematische Operationen und Verfahren stützt. Als Resultate von Messungen im Rahmen der quantitativen Marktforschung werden konkrete Zahlenwerte erfasst. So kommen z. B. Verfahren wie die Diskriminanz- und Regressionsanalyse, die Faktor- und die Clusteranalyse sowie die Conjoint-Analyse zur Anwendung" (Guery, 2004b, S. 330).

Univariate Verfahren
Bei den univariaten Verfahren geht es in erster Linie um die Datenverdichtung, um die Verteilung der Daten möglichst genau zu beschreiben (Schneider, 2000, S. 113).

Zunächst werden **Maße der zentralen Tendenz** bzw. **Lageparameter** vorgestellt (Raab et al., 2018, S. 202–203):

• Für ungefähr symmetrische Verteilungen ist der **Modus** bzw. **Modalwert** eine Maßzahl für die zentrale Tendenz. Dabei handelt es sich um den Wert der innerhalb der Verteilung am häufigsten auftritt. Stellt man die Verteilung grafisch dar, repräsentiert der Modus das Maximum. Der Modus lässt sich für alle Skalierungen bestimmen. Anhand der folgenden Zahlenreihe soll die Grundidee des Modus verdeutlicht werden: 1, 2, 3, 2, 4, 5, 7, 3, 2, 1 = Modus = 2
• Die Bestimmung des **Medians** erfordert eine sortierte Datenreihe in aufsteigender oder absteigender Reihenfolge. Diejenige Merkmalsausprägung die sich in der Mitte der Datenreihe befindet wird als Median bezeichnet. An dieser Kennzahl ist vorteilhaft, dass sie gegenüber Ausreißern unanfällig ist. Bei einer geraden Werteanzahl wird aus den beiden sich ergebenden Medianwerten der Mittelwert berechnet und als Median verwendet. Verwendet man wieder die obige Zahlenreihe in geordneter Form, so ergibt sich der folgende Median: 1, 1, 2, 2, 2, 3, 3, 4, 5, 7 = Median = (2 + 3)/2 = 2,5
• Das **arithmetische Mittel** stellt die gebräuchlichste Kennzahl zur Beschreibung einer Verteilung dar. Allerdings ist metrisches Skalenniveau erforderlich. Die Berechnung erfolgt derart, dass zunächst die Summe aller Merkmalsausprägungen gebildet wird. Anschließend wird diese durch die Anzahl der Merkmalsausprägungen dividiert. Für das Zahlenbeispiel ergibt sich das folgende arithmetische Mittel = (1 +1 +2 +2 +2 +3 +3 +4 +5 +7)/10 = 3

Um unterschiedliche Verteilungen noch genauer beschreiben zu können, wurden **Streuungsmaße** entwickelt. Dies ist deshalb erforderlich, da der Modus, Median und das arithmetische Mittel keine Aussage darüber treffen, wie sich die Merkmalsausprägungen links und rechts von ihnen verteilen (Raab et al., 2018, S. 204–205):

• **Spannweite:** Die Spannweite ist definiert als die Differenz bzw. dem Abstand zwischen dem größten (x_{max}) und kleinsten (x_{min}) vorkommenden Merkmalswert. Auf den Aussagewert der Spannweite wirken sich jedoch Ausreißer nachteilig aus. Daher werden oft nur die 90 oder 95 % der Verteilung verwendet und Ausreißer bei der Bestimmung der Spannweite ausgeschlossen. Im obigen Zahlenbeispiel würde sich die folgende Spannweite ergeben: 7 − 1 = 6
• **Varianz:** Für die Berechnung der Varianz ist es zunächst erforderlich das arithmetische Mittel zu bestimmen. Anschließend wird von jedem Merkmalswert das arithmetische Mittel subtrahiert und der sich ergebende Wert quadriert. Aus diesen quadrierten Abstandswerten wird die Summe gebildet und durch die Anzahl der Merkmalsausprägungen dividiert. Ist der Wert der Varianz gleicht null, dann liegt keine Streuung in den gemessenen Daten vor. Verwenden man erneut die obige Zahlenreihe, so ergibt sich die folgende Varianz: $((1 − 3)^2 + (1 − 3)^2 + (2 − 3)^2 + (2 − 3)^2 + (2 − 3)^2 + (3 − 3)^2 + (3 − 3)^2 + (5 − 3)^2 + (7 − 3)^2)/10 = (4 + 4 + 1 + 1 + 1 + 0 + 0 + 4 + 16)/10 = 31/10 = 3,1$
• **Standardabweichung:** Die Standardabweichung ist die Quadratwurzel aus der Varianz. In unserem Beispiel ergibt sich als gerundeter Wert für die Standardabweichung = 1,76

3.13.2.1 Bivariate Verfahren

Mithilfe der bivariaten Verfahren sollen **Zusammenhänge zwischen zwei Variablen** (z. B. Kundenzufriedenheit und Markenwahl) überprüft werden (Homburg, 2020, S. 361–369; Schneider, 2000, S. 114).

Kreuztabellierung

Die **Kreuztabellierung** zählt zu den Verfahren der Assoziationsanalyse. Diese kann auf Variablen mit nominalem Skalenniveau angewendet werden. Die Darstellung des Verfahrens erfolgt in Matrixform. Dort werden die Häufigkeiten aller möglichen Kombinationen der Merkmalsausprägungen zweier Variablen angegeben. Dies kann in Form von absoluten und/oder relativen Häufigkeiten erfolgen. Eine mögliche Fragestellung wäre beispielsweise:

Besteht zwischen der Zugehörigkeit zu einem Kundensegment und der Markenpräferenz ein Zusammenhang?

▷ „**Kreuztabellierung, Kreuzauswertung** – Eine der grundlegenden Methoden der Datenanalyse und Datenaufbereitung ist die Zuordnung von Erhebungsmerkmalen zu einem (oder mehreren) anderen Erhebungsmerkmal(en) mit dem Ziel, Beziehungen zu untersuchen. Den einfachsten Fall einer Kreuztabellierung stellt die Kombination von Daten in einer Vierfeldertafel dar. Gegenüber der bloßen Auszählung von Daten ermöglicht die Kreuztabellierung die Erkenntnis von Zusammenhängen" (Ehling, 2004, S. 298).

Dabei geht es zunächst lediglich um die Beschreibung des vorliegenden Sachverhalts (vgl. dazu Tab. 3.15). Um Rückschlüsse auf die Grundgesamtheit ziehen zu können, müsste ein χ^2-Test auf Unabhängigkeit durchgeführt werden (Scharf et al., 2015, S. 170).

Korrelationsanalyse

Liegen metrische Daten vor, kann die **Korrelationsanalyse** zum Einsatz kommen. Im Mittelpunkt des Interesses steht die Stärke eines linearen Zusammenhangs zwischen zwei Variablen. Dazu wird die gemeinsame Variation der beiden Variablen analysiert. Die zentrale Frage lautet:

Zu welchem Teil ist die Änderung der Werte einer Variablen mit der Änderung der Werte der anderen Variablen verbunden?

▷ „Als **Korrelation** wird die Enge des Zusammenhangs zwischen zwei Variablen bezeichnet. I. e. S. sind Korrelationen nur Zusammenhänge zwischen Variablen mit metrischem Messniveau. I. w. S. werden auch Zusammenhänge zwischen nicht-metrischen Variablen als Korrelation bezeichnet (auch: Kontingenz oder Assoziation). Bei Variablen mit ordinalem Messniveau werden Korrelationen zwischen den Rangfolgen der Werte der beiden Variablen bestimmt (Rangkorrelation). Dabei werden Rangfolgen als Variablen mit metrischem Messniveau behandelt. Zur Bestimmung der Stärke der Korrelation gibt es unterschiedliche Korrelationsmaße. Korrelationen dürfen nicht im Sinne von Kausalbeziehungen interpretiert werden. Es kann also aus einer signifikanten Korrelation nicht geschlossen werden, dass eine Variable die Ursache für eine andere ist oder umgekehrt" (Lohmann, 2004, S. 293).

Die zentrale Kennzahl dieser Analysemethode ist der **Korrelationskoeffizient** r. Dieser gibt den Grad der gemeinsamen Variation der Variablen x und y an. Der Korrelationskoeffizient kann Werte zwischen -1 und $+1$ annehmen. Dabei steht -1 für eine vollständig negative Korrelation bzw. einen gegenläufigen Zusammenhang (je kleiner x, desto größer y) und $+1$ für eine vollständig positive Korrelation bzw. einen gleich gerichteten

Tab. 3.15 Beispiel für eine Kreuztabellierung – Analyse des Zusammenhangs zwischen dem Alter der Befragten und der von ihnen bevorzugten TV-Marke. (Quelle: Scharf et al., 2015, S. 170)

	18 bis 29	30 bis 39	40 bis 49	50 bis 59	60 und älter	Summe
TV-Marke A	121	70	55	35	19	300
TV-Marke B	11	32	25	55	77	200
Summe	132	102	80	90	96	500

Zusammenhang (je größer x, desto größer y). Nimmt der Korrelationskoeffizient dagegen den Wert null an, so besteht keine Korrelation bzw. kein linearer Zusammenhang zwischen den untersuchten Variablen. Es könnte jedoch ein nicht-linearer Zusammenhang bestehen (Scharf et al., 2015, S. 170–171).

Bivariate lineare Regressionsanalyse
Die Regressionsanalyse kann für zahlreiche Fragestellungen genutzt werden. Damit lassen sich Zusammenhänge beschreiben und erklären. Aber auch Prognosen sind möglich. Sie zählt daher zu den am häufigsten eingesetzten (multivariaten) Analyseverfahren. Mit ihrer Hilfe lassen sich Zusammenhänge zwischen einer abhängigen (metrisch skaliert) und einer oder mehreren unabhängigen Variablen (ebenfalls metrisch skaliert) analysieren. Derartige Beziehungen können durch die Regressionsanalyse quantifiziert und damit sehr genau beschrieben werden. Ein weiterer Anwendungsbereich ist die Überprüfung von Hypothesen über Wirkungsbeziehungen. Ein Beispiel wäre der Zusammenhang zwischen dem Preis eines Produktes (unabhängige Variable) und dessen Absatz (abhängige Variable). Basierend auf den empirischen Daten wird mithilfe der Methode der kleinsten Quadrate eine Regressionsfunktion geschätzt, die den Zusammenhang zwischen Preis und Absatz des Produktes visualisiert. Damit lassen sich dann sogenannte What-if-Analysen durchführen (Backhaus et al., 2008, S. 12):

• *Wie wird sich der Absatz verändern, wenn der Preis um einen gewissen Betrag gesenkt (erhöht) wird?*

▷ „**Regressionsanalyse** = Statistisches Verfahren zur Bestimmung der Abhängigkeit einer zu erklärenden Variablen von einer (einfache Regression) oder mehreren (multiple Regression) erklärenden bzw. unabhängigen Größen. Dabei wird eine Verknüpfung gesucht, die den zwischen den Variablen bestehenden Zusammenhang möglichst gut wiedergibt und die dadurch auch zur Vorhersage der interessierenden Zielgröße herangezogen werden kann" (Nieschlag et al., 2002, S. 1308).

Anhand der folgenden **Fragestellungen** kann die Grundidee der Regressionsanalyse verdeutlicht werden (Nieschlag et al., 2002, S. 478; Schneider, 2000, S. 115):

• *Welche Produktmerkmale (Preis, Qualität, Markenname etc.) spielen bei der Bewertung eines Produktes durch die Konsumenten eine entscheidende, welche eine nur untergeordnete Rolle?*
• *Welchen Einfluss haben die Dauer der Beziehung zu einem Anbieter und die Beschwerdezufriedenheit auf die Kundenzufriedenheit?*

Kundenzufriedenheitsportfolio
Einen erweiterten Einblick in die Datenstruktur gewinnt man, wenn die Werte der Teilzufriedenheiten mit deren Bedeutungsgewichten in einem **Kundenzufriedenheitsportfolio** zusammengeführt werden. Es ergeben sich die beiden folgenden **Dimensionen** (Schneider, 2000, S. 117–118).

• relative Bedeutung einzelner Leistungskomponenten für das Gesamturteil der Kunden und
• Ausmaß der erzielten Kundenzufriedenheit in Bezug auf die berücksichtigten Leistungskomponenten.

▷ „Das **Kundenportfolio** ist ein Ansatz der Kundenplanung innerhalb des Kundenmanagements. Ausgehend von individuellen Kunden-Scorings können bestehende und potenzielle Kunden in Portfolios dargestellt werden. Die Bewertung der Kunden erfolgt mithilfe der klassischen Portfolio-Analyse, wobei üblicherweise die Dimensionen Kundenattraktivität und Wettbewerbsposition Verwendung finden" (Krafft, 2001, S. 871).

Für die sich ergebenden Quadranten können **Normstrategien** abgeleitet werden (Schneider, 2000, S. 118):

• **Die Rechts-unten-Position:** Hier erreicht das Unternehmen hohe Zufriedenheitswerte. Leider sind diese jedoch für die Kunden nur von geringer Bedeutung. Dadurch ergibt sich ein

Einsparpotenzial. Schließlich ist es sehr wahrscheinlich, dass diese Leistungskomponenten mehr Kosten als Kundennutzen verursachen und daher über eine Eliminierung nachgedacht werden muss.

• **Die Links-unten-Position:** auch diese Leistungskomponenten haben für die Kunden nur eine geringe Bedeutung. Die geringen Zufriedenheitswerte sind daher nicht weiter kritisch. Allerdings können sich die Kundenerwartungen im Zeitablauf verändern. Es kann daher sein, dass die Bedeutung dieser Leistungskomponenten im Zeitablauf steigt. Eine kontinuierliche Beobachtung der Kundenbeurteilung ist daher ratsam.

• **Die Rechts-oben-Position:** Das Unternehmen erzielt bei bedeutsamen Leistungskomponenten hohe Zufriedenheitswerte. Diese Konstellation führt zu Wettbewerbsvorteilen und muss daher unbedingt gegenüber dem Wettbewerb verteidigt werden. Stärken in diesem Bereich sind, weiter auszubauen.

• **Die Links-oben-Position:** Diese Konstellation ist für das Unternehmen gefährlich. Es erzielt nur geringe Zufriedenheitswerte, obwohl diese Leistungskomponenten eine hohe

Bedeutung für die Kunden haben. Die entsprechenden Schwächen im Leistungsangebot sind, unbedingt auszumerzen.

Frequenz-Relevanz-Analyse für Probleme (FRAP)
Die **Frequenz-Relevanz-Analyse für Probleme** (FRAP) ist eine Weiterentwicklung der Problem Detecting Methode. Mit ihr werden Problemklassen ermittelt und in einem Bewertungsraster positioniert (Brandt & Reffert, 1989; Stauss & Hentschel, 1990; Stauss, 2000 alle zitiert nach Bruhn, 2008, S. 185). In Abb. 3.12 ist ein Beispiel für eine Frequenz-Relevanz-Analyse für Probleme (FRAP) bei Bankdienstleistungen im Mengengeschäft visualisiert.

Ein Unternehmen sollte sich vorrangig mit Problemen beschäftigen, die häufig auftreten und eine besondere Relevanz für die Kunden haben. Daher werden Kunden nach konkreten Problemen befragt. Es interessiert dabei wie oft die geschilderten Probleme auftreten und für wie ärgerlich die Kunden die Probleme halten. Außerdem wird die Verhaltensreaktion der Kunden abgefragt (Bruhn, 2008, S. 185).

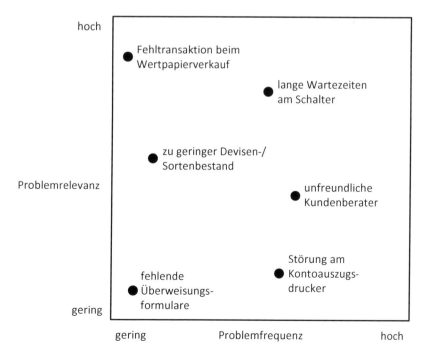

Abb. 3.12 Beispiel einer Frequenz-Relevanz-Analyse für Probleme (FRAP) bei Bankdienstleistungen im Mengengeschäft, Bruhn, 2008, S. 185

3.13.2.2 Multivariate Verfahren

Im Rahmen von Kundenzufriedenheitsstudien werden häufig sehr komplexe Phänomene untersucht. Dies macht die Anwendung von multivariaten Analyseverfahren erforderlich (Homburg, 2020, S. 386).

▶ „Wie der Name vermuten lässt, werden unter dem Oberbegriff **multivariate Analyseverfahren** Methoden zusammengefasst, die der Analyse von Zusammenhängen zwischen mehr als zwei Variablen dienen. Multivariate Verfahren können der Überprüfung von unterstellten Kausalzusammenhängen zwischen unabhängigen und abhängigen Variablen dienen. Alternativ lassen sich Kausalzusammenhänge zwischen Variablen aufdecken, von denen man nicht weiß, ob sie als unabhängige oder als abhängige Variablen gelten sollen" (Eckert & Baiker, 2004, S. 19).

Faktorenanalyse
Falls der Anwender an einer Reduktion bzw. Bündelung einer Vielzahl analysierter Variablen interessiert ist, kann die **Faktorenanalyse** zur Anwendung kommen. Die zentrale Frage lautet, ob sich die Vielzahl an erhobenen Variablen auf einige zentrale Faktoren verdichten bzw. zurückführen lassen. So lässt sich beispielsweise die Faktorenanalyse anwenden, wenn zahlreiche Teilzufriedenheiten auf einige wenige Dimensionen verdichtet werden sollen (Backhaus et al., 2008, S. 17).

▶ „**Faktorenanalyse** = Gruppe multivariater Verfahren zur Untersuchung des zwischen einer Menge von Variablen herrschenden Beziehungsgeflechts. Ausgangspunkt sämtlicher faktoranalytischer Ansätze ist die Vermutung, dass die Komplexität der Beziehungen durch Verknüpfung der interessierenden Größen mit – zunächst unbekannten – übergeordneten Faktoren reduziert bzw. aufgelöst werden kann" (Nieschlag et al., 2002, S. 1278).

Die **Grundidee** der Faktorenanalyse lässt sich durch die folgende **Fragestellung** umreißen (vgl. Schneider, 2000, S. 116):

• *Lässt sich die Vielzahl der erhobenen Teilzufriedenheiten (Preis, Qualität, Freundlichkeit, Kompetenz, Innenausstattung, Angebotspalette, Öffnungszeiten, Termineinhaltung, Sauberkeit etc.) auf wenige übergeordnete Faktoren verdichten?*

Varianzanalyse
Die **Varianzanalyse** findet Anwendung, wenn die unabhängige(n) Variable(n) nominales Skalenniveau und die abhängige(n) Variable(n) metrisches Skalenniveau aufweisen. Die Varianzanalyse wird hauptsächlich für die Durchführung von experimentellen Untersuchungen verwendet. Dabei sind die nominalen unabhängigen Variablen der experimentelle Stimulus. Es lässt sich beispielsweise untersuchen, wie sich eine unterschiedlich gestaltete Verpackung auf die Kundenzufriedenheit auswirkt (Backhaus et al., 2008, S. 13–14).

▶ „**Varianzanalyse** = Statistisches Verfahren, mit dessen Hilfe überprüft werden kann, ob unterschiedliche Ausprägungen einer (univariate Varianzanalyse) oder mehrerer (multivariate Varianzanalyse) unabhängiger Variablen eine (einfaktorielle Varianzanalyse) oder mehrere (mehrfaktorielle Varianzanalyse) abhängige Variablen in signifikanter Weise beeinflussen" (Nieschlag et al., 2002, S. 1318).

Mithilfe der folgenden **Fragestellungen** lässt sich der Grundgedanke der Varianzanalyse skizzieren (Nieschlag et al., 2002, S. 491–492):

• **Einfaktorielle univariate Varianzanalyse:** *Wie wirken sich alternative Verkaufsförderungsmaßnahmen auf die Zufriedenheit der Kunden aus?*
• **Zweifaktorielle univariate Varianzanalyse:** *Lassen sich Unterschiede in der Markentreue von Konsumenten auf Beruf und Alter zurückführen und welche Interaktionen kennzeichnen diese Einflussfaktoren?*
• **Einfaktorielle multivariate Varianzanalyse:** *Welchen Einfluss hat eine Änderung des Kommunikationskonzeptes auf die Umsatzentwicklung und die Markentreue der Konsumenten?*

- **Zweifaktorielle multivariate Varianzanalyse:** *Wie beeinflussen Betriebsform und Kaufzeitpunkt innerhalb eines Monats den Absatz eines Markenartikels im Einzelhandel und den Bekanntheitsgrad des fraglichen Produktes?*

Clusteranalyse

Mithilfe der **Clusteranalyse** wird eine Bündelung von Objekten angestrebt. Das zentrale Ziel besteht darin, die verschiedenen Objekte in möglichst homogenen bzw. ähnlichen Gruppen zusammenzufassen. Untereinander sollen die gebildeten Gruppen möglichst heterogen bzw. unähnlich sein. Eine beispielhafte Anwendung wäre die Bildung von Persönlichkeitstypen. Als Basis dafür dienen die psychografischen Merkmale der analysierten Personen. Zur Ergebnisüberprüfung einer Clusteranalyse kann die Diskriminanzanalyse zur Anwendung kommen. Fraglich ist, welche Variablen zur Unterscheidung zwischen den gebildeten Clustern beitragen bzw. diese erklären können (Backhaus et al., 2008, S. 17).

▷ „**Clusteranalyse** = Gruppe statistischer Verfahren der Datenanalyse, die eine gegebene Menge von Objekten auf Grund der zwischen diesen bestehenden Ähnlichkeit in einzelne Klumpen aufteilten bzw. zu Gruppen zusammenfassen. Die Cluster sollen hinsichtlich bestimmter Kriterien intern möglichst homogen und extern möglichst heterogen sein" (Nieschlag et al., 2002, S. 1271).

Die folgende **Fragestellung** lässt sich mithilfe der Clusteranalyse beantworten (Schneider, 2000, S. 115):

- *Lassen sich in Bezug auf die Zufriedenheit mit einzelnen Teilleistungen Kundensegmente identifizieren, die ein ähnliches Urteil abgeben?*

Diskriminanzanalyse

Für die Durchführung einer **Diskriminanzanalyse** ist es erforderlich, dass die abhängige Variable nominal skaliert ist. Die unabhängigen Variablen weisen dagegen metrisches Skalenniveau

auf. Mithilfe der Diskriminanzanalyse lassen sich Gruppenunterschiede untersuchen. Darüber hinaus ist es möglich, Objekte zu klassifizieren. Zunächst werden für eine gegebene Menge an Objekten die Zusammenhänge zwischen der Gruppenzugehörigkeit der Elemente und ihren Merkmalen analysiert. Darauf aufbauend kann eine Prognose der Gruppenzugehörigkeit von neuen Objekten erfolgen (Backhaus et al., 2008, S. 14).

▷ „**Diskriminanzanalyse** = Multivariates Verfahren, dessen Grundanliegen darin besteht, vorgegebene Gruppen von Objekten durch eine Kombination mehrerer unabhängiger Variablen optimal zu trennen, um dadurch zwischen jenen bestehende Unterschiede zu erklären. Zudem soll Aufschluss darüber erhalten werden, welcher der Teilgruppen eine Untersuchungseinheit mit bislang unbekannter Gruppenzugehörigkeit aufgrund ihrer Merkmalsausprägungen zuzuordnen ist" (Nieschlag et al., 2002, S. 1274).

Die Diskriminanzanalyse beantwortet die folgenden **Fragestellungen** (vgl. Nieschlag et al., 2002, S. 499; Schneider, 2000, S. 115):

- *Ein Spielzeughersteller der Marke A möchte wissen, welcher Unterschied zwischen den Käufern seiner Spielsachen und denen der Konkurrenzmarke B besteht?*
- *Welcher Unterschied besteht zwischen zufriedenen und unzufriedenen Kunden?*

Conjoint Measurement

Das **Conjoint Measurement** (CM) bzw. die Conjoint-Analyse (CA) ist ein Verfahren, bei dem die abhängige Variable oft ordinales Skalenniveau aufweist. Mithilfe der Conjoint-Analyse lassen sich ordinal gemessene Präferenzen sowie Auswahlentscheidungen untersuchen. Das Ziel besteht darin, den Beitrag einzelner Leistungskomponenten zum Gesamtnutzen bzw. zur Kaufentscheidung bezüglich der analysierten Produkte und/oder Dienstleistungen herauszufinden. Im hier interessierenden Kontext ließe sich der Beitrag einzelner Teilzufriedenheit zur Gesamtzufriedenheit untersuchen. Dazu muss der Marktforscher vorab die Merkmale und die jeweiligen Ausprägungen festlegen. Basierend auf diesen Ausprägungen wird ein Erhebungsdesign erstellt, im Rahmen dessen dann die Präferenzen gemessen werden. Die Befragungsergebnisse liefern die Basis für die Bestimmung der Nutzenbeiträge einzelner Merkmale. Daher handelt es sich bei der Conjoint-Analyse um eine Kombination aus Erhebungs- und Analyseverfahren (Backhaus et al., 2008, S. 15).

▶ „**Conjoint Measurement** (CM) bzw. **Conjoint-Analyse** (CA) = Gruppe statistischer Verfahren, die dazu dienen, aus empirisch erhobenen Präferenzurteilen, Rangreihen usw. den Beitrag einzelner Attribute von Objekten zum Zustandekommen des Globalurteils (z. B. Kaufpräferenz) zu ermitteln" (Nieschlag et al., 2002, S. 1271).

Mithilfe des CM lässt sich beispielsweise die folgende **Fragestellung** beantworten (Scharf et al., 2015, S. 176):

• *Welchen Beitrag leisten verschiedene innovative Eigenschaften (z. B. das Kurvenlicht = Teilzufriedenheit) eines Automodells zu dessen Gesamtbeurteilung (Gesamtzufriedenheit)?*

Kausalanalyse – Strukturgleichungsmodelle
Bei zahlreichen Fragestellungen (z. B. der Kundenzufriedenheitsmessung) hat es der Marktforscher mit nicht beobachtbaren Variablen (z. B. der Kundenzufriedenheit, der Einstellung oder der Motivation) zu tun. Diese werden hypothetische Konstrukte oder auch latente Variablen genannt. Für die Analyse derartiger Zusammenhänge eignen sich lineare **Strukturgleichungsmodelle** oder kurz: Die **Kausalanalyse**. Damit ist es möglich, mehrere abhängige Variablen, mehrstufige Kausalbeziehungen und nicht beobachtbare (latente) Variablen zu berücksichtigen. Für letztere ist es erforderlich, dass der Forscher ein Mess- und ein Strukturmodell erarbeitet. Im Messmodell werden die Beziehungen zwischen den latenten Variablen und geeigneten Indikatoren abgebildet. Die Messung der latenten

Variablen erfolgt also indirekt über Indikatoren. Im Strukturmodell werden hingegen die Beziehungen zwischen den berücksichtigten latenten Variablen visualisiert, die es mithilfe der Kausalanalyse zu prüfen gilt (Backhaus et al., 2008, S. 15–16).

▶ „Die **Kausalanalyse** beschäftigt sich mit der Untersuchung kausaler Abhängigkeiten zwischen Variablen. Es ist wichtig, dass vor Verwendung der statistischen Verfahren Hypothesen über die Variablen aufgestellt werden. Diese Hypothesen werden anhand empirischen Datenmaterials mithilfe der kausalanalytischen Verfahren auf Gültigkeit geprüft" (Tien, 2004b, S. 275).

Typische **Fragestellungen** der Kausalanalyse lauten (Homburg, 2020, S. 424):

• *Welche Leistungsparameter beeinflussen die Zufriedenheit der Kunden?*
• *Von welchen Faktoren hängt die Loyalität der Kunden ab und wie wirkt sich diese auf den Unternehmenserfolg aus?*
• *In welcher Beziehung stehen die Kommunikationsmaßnahmen des Unternehmens, die Einstellungen der Kunden gegenüber den beworbenen Produkten sowie das Kaufverhalten der Kunden bezüglich dieser Produkte?*
• *Wirkt sich eine bestimmte Werbemaßnahme eher direkt auf den Absatz oder eher indirekt über eine Verbesserung des Markenimages aus?*

3.13.2.3 Ermittlung von Basis-, Leistungs- und Begeisterungsanforderungen
Um Basis-, Leistungs- und Begeisterungsfaktoren zu identifizieren, wird im Folgenden die **Kano-Analyse**, die auf der Kano-Methode basiert, vorgestellt. Dem Kano-Modell liegt ein multiattributives, mehrfaktorielles Zufriedenheitsverständnis zugrunde. Es wird zudem vermutet, dass zwischen der Erwartungserfüllung und dem jeweiligen Zufriedenheitsgrad nicht immer ein linearer Zusammenhang bestehen muss (Sauerwein, 2000, S. 25). Es kann vielmehr davon

ausgegangen werden, dass sowohl lineare als auch nicht-lineare Zusammenhänge bestehen (Bauer, 2000, S. 127). Das zentrale Ziel der Kano-Analyse besteht darin, die untersuchten Kundenanforderungen in Basis-, Leistungs- und Begeisterungsfaktoren einzuteilen, da diese einen unterschiedlichen Einfluss auf die Zufriedenheit der Kunden ausüben (Bailom et al., 1998, S. 48–49).

Mit der Klassifizierung der Kundenanforderungen nach der Kano-Methode sind die folgenden **Vorteile** verbunden (Berger et al., 1993, zitiert nach Raab & Lorbacher, 2002, S. 55–56):

- Das Projektteam erhält ein **besseres Verständnis** der Produktanforderungen. Mithilfe der Kano-Analyse lassen sich diejenigen Produktmerkmale identifizieren, die den größten Einfluss auf die Kundenzufriedenheit haben.
- Zudem lassen sich durch die Einstufung der Produktmerkmale in Basis-, Leistungs- und Begeisterungsanforderungen **Prioritäten für die Produktentwicklung** festlegen. Das Team sollte also nicht weiter in die Optimierung von Basisanforderungen investieren, wenn diese bereits zufriedenstellend erfüllt werden. Im Fokus sollten dagegen die Leistungs- und Begeisterungsanforderungen stehen, die einen wesentlich größeren Einfluss auf die Kundenzufriedenheit ausüben.
- Auch **Trade-offs in der Produktentwicklung** lassen sich mithilfe der Kano-Analyse beantworten bzw. lösen. Für den Fall, dass es nicht möglich ist, zwei Produktanforderungen gleichzeitig zu erfüllen, ist diejenige Eigenschaft zu realisieren, die den größten Einfluss auf die Zufriedenheit der Kunden hat.
- Ein weiterer Vorteil ist die **segmentspezifische Produktentwicklung**. Da sich die einzelnen Kundensegmente in der Regel in Bezug auf die Einteilung der Produktmerkmale in Basis-, Leistungs- und Begeisterungsanforderungen unterscheiden, kann jedes Kundensegment mit einem anderen Produkt angesprochen werden. Durch derart maßgeschneiderte Produkte kann ein optimaler Zufriedenheitsgrad erzielt werden.

- Durch das Angebot von Begeisterungsfaktoren kann sich das Unternehmen **vom Wettbewerb differenzieren**.
- Die Kano-Methode lässt sich ideal mit dem Konzept des Quality Function Deployment (QFD) kombinieren, das im nächsten Kapitel vorgestellt wird. Da die Kano-Analyse die Wichtigkeit einzelner Produkteigenschaften ermittelt, wird eine sehr gute Informationsbasis für eine **kundenorientierte Produktentwicklung** geschaffen.

Die Ermittlung der Basis-, Leistungs- und Begeisterungsanforderungen erfolgt in **vier Schritten** (Sauerwein, 2000, S. 33):

1. **Schritt:** Zunächst müssen die als relevant erachteten Kundenanforderungen ermittelt werden. Dazu kommen die in Abschn. 3.9 vorgestellten Methoden und Verfahren infrage.
2. **Schritt:** Anschließend wird der Kano-Fragebogen erstellt. Dabei werden für jede Kundenanforderung zwei Fragen formuliert. Eine **funktionale Frage**, wenn die Eigenschaft erfüllt ist und eine **dysfunktionale Frage**, wenn die Eigenschaft nicht erfüllt ist. Daher ergeben sich doppelt so viele Kano-Fragen wie Produkteigenschaften im Fragebogen berücksichtigt werden (siehe dazu auch Abb. 3.13).
3. **Schritt:** Jetzt können die Kundeninterviews durchgeführt werden. Es bietet sich vor allem an, diese in Form von persönlichen Interviews durchzuführen.
4. **Schritt:** Nachdem die Kano-Daten erhoben wurden, erfolgt die Auswertung der Befragungsergebnisse, die im Folgenden beschrieben wird.

Auswertung nach Häufigkeiten

Für die Auswertung der Kano-Fragen werden die Antworten auf die funktionale und dysfunktionale Frage in eine Arbeitstabelle, die Kano-Auswertungstabelle, überführt (siehe dazu Abb. 3.14 und 3.15). Aus der Kombination der beiden Antworten wird ersichtlich, ob es sich aus Kundensicht um eine Basis-, Leistungs- oder Begeisterungsanforderung handelt. Darüber hinaus ist es

Die funktionale Formulierung

Wenn der Online-Shop   ○ Das würde mich sehr freuen.
übersichtlich aufgebaut ist,   ○ Das setze ich voraus.
wie denken Sie darüber?   ○ Das ist mir egal.
                                    ○ Das könnte ich evtl. in Kauf nehmen.
                                    ○ Das würde mich stören.

Die dysfunktionale Formulierung

Wenn der Online-Shop   ○ Das würde mich sehr freuen.
nicht übersichtlich aufgebaut ist, ○ Das setze ich voraus.
wie denken Sie darüber?   ○ Das ist mir egal.
                                    ○ Das könnte ich evtl. in Kauf nehmen.
                                    ○ Das würde mich stören.

Abb. 3.13 Funktionale und dysfunktionale Kano-Frage, Berger et al., 1993

Produktanforderung		Dysfunktionale (negative) Frage				
		1. Würde mich sehr freuen	2. Setze ich voraus	3. Das ist mir egal	4. Könnte ich in Kauf nehmen	5. Würde mich sehr stören
Funktionale (positive) Frage	1. Würde mich sehr freuen	Q	A	A	A	O
	2. Setze ich voraus	R	I	I	I	M
	3. Das ist mir egal	R	I	I	I	M
	4. Könnte ich in Kauf nehmen	R	I	I	I	M
	5. Würde mich sehr stören	R	R	R	R	Q

A(ttractive): Begeisterungsanforderung   **O**(ne-dimensional): Leistungsanforderung
M(ust-be): Basisanforderung   **Q**(uestionable): Fragwürdig
R(everse): Entgegengesetzte Anforderung   **I**(ndifferent): Indifferent

Abb. 3.14 Kano-Auswertungstabelle, Berger et al., 1993

möglich, dass die Produkteigenschaft als indifferente Anforderung, als Reverse oder Questionable also fragwürdig eingestuft wird. Ein wesentlicher Vorteil dieser Vorgehensweise ist, dass sich die Ergebnisse aggregiert für alle Kunden, für einzelne Kundensegmente oder sogar einzelne Kunden ermitteln lassen.

Einen ersten Überblick über die Kategorisierung der Produkteigenschaften erhält man durch die Auswertung nach Häufigkeiten. Dies ist die einfachste Form der Auswertung. Dazu wird die häufigste Nennung zur Kategorienbildung verwendet (Bailom et al., 1996, S. 122).

1. Fragebogen

Die funktionale Formulierung

Wenn der Online-Shop übersichtlich aufgebaut ist, wie denken Sie darüber?

◯ Das würde mich sehr freuen.
◯ Das setze ich voraus.
◯ Das ist mir egal.
◯ Das könnte ich evtl. in Kauf nehmen.
◯ Das würde mich stören.

Die dysfunktionale Formulierung

Wenn der Online-Shop nicht übersichtlich aufgebaut ist, wie denken Sie darüber?

◯ Das würde mich sehr freuen.
◯ Das setze ich voraus.
◯ Das ist mir egal.
◯ Das könnte ich evtl. in Kauf nehmen.
◯ Das würde mich stören.

2. Auswertungstabelle

Produktanforderung		Dysfunktionale (negative) Frage				
		1. Würde mich sehr freuen	2. Setze ich voraus	3. Das ist mir egal	4. Könnte ich in Kauf nehmen	5. Würde mich sehr stören
Funktionale (positive) Frage	1. Würde mich sehr freuen	Q	A	A	A	O
	2. Setze ich voraus	R	I	I	I	M
	3. Das ist mir egal	R	I	I	I	M
	4. Könnte ich in Kauf nehmen	R	I	I	I	M
	5. Würde mich sehr stören	R	R	R	R	Q

A(ttractive):   Begeisterungsanforderung   O(ne-dimensional): Leistungsanforderung
M(ust-be):   Basisanforderung   Q(uestionable):   Fragwürdig
R(everse):   Entgegengesetzte Anforderung   I(ndifferent):   Indifferent

3. Ergebnistabelle

Produktanforderung	A	O	M	I	R	Q	Summe	Kategorie
Übersichtlichkeit	1							
Produktabbildungen								
Zahlungs- möglichkeiten								
Schnelle Lieferung								
Kostenlose Lieferung								

Abb. 3.15 Kano-Auswertungsprozess, Bailom et al., 1996, S. 122

Segmentspezifische Auswertung
In der Praxis sind jedoch differenziertere Auswertungen erforderlich. Außerdem kann es vorkommen, dass sich die Antworten der Kunden nahezu gleichmäßig über mehrere Antwortkategorien verteilen. Dies lässt sich in der Regel durch unterschiedliche Nutzenerwartungen der einzelnen Kundensegmente erklären. So schätzen erfahrene Kunden die Produkteigenschaften anders ein als Neukunden. Daher ist es erforderlich, im Kano-Fragebogen ausreichend kundenbezogene Variablen (z. B. Dauer der Geschäftsbeziehung) zu erheben. Die so gewonnenen Ergebnisse lassen sich dann ideal für eine Kundensegmentierung nach Nutzenerwartungen verwenden. Für die einzelnen Kundensegmente kann eine entsprechende Leistungsdifferenzierung vorgenommen werden (Bailom et al., 1996, S. 122–123).

Die Auswertungsregel „M > O > A > I"
Für den Fall, dass sich einzelne Produkteigenschaften nicht eindeutig in Basis-, Leistungs- und Begeisterungsanforderungen einteilen lassen, kann auf die Auswertungsregel „M > O > A > I" zurückgegriffen werden.

▷ Auswertungsregel: M > O > A > I

Diese Regel besagt, dass zunächst die Basisanforderungen (M) zu erfüllen sind, um Unzufriedenheit zu vermeiden. Anschließend kann sich das Projektteam auf die Leistungsanforderungen (O) konzentrieren. Erst danach kann sich das Projektteam den Begeisterungsanforderungen (A) zuwenden. Wenn für ein Kundensegment mehrere Begeisterungsanforderungen angeboten werden, ergibt sich daraus ein großes Differenzierungspotenzial (Bailom et al., 1996, S. 123).

Der Zufriedenheitskoeffizient (CS-Koeffizient)
Mithilfe des **Zufriedenheitskoeffizienten** lässt sich die Frage beantworten, ob durch das Erfüllen einer Produkteigenschaft die Kundenzufriedenheit gesteigert werden kann oder ob sich dadurch lediglich Unzufriedenheit bei den Kunden vermeiden lässt (Berger et al., 1993, S. 18).

Der Zufriedenheitskoeffizient ist insbesondere für Fälle geeignet, wenn die Produkteigenschaft von den Kunden nicht ganz eindeutig als Basis-, Leistungs- oder Begeisterungseigenschaft eingestuft werden konnte. Dann ist es notwendig zu wissen, welcher Einfluss von der jeweiligen Produkteigenschaft auf die Kundenzufriedenheit ausgeht (Bailom et al., 1996, S. 123).

Der Zufriedenheitskoeffizient wird für jede Produkteigenschaft nach der folgenden Formel berechnet (Bailom et al., 1996, S. 123):

▷ **Wichtig**

1. Ausmaß der Zufriedenheitsstiftung: $A + O/(A + O + M + I)$
2. Ausmaß der Unzufriedenheitsstiftung: $O + M/(A + O + M + I) * (-1)$

Es ist erkennbar, dass die Einstufungen in Basis-, Leistungs- und Begeisterungsanforderungen sowie die Einstufung als indifferente Produktanforderung zur Berechnung des Zufriedenheitskoeffizienten herangezogen werden. Damit steht der Zufriedenheitskoeffizient auf einer breiten Datenbasis. Der positive Zufriedenheitskoeffizient ist für den Zahlenbereich 0 bis 1 normiert. Je näher sich der Wert bei der 1 befindet, desto stärker ist der positive Einfluss auf die Kundenzufriedenheit. Der negative Zufriedenheitskoeffizient reicht dagegen von −1 bis 0. Je näher sich der Wert bei der −1 befindet, desto stärker ist der negative Einfluss auf die Kundenunzufriedenheit. Durch das negative Vorzeichen wird zum Ausdruck gebracht, dass bei einem Nichterfüllen dieser Produkteigenschaft ein negativer Einfluss auf die Kundenzufriedenheit ausgeht (Bailom et al., 1996, S. 123–124).

Der Quality-Improvement-Index
Der **Quality-Improvement-Index** (QI) ist eine Maßzahl, die sich aus der Differenz der wahrgenommenen Produktqualität der eigenen Produkte und der wahrgenommenen Produktqualität der Konkurrenzprodukte und der Multiplikation mit der Wichtigkeit der jeweiligen Produkteigenschaft (Self-stated-Importance) ergibt. Damit hat

der QI eine große Bedeutung für Produktentwicklungsstrategien und Verbesserungsmaßnahmen. Daher sollten nicht nur Kundenurteile über die eigenen Produkte, sondern auch Kundenurteile über Konkurrenzprodukte erhoben werden (vgl. Bailom et al., 1996, S. 124; Griffin & Hauser, 1993, zitiert nach Bailom et al., 1996, S. 125).

> ≫ QI = relative Wichtigkeit * (Beurteilung des eigenen Produktes – Beurteilung des Konkurrenzproduktes)

Bezogen auf ein Beispiel mit einer 7er-Skala kann der QI die Extremwerte −42 bis +42 annehmen (QI = 7 * (7 − 1) = +42 oder 7 * (1 − 7) = −42). Somit sind die entstehenden Extrempunkte immer von der verwendeten Ratingskala abhängig. Die Höhe des jeweiligen Wertes sagt aus, wie wichtig die Produkteigenschaft im Wettbewerb ist. Je höher der positive Wert ausfällt, desto höher ist der relative Wettbewerbsvorteil bei der wahrgenommenen Produkteigenschaft aus Kundensicht. Je höher der negative Wert ausfällt, desto höher ist der relative Wettbewerbsnachteil bei der wahrgenommenen Produkteigenschaft aus Kundensicht. In diesem Falle müssen dringend Maßnahmen zur Verbesserung der Produktqualität ergriffen werden (vgl. Bailom et al., 1996, S. 125).

> ≫ Hölzing, J. A. (2008): Die Kano-Theorie der Kundenzufriedenheitsmessung. Eine theoretische und empirische Überprüfung, Wiesbaden: Gabler.

3.14 Ergebnisdarstellung

Der **Ergebnispräsentation** kommt im Kundenzufriedenheitsprojekt eine hohe Bedeutung zu. Dafür führen Hagstotz und Schmitt-Hagstotz (2008, S. 560) die folgenden **Gründe** an:

- Bei einer Fremdvergabe der Kundenzufriedenheitsstudie haben sich die Führungskräfte häufig erst einmal mit dem Projekt beschäftigt, und zwar im Auftakt-Workshop bzw.

beim Research-Briefing. Die eigentliche Projektbearbeitung wurde dann von betrieblichen Marktforschern und Institutsmarktforschern übernommen. Jetzt sind die Führungskräfte wieder gefragt und müssen von den **Studienergebnissen überzeugt** werden.

- Die Erforschung der Ursachen und Wirkungen der Kundenzufriedenheit ist in der Regel ein Projekt mit hoher Priorität. Der Problemdruck wird während des Marktforschungsprojektes noch gestiegen sein. Jetzt will das Management (endlich) **Lösungen**.

- Oft werden in Kundenzufriedenheitsstudien **Krisensituationen analysiert** bzw. aufgedeckt. So könnte sich beispielsweise ergeben, dass die Zufriedenheit im Kundensegment A stark zurückgegangen ist oder es verstärkt zu Kundenabwanderungen im Kundensegment B gekommen ist. Für diese Ergebnisse können in der Regel bestimmte Mitarbeiter verantwortlich gemacht werden. **Karrieren sind in Gefahr**. Daher betreffen Marktforschungsergebnisse nicht nur die Sachebene Kundenzufriedenheit, sondern sauch emotionale und menschliche Aspekte.

> ≫ Maßnahmen zur Erhöhung der Nutzungswahrscheinlichkeit von Marktforschungsergebnissen in der **Phase der Kommunikation und Präsentation der Ergebnisse** (Herrmann et al., 2008, S. 13):

- Einfache statistische Verfahren verwenden und anwendungsorientiert darstellen!
- Marktforschungsergebnisse selbst in die Organisation tragen!
- Ergebnisse in Form von konkreten Handlungsergebnissen formulieren!
- Überraschende Ergebnisse geschickt verpacken und solide fundieren!

3.14.1 Schriftlicher Ergebnisbericht

Für den Aufbau eines schriftlichen Ergebnisberichts haben Hagstotz und Schmitt-Hagstotz (2008, S. 568–569) die folgenden **Empfehlungen** zusammengestellt:

- Auf dem **Deckblatt** des Ergebnisberichtes sollten der Titel der Studie, die Autoren sowie Ort und Datum der Berichtsabgabe vermerkt sein.
- Auch für kurze Berichte ist es ratsam, eine **Gliederung** zu erstellen.
- In einem Vorspann sollten die **Forschungsziele** dargestellt werden. Dabei handelt es sich um die Zielstellungen, die im Research-Briefing festgelegt wurden.
- Die Erläuterung der **methodischen Durchführung** kann kurz, knapp und verständlich in einem sogenannten Methodensteckbrief erfolgen (siehe dazu Tab. 3.16). Weiterführende Details können im Anhang präsentiert werden.
- Im **Management Summary** werden auf ein bis zwei Seiten die wichtigsten Erkenntnisse bzw. Key Facts zusammengefasst. Dies ist für Leser mit wenig Zeit sehr hilfreich.
- Danach werden die **Befragten** beschrieben. Zunächst die Gesamtstichprobe und danach einzelne Untergruppen, die gebildet wurden.
- Anschließend erfolgt eine Darstellung der allgemeinen **Ergebnisse** (z. B. Gesamtzufriedenheit), bevor auf weitere Details der Zufriedenheitsstudie (z. B. Ergebnisse zu den Teilzufriedenheiten und einzelnen Kundensegmenten) näher eingegangen wird.
- Am Schluss des Ergebnisberichtes werden die **Forschungsergebnisse** zusammengefasst und konkrete **Handlungsempfehlungen** ausgesprochen, die für das Management von besonderem Interesse sind. Die Zusammenfassung basiert auf dem objektiven Datenmaterial der Studie. Handlungsempfehlungen enthalten dagegen immer auch subjektive Aspekte. Daher ist es wichtig, dass die Handlungsempfehlungen klar und deutlich von der Ergebniszusammenfassung zu trennen sind.
- Die verwendeten Leitfäden und Fragebögen sowie weiterführende Informationen zur Stichprobe und Literaturquellen findet der interessierte Leser im **Anhang** des schriftlichen Ergebnisberichtes.

3.14.2 Mündliche Ergebnispräsentation

Auch für eine mündliche Ergebnispräsentation haben Hagstotz und Schmitt-Hagstotz (2008, S. 571–574) **Empfehlungen** zusammengestellt:

Tab. 3.16 Beispiel für einen Untersuchungssteckbrief. (Quelle: Schneider, 2000, S. 125)

Design	Analyse der Zufriedenheit derzeitiger und abgewanderter Kunden
Datengewinnung	Schriftliche Befragung mit standardisiertem Fragebogen; Befragungsdauer maximal 10 min
Auswahlverfahren	Zufallsprinzip nach der Methode Herausgreifen des n-ten Falles aus der Kundendatei
Stichprobenumfang	Je Filiale 500 Personen (derzeitige Kunden: n = 400, abgewanderte Kunden: n = 100), das entspricht bei 10 Filialen insgesamt 5 000 Personen
Untersuchte Filialen	Dresden, Düsseldorf, Frankfurt, Freiburg, Köln, Leipzig, Mannheim, München, Oberhausen, Stuttgart
Rücklaufquote	Derzeitige Kunden: 10 %, das entspricht 400 auswertbaren Fragebögen Abgewanderte Kunden: 5 %, das entspricht 50 auswertbaren Fragebögen
Zeitlicher Ablauf	Konzeption: Pretest: Feldarbeit: Datenaufbereitung: Datenanalyse: Abfassen des Berichts:

- Zunächst stellen sich alle Teilnehmer, sofern diese noch nicht bekannt sind, in einer **Vorstellungsrunde** vor.
- Danach erfolgt eine Abstimmung des **Zeitbudgets** für die eigentliche Präsentation und der anschließenden Diskussion.
- Zudem ist zu klären, wie mit **Fragen**, die während der Präsentation aufkommen, umzugehen ist. Empfehlenswert ist es, nur kurze Verständnisfragen zuzulassen und tiefergehende Fragen auf das Ende der Präsentation zu schieben. Dazu hat sich ein Ideen- bzw. Fragenspeicher auf einem Flipchart bewährt.
- Die **Startfolie**, die über den Beamer präsentiert wird, sollte solange eingeblendet bleiben, bis alle Teilnehmer ihren Platz eingenommen haben und Ruhe eingekehrt ist.
- Danach erscheint zwingend die **Gliederung** der Präsentation. Diese zeigt den „roten Faden" auf und dient damit der Orientierung der Teilnehmer. Bei längeren Präsentationen kann die Gliederung immer wieder zwischendurch eingeblendet werden. Dies ist eine gute Gelegenheit, den erreichten Zwischenstand zusammenzufassen.
- Bevor die zentralen Ergebnisse präsentiert werden, sollte ein Überblick über die verwendeten **Forschungsmethoden** (z. B. die durchgeführten Gruppendiskussionen und die Online-Befragung) erfolgen.
- Zusätzlich sollte die **Responsequote** erläutert werden. Für die Zuhörer ist es interessant zu wissen, wie viele Fragebögen verteilt wurden und wie viele Personen letztlich an der Befragung teilgenommen haben.
- In diesem Kontext sollte zudem auf die **Repräsentativität** der Studie hingewiesen werden. *Auf welche Grundgesamtheit lassen sich die Ergebnisse hochrechnen?*
- Während der **Ergebnisdarstellung** kann sich der Marktforscher am Aufbau des schriftlichen Ergebnisberichtes orientieren. Zunächst werden Ergebnisse der (qualitativen) Vorstudie präsentiert, bevor näher auf die (quantitative) Hauptstudie eingegangen wird. Auch bei der Darstellung der Ergebnisse wird vom Allgemeinen zum Speziellen vorgegangen. Zunächst erfolgt ein Überblick über alle Teilneh-

mer und anschließend werden interessante Ergebnisse einzelner Kundengruppen bzw. -segmente vorgestellt.
- Für die eigentliche Ergebnispräsentation werden hauptsächlich **Diagramme** und **Schaubilder** verwendet. **Tabellen** kommen nur dann zum Einsatz, wenn es um exakte Zahlenwerte geht. Um alle Ergebnisse aufnehmen zu können, müssen sich die Zuhörer stark konzentrieren. Es sollten daher nicht zu viele verschiedene Diagramme zum Einsatz kommen.
- Aus diesem Beweggrund ist es wichtig, immer zuerst das **Grundprinzip der Visualisierung** (z. B. den Aufbau eines Zufriedenheitsportfolios inkl. der verwendeten Dimensionen) zu erklären und erst danach tiefer in die Analysedetails einzusteigen.
- Für den Fall, dass eine Gruppendiskussion durchgeführt und auf Video aufgezeichnet wurde, bietet es sich an, kurze Ausschnitte mit prägnanten Aussagen der Diskussionsteilnehmer zu präsentieren. Diese kurzen **Videoclips** sind für das Management von großem Interesse und entfalten eine stärkere Wirkung als Prozentzahlen auf einer PowerPoint-Folie.
- Am Ende der Präsentation werden die zentralen Ergebnisse nochmals kurz **zusammengefasst** und um Handlungsempfehlungen für die Auftraggeber ergänzt. Beides ist jedoch strikt voneinander zu trennen.
- Nach Beenden der Präsentation leitet der Referent in die **Diskussionsrunde** über. Jetzt werden die notierten Verständnisfragen aufgegriffen und beantwortet sowie praktikable Handlungsempfehlungen diskutiert.
- Jede Präsentation sollte mit einer klaren **Vereinbarung zur Ergebnisumsetzung** enden: *Wer, macht was, bis wann?*

3.15 Hürden und Umsetzungsprobleme

Wie die bisherigen Ausführungen zeigen, hat die Messung der Kundenzufriedenheit eine wesentliche Bedeutung für das (Marketing-)Management und die Mitarbeiter des Unternehmens. Trotzdem stellt sich die Frage: *Warum und woran kann das Projekt scheitern?* Töpfer (1996, S. 270–272) benennt **zehn typische Stolpersteine**, die für das Scheitern eines Kundenzufriedenheitsbefragungsprojektes verantwortlich sein können:

- Halbherzigkeit in der Projektierungsphase
- keine Klarheit über Ziele, Strategie, Messansatz und definierte Meilensteine
- keine Überzeugungsarbeit bei Führungskräften und Mitarbeitern
- keine oder nur ungenügende Information der Kunden über Ziele, Vorhaben, Vorgehen und Konsequenzen
- Probleme *„unter den Teppich kehren"* anstatt sie zu lösen
- kein aufeinander abgestimmtes Konzept der einzelnen Verbesserungsmaßnahmen
- geringe bzw. keine Investitionsbereitschaft der Geschäftsleitung (insbesondere Zeit und Geld)
- falsche Abschätzung des Zeitbedarfs für Veränderungen
- keine kurzfristig, vorzeigbare Veränderungen und Erfolge im Projekt
- keine gute Beratung im Projekt und keine sachkundige externe Unterstützung

Eine kritische Einstellung gegenüber der klassischen Zufriedenheitsbefragung haben Reichheld und Seidensticker (2006, S. 75–91). Ihre Kritik ist in Tabelle Tab. 3.17 wiedergegeben.

3.16 Ableitung von Verbesserungsmaßnahmen

In Tab. 3.18 sind die wichtigsten Managementimplikationen im Vergleich zum Wettbewerb differenziert nach Basis-, Leistungs- und Begeisterungseigenschaften dargestellt. Bei der Interpretation ist die Hierarchie der Produktanforderungen zu berücksichtigen. Die Implikationen zu den Begeisterungseigenschaften setzen voraus, dass die Basisanforderungen vom Unternehmen erfüllt werden und es bei den Leistungsanforderungen mit dem Wettbewerb mithalten kann. Analog gelten die Implikationen zu den Leistungsanforderungen unter der Bedingung, dass wiederum die Basisanforderungen erfüllt sind. Daraus lässt sich der folgende **strategische Imperativ** ableiten (Matzler & Bailom, 2004, S. 290–291):

- Zunächst müssen die Basisanforderungen erfüllt sein.
- Dann ist die Wettbewerbsfähigkeit bei den Leistungseigenschaften sicherzustellen.
- Schließlich kann eine Differenzierung vom Wettbewerb durch das Angebot von Begeisterungseigenschaften erfolgen.

Tab. 3.17 Zehn Schwächen traditioneller Zufriedenheitsmessungen. (Quelle: Reichheld & Seidensticker, 2006, S. 75–91)

Nr. 1	Täuschung und Manipulationen verfälschen Ergebnisse
Nr. 2	Unzufriedene Kunden durch Zufriedenheitsbefragungen
Nr. 3	Mangelnde Abgrenzung von Transaktionen und Beziehungen
Nr. 4	Fehlende Vergleichbarkeit
Nr. 5	Lösungen *„von der Stange"* reichen nicht aus
Nr. 6	Wenig Zusammenhang zwischen Umfragen und wirtschaftlichen Erfolg
Nr. 7	Zu viele Umfragen sind verkappte Werbekampagnen
Nr. 8	Probleme bleiben ohne Lösung
Nr. 9	Die falschen Kunden antworten
Nr. 10	Zu viele Umfragen mit zu vielen Fragen

Tab. 3.18 Implikationen der Kundenzufriedenheitsanalyse. (Quelle: Matzler & Bailom, 2004, S. 290)

Leistungskomponente	Wir	Konkurrent	Implikation
Begeisterungseigenschaften	gut	gut	intensiver Wettbewerb
		schlecht	Wettbewerbsvorteil
	schlecht	gut	Wettbewerbsnachteil
		schlecht	Differenzierungschancen
Leistungsanforderungen	gut	gut	intensiver Wettbewerb
		schlecht	Wettbewerbsvorteil
	schlecht	gut	Wettbewerbsnachteil
		schlecht	Marktlücke
Basisanforderungen	gut	gut	keine Wettbewerbsvorteile
		schlecht	Konkurrent nicht ernst zunehmen
	schlecht	gut	keine Marktchancen
		schlecht	„falscher" Wettbewerb

3.17 Zusammenfassung und Aufgaben

Zusammenfassung

Ein Projekt zur Messung der Kundenzufriedenheit ist ein komplexes Vorhaben, das sich in die folgenden Prozessschritte einteilen lässt:

- Initialzündung und Ziele
- Aufklärung der Mitarbeiter und Bildung eines Projektteams
- Problemformulierung
- Auswahl der Kundengruppen
- Festlegung des Untersuchungsdesigns
- Eigen- und/oder Fremdforschung
- Explorative Vorstudie
- Entwicklung des Erhebungsinstrumentariums
- Bestimmung der Stichprobe
- Durchführung der quantitativen Kundenzufriedenheitsbefragung
- Auswertung und Interpretation der Ergebnisse
- Ergebnisdarstellung
- Ableitung von Verbesserungsmaßnahmen (vgl. dazu auch Kap. 4)

3.17.1 Wiederholungsfragen

- Welche Themenkomplexe lassen sich mithilfe einer Kundenzufriedenheitsbefragung bearbeiten?
- Welche Befragungsformen kennen Sie?
- Welche Bedeutung kommt der explorativen Vorstudie im Rahmen einer Kundenzufriedenheitsbefragung zu?
- Was müssen Sie bei der Entwicklung des Erhebungsinstrumentes beachten?
- Welche Verfahren der uni-, bi- und multivariaten Datenanalyse kennen Sie? Welche Fragestellungen lassen sich damit jeweils beantworten?
- Wie ist ein schriftlicher Ergebnisbericht aufgebaut?
- Worauf ist bei der mündlichen Ergebnispräsentation zu achten?
- Welche Hürden muss das Marktforschungsteam evtl. überwinden?

3.17.2 Aufgaben

A1: Grenzen Sie bitte die klassische Marktforschung von der Zufriedenheitsforschung ab.
A2: Diskutieren Sie die einzelnen Phasen eines Kundenzufriedenheitsprojektes.
A3: Mithilfe welcher Verfahren lassen sich Produkt- und Dienstleistungsmerkmale gewichten?

A4: Diskutieren Sie die Vor- und Nachteile der verschiedenen Befragungsformen.
A5: Führen Sie eine Kano-Analyse für einen Onlineshop durch.

3.17.3 Lösungen

L1: Eine systematische Übersicht zu dieser Fragestellung finden Sie in Abb. 3.1.
L2: Eine Übersicht über die einzelnen Phasen, die im Laufe des Kapitels erläutert werden, sind Sie in Abb. 3.2.
L3: Dafür kommen die folgenden Verfahren infrage: Paarvergleich, Rangordnungsverfahren, Konstantsummenskala, Ratingskalen, Regressionsanalyse und Conjoint-Analyse.
L4: Eine Übersicht zu den wesentlichen Vor- und Nachteilen der einzelnen Befragungsformen können Sie in Tab. 3.9 finden.
L5: Zunächst müssen Sie die Kriterien bestimmen, die Sie mithilfe der Kano-Analyse kategorisieren wollen. Anschließend müssen Sie den Fragebogen entwickeln und 10–20 Kundeninterviews durchführen. Mithilfe der Kano-Auswertungstabelle nehmen Sie die Kategorisierung vor, um anschließend die Werte in der Kano-Ergebnistabelle zu vermerken.

Literatur

Backhaus, K., Erichson, B., Plinke, W., & Weiber, R. (2008). *Multivariate Analysemethoden. Eine anwendungsorientierte Einführung* (12. Aufl.). Springer.

Bailom, F., Hinterhuber, H. H., Matzler, K., & Sauerwein, E. (1996). Das Kano-Modell der Kundenzufriedenheit. *Marketing ZFP, 18*(2), 117–126.

Bailom, F., Tschermernjak, D., Matzler, K., & Hinterhuber, H. H. (1998). Durch strikte Kundennähe die Abnehmer begeistern. *Harvard Business manager, 20*(1), 47–56.

Bartsch, S., & Specht, N. (2009). Die Critical Incident Technique (CIT). In M. Schwaiger & A. Meyer (Hrsg.), *Theorien und Methoden der Betriebswirtschaft. Handbuch für Wissenschaftler und Studierende* (S. 377–400). Vahlen.

Bauer, M. (2000). *Kundenzufriedenheit in industriellen Geschäftsbeziehungen. Kritische Ereignisse, nichtlineare Zufriedenheitsbildung und Zufriedenheits-dynamik.* Deutscher Universitäts-Verlag.

Berekoven, L., Eckert, W., & Ellenrieder, P. (2009). *Marktforschung. Methodische Grundlagen und praktische Anwendung* (12. Aufl.). Gabler.

Berger, C., Blauth, R., & Boger, D. (1993). Kano's methods for understanding customer defined quality. *Centre for Quality Management Journal, 2,* 3–35, zitiert nach Raab, G., & Lorbacher, N. (2002). *Customer relationship management. Aufbau dauerhafter und profitabler Kundenbeziehungen.* Sauer.

Brandt, D. R., & Reffert, K. L. (1989). Focusing on consumer problems to improve service quality. In M. J. Bitner & L. A. Crosby (Hrsg.), *Designing a winning service strategy* (Proceedings series, S. 92–97). American Marketing Association, zitiert nach Bruhn, M. (2008). *Qualitätsmanagement für Dienstleistungen. Gruundlagen, Konzepte, methoden* (7. Aufl.). Springer.

Bruhn, M. (2008). *Qualitätsmanagement für Dienstleistungen. Gruundlagen, Konzepte, methoden* (7. Aufl.). Springer.

Bruhn, M., & Siems, F. (2004a). Beschwerdeanalyse. In D. K. Tscheulin & B. Helmig (Hrsg.), *Gabler Lexikon Marktforschung A-Z* (S. 68). Gabler.

Bruhn, M., & Siems, F. (2004b). Critical incident technique. In D. K. Tscheulin & B. Helmig (Hrsg.), *Gabler Lexikon Marktforschung A-Z* (S. 99–100). Gabler.

Bruhn, M., & Siems, F. (2004c). Ereignismethode, sequentielle. In D. K. Tscheulin & B. Helmig (Hrsg.), *Gabler Lexikon Marktforschung A-Z* (S. 150–151). Gabler.

Context Research. (2016). *Mobile Methoden.* http://www.context-research.at/online-mobile-forschung/mobile-methoden/. Zugegriffen am 20.10.2016, zitiert nach Fantapié Altobelli, C. (2017). *Marktforschung. Methoden, Anwendungen, Praxisbeispiele* (3. Aufl.). UVK/Lucius.

Dannenberg, M., & Barthel, S. (2002). *Effiziente Marktforschung.* Galileo.

Eckert, W., & Baiker, A.-C. (2004). Analyseverfahren, multivariate. In D. K. Tscheulin & B. Helmig (Hrsg.), *Gabler Lexikon Marktforschung A-Z* (S. 19). Gabler.

Ehling, M. (2004). Kreuztabellierung. In D. K. Tscheulin & B. Helmig (Hrsg.), *Gabler Lexikon Marktforschung A-Z* (S. 298). Gabler.

Engelhardt, W. H. (2001). Lead user. In H. Diller (Hrsg.), *Vahlens Großes Marketing Lexikon* (2. Aufl., S. 897). C. H. Beck/Vahlen.

Ernst (2004). Tiefeninterview. In D. K. Tscheulin & B. Helmig (Hrsg.), *Gabler Lexikon Marktforschung A-Z* (S. 506–507). Gabler.

Fantapié Altobelli, C. (2017). *Marktforschung. Methoden, Anwendungen, Praxisbeispiele* (3. Aufl.). UVK/Lucius.

Flanagan, J. C. (1954). The critical incident technique. *Psychological Bulletin, 51*(4), 327–358, zitiert nach Bartsch, S., & Specht, N. (2009). Die Critical Incident Technique (CIT). In M. Schwaiger & A. Meyer (Hrsg.), *Theorien und Methoden der Betriebswirtschaft. Handbuch für Wissenschaftler und Studierende* (S. 377–400). Vahlen.

Fürst, A. (2016). Verfahren zur Messung der Kundenzufriedenheit im Überblick. In C. Homburg (Hrsg.), *Kundenzufriedenheit. Konzepte, Methoden, Erfahrungen* (9. Aufl., S. 125–155). Springer Gabler.

Graf, A. (2004). Messdaten. In D. K. Tscheulin & B. Helmig (Hrsg.), *Gabler Lexikon Marktforschung A-Z* (S. 352). Gabler.

Gremler, D. D. (2004). The critical incident technique in service research. *Journal of Service Research, 7*(1), 65–89, zitiert nach Bartsch, S., & Specht, N. (2009). Die Critical Incident Technique (CIT). In M. Schwaiger & A. Meyer (Hrsg.), *Theorien und Methoden der Betriebswirtschaft. Handbuch für Wissenschaftler und Studierende* (S. 377–400) Vahlen.

Griffin, A., & Hauser, J. R. (1993). The voice of the customer. *Marketing Science, Winter*, 1–27, zitiert nach Bailom, F., Hinterhuber, H. H., Matzler, K., & Sauerwein, E. (1996). Das Kano-Modell der Kundenzufriedenheit. *Marketing ZFP, 18*(2), 117–126.

Grunwald, G., & Hempelmann, B. (2012). *Angewandte Marktforschung. Eine praxisorientierte Einführung.* Oldenbourg.

Guery, I. (2004a). Marktforschung, qualitative. In D. K. Tscheulin & B. Helmig (Hrsg.), *Gabler Lexikon Marktforschung A-Z* (S. 330). Gabler.

Guery, I. (2004b). Marktforschung, quantitative. In D. K. Tscheulin & B. Helmig (Hrsg.), *Gabler Lexikon Marktforschung A-Z* (S. 330). Gabler.

Guery, I. (2004c). Rangordnung. In D. K. Tscheulin & B. Helmig (Hrsg.), *Gabler Lexikon Marktforschung A-Z* (S. 437). Gabler.

Guery, I. (2004d). Ratingskala. In D. K. Tscheulin & B. Helmig (Hrsg.), *Gabler Lexikon Marktforschung A-Z* (S. 438–439). Gabler.

Günter, B. (1995). Beschwerdemanagement. In H. Simon & C. Homburg (Hrsg.), *Kundenzufriedenheit. Konzepte, Methoden, Erfahrungen* (S. 275–291). Gabler, zitiert nach Schneider, W. (2000). *Kundenzufriedenheit. Strategie, Messung, Management.* Verlag Moderne Industrie.

Haas, A., & Diller, H. (2001). Mystery shopping. In H. Diller (Hrsg.), *Vahlens Großes Marketing Lexikon* (2. Aufl., S. 1159–1160). C. H. Beck/Vahlen.

Hagstotz, W., & Schmitt-Hagstotz, K. (2008). Präsentation von Marktforschungsergebnissen. In W. Pepels (Hrsg.), *Marktforschung. Verfahren, Datenauswertung, Ergebnisdarstellung* (2. Aufl., S. 559–578). Symposium.

Hammann, P., & Erichson, B. (2000). *Marktforschung* (4. Aufl.). Lucius & Lucius.

Heidel, B. (2008). *Lexikon Konsumentenverhalten und Marktforschung.* Deutscher Fachverlag.

Helmig, B. (2004). Messen. In D. K. Tscheulin & B. Helmig (Hrsg.), *Gabler Lexikon Marktforschung A-Z* (S. 352). Gabler.

Herrmann, A., Homburg, C., & Klarmann, M. (2008). Marktforschung: Ziele, Vorgehensweise und Nutzung. In A. Herrmann, C. Homburg, & M. Klarmann (Hrsg.), *Handbuch Marktforschung. Methoden, Anwendungen, Praxisbeispiele* (3. Aufl., S. 3–19). Gabler.

Herstatt, C., & von Hippel, E. (1992). From experience: Developing new product concepts via the lead user method: A case study in a „low-tech" field. *Journal of Product Innovation Management, 9*, 213–221, zitiert nach Matzler, K., & Bailom, F. (2004). Messung von Kundenzufriedenheit. In H. H. Hinterhuber & K. Matzler (Hrsg.), *Kundenorientierte Unternehmensführung. Kundenorientierung, Kundenzufriedenheit, Kundenbindung* (4. Aufl., S. 263–293). Gabler.

Hinterhuber, H. H., Handlbauer, G., & Matzler, K. (1997). *Kundenzufriedenheit durch Kernkompetenzen. Eigene Potenziale erkennen, entwickeln, umsetzen.* Hanser.

Hölzing, J. A. (2008). *Die Kano-Theorie der Kundenzufriedenheitsmessung. Eine theoretische und empirische Überprüfung.* Gabler.

Homburg, C. (2020). *Marketingmanagement. Strategie, Instrumente, Umsetzung, Unternehmensführung* (7. Aufl.). Springer Gabler.

Homburg, C., & Krohmer, H. (2008). Der Prozess der Marktforschung: Festlegung der Datenerhebungsmethode, Stichprobenbildung und Fragebogengestaltung. In A. Herrmann, C. Homburg, & M. Klarmann (Hrsg.), *Handbuch Marktforschung. Methoden, Anwendungen, Praxisbeispiele* (3. Aufl., S. 21–51). Gabler.

Homburg, C., & Und Werner, H. (1998). *Kundenorientierung mit System. Mit Customer Orientation Management zu profitablem Wachstum.* Campus.

Krafft, M. (2001). Kundenportfolio. In H. Diller (Hrsg.), *Vahlens Großes Marketing Lexikon* (2. Aufl., S. 871–872). C. H. Beck/Vahlen.

Kühn, R., & Kreuzer, M. (2006). *Marktforschung. Best Practices für Marketingverantwortliche.* Haupt.

Kuß, A., Wildner, R., & Kreis, H. (2018). *Marktforschung. Datenerhebung und Datenanalyse* (6. Aufl.). Springer Gabler.

Lauper, P. (2004). Skala. In D. K. Tscheulin & B. Helmig (Hrsg.), *Gabler Lexikon Marktforschung A-Z* (S. 466–467). Gabler.

Lohmann, H. (2004). Korrelation. In D. K. Tscheulin & B. Helmig (Hrsg.), *Gabler Lexikon Marktforschung A-Z* (S. 293). Gabler.

Matzler, K., & Bailom, F. (2004). Messung von Kundenzufriedenheit. In H. H. Hinterhuber & K. Matzler (Hrsg.), *Kundenorientierte Unternehmensführung. Kundenorientierung, Kundenzufriedenheit, Kundenbindung* (4. Aufl., S. 263–293). Gabler.

Meister, U., & Meister, H. (1999). Zufriedenheitsforschung und -management. In W. Pepels (Hrsg.), *Moderne Marktforschungspraxis. Handbuch für mittelständische Unternehmen* (S. 625–634). Luchterhand.

Meister, U., & Meister, H. (2018). *ISO 9001 in der Dienstleistung. Der Leitfaden für ein kundenorientiertes Qualitätsmanagement.* Hanser.

Nieschlag, R., Dichtl, E., & Hörschgen, H. (2002). *Marketing* (19. Aufl.). Duncker & Humblot.

Pieper, R. (1991). Projektteam. In R. Pieper (Hrsg.), *Management* (S. 304). Gabler.

Raab, G., & Lorbacher, N. (2002). *Customer Relationship Management. Aufbau dauerhafter und profitabler Kundenbeziehungen.* Sauer.

Raab, G., Unger, A., & Unger, F. (2018). *Methoden der Marketing-Forschung. Grundlagen und Praxisbeispiele* (3. Aufl.). Springer Gabler.

Reichheld, F., & Seidensticker, F.-J. (2006). *Die ultimative Frage. Mit dem Net Promoter Score zu loyalen Kunden und profitablem Wachstum*. Hanser.

Rogers, E. M. (1962). *Diffusion of innovation*. Free Press, zitiert nach Matzler, K., & Bailom, F. (2004). Messung von Kundenzufriedenheit. In H. H. Hinterhuber & K. Matzler (Hrsg.), *Kundenorientierte Unternehmensführung. Kundenorientierung, Kundenzufriedenheit, Kundenbindung* (4. Aufl., S. 263–293). Gabler.

Roland Berger Market Research (2004a). Gruppendiskussion. In D. K. Tscheulin & B. Helmig (Hrsg.), *Gabler Lexikon Marktforschung A-Z* (S. 218–219). Gabler.

Roland Berger Market Research (2004b). Paarvergleich. In D. K. Tscheulin & B. Helmig (Hrsg.), *Gabler Lexikon Marktforschung A-Z* (S. 393). Gabler.

Römer, S. (2004). Konstantsummenskala. In D. K. Tscheulin & B. Helmig (Hrsg.), *Gabler Lexikon Marktforschung A-Z* (S. 285). Gabler.

Sauerwein, E. (2000). *Das Kano-Modell der Kundenzufriedenheit. Reliabilität und Validität einer Methode zur Klassifizierung von Produkteigenschaften*. Deutscher Universitäts-Verlag.

Scharf, A., Schubert, B., & Hehn, P. (2015). *Marketing. Einführung in Theorie und Praxis* (6. Aufl.). Schäffer-Poeschel.

Schneider, W. (2000). *Kundenzufriedenheit. Strategie, Messung, Management*. Verlag Moderne Industrie.

Schröder, S. (2004). Beobachtung. In D. K. Tscheulin & B. Helmig (Hrsg.), *Gabler Lexikon Marktforschung A–Z* (S. 62–63). Gabler.

Specht, N. (2008). *Anstrengung und Fähigkeiten des Kundenkontaktmitarbeiters im Service Encounter als zentrale Determinanten der Kundenzufriedenheit: Empirische Analyse attributionstheoretischer Grundlagen aus Kundensicht*, München, zitiert nach Bartsch, S., & Specht, N. (2009). Die Critical Incident Technique (CIT). In M. Schwaiger & A. Meyer (Hrsg.), *Theorien und Methoden der Betriebswirtschaft. Handbuch für Wissenschaftler und Studierende* (S. 377–400). Vahlen.

Stauss, B. (2000). „Augenblicke der Wahrheit" in der Dienstleistungserstellung. Ihre Relevanz und ihre Messung mit Hilfe der Kontaktpunkt-Analyse. In M. Bruhn & B. Stauss (Hrsg.), *Dienstleistungsqualität. Konzepte, Methoden, Erfahrungen* (3. Aufl.,

S. 321–340). Gabler, zitiert nach Bruhn, M. (2008). *Qualitätsmanagement für Dienstleistungen. Grundlagen, Konzepte, Methoden* (7. Aufl.). Springer.

Stauss, B., & Hentschel, B. (1990). Verfahren der Problementdeckung und -analyse im Qualitätsmanagement von Dienstleistungsunternehmen. *Jahrbuch der Absatz- und Verbrauchsforschung, 36*(6), 232–259, zitiert nach Bruhn, M. (2008). *Qualitätsmanagement für Dienstleistungen. Gruundlagen, Konzepte, methoden* (7. Aufl.). Springer.

Stauss, B., & Seidel, W. (1995). Prozessuale Zufriedenheitsermittlung und Zufriedenheitsdynamik bei Dienstleistungen. In H. Simon & C. Homburg (Hrsg.), *Kundenzufriedenheit. Konzepte, Methoden, Erfahrungen* (S. 179–203). Gabler, zitiert nach Hinterhuber, H. H., Handlbauer, G., & Matzler, K. (1997). *Kundenzufriedenheit durch Kernkompetenzen. Eigene Potenziale erkennen, entwickeln, umsetzen*. Hanser.

Tien, M. (2004a). Conjoint analyse. In D. K. Tscheulin & B. Helmig (Hrsg.), *Gabler Lexikon Marktforschung A-Z* (S. 96–97). Gabler.

Tien, M. (2004b). Kausalanalyse. In D. K. Tscheulin & B. Helmig (Hrsg.), *Gabler Lexikon Marktforschung A-Z* (S. 275). Gabler.

Tien, M. (2004c). Regressionsanalyse. In D. K. Tscheulin & B. Helmig (Hrsg.), *Gabler Lexikon Marktforschung A-Z* (S. 443–445). Gabler.

Töpfer, A. (1996). Zehn Schritte zur Messung und Steigerung der Kundenzufriedenheit. In A. Töpfer (Hrsg.), *Kundenzufriedenheit messen und steigern* (S. 229–274). Luchterhand.

Weis, H. C., & Steinmetz, P. (2008). *Marktforschung* (7. Aufl.). Kiehl.

Winiger, P. M. (1986). Opus analysiert Kundenprobleme um bedürfnisgerechte Produkte zu schaffen. *ATAG-PRAXIS, 4*, 3–7, zitiert nach Matzler, K., & Bailom, F. (2004). Messung von Kundenzufriedenheit. In H. H. Hinterhuber & K. Matzler (Hrsg.), *Kundenorientierte Unternehmensführung. Kundenorientierung, Kundenzufriedenheit, Kundenbindung* (4. Aufl., S. 263–293). Gabler.

Zerr, K., & Müller-Schneider, T. (2002). Postalische Vorankündigung bei Online-Befragungen? *Planung & Analyse, 4*, 56–59, zitiert nach Raab, G., Unger, A., & Unger, F. (2018). *Methoden der Marketing-Forschung. Grundlagen und Praxisbeispiele* (3. Aufl.). Springer Gabler.

Management der Kundenzufriedenheit

4

Lernziele
- Sie können das Transaktionsmanagement vom Kundenmanagement abgrenzen.
- Die Balanced Scorecard als strategisches Basiskonzept ist Ihnen vertraut.
- Sie kennen die einzelnen Bausteine eines kundenorientierten Customer Relationship Managements (CRM).
- Das Erwartungsmanagement als wesentliches Konzept zur Schaffung von Kundenzufriedenheit ist Ihnen bekannt.
- Sie lernen die wichtigsten Methoden eines kundenorientierten Qualitätsmanagements kennen.
- Sie können ausgewählte Instrumente des kundenorientierten Marketing-Mixes aus Produkt-, Distributions-, Preis-, Personal- und Kommunikationspolitik beurteilen und anwenden.
- Sie kennen das direkte und indirekte Beschwerdemanagement.
- Sie können das Potenzial des Kundenrückgewinnungsmanagements einschätzen.

In diesem Kapitel wenden wir uns dem **Themenkomplex des Kundenmanagements** zu. Für einen besseren Einstieg haben wir die behandelten Managementkonzepte in Abb. 4.1 visualisiert.

Die **zentrale Aufgabe** des Kundenmanagements ist es, die Beziehungen zu den Kunden herzustellen, auszubauen und dauerhaft profitabel zu gestalten. Dafür ist es erforderlich, dass das Unternehmen die Kundenerwartungen kennt und diese mit einem kundenorientierten Marketing-Mix erfüllt bzw. übertrifft (Hofbauer & Schöpfel, 2010, S. 22).

▶ „Management: Zielorientierte Gestaltung, Steuerung und Entwicklung des soziotechnischen Systems Unternehmen in sach- (Aufgabenerfüllung) und personenbezogener Dimension (Mitarbeiterverhalten). Im institutionalen Sinn beinhaltet dies die Beschreibung der Träger der Managementtätigkeit (Manager), im funktionalen Sinn den Prozess der Willensbildung und Willensdurchsetzung" (Weigert & Pepels, 1999, S. 351).

▶ Es reicht heute nicht mehr, den Kunden mit den Mitteln des Massenmarketings undifferenziert „*abzufertigen*". Vielmehr gilt es, seine individuellen Wünsche zu erfassen und reibungslos zu erfüllen. Dem dient das Kundenmanagement (Simon, 2009, S. 146).

In Tab. 4.1 werden die wesentlichen Charakteristika des **Transaktionsmanagements** mit denen des **Kundenmanagements** verglichen.

A. Magerhans, J.-F. Engelhardt, *Kundenzufriedenheit klipp & klar*, WiWi klipp & klar, https://doi.org/10.1007/978-3-658-38496-8_4

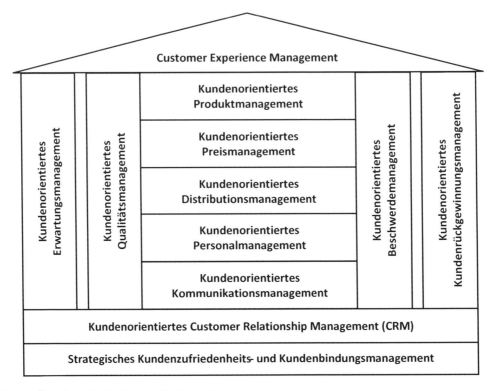

Abb. 4.1 Überblick über die kundenorientierten Managementansätze

4.1 Strategisches Kundenzufriedenheits- und Kundenbindungsmanagement

4.1.1 Konzept des strategischen Kundenzufriedenheits- und Kundenbindungsmanagements

Strategien sind ein Wegweiser in die Zukunft des Unternehmens. Allerdings fallen diese nicht vom Himmel, sondern müssen systematisch entwickelt werden. Mithilfe der verschiedenen Strategien (z. B. der Wettbewerbsstrategie) sollen die Unternehmensziele (z. B. Steigerung des Marktanteils) erreicht werden. Dabei verändert sich das Unternehmen, es entwickelt sich weiter. Im Rahmen des Strategieentwicklungsprozesses werden die Ausgangssituation des Unternehmens analysiert sowie seine Stärken und Schwächen identifiziert. Anschließend erfolgt ein Abgleich mit den Chancen

und Risiken (SWOT-Analyse), die sich im Markt ergeben können (Nagel & Mieke, 2017, S. 12).

Zunächst sei das **Aufgabenspektrum des strategischen Marketings** näher betrachtet. Das strategische Marketing umfasst die folgenden Aufgaben (Benkenstein, 2002, S. 4–5):

- In einem ersten Schritt sind die **Unternehmensphilosophie** und die **strategischen Zielsetzungen** zu bestimmen.
- Danach müssen die Wünsche und Bedürfnisse der potenziellen Kunden identifiziert und damit der **Zielmarkt** festgelegt werden.
- Es folgt die Abgrenzung und Auswahl der **strategischen Geschäftsfelder**.
- Außerdem ist der **Internationalisierungsgrad** zu konkretisieren.
- Als nächstes geht es um die Entwicklung, Bewertung und Auswahl der **Marktteilnehmer-** und **Marktbearbeitungsstrategien**.
- Im letzten Schritt werden die Strategien im Unternehmen und im Markt **implementiert**.

Tab. 4.1   Charakteristika des Transaktions- und Kundenmanagements. (Quelle: Hofbauer & Schöpfel, 2010, S. 17)

Dimension	Transaktionsmanagement	Kundenmanagement
Zielsetzung	- Kundenneugewinnung - einmaliger Verkauf - „Make to Sell"	- Verkauf als Beginn einer Kundenbeziehung - „To create a Customer"
Zeithorizont	- kurzfristig - episodenhaft - aktionistisch	- langfristig - evolutionär - zukunftsorientiert
Kontaktintensität zwischen den Geschäftspartnern	- schwach	- stark
Abhängigkeit der Geschäftspartner	- tendenziell niedrig	- tendenziell hoch
Interaktion	- ergebnisbezogen	- prozessbezogen
Ausrichtung der Leistungserstellung	- Massenproduktion - „Mass Production"	- auf spezielle Kundengruppen ausgerichtet - „Mass Customization"
Marketingansatz	- leistungs- und ressourcenorientiert	- beziehungsorientiert
Bekanntheitsgrad des Kunden	- hoher Anonymitätsgrad	- hoher Bekanntheitsgrad
Erfolgsmaßstab	- Marktanteil relativ zu Mitbewerbern	- Kundenzufriedenheit - Kundenloyalität - Kundenbindungsrate
Ökonomische Ausrichtung	- rein ökonomische Prozesse	- ökonomische und soziale Prozesse
Marktsicht	- Bewertung auf Basis von Produkten und Kosten - Fokus auf Neukundengewinnung	- Bewertung auf Basis von Problemlösungskompetenzen - Fokus auf Wertsteigerung in bestehenden Beziehungen
Marketingverständnis	- Fokus auf Produkte - Kundenkontakte als episodische Ereignisse - Monolog zur aggregierten Kundenmenge	- Fokus auf Service - Kundenkontakt als kontinuierlicher Prozess - individualisierter Dialog

▶ „**Strategisches Management** meint den Prozess der Strategiefindung und alle Überlegungen und Maßnahmen, die notwendig sind, um sicherzustellen, dass die Strategie auch erfolgreich angewendet wird" (Strunz & Dorsch, 2001, S. 222).

Im hier interessierenden Kontext ist es von Bedeutung zu wissen, aus welchen Bestandteilen eine **Kundenstrategie** besteht (Brasch et al., 2007):

- **Initiierung:** Bei der Kundenstrategie sind die Impulse gemeint, die sich durch die Neuausrichtung auf den Kunden ergeben. Aber auch eine Verhaltensänderung des Kunden kann als Impuls für die Formulierung der Kundenstrategie dienen.
- **Positionierung:** Die Positionierung erfasst das Außenverhältnis eines Unternehmens zu seinen Stakeholdern (z. B. Kunden, Lieferanten, Öffentlichkeit usw.). Im Rahmen der

Kundenstrategie steht das Verhältnis zu den (potenziellen) Kunden im Mittelpunkt des Interesses. Dabei geht es um wertschöpfende Austauschbeziehungen zwischen dem Unternehmen und seinen Kunden. Dazu wird das Außenverhältnis bestimmt und analysiert sowie die Kundenbasis segmentiert.

▶ „Eine **Vision** ist ein konkretes Zukunftsbild, so dass man die Realisierbarkeit noch sieht, aber schon entfernt genug, um die Begeisterung der Mitarbeiter der Organisation für eine neue Wirklichkeit zu erwecken. Den Ausgangspunkt einer Unternehmensvision stellt die **Unternehmensphilosophie** dar. Diese spiegelt Grundannahmen, Prinzipien, Werte und Überzeugungen der gesamten Organisation wider und tritt in Entscheidungen, Methoden, Tun und Handeln zutage" (Kyrer, 2001, S. 612–614; Strunz & Dorsch, 2001, S. 219).

- **Wertschöpfung:** Die Kundenstrategie soll dabei helfen, einen Wert für die Kunden und für das Unternehmen zu schaffen. Die zentrale Frage lautet daher: *„Wie wird ein Wert für den Kunden geschaffen?"* Dies betrifft auch die interne Wertschöpfung. *„Welche Kompetenzen und Ressourcen sind vorhanden bzw. erforderlich, um Werte zu generieren und diese in ökonomische Größen umzuwandeln?"* Konkret geht es um die Verbindung des Kunden- und des Geschäftsmodells des Unternehmens.
- **Veränderung:** *„Wie kann durch die Kundenstrategie eine operative Wirkung erzielt werden?" „Wie verändert bzw. kann die Kundenstrategie das Unternehmen verändern?"*
- **Performance Messung:** Strategische Initiativen sind in ihren Realisationsschritten, zu beobachten und zu steuern. Dabei geht es um die ökonomische Erfolgsmessung und die Überprüfung der quantitativen und qualitativen Ziele.

▷ *„Eine* **kundenorientierte Unternehmensstrategie** *wird formuliert aus der für ein Unternehmen günstigsten Kombination aus Chancen und Risiken, die sich aus dem Umfeld des Unternehmens und seiner internen Situation ergeben, d. h. den Stärken und Schwächen des Unternehmens. Aus der Strategie abgeleitet werden die konkreten Ziele sowie die Politiken und Richtlinien, die zur Umsetzung der Strategie notwendig sind"* (Strunz & Dorsch, 2001, S. 222).

▷ **Literaturtipp** Bea, F. X. und Haas, J. (2016): Strategisches Management. Praxisausgabe, 8. Auflage, Konstanz & München: UVK.

4.1.2 Balanced Scorecard

Die **Balanced Scorecard** (BSC) wurde von Robert S. Kaplan und David P. Norton entwickelt und hat, wie kaum ein anderes Managementinstrument für Furore gesorgt. Die BSC bietet ein solides Konzept, das dazu zwingt eine unternehmerische Vision und Strategie zu formulieren bzw. zu überdenken. Außerdem wird die Strategie in Ziele transferiert und daraus praktikable Maßnahmen abgeleitet. Plausible Kennzahlen

gibt es schon lange. Sie lassen sich auf allen Ebenen des Unternehmens finden. Neu an der BSC ist, dass diese Kennzahlen in sogenannten Ursache-Wirkungsketten bzw. -Beziehungen miteinander verbunden werden. Vier einzelne Perspektiven (Finanz-, Kunden-, Prozess- und Lern-/Entwicklungsperspektive) verdeutlichen diese Beziehungen. Dadurch werden sich die Führungskräfte und Mitarbeiter den Auswirkungen ihres Handelns bewusst (vgl. Jossé, 2005, S. V).

▷ *„Die* **Balanced Scorecard** (BSC) *ist ein System von Kennzahlen, in dem die einzelnen Kennzahlen über Ursache-Wirkungsketten miteinander verbunden sind. Die BSC ermöglicht prozessorientiertes Controlling und eignet sich zur Umsetzung von komplexen Projekten"* (Kyrer, 2001, S. 48).

Da bereits viele Unternehmen über Kennzahlensysteme verfügen, stellt sich die Frage: *Was ist neu an der BSC?* Kaplan und Norton (1997, S. 8–10) heben hervor, dass die BSC finanzielle und nicht-finanzielle Kennzahlen als Teil eines ganzheitlichen Informationssystems für alle Mitarbeiter auf allen Ebenen des Unternehmens zur Verfügung stellt. Mitarbeiter müssen die finanziellen Auswirkungen ihrer Aktivitäten und Handlungen kennen und die Geschäftsleitung muss sich der Determinanten für den langfristigen finanziellen Erfolg bewusst sein. Das Besondere an der BSC ist, dass die einzelnen Kennzahlen aus der Unternehmensstrategie abgeleitet werden.

Die finanzwirtschaftliche Perspektive
Unternehmen sollten ihre Geschäftseinheiten mit den finanzwirtschaftlichen Zielen des ganzen Unternehmens verbinden. Außerdem sind die Ziele und Kennzahlen der anderen Balanced-Scorecard-Perspektiven, auf die finanzwirtschaftlichen Ziele auszurichten. Zudem sollte jede Kennzahl ein Teil der Ursache-Wirkungs-Kette(n) sein, die wiederum zur Verbesserung der finanziellen Leistung des gesamten Unternehmens führt. Um dies zu erreichen, muss die Balanced Scorecard die Unternehmensstrategie widerspiegeln. Begonnen wird dabei mit den langfristigen finanzwirtschaftlichen Zielen. Diese sind anschließend mit den Maßnahmen für finanzielle

Prozesse, Kunden, interne Prozesse sowie Mitarbeiter und interne Systeme zu verknüpfen. Das zentrale Ziel bleibt die langfristige Erbringung einer wirtschaftlichen Unternehmensleistung. Die folgenden Themenkomplexe stellen in den meisten Organisationen die Bindeglieder zwischen allen Scorecard-Perspektiven dar (Kaplan & Norton, 1997, S. 46):

• Umsatzwachstum
• Kostensenkungen
• Produktivitätsverbesserung
• Bessere Anlagennutzung
• Risikoreduktion

Aus Sicht der meisten Manager ist die **finanzwirtschaftliche die wichtigste Perspektive** innerhalb der Balanced Scorecard. Schließlich sind ein bestimmter Gewinn bzw. eine bestimmte Kapitalverzinsung ein zentrales Ziel eines jeden Unternehmens. Dies ergibt sich bereits aus Gründen der Existenzsicherung. Außerdem müssen die Erwartungen der Anteilseigner erfüllt werden. Es ist jedoch zu beachten, dass die Finanzperspektive und deren Ziele lediglich das Ergebnis der unternehmerischen Tätigkeit darstellen. Das Zustandekommen dieses Ergebnisses wird über die anderen Perspektiven erfasst. Daher sind die finanzwirtschaftlichen Ziele immer die Oberziele

der anderen Perspektiven (Jossé, 2005, S. 33) (Tab. 4.2).

Mithilfe der Finanzkennzahlen lässt sich der Erfolg der einzelnen Maßnahmen und damit der Erfolg der Unternehmensstrategie messen (Kumpf, 2001, S. 19).

Die Kundenperspektive
Im Rahmen der Kundenperspektive geht es um die Identifizierung derjenigen **Marktsegmente**, in denen das Unternehmen aktiv und konkurrenzfähig sein sollte. Diese Markt- bzw. Kundensegmente sind die Quelle für die Erlöse, mit denen die finanzwirtschaftlichen Ziele zu erreichen sind. Zu den Hauptergebniszahlen der Kundenperspektive zählen die Kundenzufriedenheit, -treue, -erhaltung, -akquisition und -rentabilität (Kaplan & Norton, 1997, S. 62) (Tab. 4.3).

Im Mittelpunkt der Kundenperspektive steht die Steigerung des Kundennutzens. Das Management ist gefordert die folgende **Erfolgskette** zu initiieren: Ausgehend von einem zusätzlichen Kundennutzen entsteht Kundenzufriedenheit. Diese wirkt sich positiv auf die Kundenbindung aus. Dies führt schließlich zum finanziellen Erfolg (Kumpf, 2001, S. 19).

Nach dem Formulieren der Kundenperspektive sollte das Management eine klare Vorstel-

Tab. 4.2 Scorecard – Finanzperpektive. (Quelle: Jossé, 2005, S. 39)

Ziel	Messgröße	Istwert	Zielwert	Maßnahmen
Eigenkapitalrendite erhöhen	EKR	14 %	20 %	hin zu langfristigem FK umfinanzieren
mehr Unabhängigkeit von Außenfinanzierung	Selbstfinanzierungsgrad	30 %	80 %	Mehr Gewinn ausweisen und weniger Gewinn ausschütten
Nettogewinne erhöhen	Stück-DB	25 %	35 %	Materialkosten senken und Einkaufsrabatte aushandeln
überflüssig gebundenes Kapital abbauen	Vorratsquote	15 %	9 %	Fertigungstiefe verringern

Tab. 4.3 Scorecard – Kundenperspektive. (Quelle: Jossé, 2005, S. 43)

Ziel	Messgröße	Istwert	Zielwert	Maßnahmen
Kundenbetreuung aktiver gestalten	Wiederkaufsquote	45 %	80 %	Kundenbindungsprogramm einführen
Exzellenz im Hochpreissegment	Marktanteil im Hochpreissegment	15 %	25 %	Marketing-Offensive starten
Mehr Neukunden gewinnen	Neukundenanteil	17 %	25 %	Kundendatenbank ausbauen
Image verbessern	Image-Index	2,3	1,7	Imagekampagne durchführen
Kundenrendite erhöhen	Umsatzrendite für einzelne Kunden	6 %	12 %	Target Costing einführen

lung seiner Zielkunden- und Marktsegmente haben. Außerdem kann auf eine komplette Liste an Hauptergebniskennzahlen (z. B. Kundenzufriedenheit, Marktanteil usw.) zurückgegriffen werden. Diese Kennzahlen sind die Ziele der Marketing-, Produktions-, Logistik-, Produkt- und Dienstleistungsprozesse. Es muss jedoch kritisch angemerkt werden, dass es sich bei diesen Kennzahlen um *„verzögerte"* Kennzahlen handelt. Daher können die Mitarbeiter erst im Nachhinein ihre Leistungen in Bezug auf die Kundenzufriedenheit beurteilen. Für eine Beeinflussung der Ergebnisse ist es dann jedoch schon zu spät. Außerdem enthalten diese Kennzahlen keine Hinweise auf zu ergreifende (Marketing-)Maßnahmen (Kaplan & Norton, 1997, S. 82).

Die interne Prozessperspektive
Hierbei geht es um Prozesse, die für die Kunden und Anteilseigner am kritischsten sind. Die Ausarbeitung dieser Perspektive erfolgt nachdem die Finanz- und Kundenperspektive formuliert wurde. Üblicherweise konzentriert sich das Management dabei auf bestehende Prozesse. Es ist jedoch empfehlenswert, die komplette Wertschöpfungskette des Unternehmens zu analysieren. Daher sollte mit dem Innovationsprozess begonnen werden: *Welche aktuellen und zukünftigen Kundenwünsche lassen sich identifizieren? Welche neuen Lösungen müssen dafür entwickelt werden?* Danach geht es um den Betriebsprozess: *Welche existierenden Produkte und Dienstleistungen werden den derzeitigen Kunden angeboten?* Den Abschluss bildet der Kundendienst: *Welche Dienstleistungen werden den Kunden nach dem Kaufabschluss angeboten? Welchen Nutzen bieten diese* (Kaplan & Norton, 1997, S. 89)*?* Die interne Prozessperspektive wird in Tab. 4.4 dargestellt.

Es ist von Bedeutung, dass das Management die internen Prozesse beherrscht. Nur so können sie die Ziele der Anteilseigner und Zielgruppen erfüllen. Besonders hervorzuheben ist, dass die Balanced Scorecard den Innovationsprozess als einen festen Baustein der internen Perspektive einbindet. Erst wenn die Kundenerwartungen geklärt sind, kann das Unternehmen mit der zielgruppengerechten Entwicklung von Produkten und Dienstleistungen beginnen. Dadurch wird es möglich, den Forschungs-, Konstruktions- und Entwicklungsprozess als Investition zu begreifen und entsprechend zu betonen. Aber auch der interne Betriebsprozess (Herstellung und Auslieferung der Produkte und Dienstleistungen) wird in der Balanced Scorecard berücksichtigt. Daher sollte das Management Kosten-, Qualitäts-, Zeit- und Leistungseigenschaften identifizieren, die den Verkauf von hochwertigen Produkten und Dienstleistungen an die Kunden ermöglichen. Nach dem Kauf der Produkte und Dienstleistungen gewinnen andere Aspekte an Bedeutung. Das Unternehmen muss dem Kunden jetzt dienen. Dies wird über den Kundendienstprozess erfasst (Kaplan & Norton, 1997, S. 111).

Die Lern- und Entwicklungsperspektive
Die Lern- und Entwicklungsperspektive ist die vierte und letzte Perspektive der Balanced Scorecard (siehe dazu Tab. 4.5). Im Mittelpunkt des Interesses stehen Ziele und Kennzahlen eines lernenden Unternehmens bzw. einer lernenden Organisation: *Wo muss die Organisation einen Durchbruch erreichen, um die Ziele der Finanz-, Prozess- und Kundenperspektive zu erfüllen? Welche Leistungen sind dafür erforderlich?* Im Fokus der Betrachtung steht die dafür notwendige Infrastruktur. Das Management muss

Tab. 4.4 Scorecard – Prozessperspektive. (Quelle: Jossé, 2005, S. 47)

Ziel	Messgröße	Istwert	Zielwert	Maßnahmen
Null-Fehler-Produktion	Fehlerquote	45 %	15 %	vorgelagerte Qualitätskontrollen
interne Logistik verbessern	MCE	15 %	25 %	Kanban-System einführen und Prozessanordnung effizienter gestalten
Kosten der Produktionsprozesse senken	Produktionskosten in % des Umsatzes	25 %	17 %	Prozesskostenrechnung einführen
Time-to-Market beschleunigen	Break-Even-Time	1	0,7	Modularisierung und Entwicklungspools

Tab. 4.5 Scorecard – Lern- und Entwicklungsperspektive. (Quelle: Jossé, 2005, S. 51–52)

Ziel	Messgröße	Istwert	Zielwert	Maßnahmen
Betriebsklima verbessern	Mitarbeiter-Zufriedenheitsindex Fluktuationsrate	2,4 15 %	1,8 <5 %	informelle Netzwerke nutzen Coaching verstärken
betriebliches Know-how ausbauen	Verbesserungsvorschläge je Team	5 je Jahr	15 je Jahr	Schulungen intensivieren und Think-Tanks etablieren
bessere Nutzung der Informationsressourcen	Zugriffe je Monat auf bestimmte Daten	180 x	300 x	benutzerfreundliche Datenpools implementieren
Leistung der Mitarbeiter erhöhen	DB je Mitarbeiter	30 %	40 %	leistungsbezogene Entlohnung

mithilfe dieser Perspektive Investitionen in die Potenziale der Mitarbeiter, Systeme und Organisationsprozesse begründen und umsetzen. Damit betont die Balanced Scorecard Investitionen in die Zukunft des Unternehmens (Kaplan & Norton, 1997, S. 121).

Das Innovationspotenzial des Unternehmens ist maßgeblich für die Erreichung der Ziele der Finanz-, Prozess- und Kundenperspektive verantwortlich. Dabei werden Innovationen, verstanden als Lernen und Wachstum, durch drei Faktoren begünstigt bzw. ermöglicht: Mitarbeiter, Systeme und die Ausrichtung an den Unternehmenszielen. Daher erfordern Innovationsstrategien entsprechende Investitionen in diese Faktoren. Dies wird durch die Erfassung der entsprechenden Ziele und Kennzahlen im Rahmen der Lern- und Entwicklungsperspektive berücksichtigt (Kaplan & Norton, 1997, S. 140).

Grundsätze zur Erarbeitung und Umsetzung einer Balanced Scorecard

Friedag und Schmidt (2015, S. 29–37) haben sieben **Grundsätze** zusammengestellt, die es bei der Erarbeitung und Umsetzung einer Balanced Scorecard zu beachten gilt:

- **Konsequente Ausrichtung auf strategische Fragen:** Es wichtig, dass zwischen Strategien und operativen Maßnahmen unterschieden wird. Strategien ermöglichen neue Fähigkeiten und Potenziale, durch die sich in der Folge Geldzuflüsse ergeben. Operative Maßnahmen schöpfen dagegen diese Potenziale aus. Es sind greifbare Resultate sichtbar, die in der Mehrzahl der Fälle Geld einbringen. Das eingenommene Geld muss die strategischen und operativen Aufwendungen decken.

- **Einen Dialog führen über strategische Ziele:** In Unternehmen werden heute Engagement und Kreativität erwartet. Dies gilt für Führungskräfte und Mitarbeiter gleichermaßen. Nur so lassen sich dauerhafte Wettbewerbsvorteile erzielen. Dazu müssen die Annahmen und/oder Szenarien, auf denen die Strategien fußen, offengelegt werden. Nur so werden die Strategien für alle Mitarbeiter des Unternehmens nachvollziehbar. Es entsteht eine gemeinsame Strategie, die von allen Beteiligten getragen wird.

- **Bereitschaft, Verantwortung zu tragen:** Strategien sind eng verknüpft mit den hierarchischen bzw. offenen Strukturen des Unternehmens. Hierarchien erfordern Vorgaben (Befehle), Ausführen (Gehorsam) und Kontrollen (Rapport). In hierarchisch organisierten Unternehmen werden strategische Ziele von der Unternehmensleitung erarbeitet und nach unten heruntergebrochen. Die Untergebenen setzen die Ziele dann um. Dies wirkt sich auch auf die Ausgestaltung der Balanced Scorecard aus. Sie wird hierarchische Züge tragen (Zielvorgaben, Herunterbrechen der Ziele, Maßnahmen, Kennzahlen und Kontrollberichte). Offene Strukturen hingegen zeichnen sich durch Vereinbarungen (Eigeninitiative), Service (Kooperation) und (Selbst-)Controlling (Konsequenz) aus. Ziele werden gemeinsam erarbeitet und von allen getragen. Jeder Mitarbeiter zeigt die individuelle Bereitschaft, die Verantwortung in seinem Team dafür zu übernehmen. Mitarbeiter in offenen Strukturen benötigen eine Balanced Scorecard für einen kooperativen Führungsstil mit realistischen Zielen.

- **Ausgewogene Einbeziehung aller Akteure:** Die Balanced Scorecard muss in der Sprache der Beteiligten formuliert werden, nicht in der Sprache der Finanzmärkte. Außerdem ist sie einfach zu formulieren, damit jeder Mitarbeiter den zu leistenden Beitrag erkennen kann. Zudem muss die Aktivität im Mittelpunkt stehen. Mitarbeiter brauchen Ziele, um daran ihre Tätigkeiten auszurichten und Kennzahlen für die Erfolgskontrolle. Zu guter Letzt sollte nur das in der Balanced Scorecard festgehalten werden, was die Mitarbeiter auch tun wollen bzw. können.

- **Einfache Strukturen miteinander kombinieren:** Auch die Strukturen der Balanced Scorecard, sind einfach zu gestalten. Zu komplexe Gebilde sind für den Arbeitsalltag nicht geeignet. Die Mitarbeiter müssen die Balanced Scorecard verstehen und erkennen wie bedeutsam ihre Tätigkeit für das Erreichen der Ziele ist.
- **Transparenz durch Kennzahlen:** Im Mittelpunkt des Interesses steht die transparente Organisation der strategischen Arbeit. Schließlich sollen durch die Strategie die Potenziale erschlossen werden, die für das operative Geschäft benötigt werden.
- **Konzentration auf das Wesentliche:** Alle Beteiligten müssen sich auf das Wesentliche konzentrieren. Die große Herausforderung besteht nicht im Setzen von Schwerpunkten, sondern im Weglassen von unwesentlichen Aspekten.

▷ **Literaturtipps** Friedag, H. R. & Schmidt, W. (2015): Balanced Scorecard, 5. Auflage, Freiburg: Haufe.
Gehringer, J. & Michel, W. J. (2000): Frühwarnsystem Balanced Scorecard. Unternehmen zukunftsorientiert steuern. Mehr Leistung, mehr Motivation, mehr Gewinn, Düsseldorf: Metropolitan;
Kaplan, R. S. & Norton, D. P. (1997): Balanced Scorecard, Stuttgart: Schäffer-Poeschel;
Probst, H.-J. (2001): Balanced Scorecard leicht gemacht. Warum sollten Sie mit weichen Faktoren hart rechnen?, Wien & Frankfurt am Main: Ueberreuter;

4.1.3 Prozessmanagement

Die Basis des Prozessmanagements ist ein neues Verwaltungsverständnis. Dabei steht der Umgang mit Daten und Informationen im Fokus der Betrachtung. Hierbei beschränkt man sich nicht auf einen Funktionsbereich, sondern integriert alle Unternehmensbereiche. Das Prozessmanagement eignet sich vor allem für die Finanzbuchhaltung, die Kostenrechnung, die Auftragsbearbeitung usw. (Mayer, 1993, S. 534).

▷ „Ein **Prozess** ist die Folge logisch zusammenhängender Aktivitäten zur Erstellung von Gütern und Dienstleistungen. Ein Prozess hat einen definierten Anfang (Auslöser, Input) und ein definiertes Ende (Ergebnis, Wert, Output)" (Kyrer, 2001, S. 450).

Zunächst muss geklärt werden, was benötigt wird, um einen Prozess auszuführen. Die Leistungen vorgelagerter Prozesse werden als **Input** (z. B. Zeichnungen, Rohstoffe, Formulare, Telefonanrufe, rechnergebundene Daten oder Halbfertigerzeugnisse) bezeichnet. Der eigentliche Prozess besteht aus einer **Sequenz von Arbeitsschritten**. Das Ergebnis des Prozesses, der **Output** (z. B. Informationen, Produkte, innerbetriebliche Dienstleistungen, EDV-Serviceleistungen oder ausgeführte Instandhaltungsaufgaben) bildet den Abschluss des Prozesses (Füermann & Dammasch, 2013, S. 343, 356; Nagel & Mieke, 2017, S. 157).

Die zugrunde liegenden Prozesse haben einen maßgeblichen **Einfluss auf die Qualität** der Produkte und Dienstleistungen des Unternehmens. Nur wenn das Management die Prozesse im Unternehmen beherrscht, kann eine gleichbleibende oder verbesserte Qualität der Produkte und Dienstleistungen gewährleistet werden (Herrmann & Fritz, 2016, S. 73).

Prozesse lassen sich nach dem **Objekt** (Material, Information), der **Häufigkeit** (wiederholend, einmalig), der **Dimension** (Unternehmen, Bereich, Abteilung, Person) und der **Auslösung** (turnusmäßig, zufällig) unterscheiden (Füermann & Dammasch, 2013, S. 344). Siehe dazu auch Abb. 4.2.

Die **Prozessorientierung** soll zur Kostensenkung, zur Schaffung von Wettbewerbsvorteilen und zur Verzahnung aller wertschöpfenden Aktivitäten im Unternehmen beitragen. Dadurch wird angestrebt, dass die Kunden optimal mit Produk-

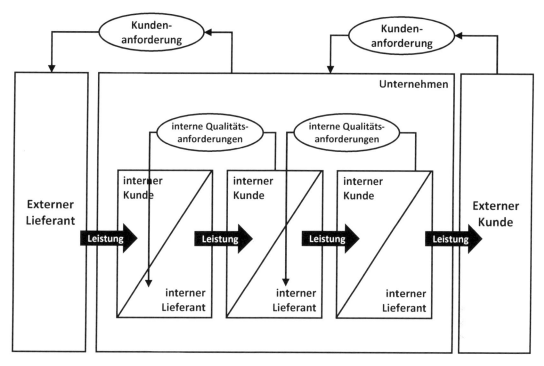

Abb. 4.2 Prozessmodell. (Quelle: Füermann & Dammasch, 2013, S. 343.)

ten und Dienstleistungen versorgt werden. Im Mittelpunkt des Interesses stehen dabei die Kundenorientierung sowie die Erfüllung von Kundenerwartungen. Der Kundenbegriff umfasst sowohl interne als auch externe Kunden (Nagel & Mieke, 2017, S. 156). Falls ein Prozess kritische Erfolgsfaktoren des Unternehmens berührt und den Erfolg des Unternehmens maßgeblich beeinflusst, wird er als **erfolgskritisch** bezeichnet (Bruhn, 2002, S. 75).

⟫ „**Prozessorientierung** bedeutet eine Abkehr von der funktionsorientierten Organisation hin zu einer bereichsübergreifenden Prozessorganisation. Alle Tätigkeiten werden im Kontext unterschiedlicher, aufeinander abgestimmter Prozesse betrachtet" (Herrmann & Fritz, 2016, S. 78).

Das eigentliche Prozessmanagement lässt sich in fünf **Phasen** unterteilen (Füermann & Dammasch, 2013, S. 345–392; Herrmann & Fritz, 2016, S. 83–91; Mayer, 1993, S. 534):

• **Phase 1 – Prozessarbeit vorbereiten:** In der ersten Phase wird die Grundlage für ein erfolg-

reiches Prozessprojekt gelegt. Aus allen betroffenen Unternehmensbereichen sollten Mitarbeiter in das Projektteam aufgenommen werden. Dies reduziert mögliche Widerstände in der Mitarbeiterschaft. Die Geschäftsführung sollte das Projekt in einem größeren Rahmen persönlich vorstellen und somit die Bedeutung des Prozessmanagements und des Projektteams betonen. Das Projektteam plant, koordiniert und kontrolliert die erforderlichen Aufgaben. Beispielsweise handelt es sich dabei um die folgenden Aufgaben: Erfüllung der Kundenanforderungen sicherstellen, ständige Verbesserung des Prozesses, aktuelle Probleme besprechen und lösen, Kennzahlen für den Prozess festlegen, Prozessflussdiagramm erstellen sowie Regeln zur Prozessdurchführung erlassen.

• **Phase 2 – Prozesse beschreiben:** Als nächstes müssen die Unternehmensprozesse und die involvierten Abteilungen bzw. Organisationseinheiten identifiziert werden. Die jeweiligen Prozesse sind sodann, zu beschreiben. Dies kann mittels einfacher verbaler Beschreibungen, beispielsweise in Tabellenform als Prozessgliederungsplan (vgl. dazu auch Tab. 4.6) oder mit-

Tab. 4.6 Auszug aus einem Prozessgliederungsplan in Tabellenform. (Quelle: Füermann & Dammasch, 2013, S. 350)

Entwicklung	• Produktbeschreibung • Konstruktions-FMEA • Montagekonzept • Handmuster fertigen • Prüfplan erstellen • Konzeptwettbewerb für Lieferanten …	Vorgehensweise mit anderen Werken abgleichen!
Beschaffung	• Angebote einholen • Angebote vergleichen • potenzielle Lieferanten auditieren und auswählen • Bestellung aufgeben …	Bei einer wiederholten Beschaffung nur die drei letzten Schritte ausführen!
…	…	…

hilfe von Spezialsoftware erfolgen. Die Spezialsoftware hat den Vorteil, dass sich die Prozessdarstellung mit Datenbanken verknüpfen lässt. So lassen sich Ressourcen, Kosten und Durchlaufzeiten dynamisch zuweisen. Als Ergebnis liegen dann Definitionen und Strukturen sowie Kunden und Ergebnisse der Unternehmensprozesse vor. Darüber hinaus werden auch der Prozessinput erfasst und die jeweiligen Lieferanten beschrieben. Das Ergebnis dieser Phase ist eine Visualisierung der betrachteten Prozesse. Zu den Hauptprozessen eines Unternehmens zählen beispielsweise der Zielplanungs-, der Budgetierungs-, der Produktentwicklungs-, der Beschaffungs-, der Produktions- und der Auftragsabwicklungsprozess.

• **Phase 3 – Prozesse optimieren:** Die Visualisierung der Prozesse bildet die Basis der dritten Phase, der Prozessoptimierung. Für die Prozessoptimierung steht eine ganze Reihe an Verbesserungsregeln zur Verfügung. Konkret handelt es sich dabei um die Verbesserung von Prozessschritten, die Zusammenfassung von Prozessschritten, die Änderung der Reihenfolge der Prozessschritte, die Parallelisierung der Prozessschritte, die Beschleunigung von Prozessschritten, die Automatisierung von ganzen Prozessen oder einzelnen Prozessschritten, das Hinzufügen von Prozessschritten sowie die Eliminierung von Prozessschritten.

• **Phase 4 – Prozesse lenken:** Hier erfolgt die Überführung der Prozessbeschreibungen in die Anwendung. Die entwickelten Soll-Prozesse sind, diszipliniert anzuwenden. Dafür können

die Beteiligten auf gut strukturierte und einfach verständliche Formulare zurückgreifen, die eine enorme Arbeitserleichterung darstellen. Es kann jedoch vorkommen, dass sich nicht alle Soll-Prozesse bzw. -Prozessschritte in der angedachten Art und Weise umsetzen lassen. Dann muss das Projektteam in Phase 2 zurückkehren und die entsprechenden Prozesse bzw. -schritte nochmals überarbeiten.

• **Phase 5 – Prozesse regelmäßig kontrollieren und verbessern:** In dieser Phase werden die Schlüsselindikatoren bzw. Messwerte, die über die Qualität des prozessualen Verlaufs Auskunft geben, einer kontinuierlichen Kontrolle unterzogen. Dabei kann der PDCA-Regelkreis zur Anwendung kommen: Plan = Planen (*„Plane Verbesserungsmaßnahmen mit den Regeln der ständigen Verbesserung. Analysiere Ursachen für die Probleme!"*), Do = Ausführen (*„Erstelle einen Aktionsplan und führe ihn aus!"*), Check = Überprüfen (*„Überprüfe die Maßnahmen anhand von Kennzahlen und Audits!"*) und Act = Anpassen (*„Was haben wir gelernt? Wie können die Verbesserungen selbst verbessert werden?"*).

▶ **„Kernprozesse** bestehen aus einer Verknüpfung zusammenhängender Aktivitäten, Entscheidungen, Informationen und Materialflüssen, die zusammen einen nachhaltigen Wettbewerbsvorteil eines Unternehmens ausmachen. Dies sind meist Prozesse, die den Kunden miteinbeziehen, die Einführung neuer Produkte unterstützen oder der Mitarbeiterentwicklung dienen" (Bruhn, 2002, S. 75).

Wenn sich ein Unternehmen für die Einführung des Prozessmanagements entscheidet, kann es sich an den folgenden **Strategien** orientieren (Mayer, 1993, S. 535):

- Die Einführung sollte *„wohldosiert"* erfolgen. Begonnen werden kann mit Prozessen bzw. Subprozessen, die das größte **Rationalisierungspotenzial** versprechen.
- Den Ausgangspunkt sollten Abteilungen bilden, deren Mitarbeiter sich am ehesten für das Prozessmanagement **begeistern** können bzw. begeistern lassen.
- Darüber hinaus ist es wichtig, mit Abteilungen zu beginnen, die das größte **gemeinsame Interesse** am Prozessmanagement zeigen.
- Prozessmanagement ist **Chefsache**. Daher ist es erforderlich, dass die jeweiligen Führungskräfte die Bedeutung eines kundenorientierten Prozessmanagements erkennen und die Einführung tatkräftig unterstützen.
- Empfehlenswert ist eine **sukzessive Einführung** des Prozessmanagements. So lassen sich positive Erfahrungen der ersten Abteilungen, die das Prozessmanagement bereits eingeführt haben, auf andere Unternehmensbereiche übertragen.

⯈ **Literaturtipp** Füermann, T. & Dammasch, C. (2013): Prozessmanagement, in: Gerd F. Kamiske (Hrsg.): Handbuch QM-Methoden. Die richtige Methode auswählen und erfolgreich umsetzen, 2. Auflage, München: Hanser, S. 341–392.

4.1.4 Kundenorientierte Unternehmenskultur

Der Begriff **Unternehmenskultur** (englisch: **Corporate Culture**) lässt sich als der gesamte Stil des Unternehmens auffassen. Von der Unternehmenskultur hängt es ganz maßgeblich ab, wie die Mitarbeiter des Unternehmens miteinander umgehen und ihre Arbeitswelt wahrnehmen. Die Unternehmenskultur bietet den Mitarbeitern Orientierung. Sie kann jedoch auch Konflikte auslösen und dadurch zum Anlass eines Normenwandels werden (Kyrer, 2001, S. 594).

⯈ **„Unternehmenskultur** ist die Gesamtheit von im Laufe der Zeit in einer Unternehmung entstandenen und akzeptierten Werten und Normen, die über bestimmte Wahrnehmungs-, Denk- und Verhaltensmuster das Entscheiden und Handeln der Mitglieder einer Unternehmung prägen" (Bea & Haas, 2016, S. 465).

Bereits Anfang der 80er-Jahre machten Unternehmen die Erfahrung, dass die Mitarbeiter eines Unternehmens über gemeinsame Werte und Normen verfügen. Dadurch entsteht bei den Mitarbeitern eine Art gemeinsames Weltbild. Eine kundenorientierte Unternehmenskultur zieht kundenorientierte Mitarbeiter an und stößt Mitarbeiter, die nicht kundenorientiert denken und handeln, aus (Kyrer, 2001, S. 594).

Bei der Unternehmenskultur handelt es sich um ein unsichtbares und nicht greifbares Phänomen. Allerdings gibt es jedoch eine ganze Menge an Indikatoren, mit denen sich die Unternehmenskultur beschreiben und beurteilen lässt. Diese Indikatoren, auch als **Artefakte** bezeichnet, bilden das Symbolsystem der Unternehmenskultur. Bea und Haas (2016, S. 466) haben einige Elemente dieses Symbolsystems zusammengestellt:

- **Riten und Rituale:** (Feiern, Jubiläen, Beförderungen, Verabschiedungen, Entlassungen, Ernennung zum *„Verkäufer des Jahres"* oder zum *„Verkäufer des Monats"*),
- **Mythen und Geschichten:** (Pioniere, Gründer, Erfolgsgeschichten und Krisensituationen der Vergangenheit),
- **Corporate Identity:** (Architektur des Gebäudes, Fuhrpark, Druckerzeugnisse, Messestand, Kleidung, Logo),
- **Wahrgenommene Atmosphäre und Leistungen:** (Sprache, Pünktlichkeit, Zuverlässigkeit, Besucherempfang, Prämien, Namensschilder).

Häufig kommt es vor, dass die Mitarbeiter bei der Strategieformulierung vernachlässigt werden. Da Strukturfragen im Vordergrund stehen, werden sie dann lediglich unter die Unternehmenskultur subsumiert. Dies ist äußerst bedenklich. Schließlich steht fest, dass sich die Unternehmenskultur auf die Einstellung der Mitarbeiter und deren Verhalten auswirkt. Damit nimmt sie unmittelbar

Tab. 4.7 Thesen zur Kundenzufriedenheit und -bindung. (Quelle: Homburg, 1999, 875 ff.)

These 1	Kundenbindung ist mehr als Wiederkaufverhalten. Kundenbindung umfasst zusätzlich noch die Weiterempfehlung und das Cross-Buying-Potenzial.
These 2	Kundenzufriedenheit ist die Schlüsselgröße zur Erreichung von Kundenbindung. Trotz ihrer herausragenden Bedeutung ist sie eine notwendige, aber keine ausreichende Voraussetzung für Kundenbindung.
These 3	Kundenzufriedenheitsmanagement lohnt sich nur mit perfektionistischer Einstellung, da sich mittelmäßige Kundenzufriedenheit nicht bezahlt macht.
These 4	Alle Komponenten des Marketing-Mix können zur Steigerung der Kundenbindung eingesetzt werden.
These 5	Dienstleistungen sind in vielen Handelsbetrieben der Schlüssel zur Kundenbindung. Dienstleistungen sind schwerer zu kopieren als Waren.
These 6	Kundenbindungsstrategien und -instrumente können nicht nach dem Gießkannenprinzip funktionieren. Eine Kundenfokussierung ist erforderlich.
These 7	Kundenkarten und Kundenclubs machen langfristig nur Sinn, wenn sie für den Kunden echten Nutzen bringen. Dabei ist der Nutzen für Kundengruppen unterschiedlich.
These 8	Die Messung von Kundennutzen ist die aussagefähigste Basis der Segmentierung. Eine solche Benefit-Segmentierung ist der Schlüssel zur Entwicklung einer Kundenbindungsstrategie.
These 9	Mit Hilfe einer solchen Benefit-Segmentierung sind aussagestarke und praktikable Segmentierungen auch im Zeitalter des *„hybriden"* Konsumenten möglich.
These 10	Nur regelmäßige und systematische Messung von Kundenzufriedenheit und Kundenbindung verschafft diesen beiden Erfolgsfaktoren (Kundenerwartungen und -befragungen) unternehmensintern das notwendige Gewicht.
These 11	Mitarbeiter im Kundenkontakt müssen einen angemessenen Entscheidungsspielraum zur Reaktion auf Kunden haben.
These 12	Kundenbindung setzt Investitionen in die Kompetenz der Mitarbeiter voraus. Mitarbeiter müssen als Potenzial und nicht nur als Kostenblock im Unternehmen gesehen werden.
These 13	Kundenzufriedenheit muss sich für die Mitarbeiter lohnen.
These 14	Entscheidende Bedeutung für hohe bzw. niedrige Kundenbindung hat bereits die Personalauswahl.
These 15	Die Tatsache, dass letztlich der Kunde das Gehalt bezahlt, muss jedem Mitarbeiter präsent sein.
These 16	Die Unternehmenskultur muss von der Überzeugung getragen sein, dass letztlich jeder für den Kunden zuständig ist.
These 17	Kundenbindungsstrategien müssen in eine unternehmensinterne Vertrauenskultur eingebettet sein.
These 18	Kundenbindungsstrategien setzen eine Kultur mit einer gewissen Fehlertoleranz voraus.
These 19	Dienstleistungen müssen fest im Unternehmen verankert sein.
These 20	Kundenbindung muss sich auf eine einfache Organisationsstruktur stützen.
These 21	Die Problematik der Umsetzung von Kundenbindungskonzepten sollte ernst genommen werden. Selbstüberschätzung im Hinblick auf die eigene Leistungsfähigkeit ist gefährlich. Kompetente externe Partner können hier einen wesentlichen Beitrag leisten.

Einfluss auf den Unternehmenserfolg (Brasch et al., 2007, S. 191). Professor Christian Homburg hat die Philosophie der kundenorientierten Unternehmensführung in 21 **Thesen** zusammengefasst, die in Tab. 4.7 wiedergegeben werden.

4.2 Customer Relationship Management (CRM)

4.2.1 Konzept des Customer Relationship Managements

Über die Jahre hinweg werden in Unternehmen IT-Systeme sukzessive weiterentwickelt. Dies führt oft zu sogenannten **Insellösungen**. Daran sind nicht die IT-Systeme schuld, sondern das nicht koordinierte Wachstum der IT-Anforderungen, die vom Management festgelegt werden. Diese Systeme sind betreuungsintensiv und fehleranfällig. Heutzutage sind jedoch abteilungsübergreifende komplexe Datenanalysen gefragt. Nur so lassen sich einzelnen Kunden(prozessen) die Kosten verursachungsgerecht zuordnen. **Customer Relationship Management-Systeme** (CRM) verfolgen die Zielsetzung, die gewachsenen Insellösungen miteinander zu verbinden und auf eine gemeinsame Datenbasis zu stellen (Brasch et al., 2007, S. 413) (Siehe dazu auch Abb. 4.3 und Tab. 4.8).

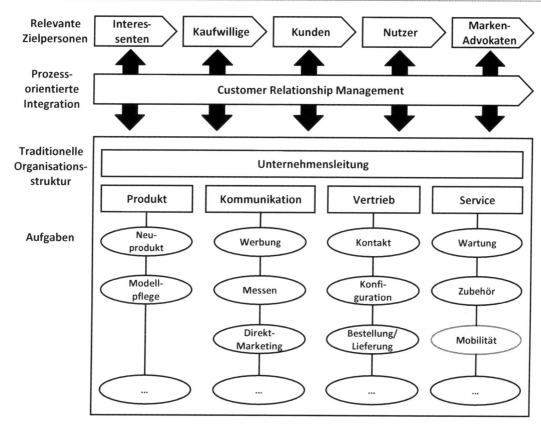

Abb. 4.3 Bezugsrahmen des CRM. (Quelle: Schnauffer & Jung, 2004, S. 17.)

Tab. 4.8 Falschannahmen zum CRM. (Quelle: Stengl et al., 2001, S. 39–46)

1	Das Unternehmen konzentriert sich auf nur einen Bereich, wie z. B. Vertriebsoptimierung, und geht davon aus, dass sich die anderen Bereiche nachziehen lassen.
2	Der erweiterte ROI muss nicht klar definiert werden, es reicht aus, dass sich die Kundenzufriedenheit insgesamt erhöht.
3	Sobald eine CRM-Anwendung oder eine CRM-Suite (ein Bündel aus mehreren CRM-Anwendungen) implementiert ist, ist das CRM-Projekt abgeschlossen.
4	Die Projektleitung sollte sich auf die technischen Aspekte der Implementierung konzentrieren.
5	CRM-Anwendungen müssen auf jeden Fall an die vorhandene IT-Infrastruktur angebunden werden.
6	Pro Kunde existiert ein aktueller und für alle verfügbarer Stammdatensatz.
7	Auf die Daten aus dem Data Warehouse sollten aus Sicherheitsgründen nur die Unternehmensleitung und die IT-Abteilung Zugriff haben.
8	Es reicht aus, wenn der Außendienst jeden Freitag im Büro die aktuellen Daten eingibt.
9	Sobald das Unternehmen sich auf Kundenorientierung fokussiert, verändert sich auch das Verhalten der Mitarbeiter in Richtung Kundenorientierung.
10	Hauptziel einer CRM-Einführung ist es, mehr Kundenkontakte und mehr Kundenaufträge zu erreichen.
11	Durch den Aufbau einer einheitlichen Kundendatenbank wird nur unwesentlich mehr Datenvolumen entstehen als bisher.
12	Die Unternehmensleitung muss das CRM-Projekt nicht aktiv unterstützen, sondern die Initiative geht von der IT-Abteilung aus.
13	Das Projektteam für eine CRM-Einführung muss nicht anders zusammengesetzt werden als alle anderen IT-Projektteams.

▶ „**Customer Relationship Management** (CRM) wird z. T. synonym zu den Begriffen des Kundenbindungsmanagements bzw. des Kundenbeziehungsmanagements bzw. Beziehungsmarketing verwendet. Das CRM umfasst alle auf die aktuellen und potenziellen Beziehungen zwischen Unternehmen und Kunden ausgerichteten (Marketing-)Aktivitäten. CRM stellt somit einen Teilbereich des Beziehungsmanagements dar" (Zentes & Swoboda, 2001, S. 84).

Aus einer Managementperspektive sind die folgenden **Herausforderungen** zu meistern (Schnauffer & Jung, 2004, S. 2):

- **Strategische CRM-Lücken-Analyse:** Damit soll der Status Quo im Unternehmen hinsichtlich des CRMs ermittelt werden. Außerdem erfolgt eine Aufdeckung von Störfeldern (z. B. kann es vorkommen, dass Beschwerden nicht systematisch bearbeitet werden). Basierend auf eine Potenzialbetrachtung werden wichtige CRM-Handlungsfelder bestimmt.
- **Auswahl von CRM-Maßnahmen und CRM-Systemkomponenten:** Mithilfe von Checklisten lassen sich relevante CRM-Maßnahmen und -Systemkomponenten auswählen. Dadurch sollen die identifizierten Potenziale ausgeschöpft werden (z. B. eine DV-gestützte mehrstufige Bearbeitung von Beschwerden).
- **Konsistenzanalyse:** Es müssen die Ergebnisse der CRM-Lückenanalyse den ausgewählten CRM-Maßnahmen und -Systemkomponenten gegenübergestellt werden. Es erfolgt eine Plausibilitäts- und Vollständigkeitsprüfung. Es besteht dabei der Anspruch, dass die CRM-Maßnahmen und -Systemkomponenten gut aufeinander abgestimmt sind.
- **Interdependenzanalyse:** Zentrales Ziel dieser Analyse ist es, prozessuale und technische Interdependenzen aufzudecken (Z. B. die Verknüpfung des Managements der Adressdaten, der Beschwerdedaten sowie der Kundendaten).
- **Bewertung von CRM-Lösungen:** Für die Auswahl geeigneter CRM-Software-Lösungen benötigt das Management des Unternehmens einen Anforderungskatalog, um eine richtige Auswahlentscheidung zu treffen. Mit-

tels eines Scoring-Modells lässt sich die Auswahlentscheidung objektivieren.

Ein erfolgreiches CRM wird sich in mindestens vier Bereichen positiv auswirken (Wehrmeister, 2001, S. 17):

- **Imageverbesserung:** Ein erfolgreiches CRM sorgt für Kundenzufriedenheit durch eine verbesserte Kundenorientierung des Unternehmens. Dies trägt daraufhin zu einer Imageverbesserung bei.
- **Effizienzsteigerung:** Durch die bessere Organisation der Kundenschnittstellen kommt es zu einer korrekten Beantwortung von Kundenanfragen. Das Ergebnis ist eine Effizienzsteigerung des Unternehmens.
- **Neukundengewinnung:** Mithilfe des CRMs wird eine Vielfalt an Interessentendaten aufgenommen und systematisch gespeichert. Dies ermöglicht ein zielorientiertes Marketing zur Neukundengewinnung.
- **Kundenbindung:** Mittels der einzelnen CRM-Komponenten lassen sich aus den Daten, die an den Kundenschnittstellen gesammelt wurden, die Bedürfnisse der Kunden herauslesen. Im Rahmen von CRM-Kampagnen kann gezielt auf diese Kundenbedürfnisse eingegangen werden. Dies stärkt die Bindung der Kunden an das Unternehmen (Tab. 4.8).

4.2.2 Operatives Customer Relationship Management

Im operativen CRM werden Lösungen zusammengefasst, die zur Marketing-, Sales- und Service-Automation genutzt werden können. Diese unterstützen den Dialog des Kunden mit dem Unternehmen sowie alle dafür erforderlichen Geschäftsprozesse (vgl. Wilde, 2006, S. 1165).

Marketing Automation
Die **Marketing Automation** ist dazu gedacht, die kundenbezogenen Geschäftsprozesse im Marketing zu unterstützen. Dabei steht das **Kampagnenmanagement** im Fokus der täglichen Arbeit. Das Kampagnenmanagement soll dem richtigen Kunden, das richtige Informations- und Leistungsan-

gebot, in der richtigen Tonalität über den richtigen Kommunikationskanal und all dies zum richtigen Zeitpunkt vermitteln (Wilde 2006, S. 1166).

Sales Automation
Die CRM-Systeme sind gut dazu geeignet, Routine- und administrative Aufgaben des Vertriebs bzw. Sale-Bereichs zu unterstützen. Konkret handelt es sich um die Termin- und Routenplanung, die Spesenabrechnung, die Besuchsberichtserfassung, die Angebotserstellung, die Wiedervorlage sowie die Verwaltung der Kundendaten (Wilde, 2006, S. 1166).

Service Automation
Die **Sales Automation** richtet sich an den Serviceaußendienst und -innendienst. Auch hier erfolgt eine Unterstützung bei administrativen (Routine-)Aufgaben. Sobald der Außendienstmitarbeiter seine Serviceleistung erbracht hat, erfolgt eine Weiterleitung der Daten an den Innendienst. Sollten sich dabei Cross Selling-Potenziale zeigen, werden die entsprechenden Informationen automatisch an den Vertrieb weitergeleitet. Eine zentrale Aufgabe des Innendienstes ist die Bearbeitung von Kundenbeschwerden. Dabei werden sie durch entsprechende Workflows unterstützt. Zunächst gehen die Beschwerden in eine Beschwerdedatenbank ein und anschließend erfolgt die computerunterstützte Abarbeitung der Beschwerdefälle. Bei technischen Fragen werden die Mitarbeiter durch sogenannte Help Desk-Systeme unterstützt. Handelt es sich dabei um ein bereits bekanntes und idealerweise gelöstes Problem, so kann der jeweilige Mitarbeiter Lösungsvorschläge aus einer Datenbank abrufen (Wilde, 2006, S. 1166–1167).

4.2.3 Analytisches Customer Relationship Management

CRM-Systeme verfolgen das Ziel, die verschiedenen Unternehmensdaten aus IT-Insellösungen (z. B. Computer Aided Selling (CAS), Help Desks, Call Center, Marketing Support, Analysesysteme usw.) in einer zentralen Datenbank (dem Data Warehouse) zusammenzuführen und allen Unternehmensbereichen zur Verfügung zu stellen. Dies verschafft den Mitarbeitern die

Möglichkeit, einen ganzheitlichen Blick auf den Kunden zu werfen. Darüber hinaus wird dadurch ein ganzheitlicher und stimmiger Dialog mit den Kunden ermöglicht (Gawlik et al., 2002, S. 40). So gehören die Aufdeckung von Korrelationen und signifikanten Zusammenhängen bzw. Beziehungen, die Segmentierung und Prognosen zu den wichtigsten Aufgaben des analytischen CRMs (Brasch et al., 2007, S. 417).

Data Warehouse
Mithilfe des **Data Warehouse-Konzeptes** wird der Datenerfassungs- und Datenverarbeitungsaufwand reduziert. Solange die Daten in verschiedenen Datenbeständen gehalten werden, ist eine Aggregation von Kundendaten schwierig. Es kommt außerdem zu einer effektiveren Datenspeicherung sowie zu einer signifikanten Beschleunigung der Übertragungsgeschwindigkeit von Informationen. Zudem kann die Leistungsfähigkeit von integrierten Warenwirtschafts- und Kommunikationssystemen gesteigert werden. Allerdings erfordert der erfolgreiche Einsatz ein gerütteltes Maß an Management-Know-how (Gawlik et al., 2002, S. 41).

Das Data Warehouse muss die folgenden **Anforderungen** erfüllen (Gawlik et al., 2002, S. 41):

- Die Datenbestände sind, **systematisch zu organisieren**, damit eine problemindividuelle Analyse möglich ist.
- Das Data Warehouse muss **zuverlässig** und **aktuell** sein.
- Für die Mitarbeiter sollte der Umgang mit dem Data Warehouse **leicht erlernbar** sein. Dies betrifft insbesondere die Abfragesprache des Data Warehouses.
- Außerdem sind **mehrdimensionale Abfragemöglichkeiten** zwingend erforderlich.
- Zudem muss sich das Data Warehouse in ein **Management-Informationssystem** (MIS) integrieren lassen.

In einem Data Warehouse werden unterschiedliche **Kundendaten** vorgehalten (Gawlik et al., 2002, S. 43; Rudolph & Rudolph, 2000, S. 82). Dazu zählen u. a.:

- **Grunddaten:** Dies sind Daten, die der Identifikation und Kundenbeschreibung dienen: Kontaktdaten, geografische Informationen, soziodemografische Daten, psychografische Daten, Merkmale des Kaufverhaltens sowie der Lifestyletyp u. ä.
- **Potenzialdaten:** Gespeichert werden produktgruppen- und zeitpunktbezogene Anhaltspunkte, die Aussagen über das kundenindividuelle Nachfragevolumen erlauben: Kundenklassifizierung (A-, B- oder C-Kunde), leistungsspezifischer Gesamtbedarf (Lifetime Value), Zeitpunkte des Bedarfs, Positionierung im Kundenportfolio u. ä.
- **Aktionsdaten:** Hier geht es um die Historie der kundenspezifischen Marketingmaßnahmen: Informationen über jegliche (Kommunikations-)Aktivitäten (z. B. gewählter Kommunikationskanal, Häufigkeit der Aktivitäten usw.) bezüglich des Kunden u. ä.
- **Reaktionsdaten:** Diese Daten können in ökonomische und nicht-ökonomische Daten unterschieden werden. Zu den ökonomischen Daten zählen die Umsatzhöhe und -struktur, Kaufzeitpunkte u. ä. Dagegen werden Anfragen, Kenntnisse, Beschwerden und die Dauer der Kundenbeziehung u. ä. zu den nicht-ökonomischen Daten gezählt.

Online Analytical Processing (OLAP)
Durch das **Online Analytical Processing** (OLAP) wird das (Marketing-)Management mit integrierten, konsistenten Daten versorgt. Das OLAP kann man sich als Software vorstellen, die basierend auf dem Data Warehouse Abfragen erstellt und die gewonnenen Erkenntnisse tabellarisch oder als Grafik zur Verfügung stellt (Gawlik et al., 2002, S. 44; Schwetz, 2000, S. 228).

▶ „Das **Online Analytical Processing** (OLAP) ist eine Option der Datenexploitation im Data Warehouse, in deren Mittelpunkt die benutzergesteuerte Erkundung eines mehrdimensionalen Datenbestandes besteht" (Decker & Wagner, 2001, S. 1220).

Im OLAP gibt es eine grundlegende Metapher, den mehrdimensionalen **Datenwürfel**. Da-

rin können die Nutzer frei navigieren. Wird von einer *gröberen* auf eine *feinere* Detaillierungsebene navigiert, wird dies als *„drill-down"* bezeichnet. Der umgekehrte Fall, das Zusammenfassen von Objekten mit den selben Attributen, wird *„drill-up"* oder *„roll-up"* genannt. Der Nutzer kann den Datenwürfel auch in verschiedene Schichten zerlegen (*„slice"*) oder ihn drehen und kippen (*„dice"*). Diese Operationen lassen sich auch bei einem sehr großen Datenbestand durchführen (Decker & Wagner, 2001, S. 1220).

Data Mining
Im Mittelpunkt des Interesses des **Data Minings** steht die Analyse von Interdependenzen zwischen den in einem Data Warehouse gespeicherten Daten. Dabei geht es um die Aufdeckung bisher unbekannter Zusammenhänge. Dazu bedient sich das Data Mining der unterschiedlichsten multivariaten statistischen Verfahren (z. B. der multiplen Regressionsanalyse oder der Clusteranalyse). In diesem Kontext geht es um die folgenden Fragestellungen (Gawlik et al., 2002, S. 44):

- *Welche der unzufriedenen Kunden sind abwanderungsgefährdet?*
- *Bei welchen Kunden lohnen sich Rückgewinnungsmaßnahmen?*

▶ „Das **Data Mining** ist ein Prozess zum Entdecken und Extrahieren unbekannter, nicht-trivialer und wichtiger Informationen aus großen und sehr großen Datenbeständen" (Rudolph & Rudolph, 2000, S. 144).

Es lassen sich insgesamt fünf **Arbeitsschritte** des Data Mining identifizieren (Gawlik et al., 2002, S. 44–45):

- Stichprobenbildung (optional) und Bereitstellung von Trainings-/Testdaten
- Exploration (Auswahl der Variablen, Gruppierung und Visualisierung)
- Datenmodifikation und -transformation
- Modellbildung (z. B. mittels neuronaler Netze, Entscheidungsbäumen oder Assoziationsanalysen)
- Qualitative Modellbewertung

4.2.4   Kollaboratives Customer Relationship Management

Kunden entscheiden heute je nach Situation und Laune, über welche (Kommunikations-)Kanäle sie mit dem Unternehmen Kontakt aufnehmen wollen. Dabei ist es von besonderer Bedeutung, dass der jeweilige Kundenbetreuer auf die Kundenhistorie zugreifen kann. Das CRM-System muss daher dem Kundenbetreuer alle relevanten Kundendaten zur Verfügung stellen. Dieses CRM-Konzept wird kollaboratives CRM genannt. Damit ist es auch möglich, externen Vertriebspartnern aktuelle Kundendaten zu liefern. So wird mithilfe des kollaborativen CRM der Datenaustausch über die Unternehmensgrenzen hinweg sichergestellt. Dabei wird auf konsistente und aktuelle Kundendaten geachtet (Brasch et al., 2007, S. 415).

➤ „Das **kollaborative CRM** erweitert den Aktionsradius vom Kundenbindungsmanagement über die unmittelbar kundenbezogenen Bereiche Marketing, Vertrieb und Service hinaus und bezieht die übrigen Funktionsbereiche der Organisation stärker mit ein" (Schnauffer & Jung, 2004, S. 27).

Um zu verhindern, dass die sehr rechenintensiven Arbeitsschritte des analytischen CRM die Performance des CRM-Systems beeinträchtigen, ist eine **strikte Trennung** von operativen analytischen Prozessen erforderlich. Daher wird das Data Warehouse von den operativen Systemen getrennt. Es stellt die Markt-, Unternehmens- und Kundendaten dem analytischen CRM zur Verfügung, ohne die operativen Prozesse zu beeinträchtigen (Brasch et al., 2007, S. 417).

4.2.5   Social Customer Relationship Management

Über soziale Medien werden heute schon viele reale Beziehungen zwischen den Kunden und ihrem Freundes- und Bekanntenkreis abgebildet. Hinzu kommt, dass auch die Meinungen und Einstellungen gegenüber Produkten und Dienstleistungen im Social Web kommuniziert werden (Schmidt, 2021, S. 128).

Vor diesem Hintergrund identifiziert Schmidt (2021, S. 129–130) verschiedene **Potenziale** des Social CRM, die Unternehmen für den Dialog mit ihren Kunden nutzen können:

- **Social Marketing:** Dazu zählt das Kampagnenmanagement in sozialen Kanälen, das Empfehlungsmarketing in sozialen Netzwerken und das virale Marketing.
- **Social Sales:** Einige Aktivitäten des Sales Bereichs können optimiert oder gar erst möglich gemacht werden. Zu nennen ist beispielsweise die Generierung von Leads aus den Beziehungsinformationen in sozialen Netzwerken.
- **Social Service:** Um zu ermöglichen, dass Kunden nach dem Kauf ihre Erfahrungen mit den Produkten und Dienstleistungen untereinander austauschen können, bietet sich der Aufbau einer Marken-Community an. Dort können, gemeinsam mit den Servicekräften, Lösungen für Probleme gefunden werden.
- **Social Open Innovation:** Hierbei geht es um die Integration der Kunden in Forschungs- und Entwicklungsprozesse. Es sollen die Kundenanforderungen erhoben und für die Entwicklung neuer Produkte und Dienstleistungen genutzt werden.

4.2.6   Mobile Customer Relationship Management (mCRM)

Im Rahmen des **mCRM** wird das klassische CRM um mobile Technologien erweitert. Dadurch ergeben sich ganz neue Möglichkeiten der Nutzeransprache. Außendienstmitarbeiter können bei einem Termin beim Kunden vor Ort mobil auf die Unternehmensdatenbank zugreifen und gemeinsam mit dem Kunden ein optimales Angebot erarbeiten. Darüber hinaus lassen sich Endkunden direkt am Point of Sale ansprechen und mithilfe von Rabatt-Coupons zum Kauf motivieren. Als mobile Endgeräte kommen vor allem Smartphones, Laptops und Tablets infrage. Alle Endgeräte haben eine unterschiedliche Leistungsfähigkeit und sind mit Vor- und Nachteilen (z. B. der relativ kleine Bildschirm von Smartphones) verbunden, die es bei der Ausgestaltung mobiler Kampagnen zu berücksichtigen gilt. Insbesondere wenn Techniker vor Ort beim Kunden sind, lässt sich eine hohe Kundenzufriedenheit erzielen: Das Kundenproblem wird durch das mobile Endgerät erfasst. Die Lösung wird unmittelbar aus der Datenbank in der Unternehmenszentrale übertragen und das Problem sofort gelöst (Schmidt, 2021, S. 131–132).

4.3 Kundenorientiertes Erwartungsmanagement

4.3.1 Konzept des kundenorientierten Erwartungsmanagements

Die Qualität der Unternehmensleistungen stellt einen zentralen Wettbewerbsfaktor dar. Daher fokussieren sich die Marketingwissenschaft und -praxis auf Managementkonzepte, die eine hohe (Dienstleistungs-)Qualität bewirken sollen. Dabei stehen die **Kundenerwartungen** im Mittelpunkt des Interesses (siehe dazu auch Tab. 4.9). Da die Kundenerwartungen (Soll-Komponente) ein wesentlicher Bestandteil des CD-Paradigmas sind, ist ein gezieltes Erwartungsmanagement gefragt. Die Zielsetzung des Erwartungsmanagements besteht darin, bei den Kunden realistische Erwartungen zu erzeugen, die anschließend mit den Produkten und Dienstleistungen des Unternehmens erfüllt werden können (Bruhn & Georgi, 2000, S. 185).

▷ „Die **Erwartung** eines Individuums stellt einen psychologischen Zustand dar, der sich auf zukünftige Verhaltenskonsequenzen für das Individuum bezieht" (van Raaij, 1991, S. 401 f., zitiert nach Bruhn & Georgi, 2000, S. 187).

Innerhalb der Erwartungen kann noch in **prädiktive** und **normative Erwartungen** unterschieden werden.

Definition „**Prädiktive Erwartungen**, über die in der Zufriedenheitsforschung argumentiert wird, haben antizipierenden Charakter, indem der Kunde durch sie zum Ausdruck bringt, welches Leistungsniveau er vor Inanspruchnahme der Leistung vorhersieht bzw. für wahrscheinlich hält" (Oliver, 1980, S. 460; Cadotte et al., 1987, S. 305; Tse & Wilton, 1988, S. 205, alle zitiert nach Bruhn & Georgi, 2000, S. 187).

„**Normative Erwartungen**, deren Konzeptionalisierung auf die Dienstleistungsqualitätsforschung zurückzuführen ist, stellen eine Forderung des Kunden an den Dienstleister dar und bezeichnen das Leistungsniveau, das der Kunde vom Unternehmen verlangt" (Parasuraman et al., 1988; Teas, 1993, S. 19, beide zitiert nach Bruhn & Georgi, 2000, S. 187).

Neukundenakquise (Recruitment)
Im Rahmen der Neukundenakquise sind hohe prädiktive Erwartungen zu initiieren. Darüber hinaus sind in dieser Phase des Kundenlebenszyklus relative hohe normative Erwartungen anzu-

Tab. 4.9 Erwartungsmanagement im Kundenbeziehungslebenszyklus. (Quelle: Bruhn & Georgi, 2000, S. 194)

Erwartungs-typen	3 R des Relationship Marketing				
	Neukundenak-quise (Recruitment)	Kundenbindung (Retention)		Kundenrückgewinnung (Recovery)	
		Zufriedene Kunden	Unzufriedene Kunden	Zufriedene Kunden	Unzufriedene Kunden
Steuerung der prädiktiven Erwartungen	↑ Begründung: Steigerung der Kaufabsicht	↗ Begründung: Wiederwahl durch hohe Qualität	↑ Begründung: Steigerung der Wiederwahl-absicht	↑ Begründung: Steigerung der Wiederwahlabsicht	↑ Begründung: Steigerung der Wiederwahl-absicht
Steuerung der normativen Erwartungen	↗ Begründung: Schaffung einer Wettbewerbs-barriere	↘ Begründung: Sicherstellung langfristiger Kunden-zufriedenheit	↓ Begründung: Erhöhung des Erfüllbarkeits-grades	↗ Begründung: Schaffung einer Wettbewerbsbarriere	↓ Begründung: Erhöhung des Erfüllbarkeits-grades

streben, um es der Konkurrenz zu erschweren, potenzielle Kunden zufrieden zu stellen (Bruhn & Georgi, 2000, S. 194).

Kundenbindung (Retention)
Innerhalb des Konstrukts der Kundenbindung ist zwischen zufriedenen und unzufriedenen Kunden zu unterscheiden. Um zufriedene Kunden an das Unternehmen zu binden, ist es nicht erforderlich, die prädiktiven Erwartungen zu erhöhen, da hier bereits eine hohe wahrgenommene Dienstleistungsqualität besteht. Die normativen Erwartungen sollten dagegen etwas reduziert werden. Dadurch lässt sich die Zufriedenstellung der Kunden auf der Erwartungsseite absichern. Im Falle von unzufriedenen Kunden zeigt sich ein etwas anderes Bild. Um unzufriedene Kunden an den Anbieter zu binden, sind hohe prädiktive Erwartungen wünschenswert. Schließlich besteht hier eine negative wahrgenommene Dienstleistungsqualität und es sind negative Verhaltensabsichten zu kompensieren. Die normativen Erwartungen sind dagegen zu reduzieren. So lässt sich eine höhere wahrgenommene Dienstleistungsqualität bei der nächsten Servicetransaktion erzielen (Bruhn & Georgi, 2000, S. 194).

Kundenrückgewinnung (Recovery)
Auch bei der Kundenrückgewinnung muss zwischen zufriedenen und unzufriedenen Kunden differenziert werden. Zunächst erfolgt eine Betrachtung der abgewanderten bzw. abwanderungsgefährdeten zufriedenen Kunden. Diese beurteilen zwar die wahrgenommene Dienstleistungsqualität als positiv, zeigen jedoch keine positiven Verhaltensabsichten. Dies soll durch eine Steigerung der prädiktiven Erwartungen positiv beeinflusst werden. Außerdem sind hohe normative Erwartungen anzustreben. Diese können durch die eigene Unternehmensleistung erfüllt werden und stellen gleichzeitig eine Wettbewerbsbarriere dar. Will man dagegen unzufriedene Kunden zurückgewinnen, dann sind hohe prädiktive Erwartungen anzustreben. Dagegen sollten die normativen Erwartungen geringer ausfallen. Dies ist deshalb so wichtig, da die normativen Erwartungen beim letzten Servicekontakt nicht erfüllt wurden (Bruhn & Georgi, 2000, S. 194).

Bruhn und Georgi (2000, S. 194) heben hervor, dass das anzustrebende Niveau der normativen Erwartungen sehr stark von der Zyklusphase und dem Grad der Kundenzufriedenheit abhängt. Daher kann nicht gefordert werden, dass die prädiktiven Erwartungen immer hoch und gleichzeitig die normativen Erwartungen immer niedrig sein sollten.

4.3.2 Maßnahmen des kundenorientierten Erwartungsmanagements

Bei der Strukturierung der Maßnahmen des Erwartungsmanagements orientieren sich Bruhn und Georgi (2000, S. 194–195) am sogenannten **VIP-Modell** (vgl. dazu Tab. 4.10).

Tab. 4.10 VIP-Modell des Erwartungsmanagements. (Quelle: Bruhn & Georgi, 2000, S. 186)

Art der Erwartungs-steuerung	Maßnahmen		
	V Serviceversprechen	I Serviceinformation	P Serviceperformance
Direkte Erwartungssteuerung	Direkte Serviceversprechen Beispiel: Einseitige Unternehmenskommunikation	Direkte Serviceinformation Beispiel: Zweiseitige Kommunikation	Direkte Serviceperformance Beispiel: Zufriedenstellung aktueller Kunden
Indirekte Erwartungssteuerung	Indirekte Serviceversprechen	Indirekte Serviceinformation	Indirekte Serviceperformance
	Beispiel: Tangible Leistungselemente, Preis	Beispiel: Unpersönliche Mund-zu-Mund-Kommunikation durch Öffentlichkeitsarbeit	Beispiel: Positive Mund-zu-Mund-Kommunikation durch Zufriedenstellung aktueller Kunden

Direkte und indirekte Serviceversprechen

Durch Serviceversprechen erfolgt eine Beschreibung von Leistungsmerkmalen mittels derer sich der potenzielle Kunde ein (positives) Bild von der entsprechenden Leistung machen kann. Dabei wird in direkte und indirekte Serviceversprechen unterschieden. Für die **direkten Serviceversprechen** eignen sich vor allem die Medien der Massenkommunikation. Beispielsweise könnte die Autovermietung Sixt ihren Kunden kommunizieren, dass sie ihnen nur die besten Autos anbietet. Dadurch werden die prädiktiven Erwartungen positiv beeinflusst, da der Kunde annimmt, dass das gemietete Fahrzeug seinen Erwartungen entspricht. Außerdem führt dies zu einer Steigerung der normativen Erwartungen. Schließlich wird der Kunde jetzt auch von der Autovermietung ein einwandfreies Fahrzeug fordern. Die **indirekten Serviceversprechen** (beispielsweise signalisiert durch einen hohen Preis) wirken in einer vergleichbaren Richtung. Ein hoher Preis wird von den Kunden mit einer einwandfreien Leistung in Verbindung gebracht. Das Unternehmen signalisiert den Kunden damit, dass es eine einwandfreie Leistung erbringen wird (Erhöhung der prädiktiven Erwartungen). Sollten allerdings Leistungsmängel auftreten, werden diese, bedingt durch die hohen normativen Erwartungen, von den Kunden entsprechend kritisch bewertet (Bruhn & Georgi, 2000, S. 194–195).

Direkte und indirekte Serviceinformationen

Mithilfe der Serviceinformationen soll sich der Kunde ein (realistisches) Bild von den Unternehmensleistungen machen. In einem Beratungsgespräch könnte ein Berater eines Finanzinstituts den Kunden über die relativ niedrigen Zinsen einer dafür sehr sicheren Geldanlage informieren (**direkte Serviceinformation**). Entspricht dies den Präferenzen des Kunden, wird er sich für die Geldanlage und damit für das Finanzinstitut entscheiden (prädiktive Erwartungen). Gleichzeitig prägt dies die normativen Erwartungen. Daher wird der Kunde die entsprechende Verzinsung vom Finanzinstitut verlangen. Liest dieser Kunde in der Zeitung einen Artikel über die entsprechende Geldanlage, der durch die Public-Relations-Abteilung angestoßen wurde (**indi-**rekte **Serviceinformation**), so prägt dies die Vorstellungen des Kunden und seine prädiktiven Erwartungen. Gleichzeitig wird der Kunde das Finanzinstitut anhand der Aussagen in dem gelesenen Artikel beurteilen (normative Erwartungen) (Bruhn & Georgi, 2000, S. 195).

Direkte und indirekte Serviceperformance

Die durch den Kunden wahrgenommene Dienstleistungsqualität kann auch als Serviceperformance bezeichnet werden. Im Rahmen der **direkten Serviceperformance** macht der Kunde selbst konkrete Erfahrungen mit den Dienstleistungen des Anbieters. Dies prägt in der Folge seine Erwartungshaltung. Basierend auf diesen Erfahrungen geht der Kunde in der Zukunft davon aus, dass die Unternehmensleistung seinen Erwartungen entspricht (prädiktive Erwartungen). Eine hohe wahrgenommene Dienstleistungsqualität beeinflusst zudem die normativen Erwartungen. Es kann daher zu einer gesteigerten Erwartungshaltung des Kunden kommen. Diese gesteigerte Erwartungshaltung hat der Kunde gegenüber dem ursprünglichen Unternehmen und wendet sie auch auf Konkurrenzunternehmen an. Eine **indirekte Serviceperformance** ist dann gegeben, wenn die Erwartungen des Kunden durch Berichte von Freunden und Bekannten über ihre Erfahrungen beeinflusst werden. Gerade in Zeiten von Social Media hat die Bedeutung der Mund-zu-Mund-Kommunikation stark zugenommen (Bruhn & Georgi, 2000, S. 195).

4.4 Kundenorientiertes Qualitätsmanagement

4.4.1 Konzept des kundenorientierten Qualitätsmanagements

Zunächst wurden in den 70er-Jahren in Japan Qualitätsmanagementkonzepte eingeführt. Danach folgten die USA und Europa. Als **Gründe** sind zu nennen (Simon, 2009, S. 190):

- neue Rechtsvorschriften zur Produkthaftung der Hersteller,

- neue Rechtsvorschriften zur Arbeitssicherheit,
- neue Rechtsvorschriften zum Umweltschutz,
- der Wettbewerb mit der fernöstlichen Konkurrenz,
- die Internationalisierung bzw. Globalisierung der Wirtschaft,
- der zunehmende Kostendruck sowie
- eine gestiegene Erwartungshaltung der Kunden.

Im Rahmen des **Qualitätsmanagements** werden Qualitätsziele bestimmt, Maßnahmen und Schritte zu deren Erreichung festgelegt sowie durchgeführt und die entsprechenden Ergebnisse überprüft (Kappeller & Mittenhuber, 2003, S. 302).

» „**Total Quality Management (TQM)** ist eine auf der Mitwirkung jeglichen Personals in allen Stellen und Hierarchieebenen beruhende Führungsmethode einer Organisation, die Qualität in den Mittelpunkt stellt und durch Zufriedenstellung der Kunden auf langfristigen Geschäftserfolg sowie auf Nutzen für die Mitglieder der Organisation und für die Gesellschaft zielt" (Weigert & Pepels, 1999, S. 575).

Nach Simon (2009, S. 190–191) umfasst der **moderne Qualitätsbegriff** die folgenden **Aspekte**:

- Qualität ist nicht auf die Produktqualität beschränkt, sondern umfasst die **Gesamtleistung** des Unternehmens.
- Qualität geht über die Produktion hinaus und betrifft den **gesamten Unternehmensprozess**.
- Qualität ist **Chefsache**, d. h. die Unternehmensführung muss im Qualitätsmanagement eine gestalterische Aufgabe sehen und dafür die Verantwortung übernehmen.
- Jeder Mitarbeiter muss die **Qualitätsphilosophie** verinnerlichen und ein ausgeprägtes **Qualitätsverständnis** entwickeln und sich für die Qualität der Produkte und Dienstleistungen engagieren.
- Mithilfe der Qualität können sich Unternehmen vom **Wettbewerb differenzieren**. Damit bekommt der Qualitätsbegriff eine strategische Ausrichtung.

- Qualität steht in einer **Wechselwirkung** mit den **Kosten** und der **Zeit**. Eine Spitzenqualität ergibt sich aus der Qualität der Leistungsprozesse und der strategischen Ausrichtung des Qualitätsmanagements. Dadurch wird eine hohe Schnelligkeit und Flexibilität des Unternehmens erreicht, die in der Folge zu einer Kostensenkung führen.

Freiling (2001, S. 1452–1453) hat für das Qualitätsmanagement wichtige **Implementierungsgrundsätze** zusammengestellt:

- **Information:** Wenn das Qualitätsmanagement in einem umfassenden Sinne verstanden wird, betrifft es die Arbeit eines jeden Mitarbeiters sowie die Zusammenarbeit der verschiedenen Abteilungen. Soll in einem Unternehmen ein Qualitätsmanagement eingeführt oder neu ausgerichtet werden, so erfordert dies eine intensive interne Kommunikation, die nur mithilfe moderner Informationssysteme zu leisten ist.
- **Institutionalisierung:** Das Qualitätsmanagement hat Auswirkungen auf die Aufbau- und Ablauforganisation eines Unternehmens. Durch entsprechende Regelungen soll ein reibungsloser Ablauf des Qualitätsmanagements gewährleistet werden, ohne dabei zu bürokratisch zu agieren. Als nützlich haben sich interne Know-how-Zentren, die Bereitstellung von Moderatoren und Qualitäts-Trainern, die dauerhafte bzw. situative Bildung von Kleingruppen, Task Forces, Qualitätszirkeln und Lernstätten erwiesen.
- **Integration:** Um die Qualität eines Unternehmens zu verbessern, sind interdisziplinäre Qualitätsteams erforderlich. Dadurch wird die fachübergreifende Zusammenarbeit (z. B. von Ingenieuren und Marketingmanagern) gefördert. Das Konzept des internen Kunden bzw. der internen Kunden-Lieferanten-Beziehung kann sicherstellen, dass der Qualitätsgedanke entlang der gesamten Wertschöpfungskette gelebt wird.
- **Incentives:** Qualitätsorientiertes Verhalten ist keine Selbstverständlichkeit. Als Anreize kommen monetäre und nicht-monetäre Incen-

tives infrage. Nachteil an monetären Incentives ist, dass sie nur kurzfristig wirksam sind. Besser geeignet sind daher nicht-monetäre Anreize (wie z. B. die Auszeichnung „*(Qualitäts-)Mitarbeiter des Monats*")).

- **Investition:** Die Einführung eines unternehmensweiten Qualitätsmanagements ist zunächst mit hohen Anfangskosten verbunden. Daher sollte das Qualitätsmanagement als Investition in den Absatzmarkt verstanden werden. Erst später sind Einzahlungsüberschüsse zu erwarten. Dies sollte bei der Finanzplanung und Budgetierung sowie der Erfolgsbeurteilung des Qualitätsmanagements Berücksichtigung finden.

Innerhalb des Qualitätsmanagements haben sich verschiedene **Konzepte** und **Instrumente** herausgebildet (Walgenbach, 2006, S. 4892–4895; Weigert & Pepels, 1999, S. 86):

- **Betriebliches Vorschlagswesen:** Beim betrieblichen Vorschlagswesen handelt es sich um ein System für die organisatorische Bearbeitung und Belohnung von erfolgreich umgesetzten Verbesserungsvorschlägen, die von Mitarbeitern vorgebracht werden. Dadurch sollen die Unternehmensleistungen kontinuierlich verbessert werden.
- **Lernstatt und Qualitätszirkel:** Qualitätszirkel haben durch den enormen Erfolg der japanischen Industrie in den 1970er- und 1980er-Jahren mittlerweile eine weite Verbreitung gefunden. Für die Einrichtung eines Qualitätszirkels ist es erforderlich, dass sich eine begrenzte Zahl an Mitarbeitern aus unteren Hierarchieebnen dauerhaft und auf freiwilliger Basis trifft, um qualitätsrelevante Themen zu diskutieren sowie Verbesserungsmaßnahmen für ihren persönlichen Arbeitsbereich zu entwickeln.
- **Kaizen – kontinuierliche Verbesserung:** Im Rahmen des Kaizen werden die Idee des betrieblichen Vorschlagswesens sowie der Lernstatt und der Qualitätszirkel aufgegriffen und strategisch ausgerichtet. Beim Kaizen geht es nicht um den großen Wurf, sondern um (viele) kleine Verbesserungsschritte. Ein Wesensmerk-

mal dieser Managementphilosophie ist deren Kontinuität. Dadurch sollen Produkte, Dienstleistungen und alle Prozesse im Unternehmen kontinuierlich und systematisch verbessert werden. Hierfür arbeiten abteilungsübergreifende Teams zusammen. Der Erfolg des Kaizens hängt darüber hinaus ganz wesentlich von der organisatorischen Einbettung ab.

- **DIN ISO 9000:2015:** Mit dieser Norm werden die grundlegenden Konzepte, Grundsätze und Begriffe des Qualitätsmanagements beschrieben (www.din.de).
- **Benchmarking:** Benchmarking und Qualitätswettbewerbe zählen zu den flexibleren und dynamischeren Instrumenten des Qualitätsmanagements. Beim Benchmarking kann intern ein Vergleich mit anderen Standorten, Abteilungen oder Filialen stattfinden. Sehr verbreitet ist das externe Benchmarking, bei dem sich unabhängige Unternehmen einer Branche oder verschiedener Branchen miteinander vergleichen, um voneinander zu lernen.
- **Qualitätswettbewerbe:** 1988 wurde die European Foundation for Quality Management (EFQM) gegründet und der European Quality Award ins Leben gerufen. Als Bewertungsgrundlage wird das sogenannte EFQM-Modell verwendet. Anhand der aufgeführten Kriterien werden Unternehmen gemessen, die sich um den European Quality Award bewerben. Dabei kann ein Unternehmen maximal 1000 Punkte erzielen. Aber auch nur für den Fall, dass es alle Bewertungskriterien optimal erfüllt. Das Gewinnerunternehmen erhält eine Trophäe. In diese wird der Name des Unternehmens eingraviert.

4.4.2 Benchmarking

Der wirtschaftliche und technische Wettbewerb zwingt die Unternehmen dazu, ihre Produkte und Dienstleistungen ständig zu verbessern. Darüber hinaus müssen sie einen Weg finden, wie sie sich von ihren Konkurrenten absetzen bzw. differenzieren können (vgl. Sabisch & Tintelnot, 1997, S. 11). Mithilfe dieses managementorientierten Verfahrens lassen sich „*Best Practices*" identifizieren.

Dadurch werden der Abstand bzw. die Leistungslücke der eigenen Produkte und Dienstleistungen zum Wettbewerb deutlich. Ziel ist eine Verbesserung der eigenen Leistungen hin zu einer exzellenten Produkt- bzw. Dienstleistungsqualität (vgl. Bruhn, 2008, S. 192). Dabei dienen die Best Practices als Orientierungspunkt bzw. *„Benchmarks"*. Um keine Best Practices zu übersehen, wird Benchmarking in der Regel branchenübergreifend betrieben (vgl. Freiling, 2001, S. 137).

➤ **„Benchmarking:** Je nach Handhabung analytisches, reaktives Instrument bzw. mehrstufiger, proaktiver Prozess zur kontinuierlichen Verbesserung von Produkten und Prozessen durch Vergleich der eigenen Leistungen mit denen der auf dem Vergleichsgebiet führenden Unternehmung. Mithilfe des Benchmarking sollen permanent Ansatzpunkte zur Steigerung der Wettbewerbsfähigkeit lokalisiert werden, wobei keine isolierte, sondern eine umfassende Betrachtung erfolgt" (Corsten, 2000, S. 108).

Die Benchmarking-Philosophie ist in Tab. 4.11 in Form von fünf Thesen zusammengefasst.

In Tab. 4.12 werden die **Funktionen** des Benchmarkings in Frageform veranschaulicht.

Das Benchmarking hat sich im Laufe der letzten Jahrzehnte immer weiterentwickelt (vgl. dazu Tab. 4.13).

Um die Potenziale des Benchmarkings zu realisieren, muss das Management die folgenden **Aspekte** beachten und in **Besprechungen auf Führungsebene** thematisieren (Watson, 1993, S. 40):

- Es muss eine **strategische Auswahl** an Benchmarking-Themen und Benchmarking-Partnern erfolgen.
- Die Benchmarking-Erkenntnisse sind mit anderen wettbewerbsorientierten Informationen zu **verknüpfen**. Dadurch lässt sich ein möglichst genaues Bild der Unternehmenszukunft zeichnen.
- Das Management muss darauf bedacht sein, dass die **Preisgabe von geistigem Eigentum verhindert wird**. Nicht alle betroffenen Mitarbeiter wissen, was geschützt werden sollte und was nicht bzw. warum gerade diese Informationen an die Benchmarking-Partner weitergegeben werden können.
- Darüber hinaus müssen angemessene **Zielsetzungen zur Unternehmensentwicklung** formuliert sowie Änderungsstrategien festgelegt werden, mit deren Hilfe diese Ziele erreicht werden können.

Tab. 4.11 Benchmarking in der Unternehmenspraxis – Fünf Thesen. (Quelle: Töpfer, 1997, S. 5–8)

1. These	Benchmarking erzeugt Handlungsdruck: Dass etwas getan werden muss! - Erkennen, dass Verbesserungsbedarf besteht - eigene Defizite aufdecken und analysieren - mit Zahlen und Fakten belegen
2. These	Benchmarking legt die Messlatte höher: Wieviel verbessert werden muss! - am Branchenbesten orientieren - Vergleichbarkeit sicherstellen - angestrebtes Zielniveau und Etappenziele festlegen
3. These	Benchmarking schafft Vertrauen in das Erreichte: Dass es geschafft werden kann! - das Mögliche und Machbare erkennen - intern die „*Truppen*" auf das Ziel einschwören - den gangbaren Weg verstehen
4. These	Benchmarking ist ein sportlicher Wettkampf: Wie es gemacht werden muss! - durch echte Daten Fairness zeigen - Vorgehen und Instrumente konsequent anwenden - durch wiederholte Anstrengung Champion werden
5. These	Benchmarking ist „*Stealing with pride*": Bereitschaft zum Erfahrungsaustausch auch mit Wettbewerbern! - veränderte Kommunikation und Kooperation durch Bereitschaft, Erfahrungen an andere weiterzugeben - veränderte Unternehmenskultur durch Bereitschaft, Erkenntnisse anderer zu übernehmen - Weitergabe von Ergebnis und Weg erzeugt Handlungsdruck zum eigenen Besserwerden

Tab. 4.12 Funktionen des Benchmarkings. (Quelle: Sabisch & Tintelnot, 1997, S. 14)

Funktion	Zu beantwortende Frage
Mess- und Maßstabsfunktion	- *Wo steht das Unternehmen im Vergleich zur Konkurrenz und zu anderen Unternehmen?* - *Was sind die weltbesten Problemlösungen (im Sinne von Benchmarks und als objektiver Bewertungsmaßstab)?* - *Was werden in Zukunft die besten Problemlösungen sein?*
Erkenntnisfunktion	- *Was machen andere Unternehmen besser oder schlechter als das eigene Unternehmen?* - *Weshalb ist etwas besser oder schlechter, was sind die Ursachen dafür?* - *Was können wir von anderen übernehmen (bewährte Gesamtlösungen, Teillösungen, Methoden)?* - *Welche Anpassungen bewährter Vergleichslösungen sind möglich oder notwendig?* - *Wie können Bestlösungen oder andere Vergleichslösungen als Ausgangspunkt für eigene kreative Problemlösungen genutzt werden?*
Zielfunktion	- *Welche Veränderungen sind notwendig, um die Wettbewerbsposition des Unternehmens (möglichst dauerhaft) zu verbessern?* - *Welche Ziele (Gesamtziel, Teilziele) sind für die Verbesserung vorzugeben?* - *Können und wollen wir selbst Branchen- bzw. Klassenbester werden?* - *Welche Voraussetzungen müssen geschaffen werden, um den Verbesserungsprozess erfolgreich zu gestalten?*
Implementierungsfunktion	- *Welche Maßnahmen sind notwendig, um die geplanten Veränderungen zu realisieren?* - *Auf welchen Gebieten bestehen besonders günstige Bedingungen für die Verbesserung der Wettbewerbssituation?*

Tab. 4.13 Entwicklungsgenerationen des Benchmarkings. (Quelle: Sabisch & Tintelnot, 1997, S. 20)

1. Generation	Reverse Engineering	- Analyse von Wettbewerbsprodukten
2. Generation	Wettbewerbsorientiertes Benchmarking	- Produkt- und Prozessvergleich mit Wettbewerbern - 1976 bis 1986 bei XEROX systematisch entwickelt und verfeinert
3. Generation	Prozessorientiertes Benchmarking	- Prozessvergleiche auf der Basis von Analogien zwischen den Geschäftsabläufen von Unternehmen - 1982 bis 1988 in Verbindung mit zunehmender Qualitätsorientierung herausgebildet
4. Generation	Strategisches Benchmarking	- Veränderung des gesamten Unternehmens und nicht nur einzelner Abläufe (insbesondere in Verbindung mit Geschäftsallianzen)
5. Generation	Globales Benchmarking	- umfassende Anwendung des Benchmarkings zur Überbrückung der Unterschiede internationaler Handels-, Kultur- und Geschäftsabläufe

Abschließend werden in Abb. 4.4 die einzelnen Prozessschritte eines Benchmarking-Projektes visualisiert.

≫ **Literaturtipps** Camp, R. C. (1994): Benchmarking, München & Wien: Hanser.
Leibfried, Kathleen H. J. und McNair, C. J. (1995): Benchmarking. Von der Konkurrenz lernen, die Konkurrenz überholen, München: Haufe bei Knaur.

4.4.3 Fehlermöglichkeits- und -einflussanalyse (FMEA)

Bei der **Fehlermöglichkeits- und -einflussanalyse** (FMEA) (englisch: **Failure-Mode-and-Effects Analysis**) handelt es sich um eine formalisierte Methode zur Erfassung und Vermeidung von Problemen bzw. Fehlern sowie deren Risiken und Folgen. Diese sollen möglichst vor ihrem Entstehen erkannt und vermieden werden. Dazu

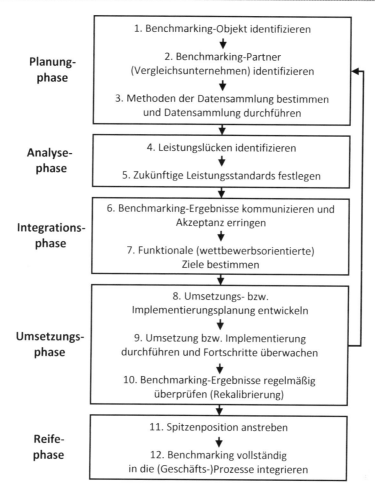

Abb. 4.4 Prozessschritte eines Benchmarking-Projektes. (Quelle: Camp, 1994, S. 21; Kamiske & Brauer, 2006, S. 14.)

wird ein bereichsübergreifendes Team gebildet, das basierend auf Erfahrungen aus der Vergangenheit, mögliche Probleme aufzeigt, bewertet sowie durch die Auswahl und Umsetzung geeigneter Maßnahmen vermeidet (Kamiske & Brauer, 2006, S. 72) (Siehe dazu auch Abb. 4.5).

▷ „Die **Fehlermöglichkeits-** und **-einflussanalyse** (FMEA) beinhaltet ein systematisches Vorgehen bei der Analyse eines Systems (oder Prozesses, um mögliche Fehler, ihre Ursachen und ihre Auswirkungen zu ermitteln. Das Ziel besteht darin, geeignete Maßnahmen zur Vermeidung bzw. Entdeckung dieser Fehler rechtzeitig einzuleiten, deren Bedeutung zu erkennen und zu bewerten" (DIN EN 608 12; Herrmann & Fritz, 2016, S. 178)

Kamiske und Brauer (2006, S. 73–74) haben die wesentlichen **Aufgaben** und **Ziele** der FMEA zusammengestellt:

- Das Projektteam versucht, kritische Komponenten und **Schwachstellen** zu identifizieren.
- Mögliche **Fehler** sollen frühzeitig erkannt und lokalisiert werden.
- Das Projektteam ist gefordert, mögliche **Risiken** abzuschätzen und zu quantifizieren.
- Das gewonnene **Wissen** und die gemachten **Erfahrungen** sollen im Unternehmen weitergegeben werden.
- Dadurch solle es zu einer Verkürzung der **Entwicklungszeit**, Senkung der **Entwicklungskosten** und des **Fehleraufwandes** kommen.

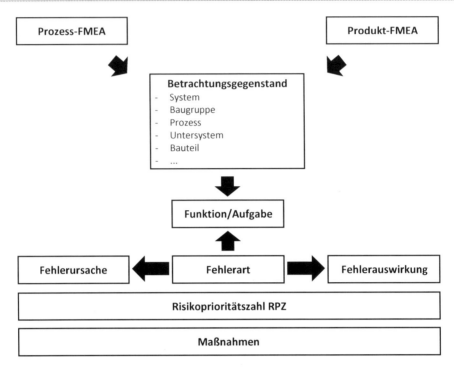

Abb. 4.5 Die FMEA-Methodik. (Quelle: Tietjen et al., 2011, S. 16.)

- Weitere Ziele sind die Vermeidung von **Doppelarbeit** sowie die Verringerung von Änderungen nach Start der Serienfertigung.
- Damit wird ein Beitrag zur Erfüllung der unternehmensstrategischen **Qualitätszielsetzungen** geleistet.

Herrmann und Fritz (2016, S. 178–179) weisen darauf hin, dass die FMEA sowohl im Bereich der Entwicklung und Konstruktion als auch bei der Analyse komplexer Systeme und Prozesse angewendet wird:

- **Prozess-FMEA:** Dieser FMEA-Typ dient der (möglichst) fehlerfreien Produktion von Produkten. Ihr Anwendungsgebiet erstreckt sich über Fertigungs-, Montage-, Prüf- und Dienstleistungsprozesse. Der jeweilige Prozess wird dabei in seine einzelnen Schritte bzw. Phasen aufgespalten. Anschließend werden mögliche Fehler des Prozesses und des Produktes untersucht. Idealerweise kommt die Prozess-FMEA

bereits in der Prozess- bzw. Fertigungsplanung zum Einsatz.
- **Produkt-FMEA:** Untersuchungsgegenstand sind technische Systeme und deren Komponenten und Bauteile sowie das funktionsgerechte Zusammenwirken der Komponenten und Bauteile. Im Mittelpunkt des Interesses stehen Fehler, deren Ursachen und deren Auswirkungen. Zunächst wird das Gesamtsystem analysiert. Anschließend werden Teilsysteme, Baugruppen sowie Einzelteile und deren Merkmale betrachtet. Die Produkt-FMEA kommt während der Entwicklungs- und Produktionsplanungsphase zur Anwendung.

An dieser Stelle sei angemerkt, dass die Bezeichnungen System-FMEA und Konstruktions-FMEA von der Deutschen Gesellschaft für Qualität nicht mehr verwendet werden, da die oben beschriebenen FMEA-Varianten alle FMEA-Typen abdecken (Herrmann & Fritz, 2016, S. 179).

4.4.4 Fishbone-Analyse

Mithilfe der **Fishbone-Analyse** lassen sich Problembereiche im Kundenkontakt systematisch analysieren. Zunächst werden alle potenziellen Faktoren notiert, die einen Einfluss auf das jeweilige Qualitätsdefizit haben können. Dies geschieht in der Regel mittels der Brainwriting-Methode. Die identifizierten Faktoren werden anschließend in ein Ursache-Wirkungs-, Ishikawa- oder Fischgräten-Diagramm überführt. Ganz rechts an der Spitze (bzw. *„am Kopf des Fisches"*) des Diagramms wird das vorliegende Problem notiert. An den *„Hauptgräten"* werden die zentralen Faktoren notiert, die sich in einer bestimmten Art und Weise auf das Hauptproblem auswirken (Bruhn, 2008, S. 196; Munro-Faure & Munro-Faure, 1992, S. 205, zitiert nach Bruhn, 2008, S. 196).

▷ „Das **Ursache-Wirkungs-Diagramm** wird auch als **Ishikawa-Diagramm** bzw. **Fischgräten-Diagramm** bezeichnet. Dabei handelt es sich um ein Diagramm, das die Auswirkungen möglicher Ursachen auf ein gegebenes Problem in strukturierter Form darstellt" (Herrmann & Fritz, 2016, S. 149).

Der zentrale Vorteil der Fishbone-Analyse besteht in der systematischen Problemanalyse sowie deren Visualisierung (vgl. dazu auch Abb. 4.6). Darüber hinaus kann sie als Diskussionsgrundlage in Kreativworkshops genutzt werden. Beispielsweise können die Mitarbeiter in einer Brainstroming-Runde darüber nachdenken, welche Gründe für die geringe Kundenzufriedenheit mit den Produkten und Dienstleistungen des Unternehmens verantwortlich sind. Allerdings können damit keine spezifischen Problemlösungen aufgezeigt werden (Bruhn, 2008, S. 196).

Der Erfinder dieser Methode Kaoru Ishikawa verwendete das Ursache-Wirkungs-Diagramm zunächst in der Produktion. Als Problemursachen wurden von ihm die folgenden vier **Haupteinflussgrößen** benannt (Herrmann & Fritz, 2016, S. 149–150):

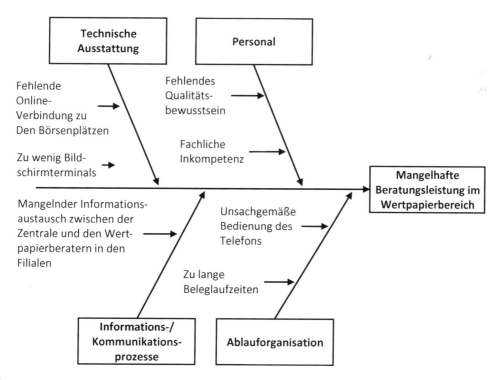

Abb. 4.6 Beispiel einer Fishbone-Analyse im Finanzdienstleistungsbereich. (Quelle: Bruhn, 2008, S. 197.)

- Mensch,
- Maschine,
- Material und
- Methode.

Diese „*4M*" wurden im Laufe der Zeit um weitere Problemkategorien erweitert (vgl. Herrmann & Fritz, 2016, S. 150):

- Messtechnik,
- Management,
- Milieu.

Diese Problemkategorien dienen als Diskussionsgrundlage bzw. Hilfestellung bei der Aufdeckung von Problemursachen. Sie sind nicht verpflichtend und lassen sich an die unternehmensspezifische Situation anpassen. Ziel ist es, Haupt- und Nebenursachen, möglichst in Teamarbeit, zu identifizieren (Herrmann & Fritz, 2016, S. 150).

4.4.5 Verfahren der Statistical Process Control

Die im Folgenden vorgestellten Verfahren haben ihren Ursprung im Sachgüterbereich, lassen sich jedoch auch auf Dienstleistungen übertragen. Sie zählen zu den **Statistical Process-Control-Verfahren**. Konkret werden die Pareto-Analyse

und die Prozessfähigkeitsanalyse behandelt. Sie sollen das Management bei der Standardisierung von Prozessen unterstützen. Auftretende Abweichungen sowie Fehlerquoten werden dadurch minimiert. Dazu werden im Unternehmen Standards definiert, die es zu erreichen gilt. Darüber hinaus interessiert sich das Management dafür, ob die Prozesse in jedem Augenblick den Anforderungen gerecht werden (Wood & Preece, 1993, zitiert nach Bruhn, 2008, S. 197; Haller, 1998, S. 134 ff., zitiert nach Bruhn, 2008, S. 196–197).

Pareto-Analyse
Das Management steht bei zahlreichen Problemen vor der Entscheidung, welche zuerst angegangen werden sollen. Eine Priorisierung ist gefragt. Das Pareto-Diagramm stellt dafür eine praktikable Entscheidungshilfe dar (Burr, 1990, zitiert nach Kamiske & Brauer, 2006, S. 236–237). Zunächst werden diejenigen Ursachen aufgeführt, die die größten Kosten verursachen bzw. die den größten Einfluss auf das Problem haben (siehe dazu Abb. 4.7) (Relyea, 1989, zitiert nach Kamiske & Brauer, 2006, S. 237).

▶ „Das **Pareto-Diagramm** bzw. **Pareto-Chart** ist ein Säulendiagramm zur grafischen Darstellung der Ursachen von Problemen in der Reihenfolge der Bedeutung ihrer Auswirkungen. Das bedeutet, dass die dargestellten Größen – z. B. auftretende Fehlerarten – absteigend nach ihrer

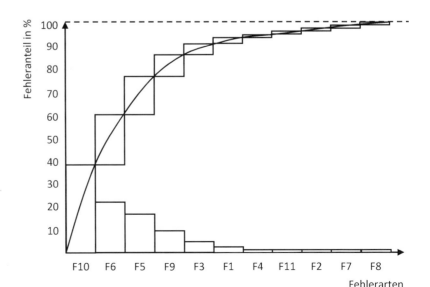

Abb. 4.7 Beispiel für ein Pareto-Diagramm. (Quelle: Haist & Fromm, 1991, S. 172.)

Bedeutung sortiert dargestellt werden" (Herrmann & Fritz, 2016, S. 146; Kamiske & Brauer, 2006, S. 236).

Die Idee des Pareto-Diagramms basiert auf dem Pareto-Prinzip. Dieses wurde von Vilfredo Pareto (1848–1923), einem italienischen Sozialwissenschaftler, entdeckt. Übertragen auf Problemursachen besagt es, dass ein Großteil der Probleme (ca. 80 %) auf einen relativ kleinen Teil an Ursachen (ca. 20 %) zurückzuführen ist. Dies wird auch als **80/20-Regel** bezeichnet. Diese Zahlenwerte dienen jedoch lediglich als Anhaltspunkt. In der Praxis können sich durchaus andere Werte ergeben. Wichtig ist, dass die wenigen schwergewichtigen von den vielen kleinen Ursachen getrennt werden. Daher lautet das Motto: Separating the *„vital few"* from the *„trivial many!"* (Haist & Fromm, 1991, S. 169).

Prozessfähigkeitsanalyse

Im Rahmen der Prozessfähigkeitsanalyse beschäftigt sich das Management mit statistischen Belegen, die darüber Auskunft geben, ob das Prozessergebnis innerhalb vorgegebener Anforderungen liegt. So könnte beispielsweise ein Call Center definieren, dass 98 % der Anrufe spätestens nach dreimaligem Klingeln angenommen werden müssen. Dieser Standard, den es gilt einzuhalten, wird *„Service Level"* genannt. Sollte die Wartezeit der Anrufer den Service Level deutlich überschreiten, sind entsprechende Verbesserungsmaßnahmen einzuleiten (Bruhn, 2008, S. 198).

4.4.6 Poka-Yoke-Verfahren

Beim japanischen Ausdruck **Poka Yoke** handelt es sich um ein Prinzip, das aus mehreren Elementen besteht. Es umfasst technische Vorkehrungen und Einrichtungen zur kontinuierlichen Fehlerverhütung bzw. zur sofortigen Aufdeckung von Fehlern. Im Mittelpunkt des Interesses stehen unbeabsichtigte Fehler, die den Mitarbeitern von Produktionsprozessen unterlaufen können. Dadurch soll verhindert werden, dass durch eine fehlerhafte Handlung ein Fehler am Produkt entsteht. Die Idee dazu stammt von dem Japaner Shigo Shingo, einem namhaften japanischen Qualitätswissenschaftler. Seine Ideen wurden in das Toyota-Produktionssystem integriert (Shingo, 1969, zitiert nach Kamiske & Brauer, 2006, S. 113–114; Herrmann & Fritz, 2016, S. 199).

▷ „**Poka Yoke** (Poka = zufälliger oder dummer Fehler, Yoke = Vermeidung) ist eine japanische Methode zur Vermeidung zufälliger Fehler, die durch Mitarbeiter verursacht werden" (Herrmann & Fritz, 2016, S. 199).

Kamiske und Brauer (2006, S. 114) heben hervor, dass Fehler in der Natur des Menschen liegen und durch Stress sowie schlechte Arbeitsbedingungen noch verstärkt werden. Fehler wie Unaufmerksamkeit, Auslassen, Vertauschen, Vergessen, Falschablesen, Missinterpretierten u. ä. lassen sich nie ganz vermeiden. Der Poka-Yoke-Ansatz soll dabei behilflich sein, derartige Fehler zu vermeiden, damit sie nicht zu Fehlern am Endprodukt führen bzw. nicht aufgedeckt werden. Dabei ist es wichtig, den Kontrollaufwand zu minimieren und mit einfachen, aber doch wirkungsvollen, Methoden zu arbeiten. Die Kosten des Kontrollaufwands eines aufwändigeren Verfahrens sind immer in Relation zu den Fehlerkosten zu betrachten (vgl. Herrmann & Fritz, 2016, S. 200).

Die Einführung bzw. Durchführung eines Poka-Yoke-Projektes erfolgt idealtypisch anhand des folgenden **Ablaufschemas** (Herrmann & Fritz, 2016, S. 2000):

- Zuerst werden die besonders fehleranfälligen Prozesse ermittelt. Dabei kann beispielsweise eine FMEA zur Anwendung kommen.
- Danach wird geklärt welche bekannten und möglichen Fehler in den (Produktions-)Prozessen auftreten. Dabei kann erneut eine FMEA Hilfestellung leisten.
- Im dritten Schritt stehen Lösungsansätze zur Verhinderung von Fehlern und/oder zur Entdeckung von Fehlern im Fokus der Betrachtung. Insbesondere für die Verhinderung von Fehlern stehen die folgenden Methoden bzw. Prinzipien zur Verfügung: Symmetrievermeidung, erleichterte Teileausrichtung durch Nuten und Phasen, Farbkennzeichnungen sowie die Bereitstellung exakt abgezählter Teilemengen.

- Für die Fehlerentdeckung kommen einfache und kostengünstige Verfahren zur Anwendung. Beispielsweise kann durch die Konstruktion von Bauteilen sichergestellt werden, dass die Ausführung weiterer Montageschritte erst nach einwandfreiem Abschluss vorheriger Schritte möglich ist.
- Maßnahmenumsetzung mittels Maßnahmenplanen, Verantwortlichkeiten und Terminen.
- Den Abschluss des Poka-Yoke-Projekts bildet die Mitarbeiterschulung.

4.4.7 Betriebliches Vorschlags- und Verbesserungswesen (VVW)

Das betriebliche **Vorschlags- und Verbesserungswesen** (VVW) zählt ebenso zu den mitarbeiterorientierten Ansätzen zur Qualitätssteigerung. Es liefert detaillierte Informationen über unternehmensinterne Probleme und Verbesserungsvorschläge aus der Sicht der Mitarbeiter. Da es mit einem relativ geringen personellen und finanziellen Aufwand verbunden ist, ist es gerade für kleinere und mittlere Unternehmen empfehlenswert (Bruhn, 2008, S. 209; Thom, 2006, S. 6128–6129).

▶ „Beim **Betrieblichen Vorschlagswesen** handelt es sich um ein System, das eine permanente Verbesserung betrieblicher Abläufe und Leistungen durch die Initiative der Arbeitnehmer, kreative Gestaltungsideen zur Verfügung zu stellen, sichern soll" (Meckl, 2009, S. 143).

Um die Mitarbeiter anzuregen, Verbesserungsvorschläge einzureichen, haben sich monetäre und nicht-monetäre Anreize bewährt. Dazu werden die eingereichten Vorschläge auf ihr Einspar- und Innovationspotenzial hin bewertet. Diese Bewertung bildet die Basis für die auszuzahlende Geldprämie. Zu den nicht-monetären Anreizen zählen Beförderungen oder Auszeichnungen (wie z. B. *„Mitarbeiter des Monats"*). Die eingereichten Vorschläge werden somit entsprechend prämiert. Das Management muss darauf bedacht sein, sehr gute Mitarbeitervorschläge schnell im Unternehmen umzusetzen. Zusätzlich

sollten die prämierten Vorschläge über die Mitarbeiterzeitung und das Intranet an alle Arbeitnehmer kommuniziert werden. Dies steigert die Praktikabilität und Glaubwürdigkeit des betrieblichen Vorschlags- und Verbesserungswesens enorm (vgl. Bruhn, 2008, S. 209; Meckl, 2009, S. 143).

▶ **Literaturtipp** Thom, N. (2003): Betriebliches Vorschlagswesen. Ein Instrument der Betriebsführung und des Verbesserungsmanagements, 6. Auflage, Bern u. a.: Lang.

4.5 Kundenorientiertes Produktmanagement

4.5.1 Konzept des kundenorientierten Produktmanagements

Die Entscheidungen über die anzubietenden Produkte und Dienstleistungen haben eine technik- und eine marktbezogene Komponente. Daher nimmt die Produktpolitik im Rahmen des Marketing-Mix eine exponierte Stellung ein (Meffert et al., 2019, S. 394).

▶ „Die **Produktpolitik** umfasst alle Aktivitäten eines Unternehmens, die auf die Gestaltung einzelner Produkte oder des gesamten Absatzprogramms gerichtet sind" (Scharf et al., 2015, S. 245).

Zur Produktpolitik zählen sowohl produkt- als auch programmpolitische Maßnahmen (vgl. dazu Abschn. 4.5.3). Im Mittelpunkt des Interesses steht das Produkt bzw. die Dienstleistung. Zunächst werden Produkte kreiert, um dann auf dem Markt eingeführt zu werden. Ein kundenorientierter Ansatz, der hierbei zur Anwendung kommt, ist das Quality Function Deployment (QFD) (vgl. dazu Abschn. 4.5.2). Im Laufe der Zeit werden Produkte modifiziert, es kommt zur Produktvariation, differenziert (Produktdifferenzierung) und eventuell wieder aus dem Markt genommen (Produktelimination) (Herrmann & Fritz, 2016, S. 1412).

4.5.2 Kundenorientierte Produktentwicklung mit QFD

Bereits 1966 wurde das **Quality Function Deployment** (QFD) von Yoji Akao bei Bridgestone in Japan eingesetzt. Yoji Alao versteht das QFD als abteilungsübergreifendes Rahmenwerk zur Qualitätssicherstellung und das in jeder Phase des Produktentwicklungsprozesses. Für das QFD ist grundlegend, dass den Kundenanforderungen in allen Prozessschritten der Produktentwicklung Priorität eingeräumt wird. Die Ingenieure bzw. Entwickler fungieren als Mittler zwischen den externen Kundenanforderungen und dem intern

technisch Machbaren (Schmitt & Pfeifer, 2015, S. 585). Siehe dazu auch das Beispiel in Tab. 4.14.

▷ „Beim **Quality Function Deployment** (QFD) handelt es sich um eine Qualitätsplanungsmethode. Sie unterstützt die Umsetzung von Kunden- in Designanforderungen und dient somit der Übersetzung der *„Stimme des Kunden"* in die *„Sprache des Ingenieurs."* Das zentrale Werkzeug des QFD ist das **House of Quality** (HoQ) (Zum HoQ siehe Abb. 4.8), das eine systematische Vorgehensweise und angemessene Aufzeichnung der Ergebnisse sicherstellt" (Herrmann & Fritz, 2016, S. 184–185).

Tab. 4.14 Begrifflichkeiten illustriert am Beispiel *„Buch-Leselicht"*. (Quelle: Knorr & Friedrich, 2016, S. 16)

Kategorie	Fragestellung zur Zuordnung der Kategorie	Anwendung am Beispiel *„Buch-Leselicht"*
Kundenanforderung	*Was erwartet der Kunde?*	im Dunkeln ein Buch lesen
Produktmerkmal	*Welche Merkmale soll das Produkt aufweisen?*	helles gebündeltes Licht (definiert durch Lichtmenge und Abstrahlwinkel); Befestigungsmöglichkeit am Buch
Funktion	*Was muss das Produkt können?*	Buchseiten beleuchten; am Buch haften
Designmerkmal	*Wie können Funktionen und Produktmerkmale dargestellt werden?*	LED-Lichtquelle; Klemme zur Befestigung am Buchdeckel

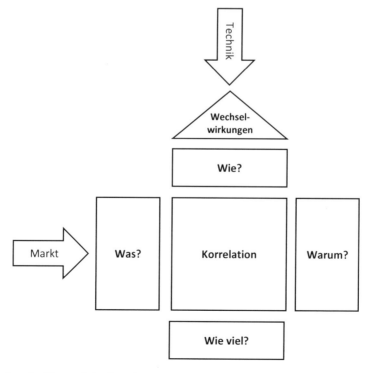

Abb. 4.8 Die Struktur des House of Quality. (Quelle: Knorr & Friedrich, 2016, S. 8.)

Herrmann und Fritz (2016, S. 185) empfehlen die Bildung eines **interdisziplinären QFD-Teams**. Die im Folgenden aufgeführten Bereiche könnten Experten entsenden, aus …

- … der Entwicklungs- bzw. der Konstruktionsabteilung,
- … dem Marketing und/oder dem Verkauf,
- … dem Qualitätswesen,
- … der Fertigung bzw. Produktion,
- … dem Kundenservice und
- … der kaufmännischen Abteilung bzw. dem Rechnungswesen.

Schmitt und Pfeifer (2015, S. 588) machen darauf aufmerksam, dass eine unzureichende Methodenkenntnis zu Schwierigkeiten bei der Einführung des QFD führen kann. Das Vorgehen sei nicht trivial und es können sich gemachte Fehler sukzessive fortsetzen und immer weiter verstärken. Zudem ist ein gewisser Initialaufwand erforderlich. Es bedarf einer guten Infrastruktur sowie der Benennung von Verantwortlichkeiten. Daher ist QFD keine Methode, die zu kurzfristigen Erfolgen führt, sondern auf den langfristigen Unternehmenserfolg ausgelegt ist.

Die folgenden Ausführungen skizzieren das grundsätzliche **Vorgehen** im Rahmen eines QFD-Projektes (Knorr & Friedrich, 2016, S. 31 ff.):

- **Schritt 1 – Kundenanforderungen ermitteln und strukturieren:** Zunächst ist es erforderlich, die Zielkunden und Kaufentscheider zu identifizieren. Anschließend stellen deren Anforderungen die Eingangswerte des HoQ für die Definition des Produktes dar. Die Kundenwünsche stehen im Mittelpunkt des Interesses und müssen umfassend erfasst werden. Danach sind sie in Anforderungen zu übersetzen, bevor sie strukturiert werden. Dabei ist es wichtig, dass die Kundenanforderungen von allen Beteiligten verstanden und nachvollzogen werden. Sie müssen zudem eindeutig formuliert und möglichst quantifiziert sein. Allerdings dürfen sie nicht aus technischen Lösungen abgeleitet sein. Wenn sie vollständig erfasst sind, wird noch geprüft, ob sie unabhängig voneinander sind.

- **Schritt 2 – Kundenanforderungen gewichten:** Nicht immer lassen sich alle Kundenanforderungen erfüllen. Daher sind sie zu gewichten. Dabei erfolgt die Bewertung aus Kundensicht. Dadurch entsteht eine sehr differenzierte Bewertung der Kundenanforderungen.

- **Schritt 3 – Wettbewerbsvergleich durchführen:** Da die Kunden bei einer Kaufentscheidung auch Wettbewerbsprodukte in Betracht ziehen, müssen entsprechende Wettbewerbsinformationen im QFD-Prozess berücksichtigt werden. Dies gilt insbesondere für Leistungsfaktoren im Sinne des Kano-Modells. Die zentrale Frage lautet: *Wie sehen die Kunden ihre Anforderungen von den Wettbewerben realisiert?*

- **Schritt 4 – Produktmerkmale suchen:** Jetzt bewegt sich das QFD-Team auf der Technikachse und ist auf der Suche nach potenziellen Lösungsansätzen, die die Kundenanforderungen erfüllen können.

- **Schritt 5 – Zielwerte und Optimierungsrichtungen ermitteln:** In diesem Schritt werden den Produktmerkmalen Zielwerte zugeordnet. Dabei ist es wichtig, dass die Zielwerte messbar bzw. quantifizierbar sind, dadurch werden die Produktmerkmale konkretisiert. Zusätzlich erfolgt eine Zuordnung einer Optimierungsrichtung: *Maximierung oder Minimierung der Zielwerte?*

- **Schritt 6 – Wechselwirkungen feststellen:** Es kommt immer wieder vor, dass sich einzelne Produktmerkmale gegenseitig positiv oder negativ beeinflussen. Es ergeben sich sogenannte Zielharmonien oder -konflikte. Derartige Wechselwirkungen lassen sich im Dach des HoQ identifizieren und darstellen.

- **Schritt 7 – Schwierigkeit und Aufwand der Umsetzung:** Im siebten Schritt geht es um den Realisierungsaufwand, der mit der technischen Umsetzung verbunden ist. Dieser wird auch als Schwierigkeitsgrad bezeichnet. Daher wird der Entwicklungsaufwand ermittelt und grafisch dargestellt. Mit dem Entwicklungsaufwand werden die Kosten erfasst, die mit der Entwicklung des jeweiligen Produktmerkmals voraussichtlich verbunden sind. Der Schwierigkeitsgrad erfasst dagegen die Unwägbarkeiten und Risiken der Entwicklung.

- **Schritt 8 – Technischer Wettbewerbsvergleich:** Der Markterfolg eines Produktes hängt ganz maßgeblich von seinen technischen Alleinstellungsmerkmalen ab. Daher erfolgt in diesem Schritt ein Wettbewerbsvergleich des eigenen Produkts mit den Produkten der wichtigsten Wettbewerber, und das aus technischer Sicht. Damit lässt sich das technische Potenzial eines jeden Merkmals bestimmen.

- **Schritt 9 – Kundenanforderungen und Produktmerkmale in Beziehung setzen:** Jetzt befindet sich das QFD-Team gewissermaßen im Herz des HoQ. Hierbei treffen die Markt- und Technikachse das erste Mal aufeinander. Dabei werden die Produktmerkmale den einzelnen Kundenanforderungen gegenübergestellt. *Wie gut hilft das Produktmerkmal dabei, die jeweilige Kundenanforderung zu erfüllen?*

- **Schritt 10 – Technische Bedeutung der Produktmerkmale – numerische Bewertung:** Im letzten Schritt des ersten QFD-Prozesses erfolgt die Berechnung der technischen Bedeutung. Dazu werden die einzelnen Produktmerkmale aus der im neunten Schritt ausgefüllten Matrix mit den Kundengewichtungen aus dem zweiten Schritt gewichtet. Das Ergebnis ist eine Rangliste der wichtigsten bzw. kritischsten Produktmerkmale (Tab. 4.15).

▶ **Literaturtipps** Knorr, Chr. und Friedrich, A. (2016): QFD – Quality Function Deployment.

Mit System zu marktattraktiven Produkten, München: Hanser.

Saatweber, J. (2011): Kundenorientierung durch Quality Function Deployment. Produkte und Dienstleistungen mit QFD systematisch entwickeln, 3. Auflage, Düsseldorf: Symposion.

4.5.3 Kundenorientierte Programm- und Sortimentsentwicklung

Mit dem Sortimentsbegriff werden diejenigen Produkte und Dienstleistungen erfasst, die das Handelsunternehmen *„führt"* (Oehme, 1992, S. 124).

▶ „Mit dem Begriff des **Produkt-** oder **Angebotsprogramms** wird die Gesamtheit aller Leistungen, die ein Anbieter den Nachfragern zum Kauf anbietet, verstanden" (Meffert et al., 2019, S. 398).

Angenommen, sämtliche Handelsbetriebe würden vergleichbare bzw. ähnliche Sortimente führen, aus Kundensicht wären die Unternehmen und die Angebote austauschbar. Die Vielfalt im Handel würde verloren gehen. Das Sortiment kann daher als **Kern der Handelsleistung** aufgefasst werden und hat eine enorm große Bedeutung für den Markterfolg des jeweiligen Händlers. Diese Bedeutung lässt sich dadurch begründen, dass sich das Sortiment stark auf das **akquisitorische Potenzial** des Handelsbetriebs auswirkt. Kunden werden gewissermaßen von

Tab. 4.15 Vor- und Nachteile der QFD-Analyse. (Quelle: Brauer, 2013, S. 764)

Vorteile	Nachteile
klar und logisch gegliederte Schritte zum Ermitteln der am besten realisierbaren Kundenanforderungen (technische Schwierigkeiten werden berücksichtigt)	hoher Zeit- und Personalaufwand
bringt ein hohes Maß an Ordnung in die Entwicklung von neuen Produkten (gemeinsame Sicht auf das Produkt mit methodischen, dokumentierten Entscheidungen)	lange Einarbeitungsphase
frühe Einbeziehung aller beteiligten Fachstellen (Marketing, Entwicklung, Fertigung, Vertrieb, Service, Qualität), dadurch auch bessere übergreifende Kommunikation und gezielte Nutzung von Expertenwissen	erfahrener Moderator notwendig
Fokussierung der Produktentwicklung auf die wichtigen und vom Kunden wirklich gewünschten Anforderungen, dadurch effiziente und kostengünstige Entwicklung sowie Vermeidung von Nacharbeit und Kundenreklamationen	
Kundenanforderungen werden „*gehört*" und systematisch in die Produktentwicklung einbezogen	
Wettbewerbssituation wird von Anfang an klar betrachtet – und kommt nicht nach Serienstart als Überraschung aus dem Markt	
Konflikte zwischen Kundenanforderungen und Produktmerkmalen werden früh erkannt	

guten Sortimenten in den Laden gezogen. Somit entsteht eine Kundenfrequenz, es erhöht sich der Durchschnittsbon und es wird Umsatz erzielt (Ahlert & Kenning, 2007, S. 195).

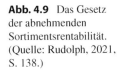 „Bei einem **Sortiment** handelt es sich um die Summe aller Absatzobjekte (Sachgüter, Dienstleistungen, Rechte), die ein anbietendes Handelsunternehmen in einer bestimmten Zeitspanne (z. B. Tag, Woche, Saison) physisch oder auf andere Weise den Nachfragern im Absatzmarkt anbietet" (Müller-Hagedorn et al., 2012, S. 544).

Die Frage nach der Sortimentsbreite und -tiefe zählt zu den zentralen Entscheidungen im Rahmen der Sortimentspolitik. Dadurch werden die Auswahlmöglichkeiten der Kunden festgelegt (Haller, 2008, S. 181):

- Durch die **Sortimentsbreite** wird das Spektrum additiver Kaufmöglichkeiten aus Kundensicht determiniert. Je mehr verschiedene Warenbereiche ein Sortiment beinhaltet, desto breiter ist es. Ein Beispiel für ein breites Sortiment findet sich im Warenhaus. Dagegen ist ein Spezialgeschäft durch ein schmales Sortiment gekennzeichnet. Der Vorteil des breiten Sortiments besteht im One-Stop-Shopping, d. h. der Kunde kann aus vielen verschiedenen

Warenbereichen seinen Bedarf mit nur einem Einkauf decken.
- Mit der **Sortimentstiefe** wird die Anzahl gleichartiger Artikel in einem Warenbereich bzw. in einer Warengruppe erfasst. Ein Spezialgeschäft verfügt über ein tiefes Sortiment und bietet dem Kunden viele alternative Auswahlmöglichkeiten. Ein Discounter hat dagegen ein flaches Sortiment mit einer nur sehr begrenzten Auswahl an alternativen Artikeln.

Reduktionsstrategien der Kunden
Bei der Zusammenstellung der Sortimente orientieren sich viele Hersteller und Händler am Konkurrenzangebot vor Ort und vernachlässigen dabei die Kundenperspektive. Auf das *„Wettrüsten"* von Industrie und Handel reagieren die Kunden mit Ausweichstrategien. Sie selektieren das Angebot, verschieben ihre Einkäufe auf einen späteren Zeitpunkt oder verzichten sogar auf den Kauf. Dies führt zu einer abnehmenden Sortimentsrentabilität (siehe dazu Abb. 4.9). Sobald der Kunde das Angebot nicht mehr überblicken kann, sucht er sich Rat bei anderen Personen (z. B. Influencern) oder Institutionen (wie z. B. der Stiftung Warentest). Im Kaufentscheidungsprozess haben diese Drittmeinungen mittlerweile eine große Bedeutung (Rudolph & Schweizer, 2004, S. 65).

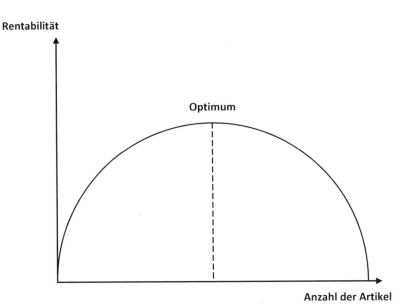

Abb. 4.9 Das Gesetz der abnehmenden Sortimentsrentabilität. (Quelle: Rudolph, 2021, S. 138.)

Als weitere Ausweichstrategie nennen Rudolph und Schweizer (2004, S. 65) den Aufschub der Kaufentscheidung. Sollte der Kunde in seinem Stammgeschäft das gewünschte Produkt nicht finden, verlässt er enttäuscht das Geschäft und geht evtl. zur Konkurrenz oder verschiebt den Einkauf auf später. Im schlimmsten Fall verzichtet er ganz auf den Kauf. Die Reduktionsstrategien der Kunden werden in Abb. 4.10 dargestellt.

Die dritte Ausweichstrategie veranlasst die Kunden, Produkte, die sie nicht kennen, einfach auszublenden. In einer solchen Überlastungssituation (hervorgerufen durch die Vielfalt an Kaufoptionen), werden positive Emotionen und gute Erfahrungen immer bedeutsamer. Ausgewählte Marken (z. B. Coca Cola) heben sich vom bestehenden Variantenüberfluss ab. Gefragt ist also eine standardisierte Leistung mit einer guten oder gar verbesserten Qualität. Dadurch wird der Kunde in der konkreten Entscheidungssituation mental entlastet. Alternative Produkte werden dagegen nicht mehr wahrgenommen. Dies führt dazu, dass der Kunde nur noch aus einer relative kleinen Produktanzahl auswählt (Rudolph & Schweizer, 2004, S. 65).

Ausweichstrategien der Einzelhändler
Viele Händler verstehen nicht mehr, warum sich die Kunden wie verhalten. Daher reagieren auch sie mit Ausweichstrategien. Ein Weg der häufig gegangen wird, ist die Verbreiterung der Zielgruppe. Ziel ist

es, die geringere Kundenbindung durch eine breitere Basis an Kunden zu kompensieren. Problematisch daran ist jedoch, dass das Angebot an Profil verliert. Die Sortimente werden deshalb immer weiter ausgeweitet (vgl. dazu auch Abb. 4.11). In der Folge sind die Kunden nur noch mehr überfordert (Rudolph & Schweizer, 2004, S. 66).

Das **One-to-One-Marketing** stellt eine weitere Ausweichstrategie dar. Die Händler versuchen sich mit ihrem Angebot, den individuellen Wünschen und Bedürfnissen einzelner Kunden anzunähern. In der Folge wird das Sortiment durch die Vielzahl individueller Kundenbedürfnisse weiter ausgeweitet. Der Einkauf wird für die Kunden zum Irrlauf. Diese beiden Ausweichstrategien der Hersteller und des Handels muten den Kunden zu viele Informationen zu und überlasten sie. Im Ergebnis kommt es zur Überwältigung, Überforderung und Orientierungslosigkeit der Kunden. Die Kunden zeigen eine gewisse Konsummüdigkeit wodurch die Kaufbereitschaft sinkt und die Kunden weniger als geplant einkaufen (siehe dazu auch Abb. 4.11). Dies wirkt sich negativ auf die Umsätze der Hersteller und des Handels aus (Rudolph & Schweizer, 2004, S. 67–68).

Vorkaufphase
Im Alltag werden die Kunden mit einer erdrückenden Vielzahl an verschiedenen Informationen konfrontiert. Nur bildhafte und emotionale Bot-

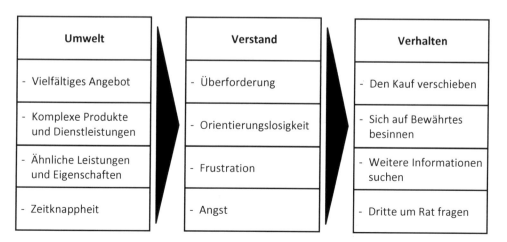

Abb. 4.10 Reduktionsstrategien der Kunden. (Quelle: In Anlehnung an Rudolph & Schweizer, 2004, S. 62.)

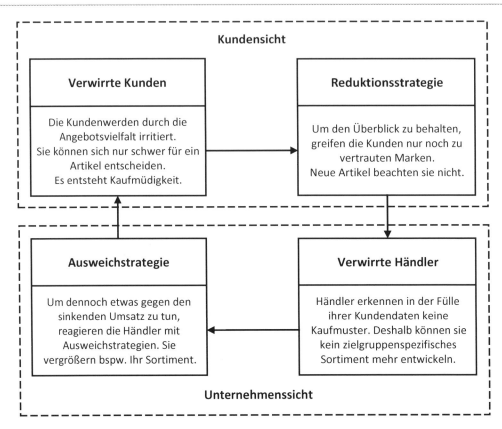

Abb. 4.11 Teufelskreis der Kaufmüdigkeit. (Quelle: In Anlehnung an Rudolph & Schweizer, 2004, S. 67.)

schaften haben noch eine (geringe) Chance, von den Kunden wahrgenommen zu werden. Bereits in der Vorkaufphase kommt es daher auf eine prägnante Informationsübermittlung an, damit diese von den Konsumenten aufgenommen und im Langzeitgedächtnis gespeichert wird. Nur so haben die Produkte eine Chance, beim Wiederkauf berücksichtigt zu werden. Außerdem kommt es auf eine realitätsgetreue Gestaltung der Werbebotschaften an. Wenn durch die Werbung zu hohe Erwartungen beim Kunden geweckt werden, ist er schnell vom wirklichen Produkt enttäuscht. Beim nächsten Mal werden sie sich nicht wieder für das Produkt entscheiden, sondern eine Alternative auswählen (Rudolph & Schweizer, 2004, S. 69).

Kaufphase

Kunden wählen Einkaufsstätten aus, die sich durch eine angenehme Atmosphäre auszeichnen. Grelles Licht, laute Musik und Schmutz empfin-

den die meisten Kunden dagegen als störend. Wichtig ist vielmehr die Konzentration auf das Wesentliche. Allerdings ist es eine Kunst, eine Einkaufsstätte kundengerecht zu gestalten. Die Händler müssen sich in die Kunden hineinversetzen, sie müssen ein Gespür für die Kunden entwickeln. Hier ist viel Empathie gefragt. Heutzutage spielt zudem die Einkaufsbequemlichkeit eine bedeutsame Rolle: *Sind die Produkte übersichtlich angeordnet und leicht zu finden?* Dabei ist es wichtig, zu verstehen, dass alle Phasen des Einkaufsprozesses, von der Anfahrt bis zum Kaufabschluss, kundengerecht zu gestalten sind. Daher sollte das Angebot bewusst und sorgfältig reduziert werden. Andernfalls ist eine zufriedenstellende Produktauswahl für den Kunden nicht möglich. Er würde sich vielmehr fragen: *Welches Produkt entspricht meinen Bedürfnissen? Hätte ich mich nicht lieber für die andere Marke entscheiden sollen?* Bei einem überwältigenden Angebot sind somit Nachkaufdissonanzen vorpro-grammiert. Negative Imagewirkungen sind die Folge. Besser ist es, wenn die Kunden leicht zu einer zufriedenstellenden Entscheidung kommen. Dies lässt sich mit einer gut durchdachten Produktauswahl erreichen. Dabei ist darauf zu achten, dass das Sortiment ein Profil hat und sich positiv von den Sortimenten der Konkurrenz unterscheidet. Austauschbare Produkte will kein Kunde im Regal sehen (Rudolph & Schweizer, 2004, S. 70–71).

Nachkaufphase
Auch nach dem Kauf geht der Dienst am Kunden weiter. Kunden freuen sich über eine verständlich geschriebene Gebrauchsanweisung und benutzer-freundliche Produkte. Zudem erwarten sie nach der Nutzungsphase eine unkomplizierte Rück-gabe von Altgeräten. Daher dürfen die Unterneh-men die Kunden nach dem Kauf nicht allein las-sen. Händler können beispielsweise eine gut besetzte Hotline oder Informationstheken in der Einkaufsstätte einrichten. Die Möglichkeiten des Nachkaufmarketings sind sehr vielfältig. Gerade bei technisch komplexen Produkten ist der Kunde auf die Unterstützung der Hersteller oder Händler angewiesen. Muss er sich erst lange durchfragen, bis ihm geholfen wird, entsteht schnell das Gefühl der Unzufriedenheit. Außerdem spricht sich eine schlechte Nachkaufbetreuung schnell im Freun-des- und Bekanntenkreis der Kunden herum (Ru-dolph & Schweizer, 2004, S. 75).

4.5.4 Kundenorientierte Servicepolitik

Mit Services sind Zusatzleistungen gemeint, die mit dem Ziel der Kundengewinnung, -zufrieden-heit und -bindung offeriert werden (siehe dazu auch Tab. 4.15). Sie lassen sich durch die beiden folgenden Merkmale kennzeichnen (Meyer, 2001, S. 1536):

- **Charakter der Zusatzleistungen:** Unter Services werden begleitende Dienste verstan-

den. Damit wird zum Ausdruck gebracht, dass es sich nicht um die Kernleistung des Herstellers oder Händlers handelt. Außerdem weist der Begriff der Zusatzleistungen darauf hin, dass ein Vermarktungszusammenhang zwischen der Kernleistung und dem Service existiert.
- **Funktion der Kundengewinnung, -zufrie-denheit und -bindung:** Die Gewinnung neuer Kunden, die Zufriedenstellung sowie die Bin-dung dieser Kunden an das Unternehmen sind die zentralen Ziele der Servicepolitik. Da-durch wird die Servicepolitik zu einem strate-gischen Thema der Unternehmensführung. Bei der Ausgestaltung der Servicepolitik, sind die Wünsche und Erwartungen der Kunden zu beachten. Aber auch das Serviceangebot der Konkurrenz muss berücksichtigt werden. Ins-besondere durch After-Sales-Services wird die Kundenbeziehung verlängert bzw. intensi-viert. Unter Umständen lassen sich so Wech-selbarrieren aufbauen, die die Kundenbindung verstärken (Tab. 4.16).

Services bieten für Anbieter und Kunden meh-rere **Vorteile** (Meyer, 2001, S. 1537):

- **Die Anbietersicht:** Mithilfe von Services las-sen sich das Angebot verbessern bzw. abrun-den und mögliche Schwächen abbauen. Das Angebot wird sicherer, schneller und *„be-greifbarer."* Durch eine kundengerechte Ser-vicepolitik können die Anbieter dem Preis-wettbewerb ausweichen und sich von der Konkurrenz differenzieren. Außerdem lassen sich die Individualität des Angebots und die Kundennähe erhöhen.
- **Die Kundensicht:** In vielen Fällen wird die Nutzbarkeit einer Kernleistung erst durch das Serviceangebot (z. B. Auslieferung von sper-rigen Möbeln) möglich. Durch die Services erhält der Nachfrager eine umfassendere und sachgerechtere Problemlösung. Eine Pro-blemlösung *„aus einer Hand"* ist bequem und reduziert die Koordinations-, Zeit- und Perso-nalaufwendungen für den Nachfrager.

Tab. 4.16 Ziele und Maßnahmen der Kundendienstpolitik. (Quelle: Schröder, 2002, S. 213)

Finanzielles Kaufrisiko	- Geld-Zurück-Garantie
	- Rücknahme überschüssiger Produkte
Funktionales Kaufrisiko	- Umtausch-Garantie
	- Beratung
Appetenz-Aversions-Konflikt	- Rabatt
Kognitive Dissonanz	- Geld-Zurück-Garantie
	- Umtausch
	- Erläuterung der Produktverwendung
Zeitlicher Aufwand	- Einbau vor Ort
	- Erläuterung der Produktverwendung
Räumliche Distanz	- Anlieferung
Finanzielle Kaufhemmnisse	- Kreditfinanzierung
	- Inzahlungnahme
Fehlendes Know-how	- Unterstützung bei der Planung
Verwendungsbarrieren	- Verleih von Spezialgeräten
	- Entsorgung von Altmaterial

4.6 Kundenorientiertes Preismanagement

4.6.1 Konzept des kundenorientierten Preismanagements

In den Märkten kommt es zu permanenten Veränderungen (z. B. Internationalisierung der Geschäftsbeziehungen und Digitalisierung von Geschäftsprozessen sowie verkürzte Produktlebenszyklen). Für deutsche Unternehmen wird es daher immer schwieriger, ihre Entwicklungskosten durch Premiumpreise zu decken. Darauf muss die Unternehmensleitung mit einem modernen und dynamischen Preismanagement reagieren (Nagle & Hogan, 2007, S. 13).

▶ **Definition** „Der **Preis** ist der in Geldeinheiten ausgedrückte Tauschwert von Gütern und Leistungen. Zu den Preisen zählen sowohl Marktpreise als auch administrative Preise (z. B. Tarife, Gebühren, Beiträge, Pflegesätze, Mauten, Taxen, Umlagen etc.)" (Kyrer, 2001, S. 438)

„**Früher – Preispolitik: Preispolitik** beinhaltet die Definition und den Vergleich von alternativen Preisforderungen gegenüber potentiellen Abnehmern sowie die Entscheidung für eine Alternative und deren Durchsetzung unter Ausschöpfung des durch unternehmensinterne (Ziele, Strategien, Kostenstrukturen etc.) und unternehmensexternen (Nachfrager, Wettbewerber etc.) Faktoren beschränkten Entscheidungsraums" (Pöppelbuß, 2000, S. 228).

„**Heute – Pricing:** Im Vergleich zur Preispolitik lässt sich der neue Begriff des **Pricing** folgendermaßen umschreiben (Diller et al., 2021, S. 29): Pricing …

- … bedeutet strategisches Denken.
- … wird zum Bestandteil des Problemlösungsgeschäfts.
- … ist im Zeichen der Plattformökonomie eine unternehmerische Überlebensfrage.
- … ist ein wichtiger Bereich des „*Digital Marketing.*"
- … erfolgt zunehmend nicht massenweise, sondern immer stärker individualisiert („*Individual Pricing*") und dynamisiert („*Dynamic Pricing*").
- … ist Teil des Internationalen Marketing.
- … wird zum Bestandteil der unternehmerischen Nachhaltigkeitspolitik.
- … beinhaltet ein Qualitäts-, Kosten- und Zeitmanagement aller relevanten Prozesse.
- … wird vielfältiger und raffinierter."

Siems (2009, S. 364) weist darauf hin, dass alle Aspekte des Preismanagements einen Einfluss auf die Kundenzufriedenheit und Kundenbindung ausüben können. Konkret nennt er den Preis selbst, besondere preispolitische Instrumente (z. B. die Preisdifferenzierung und -bündelung) sowie preispsychologische Variablen (z. B. Preisfairness, Ankerpreisurteile). Dabei betont er die Bedeutung der preispsychologischen Aspekte.

4.6.2 Der Preis als Determinante der Kundenzufriedenheit

Preiszufriedenheit bildet sich während des gesamten Kaufprozesses heraus (vgl. dazu auch Tab. 4.17). Daher basiert sie auf (Preis-)Erfahrungen in allen Kaufprozessphasen. Konkret sind damit Erfahrungen in der Vorkauf-, Kauf- und Nachkaufphase gemeint. Nähert man sich mithilfe dieses Prozessverständnisses dem Konstrukt Preiszufriedenheit, so lassen sich eine ganze Reihe interessanter Hinweise für eine kundenorientierte Preispolitik aufdecken (Diller, 1997, zitiert nach Diller et al., 2021, S. 151–152):

- **Orientierungs- und Suchphase:** Zu aller erst möchte sich der Kunde über die Produkte und Dienstleistungen und deren Preise informieren. Dadurch versucht er, eine (Leistungs-) Transparenz herzustellen und das Preisgefüge zu überblicken. Dies ermöglicht es dem Kunden, eine erste Vorauswahl der infrage kommenden Kaufalternativen vorzunehmen. Als Ergebnis entsteht eine sogenannte Preisinformationszufriedenheit.

▷ **Definition** „**Preiszufriedenheit** ist das gedankliche Ergebnis einer Gegenüberstellung von Preiserwartungen und Preiswahrnehmungen seitens eines Kunden. Es unterscheidet sich von den Preisurteilen in dreifacher Weise:

- durch Bezugnahme auf eine Geschäftsbeziehung, d. h. auf einen Anbieter, und nicht auf ein Produkt,
- durch Betrachtung nicht nur der Preiswürdigkeit und Preisgünstigkeit des erworbenen Gutes, sondern auch aller Begleitumstände im Preisumfeld einer Transaktion und
- durch eine zeitübergreifende statt punktuelle Perspektive, welche alle Vor- und Nachkaufphasen eines Kaufprozesses mit einschliest" (Diller et al., 2021, S. 150) (Tab. 4.17).

Tab. 4.17 Preis-Teilleistungen als Gegenstände der Preiszufriedenheit. (Quelle: Diller, 2000, S. 574)

Teil-dimen-sionen Kaufphasen	Preisgünstigkeit	Preiswürdigkeit (Preis-Qualitäts-Verhältnis)	Begleitende Preisleistungen		
			Preistransparenz	Preissicherheit	Preiszuverlässigkeit
Vorkaufphase	Nebenkosten des Einkaufs (Telefongebühren, Fahrtkosten, Parkgebühren etc.)	Preis-Qualitäts-Verhältnis entgeltlicher Leistungs-informationen psychische Einkaufs-belastungen	vollständige, richtige und aktuelle Preisaus-zeichnung übersichtliche und entscheidungs-gerechte Preis-information	Verzicht auf Preisschönung	Preiskonstanz
Entscheidungs-phase	Preishöhe der Güter/Dienste Preisnachlässe	Preis-Qualitäts-Verhältnis der Güter/Dienste	Nachvollzieh-barkeit der Preis-stellung	individuelle Preisberatung Pauschalpreise	korrekte Fakturierung
Nachkaufphase	Nachkaufkosten (Reparatur, Fallbearbeitung, Beseitigung etc.)	Wirtschaftlichkeit des Produkt-ge-brauchs Preis-Quali-täts-Verhältnis von Reparatur-leistungen	Preisauszeichnung für Reparatur-leistungen, Fall-bearbeitun-gen etc.	Preiskonstanz	Verzicht auf versteckte Nebenkosten Kulanz/ Entgegenkommen

- **Bewertungsphase:** In diesem Teil des Kaufprozesses kann es sein, dass der Kunde noch unsicher ist. *Welche Entscheidung soll er hinsichtlich der unterschiedlichen Qualitätsmerkmale, Preislagen, Kaufmengen usw. treffen?* Hier sind die Anbieter gefordert, Aufklärungsarbeit zu leisten. Insbesondere durch eine kompetente Preisberatung lässt sich Preissicherheit beim (noch unsicheren) Kunden erzeugen. Bei individualisierten Produkten und Dienstleistungen (z. B. Reparaturleistungen, Beratungshonoraren oder langfristigen Dienstleistungsverträgen) ist es für den Kunden schwer, das Preisgefüge zu überblicken. Auf jeden Fall sollten die Anbieter auf versteckte Kosten verzichten. Dies lässt sich durch Full-Service-Verträge kundengerecht umsetzen. Darüber hinaus spielt bei Qualitätsmängeln die Kulanz eine herausragende Rolle.
- **Entscheidungsphase:** Sollte es vorkommen, dass die Preise verhandelt werden, könnte dies zu Problemen für den Kunden führen. Seitens des Anbieters sind dann eine Preisoffenheit und -ehrlichkeit gefragt, da sich diese positiv auf die Preiszufriedenheit auswirken. Darüber hinaus ist über die Finanzierung des Kaufs zu entscheiden. Je nachdem um was für ein Produkt oder eine Dienstleistung es sich handelt, können ganz unterschiedliche Preisinstrumente (z. B. die Inzahlungnahme von Altprodukten, die Gewährung von (langfristigen) Zahlungszielen oder die Ausgestaltung von Leasingkonditionen) zur Anwendung kommen. Über diese ökonomischen Aspekte hinaus, spielen beim Kauf auch psychologische Aspekte eine Rolle. War der Kunde beispielsweise bei der Preisverhandlung erfolgreich, so kann dies das Gefühl des Stolzes auslösen. Schließlich hat er einen günstigen Preis ausgehandelt. Natürlich freut sich der Kunde auch über eine günstige Preisgelegenheit, was sich wiederum positiv auf die Preiszufriedenheit auswirkt.
- **Nachkaufphase:** In dieser Phase erfolgt ein Abgleich der Erwartungshaltung des Kunden mit der tatsächlichen Produktleistung. Jetzt stellt es sich heraus, ob es sich um ein gutes Preis-Leistungs-Verhältnis handelt. Kritisch ist, dass die Kunden heutzutage sehr hohe Erwartungen hinsichtlich der Störanfälligkeit, der Reparaturkosten sowie der laufenden Unterhaltskosten haben. Gerade bei langfristigen Gebrauchsgütern spielen diese Preisbestandteile eine große Rolle. Dies gilt gleichermaßen für die Inanspruchnahme von Dienstleistungen (z. B. einer Autoversicherung). Tritt hier der Schadensfall ein, wird der Kunde sehr genau beobachten, wie der Schadensfall von der Versicherung abgewickelt wird. Wenn es dabei zu Streitigkeiten kommt, ist ein negativer Einfluss auf die Preiszufriedenheit zu erwarten.
- **Wiederkaufphase:** Wenn das gekaufte Produkt das Ende seines Lebenszyklusses erreicht hat, sind die Kunden an einer fachgerechten Entsorgung interessiert. Die dabei entstehenden Beseitigungskosten bzw. die Rücknahmepreise haben einen signifikanten Einfluss auf die Preiszufriedenheit. Ein Treuebonus, der von vielen Kunden im Falle eines Wiederkaufs erwartet wird, wirkt sich dagegen positiv auf die Preiszufriedenheit aus.

4.6.3 Preisbezogene Auswirkungen der Kundenzufriedenheit

Koschate-Fischer (2016, S. 116) fasst die **Ergebnisse** mehrerer **empirischer Studien** zu den preisbezogenen Auswirkungen der Kundenzufriedenheit folgendermaßen zusammen:

- Kundenzufriedenheit hat einen positiven Einfluss auf die **Zahlungsbereitschaft**. Insbesondere Kunden, die mit den Produkten und Dienstleistungen eines Unternehmens sehr zufrieden sind, zeigen eine hohe Zahlungsbereitschaft.
- Der Zusammenhang zwischen Kundenzufriedenheit und Zahlungsbereitschaft ist **nicht-linear**, d. h. es besteht ein **sattelförmiger Verlauf**. Im mittleren Bereich verläuft die Kurve relativ flach. Die Randbereiche sind dagegen durch einen steilen Verlauf gekennzeichnet. Durch die Erfahrungen, die die Kunden im

Laufe der Zeit mit dem Anbieter bzw. dessen Leistungen machen, verstärkt sich dieser Zusammenhang.

- Im Falle einer Preiserhöhung kann es zu **negativen Verhaltensreaktionen** seitens der Kunden kommen. Diese werden jedoch durch die Kundenzufriedenheit abgeschwächt.
- Wird die Preiserhöhung von den Kunden als **fair** bewertet, wirkt sich dies ebenfalls positiv auf das **Wiederkaufverhalten** der zufriedenen Kunden aus. Wichtig ist, welches Motiv die Kunden hinter der Preiserhöhung vermuten. Vermuten sie ein positives Motiv, ist die Wiederkaufwahrscheinlichkeit nach der Preiserhöhung größer als bei einem negativen Motiv.
- Außerdem denken zufriedene Kunden mehr über die **Motive** hinter einer Preiserhöhung nach. Werden positive Motive vermutet, schwächt das die Kundenreaktion stark ab. Dagegen zeigt sich dieser Effekt bei unzufriedenen Kunden nicht.
- Unzufriedene Kunden **merken** sich gezahlte Preise länger als zufriedene Kunden.

▶ „**Preisfairness** ist die von einem Nachfrager vorgenommene Beurteilung der Verteilungs- und Verfahrensgerechtigkeit im Preisgebaren eines Anbieters vor, während und nach dem Kauf im Kontext der jeweiligen Geschäftssituation" (Diller et al., 2021, S. 143).

▶ **Literaturtipps** Diller, H.; Beinert, M.; Ivens, B. und Müller, S. (2021): Pricing. Prinzipien und Prozesse der betrieblichen Preispolitik, 5. Auflage, Stuttgart: Kohlhammer.
Olbrich, R. & Battenfeld, D. (2014): Preispolitik. Ein einführendes Lehr- und Übungsbuch, 2. Auflage, Wiesbaden: Springer Gabler.
Pechtl, H. (2014): Preispolitik. Behavioral Pricing und Preissysteme, 2. Auflage, Konstanz: UVK und München: UVK/Lucius.
Simon, H. und Fassnacht, M. (2009): Preismanagement. Strategie, Analyse, Entscheidung, Umsetzung, 3. Auflage, Wiesbaden: Gabler.

4.7 Kundenorientiertes Distributionsmanagement

4.7.1 Konzept des kundenorientierten Distributionsmanagements

Auch distributions- bzw. vertriebspolitische Maßnahmen können die Kundenzufriedenheit steigern und die Bindung der Kunden an das Unternehmen festigen (vgl. Bruhn, 2002, S. 189).

▶ „Die **Distributionspolitik** umfasst als Teilbereich des Marketing-Mix alle Entscheidungen und Maßnahmen, die im Zusammenhang mit dem Weg von Gütern zum Endabnehmer stehen" (Zentes & Swoboda, 2001, S. 105).

In Wissenschaft und Praxis ist das Thema des **Everywhere Shopping** seit einiger Zeit hoch relevant. Damit ist das Angebot von Artikeln, Sortimenten und Dienstleistungen über mehrere Distributionskanäle hinweg gemeint. Für die Verbraucher ist das Einkaufen bzw. Bestellen in mehreren Offline- und Online-Stores (z. B. PC oder Laptop, Smartphones oder Tablets) mit einem hohen Nutzen verbunden. Da die Online-Stores frei von örtlichen und zeitlichen Einschränken genutzt werden können, nutzen die Verbraucher diese in nahezu jeder Gelegenheit. Daher sind die Hersteller und/oder Händler aufgefordert Everywhere Commerce-Lösungen anzubieten. Zum einen erwarten dies die Kunden und zum anderen sind die Wettbewerber vermutlich schon online. Entscheidend dabei sind die Integration von sogenannten Touchpoints mit den entsprechenden Technologien (Swoboda et al., 2019, S. 206–207).

4.7.2 Handelskundenorientiertes Distributionsmanagement

Im Rahmen des **handelskundenorientierten Distributionsmanagements** geht es um Kundenzufriedenheits- und Kundenbindungsmaßnahmen der

Hersteller, die von den Absatzmittlern (z. B. Groß- und Einzelhandel) unterstützt werden sollen. Um die Händler zu motivieren und zufriedenzustellen können beispielsweise Händlerseminare und individuelle Händlerunterstützungsprogramme umgesetzt werden (Bruhn, 2002, S. 189–190).

Seit Ende der 1980er-Jahre gewinnt das sogenannte **Trademarketing** zunehmend an Bedeutung. Seitdem sieht die Industrie im Handel nicht mehr nur ein Distributionsorgan, sondern einen fordernden Kunden bzw. Partner. Daher kommt der Händlerzufriedenheit eine große Bedeutung zu. Eine Weiterentwicklung des Trademarketing stellt das **Channel-Marketing** dar. Darunter sind sämtliche Strategien zu subsumieren, die sich auf bestimmte Absatzkanäle beziehen. Seit 2005 existiert ein weiterer Marketing-Ansatz, das **Shopper-Marketing** (Czech-Winkelmann, 2011, S. 316).

➤ „**Shopper-Marketing** stellt eine einkaufende Person in den Mittelpunkt und analysiert, plant, setzt um und kontrolliert die konzeptionellen und operativen Maßnahmen, mit denen das Verhalten beim Einkaufen in einem bestimmten Einkaufskanal einer bestimmten (Handels-)Organisation beeinflusst werden kann – mit dem Ziel, eine profitable (Hersteller- und Händler-)Markenentwicklung und ein Kategoriewachstum sicherzustellen" (Czech-Winkelmann, 2011, S. 317).

Im **Shopper-Marketing** steht der einkaufende Mensch im Mittelpunkt des Interesses. Als Konzept setzt das Shopper-Marketing eine enge Kooperation zwischen Hersteller und Handel voraus. Es erstreckt sich über den gesamten Kaufprozess hinweg. Um wertschöpfende Marketingaktivitäten entwickeln zu können, müssen die Hersteller und Händler den Shopper bzw. dessen Verhalten nachhaltig verstehen. Dies gilt gleichermaßen für alle Kaufphasen. Das Shopper-Marketing konzentriert sich auf die drei großen „*S*": S-hopper, S-tore und S-helf (Czech-Winkelmann, 2011, S. 320–321, 330, 333, 340):

- Der **Shopper** muss während des Einkaufsprozesses emotional berührt werden. Dies verstärkt die Kaufabsicht und erhöht die Einkaufsstättentreue.

- Der **Store** lässt sich vielfältig für gemeinsame Marketingaktionen von Herstellern und Händlern nutzen (z. B. In-Store-TV, In-Store-Radio, Regal-Stopper, Deckenhänger, Plakate, Handzettel usw.).
- Am **Shelf** findet der „*Moment of Truth*" statt. *Für welche Marke entscheidet sich der Kunde?* Es sei daran erinnert, dass mit steigender Anzahl der Auswahlentscheidungen der Umsatz abnimmt.

Damit das Shopper-Marketing erfolgreich ist, kommt es auf eine enge und vertrauensvolle Zusammenarbeit zwischen Industrie und Handel an. Zudem muss das Shopper-Marketing sowohl in den jeweiligen Unternehmensorganisationen als auch -kulturen fest verankert sein (Czech-Winkelmann, 2011, S. 349).

4.7.3 Endkundenorientiertes Distributionsmanagement

Das **endkundenorientierte Distributionsmanagement** versucht, den individuellen Wünschen und Bedürfnissen der Kunden Rechnung zu tragen. Dies kann durch eine Flexibilisierung der Distributionskanäle erreicht werden (z. B. stationärer Handel + Onlineshop + Katalogverkauf + Direktvertrieb). Insbesondere der Online-Vertrieb bzw. eCommerce hat in den letzten Jahren stark an Bedeutung gewonnen. Daher werden Bücher, CDs, Kleidung und Reisen immer häufiger im Internet bestellt. Die Bequemlichkeit der Kunden ist dabei oft der Auslöser für den Online-Kauf (Bruhn, 2002, S. 190–191).

In der Regel erfolgt die Touchpoint-Integration sukzessive. Ehemalige Einkanalsysteme (z. B. nur Offline oder nur Online) werden um weitere Touchpoints (z. B. um Online- oder Offline-Touchpoints) erweitert. Durch diese neuen Offline-Online- oder Online-Offline-Systeme wird die Kundenloyalität maßgeblich positiv beeinflusst (Swoboda et al., 2019, S. 211).

Grundsätzlich muss entschieden werden, ob in den beschriebenen Mehrkanalsystemen eine Integration der Kanäle oder eine Separation der Kanäle erfolgen soll. Bei der Integration werden die

Tab. 4.18 Vorteile der Separations- und Integrationsstrategie. (Swoboda et al., 2019, S. 213)

Separation	Integration
Unternehmenssicht	
Kostenersparnis, z. B. Abstimmungskosten	erhöhter Traffic und Umsatz, z. B. durch Cross-Selling
geringere Komplexität, z. B. durch separates Betreiben getrennter Unternehmensdivisionen und -abteilungen	höhere Wiederkaufabsicht, bspw. aufgrund besserer Wahrnehmung der Servicequalität über Kanäle hinweg
geringerer Koordinations-/IT-Infrastrukturaufwand	bessere Nutzerakzeptanz, z. B. durch Verbund von Online- und Offline-Merkmalen
Angebot eines spezifischen Sortiments	Nutzung des bestehenden Netzwerks und der Infrastruktur, Synergiefunktion
Verhinderung von Kannibalisierungseffekten	Markenname/einheitliches Erscheinungsbild als Signalfunktion
Differenzierungsmöglichkeit	
Verteilung des Risikos	
Kundensicht	
bessere Segmentansprache	simultane Nutzung/Austauschbarkeit der Kanäle
spezialisierte Ansprache von Kundenbedürfnissen	Erhöhung der Convenience durch Angebot identischer Sortimente und Dienstleistungen
Ansprache des Variety-Seeking der Kunden (Kunden wird bewusst eine Auswahl mehrerer unterschiedlicher Kanalauswahlmöglichkeiten geboten)	Customer Experience/gesamte Customer Journey wird abgebildet
Vorteile bspw. durch spezifische, unterschiedliche Angebote oder Sonderaktionen	Zugriff auf besondere Services, z. B. Click & Collect
	Transparenz, z. B. im Hinblick auf Informationen

einzelnen Offline- und Online-Kanäle miteinander verknüpft. Bei der Separation erfolgt eine bewusste Trennung der Offline- und Online-Kanäle (Swoboda et al., 2019, S. 212–213):

- Durch die **Integrationsstrategie** werden integrative Effektivitäts- und Effizienzziele angestrebt. Dazu erfolgt eine Abstimmung zwischen den Kanälen (Multichannel oder Omnichannel Retailing). Hierbei ergeben sich Verbund- und Nutzeneffekte für die Kunden, die sich wiederum positiv auf die Kundenzufriedenheit und -bindung auswirken. Um dies zu erreichen, wird meist ein einheitliches Erscheinungsbild für alle Kanäle gewählt.
- Im Rahmen der **Separationsstrategie** agieren die einzelnen Kanäle unabhängig bzw. autark voneinander. Hierdurch werden separate Effektivitäts- und Effizienzziele angestrebt. Dies gelingt dann, wenn überschneidungsfreie Kundengruppen vorliegen. Es wird daher auch keine gemeinsame Zugehörigkeit zum Unternehmen kommuniziert. Es kann sogar vorkommen, dass die einzelnen Kanäle rechtlich voneinander getrennt sind.

Die **Vorteile** der Separations- und Integrationsstrategie aus Kunden- und Unternehmenssicht werden in Tab. 4.18 gegenübergestellt.

4.8   Kundenorientiertes Personalmanagement

4.8.1   Konzept des kundenorientierten Personalmanagements

Wie die bisherige Diskussion gezeigt hat, kommt einer konsequenten Kundenorientierung eine große Bedeutung für den Unternehmenserfolg zu. Dies hat jedoch zu neuen und sehr spezifischen Anforderungen an das Personalmanagement geführt (Bruhn, 2002, S. 208).

Das kundenorientierte Personalmanagement verfolgt im Wesentlichen die folgenden **Ziele** (Pilz, 2019, S. 42):

- Senkung der Personalkosten,
- effizienter Personaleinsatz,
- Marktanteilsausweitung und
- eine Verbesserung des Personalmarketings.

▷ „Beim **Personalmanagement** handelt es sich um die Zusammenfassung aller Maßnahmen und Entscheidungen personalwirtschaftlicher Art, die als integrierter Bestandteil des gesamten Managementprozesses in einem Unternehmen betrachtet werden" (Meckl, 2009, S. 898).

Homburg und Stock (2000, S. 18–19) stellen sich die Frage: *Was bedeutet es eigentlich, wenn ein Mitarbeiter kundenorientiert ist?* Als Antwort darauf arbeiten sie zwei wesentliche Aspekte heraus: die kundenorientierte Einstellung und das kundenorientierte Verhalten (siehe dazu auch die Tab. 4.18):

• Die **kundenorientierte Einstellung** ist eine Denkhaltung. Sie ist dadurch geprägt, dass der jeweilige Mitarbeiter die Bedeutsamkeit der Kundenorientierung für sein Unternehmen und für sich selbst als Mitarbeiter erkannt und verinnerlicht hat. Daher handelt es sich um eine interne Größe bzw. Variable.
• Demgegenüber ist **kundenorientiertes Verhalten** von außen beobachtbar. Darunter wird vorrangig das Verhalten im Kundenkontakt subsumiert. Daher handelt es sich um eine ex-

terne Größe bzw. Variable. Das kundenorientierte Verhalten wird zudem noch von der kundenorientierten Einstellung beeinflusst.

In Abb. 4.12 werden beide Variablen zusammengeführt. Das Ergebnis ist eine Vier-Feld-Matrix, in der vier verschiedene Mitarbeitertypen aufgeführt sind. Diese Vier-Feld-Matrix wird von Homburg und Stock (2000, S. 19) als **Kundenorientierungsprofil** bezeichnet.

Die vier **Mitarbeitertypen** lassen sich folgendermaßen charakterisieren (Homburg & Stock, 2000, S. 20):

• Der **wirklich kundenorientierte Mitarbeiter** zeichnet sich durch eine hohe kundenorientierte Einstellung und ein hohes kundenorientiertes Verhalten aus. Dies ist gewissermaßen der ideale Mitarbeiter.
• Beim **Kundenorientierungsmuffel** sieht es dagegen ganz anders aus. Er hat weder eine hohe kundenorientierte Einstellung noch zeigt er ein hohes kundenorientiertes Verhalten. Dies ist für ein Unternehmen der Worst Case.
• Der **Ungeschliffene** hat die Kundenorientierung zwar verinnerlicht (hohe kundenorien-

Abb. 4.12 Das Kundenorientierungsprofil. (Quelle: Homburg & Stock, 2000, S. 19.)

tierte Einstellung), kann diese jedoch nicht in ein kundenorientiertes Verhalten umsetzen (niedriges kundenorientiertes Verhalten). Gründe dafür können z. B. Kommunikationsdefizite sein.

- Beim **Aufgesetzten** ist es genau umgekehrt. Er verhält sich sehr kundenorientiert, hat das Konzept der Kundenorientierung jedoch nicht sehr stark verinnerlicht (niedrige kundenorientierte Einstellung). Dies kann vorkommen, wenn kundenorientiertes Verhalten in entsprechenden Seminaren gewissermaßen anerzogen wurde. Eine wirkliche Verinnerlichung fand jedoch nicht statt.

Die wesentlichen **Einflussfaktoren der Kundenorientierung** von Mitarbeitern finden sich in.

Die Personalabteilung von heute ist ein interner Dienstleister für die anderen Unternehmensabteilungen. Da eine kundenorientierte Unternehmung einen großen Bedarf an qualifizierten, motivierten und kundenorientierten Mitarbeitern hat, muss die Personalabteilung auf der gesamten Klaviatur des Personalmanagements spielen. Nur so lassen sich die Ziele Qualität, Flexibilität und Kundennähe erreichen (Bruhn, 2002, S. 227) (Tab. 4.19).

4.8.2 Kundenorientierter Personalmanagementprozess

Das **(kundenorientierte) Personalmanagement** hat die Aufgabe, dass für die zu erfüllenden Aufgaben, genügend qualifizierte und motivierte Mitarbeiter vorhanden sind (Kappeller & Mittenhuber, 2003, S. 278). Im hier interessierenden Kontext hat die Beschaffung, Weiterbildung und Motivation von Kundenkontaktmitarbeitern eine besonders große Bedeutung.

Personalbedarfsbestimmung
Im Rahmen der **Personalbedarfsbestimmung** wird die von den Arbeitskräften zur Verfügung gestellte Arbeitszeit der zur Erfüllung der Betriebsprozesse erforderlichen Zeit gegenübergestellt und aufeinander abgestimmt (Bürkle, 2009a, S. 854–855).

Tab. 4.19 Idealprofil eines kundenorientierten Mitarbeiters. (Quelle: Schröder, 1998, S. 49)

Die kundenorientierte Mitarbeiterin, der kundenorientierte Mitarbeiter …	Einschätzung			
… ist kommunikativ, einfühlsam, besetzt eine hohe soziale Kompetenz.	- -	-	+	+ +
… ist auch in Stress-Situationen ausgeglichen, gelassen, entspannt, besitzt eine hohe Frustrationstoleranz.	- -	-	+	+ +
… strahlt Optimismus aus.	- -	-	+	+ +
… ist selbstkritisch, kann Fehler zugeben.	- -	-	+	+ +
… kann zuhören und Fragen stellen.	- -	-	+	+ +
… gibt dem Kunden das Gefühl, wichtig zu sein.	- -	-	+	+ +
… scheint immer Zeit für Kunden zu haben.	- -	-	+	+ +
… besitzt neben fachlichem Spezialwissen auch Kenntnisse über innerbetriebliche Zusammenhänge und kennt deshalb immer jemanden, der weiterhelfen kann, wenn sie/er an Grenzen stößt.	- -	-	+	+ +
… hat Selbstvertrauen und den Mut, eigenverantwortlich zu handeln.	- -	-	+	+ +
… nutzt Entscheidungsspielräume, um in neuen Situationen neue Wege zu gehen, die erfolgversprechend sind.	- -	-	+	+ +
… interessiert sich für „*ihr/sein*" Unternehmen, sieht sich als wichtigen Teil des Ganzen, ist stolz auf das eigene Unternehmen.	- -	-	+	+ +
… will für das eigene Unternehmen Geschäfte/Erträge realisieren.	- -	-	+	+ +
… will ein hervorragendes Ergebnis erzielen und sieht den Weg dahin als „*sportliche*" Herausforderung an.	- -	-	+	+ +
… ist selbstmotiviert, engagiert.	- -	-	+	+ +
… ist lernfähig und lernwillig.	- -	-	+	+ +

▶ „Bei der **Personalbedarfsplanung** handelt es sich um die Festlegung abgeleiteter quantitativer, qualitativer, örtlicher und zeitlicher Bedarfe. Die Personalbedarfsplanung ist ausschlaggebend für die anderen Teilplanungen, die der Deckung der ermittelten Personalbedarfe dienen" (Groening, 2009, S. 855).

Qualitative Anforderungen an einen **Kundenkontaktmitarbeiter** hat Bruhn (2002, S. 216) in Frageform exemplarisch zusammengestellt:

- *Inwieweit erfüllt der Kundenkontaktmitarbeiter das auf dieses Tätigkeitsfeld ausgerichtete Anforderungsprofil?*
- *Welche Erwartungen haben die Kunden an einen Kundenkontaktmitarbeiter hinsichtlich seiner Fähigkeiten?*
- *Welche Kenntnisse und Fähigkeiten haben Kundenkontaktmitarbeiter der Konkurrenz?*
- *In welchen Bereichen (aufgabenbezogen, persönlich usw.) liegen Qualifikationsdefizite vor?*

Personalbestandsanalyse
Es muss ermittelt werden, wie viele und mit welcher Qualifikation Mitarbeiter im Unternehmen vorhanden sind. Es geht also um die quantitative und qualitative Niveaubestimmung der Human Resources (Meckl, 2009, S. 899).

Personalbeschaffung und -auswahl
Mithilfe der Personalbeschaffung sollen die benötigten Arbeitskräfte beschafft werden. Die Basis bildet der qualitative und quantitative Personalbedarf. Das notwendige Personal wird dann auf dem internen und/oder externen Arbeitsmarkt beschafft (Pilz, 2019, S. 48).

▶ „Zur **Personalbeschaffung** zählen Maßnahmen, die auf die Bereitstellung einer Personalausstattung abzielen. Die Personalbeschaffung ist der Personalplanung zeitlich nachgelagert" (Bürkle, 2009b, S. 859).

Im Rahmen der **externen Personalbeschaffung** arbeiten die Personalmanager mit dem **Arbeitsamt** zusammen und/oder veröffentlichen auf **Online-Jobbörsen** (z. B. www.monster.de) ent-

sprechende Stellenanzeigen. Dabei ist darauf, zu achten, dass bereits in der Stellenanzeige die Kundenorientierung des suchenden Unternehmens zum Ausdruck kommt. Innerhalb der externen Personalbeschaffung wird noch zwischen dem **Neubedarf** (dieser muss von der Geschäftsführung genehmigt werden) und dem **Ersatzbedarf** (dieser wird eigenständig von der Personalabteilung ermittelt und erhoben) unterschieden (Pilz, 2019, S. 48). Eine **interne Personalbeschaffung** erfolgt in der Regel aufgrund von internen Dispositionen (Bürkle, 2009b, S. 859). Dabei kommen innerbetriebliche Beschaffungswege zum Einsatz. Zu nennen sind hier die innerbetriebliche Stellenausschreibung, die Beförderung, die Versetzung, die Mehrarbeit und die Personal- und Organisationsentwicklung (Pilz, 2019, S. 49).

▶ „Das häufigste Auswahlverfahren ist in der Praxis das **Vorstellungsgespräch**, das meist vom Personalreferenten und dem Abteilungsleiter geführt wird. Das Vorstellungsgespräch kann sich an einem ausgearbeiteten Leitfaden orientieren, der die wichtigsten Fragen enthält und vorher formuliert wurde. Allerdings sollten die Personalabteilungen darauf achten, dass das Vorstellungsgespräch nicht erstarrt, sondern dass auch Raum für Zusatzfragen gelassen wird" (Pilz, 2019, S. 55).

Das **Assessment Center** dient der Potenzialbeurteilung und wird im Zusammenhang mit der Bewerberauswahl von Führungskräften eingesetzt. Dabei geht es einerseits um die Beurteilung aktueller Kompetenzen und anderseits um die Prognose der zukünftigen beruflichen Entwicklung (Grieger, 2009, S. 83). Die Methoden, die im Assessment Center zur Anwendung kommen, sind in Tab. 4.20 überblicksartig genannt.

Tab. 4.20 Methoden im Assessment Center. (Quelle: Pilz, 2019, S. 56)

Methoden im Assessment Center	
Interviews	Intelligenztest
Gruppendiskussion	Fragebogen
Postkorbübung	Präsentationsübung
Fallstudie/Simulation	Interaktionsübung
psychologische Tests	Essen („*Gabeltest*")

Personalentwicklung

Die **Personalentwicklung** hat zum Ziel, die Mitarbeiterqualifikation zu erhalten, auszubauen und kontinuierlich zu verbessern. Dazu stehen dem Personalmanagement eine ganze Reihe an verschiedenen Verfahren und Methoden (z. B. Aus- und Weiterbildung, Umschulung sowie das Training am Arbeitsplatz) zur Verfügung. Insbesondere für Fach- und Führungskräfte werden zunehmend Supervisionen und Coachings angeboten. Ergänzt wird die Personalentwicklung durch die Organisations- und Teamentwicklung (Pilz, 2019, S. 136).

▶ „**Personalentwicklung** ist die zukunftsorientierte Gestaltung des Leistungsvermögens der Belegschaft im Hinblick auf Organisations- und Individualziele" (Hofmann, 2009, S. 871).

Mithilfe der Personalentwicklung sollen die beruflichen Qualifikationen der beschäftigten Mitarbeiter mit den Anforderungen an das Unternehmen in Einklang gebracht werden. Die zur Verfügung stehenden Personalentwicklungsmaßnahmen lassen sich in drei Gruppen einteilen (Krause, 2000, S. 220):

- **Verfahren zur Veränderung der beruflichen Kompetenz:** Zu denken ist hier vorrangig an Aus- und Weiterbildungsmaßnahmen.
- **Verfahren zur Veränderung der beruflichen Anforderung:** Dies ist von Bedeutung, wenn sich das Unternehmen beispielsweise dazu entscheidet, Gruppenarbeit einzuführen.
- **Verfahren zur Steuerung der Personalentwicklung:** Dazu zählen Maßnahmen der Karriereplanung und -beratung. Darüber hinaus lassen sich in Assessment Centern Potenzialanalysen durchführen.

Bruhn schlägt dafür eine Einteilung in sechs **Verfahrensgruppen** vor (Bruhn, 2002, S. 216):

- „*into the job*"-Maßnahmen (als Hinführung zu einer neuen Tätigkeit),
- „*on the job*"-Maßnahmen (als direkte Maßnahme am Arbeitsplatz),

- „*near the job*"-Maßnahmen (als arbeitsplatznahes Training),
- „*off the job*"-Maßnahmen (als externe Weiterbildung in Form von Seminaren),
- „*along the job*"-Maßnahmen (im Sinne einer laufbahn- und karrierebezogenen Planung) sowie
- „*out of the job*"-Maßnahmen (als Ruhestandsvorbereitung).

Personaleinsatz

Hierbei werden die vorhandenen Arbeitskräfte den organisatorischen Stellen zugeordnet. Dabei kommt es darauf an, dass die Stellenaufgaben erfüllt werden (Meckl, 2009, S. 899).

Personal- bzw. Mitarbeiterführung

Aufgabe der mit Weisungs- und Entscheidungsbefugnissen ausgestatteten Führungskräfte ist es, mithilfe ausgewählter Führungs- und Managementmethoden, die ihnen untergeordneten Mitarbeiter zu führen bzw. zu koordinieren (Meckl, 2009, S. 899).

▶ „In einer engen Interpretation wird unter **Führung** die Personalführung verstanden, d. h. es geht um die zielgerichtete Beeinflussung von Mitarbeitern durch Führungskräfte. In einer weiteren Fassung wird hierunter jede Beeinflussung innerhalb einer Auftraggeber-/Auftragnehmerbeziehung verstanden" (Geldern, 2017, S. 57).

Basierend auf dem State of the Art unterscheidet Boerner (2009, S. 742) zwischen **Management** (Führung im weiteren Sinne) und **Leadership** (Führung im engeren Sinne):

- **Management als Führung im weiteren Sinne:** Das Management befasst sich mit der Führung des Unternehmens als Ganzes. Dabei geht es um die Steuerung des Gesamtunternehmens beispielsweise durch die abteilungsübergreifende Koordination, die Struktur oder Strategie einer Unternehmung. Darüber hinaus fällt auch die Gestaltung von Anreizsystemen darunter, die gut geeignet sind, die Kundenorientierung der Mitarbeiter zu fördern.

Tab. 4.21 Beispielhafte Maßnahmen zu den Kernbereichen der Mitarbeiterzufriedenheit. (Quelle: Stock-Homburg, 2016, S. 297–298)

Unternehmensleitung	- klare Kommunikation der Unternehmenspolitik sowie der Unternehmensziele - Herunterbrechen der Unternehmensziele auf die Ziele der einzelnen Mitarbeiter
Vorgesetzter	- Delegation von klar abgegrenzten Aufgaben - Berücksichtigen der Mitarbeiterbelange - Einhalten von Zusagen gegenüber Mitarbeitern
Kollegen	- Vereinbaren von Team-Zielen und Vergabe von Team-Prämien - regelmäßiges Durchführen von Mitarbeiterveranstaltungen
Arbeitsbedingungen	- ergonomische Arbeitsplatzgestaltung - Einführung eines flexiblen Arbeitszeitmodells
Bezahlung	- Einführung kundenorientierter Vergütungssysteme
Arbeitsinhalt	- Übertragen von inhaltlich unterschiedlichen Aufgaben - Anregen der Mitarbeiter zu neuen Ideen und ständigen Verbesserungen
Anerkennung	- Auszahlen von Leistungsprämien - Auszeichnen von besonderen Leistungen (z. B. „Mitarbeiter des Monats")
Verantwortung	- Einbeziehen der Mitarbeiter in für sie relevante Entscheidungen - Empowerment, d. h. Erweitern des Handlungs- und Entscheidungsspielraums
Persönliche Entwicklung	- Aufzeigen persönlicher Perspektiven im Unternehmen - regelmäßige fachliche Weiterbildung der Mitarbeiter - Unterstützen des Ausbaus persönlicher bzw. sozialer Fähigkeiten

- **Leadership als Führung im engeren Sinne:** Hierbei steht die persönliche Interaktion zwischen Führungskraft und Mitarbeiter im Fokus der Betrachtung.

Boerner weist jedoch darauf hin, dass es keine scharfe Trennlinie zwischen Management und Leadership gibt. Es bestehen vielmehr Rückkopplungen zwischen dem Management und dem Leadership (Boerner, 2009, S. 742–743).

In Tab. 4.21 sind beispielhaft Maßnahmen zu den Kernbereichen der Mitarbeiterzufriedenheit zusammengestellt.

Personalfreisetzung
Der Abbau von Arbeitsplätzen ist in der Regel für alle Beteiligten eine unangenehme Situation. Hier ist viel Fingerspitzengefühl der Personalmanager gefragt. Daher ist die Personalabteilung gefordert, soziale Härten zu minimieren. Außerdem sind, eine ganze Reihe rechtlicher Regelungen (z. B. bei der Ausgestaltung von Aufhebungsverträgen, der Festlegung von Abfindungen und der Aufstellung von Sozialplänen) zu beachten (Pilz, 2019, S. 146).

▶ „Unter **Personalfreisetzung** versteht man alle Maßnahmen zum Abbau einer personellen Überdeckung in quantitativer, qualitativer, zeitlicher und örtlicher Hinsicht" (Nicolai, 2021, S. 459).

4.8.3 Kundenorientierte Anreiz- und Vergütungssysteme

Mitarbeiter sollen, die in Schulungen vermittelten Inhalte, in ihrer täglichen Arbeit umsetzen. Kurz gesagt: Sie sollen sich qualitätsbewusst und kundenorientiert verhalten. Dafür sind geeignete Motivationsmaßnahmen gefragt (Kohli & Jaworski, 1990; Ruekert, 1992, beide zitiert nach Bruhn, 2002, S. 221).

▶ „Die **Personalvergütung** umfasst alle Formen der Vergütung der Arbeitsleistung der Arbeitnehmer. Hierzu gehören neben Leistungen in Geld wie beispielsweise Gehälter, Löhne, Zulagen und Gratifikationen auch geldwerte Leistungen wie etwa die Nutzung von Handys, Notebooks, Smartphones, Dienstfahrzeugen und andere Vergünstigungen" (Pilz, 2019, S. 158).

Tab. 4.22 Überblick über Anreizarten in der Praxis. (Quelle: Bruhn, 2002, S. 224)

Extrinsische Motivation
Prämien für kundenorientierte Beratung
Lohnerhöhungen, variable Vergütung in Bezug auf die erzielte Kundenzufriedenheit
Anrecht auf Seminarbesuche
Incentive-Reisen
Statussymbole
individuelle Auszeichnungen
Bekanntmachung der Leistung in internen Medien
Übertragung von Projektarbeit (z. B. Serviceteams)
Anbieten von Aufstiegsmöglichkeiten
u. a. m.
Intrinsische Motivation
persönliches Lob
Verbesserung der Arbeitsbedingungen
Modifikation der bisherigen Arbeitsinhalte (z. B. Job Rotation)
Autonomiegewährung
u. a. m.

An kundenorientierte Anreiz- und Vergütungssysteme (siehe dazu auch Tab. 4.22) werden die folgenden **Anforderungen** gestellt (Bruhn, 2002, S. 222–223):

- **Motivation:** *Wie lässt sich das Mitarbeiterverhalten im Sinne der Unternehmensleitung beeinflussen und steuern?*
- **Flexibilität:** *Wie kann erreicht werden, dass sich veränderte Umweltbedingungen in den Anreiz- und Vergütungssystemen widerspiegeln?*
- **Differenzierung:** *Wie können unterschiedliche Aufgabengebiete bzw. Positionen der Mitarbeiter berücksichtigt werden?*
- **Transparenz:** *Wie kann man das Anreiz- und Vergütungssystem den Mitarbeitern bekannt und verständlich machen?*
- **Effizienz:** *Wie lassen sich Anreize und Vergütungen mit einem klaren Leistungsanspruch verbinden?*
- **Zurechenbarkeit:** *Wie lässt es sich realisieren, dass die Mitarbeiter ihren Einfluss auf das Ergebnis erkennen können?*
- **Gerechtigkeit und Fairness:** *Wovon hängt es ab, dass das Anreiz- und Vergütungssystem von allen Mitarbeitern als gerecht empfunden und akzeptiert wird?* (Tab. 4.22).

▷ **Literaturtipp** Nicolai, Chr. (2021): Personalmanagement, 7. Auflage, München: UVK.

4.9 Kundenorientiertes Kommunikationsmanagement

4.9.1 Konzept des kundenorientierten Kommunikationsmanagements

Angenommen, der Urlaub steht kurz bevor und es soll noch schnell eine neue Digitalkamera angeschafft werden. Jetzt stellt sich die Frage: *Welche ist die beste Alternative?* Ein guter Kollege, der gerne fotografiert, ist von seiner ganz begeistert. Im Testbericht der Stiftung Warentest hat ein anderes Modell mit *„sehr gut"* abgeschnitten. Der Kunde sieht sich die Beilagenwerbung in der Zeitung an und entscheidet sich für den Kauf eines Modells, das im örtlichen Elektromarkt gerade im Angebot ist. Dieses Szenario ist nicht mehr aktuell. Heute will der Interessent Preise vergleichen und ein Schnäppchen machen. Dazu holt er möglichst viele unabhängige Meinungen ein. Im Internet wird nach Beispielbildern und Testberichten recherchiert. Das Zubehör soll gleich, am besten von der Couch aus, mitbestellt werden (Huber, 2013, S. 20).

▷ „Die **Kommunikationspolitik** von Unternehmen umfasst alle Entscheidungen und Handlungen zur Gestaltung und Übermittlung von Informationen an marktrelevante Adressaten, um diese zieladäquat zu beeinflussen" (Bänsch, 2006, S. 2937–2938).

Bruhn (2003, S. 255) weist in diesem Zusammenhang auf die folgenden Entwicklungen hin. Die Wettbewerbsbedingungen haben sich für die Unternehmen verschärft. Hinzu kommt, dass zunehmend ausgereifte sowie homogene Produkte und Dienstleistungen angeboten werden. Vor diesem Hintergrund wird die Kommunikation zwischen Unternehmen und Kunden zu einem bedeutenden **Erfolgsfaktor**. Dabei ist eine

Schwerpunktverlagerung von der klassischen Push-Kommunikation hinzu einer **dialogorientierten Pull-Kommunikation** festzustellen. Im Rahmen der **Push-Kommunikation** wurde mithilfe der klassischen Massenmedien versucht, die Kunden zum Kauf zu bewegen.

Bei der **Pull-Kommunikation** kommt es eher zu einem Dialog zwischen den Unternehmen und ihren Kunden. Es handelt sich daher nicht mehr um eine einseitige Kommunikation, die maßgeblich vom Unternehmen ausgeht, sondern die Kunden werden als gleichberechtigte Kommunikationspartner wahrgenommen bzw. aufgefasst. Die Kunden zeigen ein immer stärker werdendes Bedürfnis nach Dialog, Interaktion und Selbstverwirklichung. Darauf reagieren die Unternehmen derart, dass sie unterschiedliche mediale Ausprägungen bedienen und für ihre Kunden entsprechende Informations- und Interaktionsangebote vorhalten (Bruhn, 2003, S. 255–256).

Zukünftig werden nur diejenigen Unternehmen erfolgreich sein, die sich eng an ihren jetzigen und potenziellen Kunden orientieren. Das **Dialogmarketing** bzw. dialogorientierte Kommunikation eröffnet die Möglichkeit, diese Kundenorientierung durch den kontinuierlichen Dialog mit dem Kunden zu intensivieren. Dadurch wird die Bindung zwischen anbietenden Unternehmen und nachfragendem Kunden verstärkt (Holland, 2016, S. 35).

▷ „**Dialogwerbung**, d. h., die Aufnahme des Dialogs über relevante Themen mit den Zielpersonen in gesteuerter Weise zur deren planmäßiger Aktivierung. Sie umfasst alle Maßnahmen zur Erzeugung definierter Reaktionen sowie zur Identifizierung von Interessenten als Vorbereitung zu Information und/oder Absatz über mediale oder persönliche Ansprachekanäle" (Pepels, 2001, S. 18).

Durch diese Neuorientierung verändert sich die Ausgestaltung der Unternehmenskommunikation. Die dialogorientierten Instrumente bieten den Kunden die Möglichkeit, selbst einen Kommunikationsprozess zu initiieren. Dadurch können die Kunden ihre Wünsche, Bedürfnisse und Erwartungen gegenüber den Unternehmen zum Ausdruck bringen. Beide, Unternehmen und Kunden, können die Rolle des Senders und Empfängers einnehmen (Bruhn, 2003, S. 257).

4.9.2 Mobile Marketing

Mithilfe des Smartphones lässt sich der Dialog mit den (potenziellen) Kunden optimal auf- und ausbauen. Dabei handelt es sich um einen personalisierten und interaktiven Kommunikationskanal. Damit ist es möglich, dem Kunden einen echten Mehrwert zu bieten, der genau auf seine Erwartungshaltung abgestimmt ist. Die zentralen Ziele des Mobile Marketing sind die Gewinnung von neuen Kunden sowie die Bindung bestehender Kunden an das Unternehmen. Dazu ist es erforderlich, den kontinuierlichen Dialog mit den Interessenten bzw. Kunden aktiv zu fördern. Außerdem sollten die gewonnenen Daten und Informationen gezielt genutzt werden (Holland, 2016, S. 125).

Homburg (2020, S. 891) und Holland (2016, S. 129) unterscheiden innerhalb des Mobile Marketing zwei verschiedene **Ansatzpunkte** bzw. **Prinzipien**:

- **Push-Prinzip:** Bei diesem Ansatz wird der Kunde, der zuvor sein Einverständnis gegeben haben muss, vom Unternehmen auf seinem Smartphone kontaktiert (z. B. SMS, App, Mobile Coupon). Der jeweils angesprochene Kunde kann dann beispielsweise per SMS darauf reagieren. Die Datenbasis dafür bildet die eigene Interessenten- bzw. Kundendatenbank oder ein für eine Kommunikationsmaßnahme angemieteter Adresspool mit Opt-in-Profilen.
- **Pull-Prinzip:** Das werbetreibende Unternehmen nutzt dabei andere Medien (z. B: Anzeigen in Zeitschriften und Zeitungen oder Plakate), um die Kunden auf seine Mobile Marketing-Aktivitäten hinzuweisen. Erneut kann die Zielgruppe per SMS reagieren oder eine App herunterladen. Dies ermöglicht es der Zielgruppe, an Preisaus-

schreiben teilzunehmen oder Rabattgutscheine zu erhalten. Pull-Kampagnen sind den Push-Kampagnen vorzuziehen, da die Initiative von den Konsumenten ausgeht. Dies reduziert die Gefahr der Reaktanz. Nachteilig wirken sich die höheren Kosten aus.

➤ „**Reaktanz** beschreibt den Widerstand im Publikum gegen ein penetrantes Übermaß an manipulativer Bevormundung und ist eine auf die Wiederherstellung der eigenen Freiheit gerichtete motivationale Erregung. Je massiver ein Individuum sich bedrängt und damit in seinem Entscheidungsfreiraum eingeengt fühlt, in desto stärkerem Maße bildet sich bei ihm die Motivation heraus, sich der Einengung zu widersetzen und den gefährdeten/verlorenen Freiraum zu verteidigen/wiederzugewinnen" (Pepels, 2001, S. 278).

Smartphones sind mittlerweile in allen Teilen der Gesellschaft angekommen. Daher bieten sie werbetreibenden Unternehmen ein enormes **Reichweitenpotenzial**. Hinzu kommt, dass die mobilen Endgeräte stetig weiterentwickelt werden. Dies eröffnet völlig neue Werbe- und **Interaktionsmöglichkeiten**. Bedingt durch die zunehmende Reiz- bzw. Informationsüberflutung (**Information Overload**) sind Werbeformen gefragt, die die Aufmerksamkeit der (mobilen) Konsumenten erlangen können. Hier bieten sich durch das Mobile Marketing völlig neue Ansätze (Holland, 2016, S. 126).

➤ „Als **Smartphone** werden mobile Endgeräte bezeichnet, die über die Funktionalität eines normalen Handys hinausgehen. Durch die leistungsfähigeren und programmierbaren Smartphones können komplexere Anwendungen installiert werden, z. B. interaktive Spiele oder Internetbrowser zum mobilen Surfen. In letzter Zeit ging der Trend bei Smartphones hin zu immer größeren Displays, besseren Kameras, höherer Speicherfähigkeit, schnelleren Prozessoren, dünneren Geräten und längerer Akkulaufzeit" (Keßler et al., 2017, S. 843).

Das Smartphone weist zahlreiche interessante **Eigenschaften** auf, die sich die werbetreibenden Unternehmen im Rahmen ihres Mobile Marketing zunutze machen können (Holland, 2016, S. 134–135):

- **Ubiquität:** Da der Kunde sein Smartphone immer dabei hat, kann zu jeder Zeit und an jedem Ort, Kontakt zu ihm aufgenommen werden. Dies setzt natürlich voraus, dass das Gerät eingeschaltet ist, über Empfang zum Mobilfunknetz bzw. zum mobilen Internet verfügt und einen Zugriff via Bluetooth, Near Field Communication (NFC) zulässt. Dann gilt das „*Always-on*"-Prinzip. Da die Smartphones im Durchschnitt 14 Stunden pro Tag eingeschaltet sind, ist rein theoretisch eine dauerhafte Erreichbarkeit gegeben. Trotzdem sollte der Schutz der Privatsphäre beachtet und somit nicht jede Zeit für Kommunikationszwecke genutzt werden.
- **Lokalisierbarkeit:** Um gezielt Kommunikationsimpulse zu setzen, kann es erforderlich sein, den Kunden zu lokalisieren. Mithilfe der Lokalisierungstechnologien ist es jedoch heute bereits möglich, den Standort des Kunden relativ genau zu bestimmen und Location-based-Services anzubieten.
- **Personalisierung und Individualisierung:** Normalerweise wird ein Smartphone nur von einer Person genutzt. Über die SIM-Karte ist daher eine eindeutige Zuordnung des Gerätes zum entsprechenden Nutzer möglich. Dies eröffnet für die Unternehmen die Chance, die Kunden personalisiert anzusprechen.
- **Interaktivität und Aktualität:** Mobile Endgeräte zählen zu den interaktiven Medien. Der jeweilige Kunde kann direkt auf empfangene Kommunikationsbotschaften reagieren. Somit wird der Dialogaufbau ermöglicht. Aktuelle Informationen lassen sich zudem ohne Zeitverlust übermitteln. Beispielsweise kann ein Unternehmen seine Kunden über neue Produkte und/oder Dienstleistungen informieren. Im Umkehrschluss erhält das werbetreibende Unternehmen Hinweise zu den Präferenzen und Erwartungen der Kunden. Ein weiterer Vorteil der sich durch die Interaktivität ergibt, besteht darin, dass virale Effekte ausgelöst werden können, die die Reichweite einer Kommunikationskampagne stark erhöhen.

- **Entertainment und Emotionalisierung:** Kunden „*erleiden*" täglich tausende Werbebotschaften. Um in der Masse dieser Botschaften wahrgenommen zu werden, ist es erforderlich, dass die Werbung unterhaltsam und emotional bewegend gestaltet ist. Die Eigenschaften des Smartphones begünstigen eine unterhaltende und emotionale Werbeansprache.
- **Analyse von Konversionspfaden:** Eine zielgruppengenaue Ansprache am Point of Sale (POS) beeinflusst unmittelbar die Kaufentscheidung der Konsumenten bzw. kann diese durch spezielle Mobile-Commerce-Angebote forciert werden. Zudem lässt sich der Konversionpfad des jeweiligen Kunden detailliert analysieren. Es wird dadurch deutlich, welchen „*Weg*" der Kunde genommen hat (z. B. der Verlauf besuchter mobiler Websites bis zur Bestellung im Onlineshop des Unternehmens)

▶ **Wichtig**
1. *Ist die Website für den mobilen Zugriff entsprechend optimiert und auf verschiedenen Endgeräten getestet worden?*
2. *Besteht Bedarf an einer mobilen Anwendung, z. B. einer App für das iPhone?*
3. *Bietet die (geplante) mobile App den Nutzern einen echten Mehrwert?*
4. *Sind die notwendigen Ressourcen vorhanden, um eine mobile App zu erstellen und regelmäßig zu aktualisieren?*
5. *Wird ein Dienstleister zur Erstellung einer mobilen App benötigt?*
6. *Soll eine kostenpflichtige App angeboten werden, um Software oder redaktionelle Inhalte zu vertreiben?*
7. *Wurden mobile Werbemöglichkeiten in Betracht gezogen?*
8. *Lässt sich der Erfolg der mobilen Werbemaßnahmen entsprechend messen?* (Keßler et al., 2017, S. 867)

4.9.3   Social Media-Marketing

In den sozialen Medien geht es hauptsächlich um den Dialog der Nutzer untereinander. Aber auch der Dialog zwischen Kunden und Unternehmen wird immer wichtiger. Für Unternehmen bietet sich die Chance, in einen direkten Dialog mit ihren Zielgruppen einzutreten. Dadurch lassen sich Bekanntheit, Image und Reputation sowie die Kundenzufriedenheit nachhaltig steigern (Pfeiffer & Koch, 2011, S. 30).

▶ „**Social Media** ist im Alltag der Gesellschaft angekommen. Die Nutzer teilen Inhalte, bewerten Produkte, diskutieren über Themen und Unternehmen und integrieren Social Media ganz selbstverständlich in ihren Alltag. Aufgrund der stetig steigenden Verbreitung von mobilen Endgeräten passiert dies immer und überall" (Aßmann & Röbbeln, 2013, S. 15).

Die verschiedenen **Social-Media-Dienste** bzw. -Plattformen lassen sich in die folgenden **Kategorien** einteilen (Bernecker & Beilharz, 2012, S. 27):

- Blogs: z. B. WordPress.com
- Wikis: z. B. Wikipedia.org
- Social Networks: z. B. Facebook.com, LinkedIn.com
- Foren und Usergroups
- Location based Services
- Content-Sharing-Plattformen: z. B. YouTube.com, FlickR.com, Slideshare.net

▶ „Als **Social-Media-Kommunikation** werden alle Kommunikationsaktivitäten zwischen Unternehmen und Nachfragern sowie zwischen Nachfragern untereinander verstanden, welche die Erreichung der Marketing- und Unternehmensziele beeinflussen und über soziale Medien abgewickelt werden" (Meffert et al., 2019, S. 718).

Die **Gründe für ein Social-Media-Engagement** sind vielfaltig (Aßmann & Röbbeln, 2013, S. 33):

- Es gibt im Internet immer mehr **Social-Media-Angebote**.
- Im Social Web halten sich auch die **zukünftigen Kunden** des Unternehmens auf.
- In den sozialen Medien wird bereits heute über **Unternehmen** und ihre **Produkte gesprochen**. Nur wenn die Unternehmen aktiv an dieser Kommunikation teilnehmen, können sie die Kommunikation verfolgen und beeinflussen.

- Durch eine sehr gute Social-Media-Präsenz lässt sich die positive **Markenwahrnehmung** steigern.
- Unternehmen können den **Kontakt** zu potenziellen Kunden und Arbeitnehmern herstellen.
- Auch die **Marktforschung** kann von einem Social-Media-Engagement profitieren (Stichwort: Social-Media-Monitoring).
- Unternehmen, die sich in den sozialen Medien engagieren, werden als **modern, persönlich, menschlich, offen** und **transparent** wahrgenommen.
- Die Marketingmitarbeiter können ihre **Kunden** viel besser **kennenlernen**.

Das Social-Media-Haus nach Kreutzer ist in Abb. 4.13 dargestellt.

Es gibt jedoch auch **Argumente**, die **gegen** ein **Social-Media-Engagement** sprechen (Aßmann & Röbbeln, 2013, S. 33):

- Wenn ein Unternehmen seine Zielgruppe(n) **nicht** über die Social-Media-Kanäle **erreicht**, ist ein Engagement nicht sinnvoll.

- Oftmals fehlen den Unternehmen die notwendigen **Ressourcen** für ein professionelles Social-Media-Engagement.
- Außerdem kann es vorkommen, dass Unternehmen mit **negativen Beiträgen** und (ungerechtfertigter) Kritik konfrontiert werden.

▶ „**Social-Media-Marketing** bietet hervorragende Möglichkeiten für die Steigerung der Kundenzufriedenheit und -bindung. Durch die direkte Ansprache der Kunden über Netzwerke wie Facebook oder Twitter entsteht im besten Fall ein lebhafter Austausch mit den Kunden. Diese fühlen sich wertgeschätzt und ernst genommen, sofern die Kommunikation authentisch und offen betrieben wird. Die Abonnement-Funktionen z. B. eines Blogs, Twitterfeeds oder eines Podcasts ermöglichen die regelmäßige, automatisierte Ansprache der Kunden" (Bernecker & Beilharz, 2012, S. 41).

Wenn Personen aus der jeweiligen Zielgruppe auf der Suche nach Produkten und Dienstleistun-

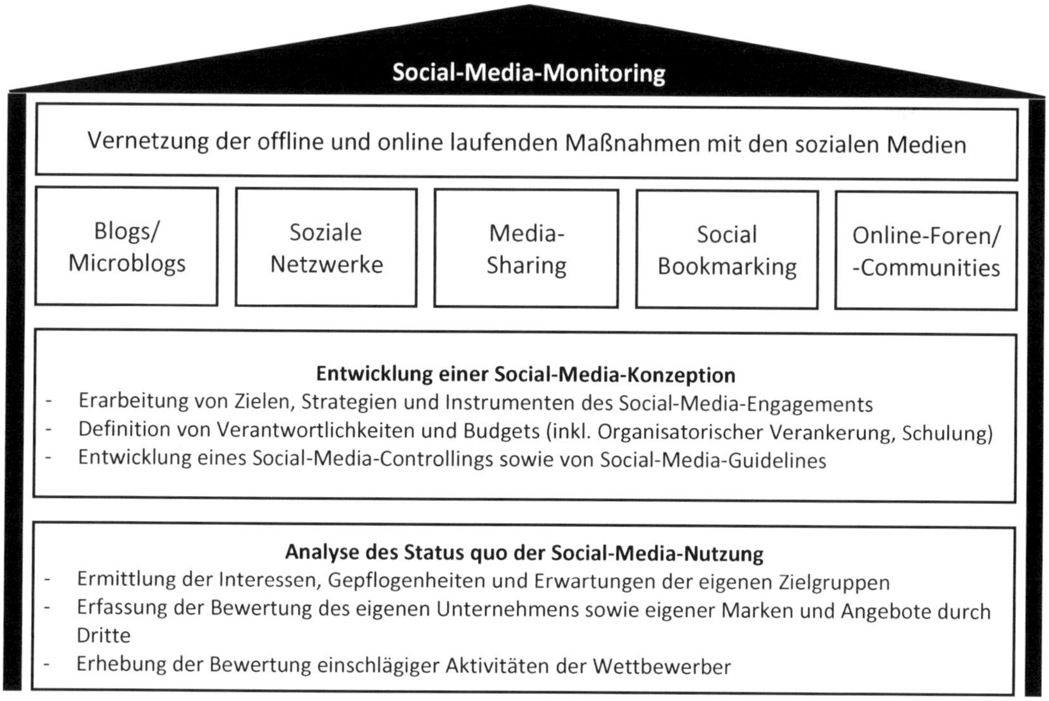

Social-Media-Monitoring

Vernetzung der offline und online laufenden Maßnahmen mit den sozialen Medien

| Blogs/ Microblogs | Soziale Netzwerke | Media-Sharing | Social Bookmarking | Online-Foren/ -Communities |

Entwicklung einer Social-Media-Konzeption
- Erarbeitung von Zielen, Strategien und Instrumenten des Social-Media-Engagements
- Definition von Verantwortlichkeiten und Budgets (inkl. Organisatorischer Verankerung, Schulung)
- Entwicklung eines Social-Media-Controllings sowie von Social-Media-Guidelines

Analyse des Status quo der Social-Media-Nutzung
- Ermittlung der Interessen, Gepflogenheiten und Erwartungen der eigenen Zielgruppen
- Erfassung der Bewertung des eigenen Unternehmens sowie eigener Marken und Angebote durch Dritte
- Erhebung der Bewertung einschlägiger Aktivitäten der Wettbewerber

Abb. 4.13 Das Social-Media-Haus. (Kreutzer, 2014, S. 356.)

gen sind, nutzen sie das Internet zu Recherche-zwecken. Sie tauschen sich mit ihren On-line-Kontakten auf den verschiedenen Social-Media-Plattformen aus und bereiten sich so auf ihre Kaufentscheidung vor. Dabei ist zu beachten, dass eine perfekte Social-Media-Inszenierung eine entsprechende Erwartungshaltung auslöst, die das Produkt oder die Dienstleistung auch er-füllen müssen (Pfeiffer & Koch, 2011, S. 32).

▷ „**Virales Marketing** beschreibt das gezielte Auslösen einer spezifischen Form von Mundpro-paganda (WoM bzw. eWoM), welche zu einer schnellen und exponentiell wachsenden Verbrei-tung von unternehmensbezogenen Inhalten führt" (Meffert et al., 2019, S. 736).

Das Engagement in Social Media setzt eine klare **Strategie** voraus. Es stellt sich heute nicht mehr die Frage, ob man in den sozialen Medien aktiv werden sollte. Es ist vielmehr interessant zu wissen, warum sich das Unternehmen in den sozi-alen Medien engagieren sollte. D. h. es müssen operationale (langfristige) **Social-Media-Ziele** (z. B. Imageverbesserung, Steigerung der Bekanntheit, Abverkauf von Produkten) formuliert werden. Au-ßerdem muss ein ausreichendes **Budget** zur Verfü-gung stehen (Pfeiffer & Koch, 2011, S. 38).

Bernecker und Beilharz (2012, S. 55) schla-gen ein **dreistufiges Vorgehen** für das So-cial-Media-Engagement vor:

1. **Zuhören:** Dazu zählen recherchieren, Ge-spräche verfolgen, Aktivitäten der Nutzer be-obachten und der Einsatz von Social-Media-Monitoring-Tools.
2. **Antworten:** Schreiben von Blogkommenta-ren, den Nutzern einen wirklichen Mehrwert bieten, auf Fragen antworten und schnell und offen auf Kritik eingehen.
3. **Mitmachen:** Das Starten von neuen Unter-haltungen, Diskussionen anstoßen, Fragen stellen, Aktionen und Gewinnspiele initiieren sowie eine eigene Community aufbauen.

▷ „Der Begriff **Weblog** entstand aus den Worten „*Web*" und „*Log*" – und wurde ursprünglich aus dem Begriff „*Logbuch*" abgeleitet. Am Anfang

wurden Weblogs ausschließlich von privaten In-ternetnutzern geschrieben" (Eck, 2006, S. 203).

▷ **Wichtig Vorteile eines Blogs im Vergleich zu einer Website** (Eck, 2006, S. 207):

• **Mehr Leser:** Suchmaschinen listen Web-logs besser als andere Websites.
• **Mehr Kommunikation:** Leser können je-den Artikel kommentieren, Mitarbeiter können ohne Aufwand publizieren.
• **Mehr Ordnung:** Die Inhalte werden chro-nologisch veröffentlicht und jeweils kate-gorisiert.
• **Mehr Glaubwürdigkeit:** Durch die Einla-dung zur öffentlichen Diskussion fühlt sich der Kunde verstanden.
• **Weniger Technik:** Jedermann kann mit dem Weblog sofort publizieren.
• **Weniger Kosten:** Es entstehen nur geringe Kosten für ein aktuelles Content-Angebot.
• **Mehr Information:** Umfassende Berichte über das eigene Business sind möglich.
• **Mehr Transparenz:** Leser erhalten einen direkteren Einblick in das Leben des Un-ternehmens.

Social Media bietet für Unternehmen viele Möglichkeiten, die es zu nutzen gilt. Insbeson-dere die folgenden **Effekte** wirken sich positiv auf den **Unternehmenserfolg** aus (Aßmann & Röbbeln, 2013, S. 45):

• Durch Social Media erhöht sich der **Traffic** auf der Unternehmenswebsite bzw. im On-lineshop des Unternehmens.
• Das **Suchmaschinen-Ranking** wird verbessert.
• Das Marketingmanagement kann seine Kun-den in **Echtzeit** mit Informationen (z. B. über spezielle Angebote und Aktionen) ver-sorgen.
• Neben den **eigenen Kunden** können auch de-ren **Freunde** und **Bekannte** erreicht werden.
• Es erfolgt eine Intensivierung der **Kommuni-kation** mit den eigenen Kunden.

▷ „**Influencer-Marketing** beschreibt den ge-zielten Einsatz von Meinungsführern in den

Tab. 4.23 Übersicht der wichtigsten plattformübergreifenden Social-Media-Kommunikationsinstrumente. (Quelle: Meffert et al., 2019, S. 736)

	Virales Marketing	Influencer-Marketing
Beschreibung	- Unternehmen nutzen Netzwerkstrukturen in den Social-Media-Beziehungen zwischen Nachfragern zur schnellen und großflächigen (virusartigen) Verbreitung von Inhalten	- Unternehmen engagieren Meinungsführer in sozialen Medien (Influencer) zur Verbreitung von unternehmensbezogenen Inhalten
Vorteile	- große Reichweite - schnelle Verbreitung der Werbebotschaften - geringe Kosten	- große Reichweite - authentisch wahrgenommene Werbebotschaften - Adressierung von Nischenzielgruppen
Nachteile	- geringe Planbarkeit des Kampagnenverlaufs - mögliche negative virale Effekte (Shitstorm)	- Identifizierung geeigneter Influencer (Reichweite, Fit zum Unternehmen etc.)
Beispiele	- Edekas Werbespot „*Heimkommen*" - Old Spices Werbespot „*Smell like a Man, Man*"	- Kooperation mit YouTubern wie LeFloid oder Bianca Heinicke („*Bibis-BeautyPalace*")

sozialen Medien (Influencer), um die Kommunikationsziele und damit die nachgelagerten Marketing- und Unternehmensziele zu erreichen" (Meffert et al., 2019, S. 739). Ein Vergleich des Influencer-Marketings mit dem viralen Marketing findet sich in Tab. 4.23.

> ▶ **Wichtig**

1. *Nutzen die Mitarbeiter direkte Kommunikationsmöglichkeiten im Social-Media-Bereich mit den bestehenden und potenziellen Kunden?*
2. *Sind Social-Media-Plattformen für die Zielgruppe(n) relevant und, wenn ja, welche?*
3. *Wurde konkret in Erwägung gezogen, eine Facebook-Page, einen Twitter-Account oder Ähnliches anzulegen und zu nutzen?*
4. *Wird ein (Unternehmens-)Blog betrieben?*
5. *Gibt es eine Social-Media-Strategie mit genauen Zielen, die verfolgt wird? Wird die Zielerreichung gemessen?*
6. *Wer darf im Unternehmen per Social Media kommunizieren? Gibt es Social Media Guidelines?*
7. *Werden diese Kommunikationskanäle konsequent genutzt?*
8. *Wurden entsprechende Ressourcen eingeplant?*
9. *Halten die Mitarbeiter die Accounts auf dem aktuellen Stand?*
10. *Sind die Neuigkeiten des Unternehmens spannend? Bieten sie einen deutlichen Mehrwert für die Nutzer?*
11. *Wird auf Fragen und Kritik angemessen eingegangen?*
12. *Kennen die Mitarbeiter das Social-Media-Stimmungsbild (z. B. auf Facebook, Twitter oder einzelnen Blogs) zum Unternehmen? Überprüfen sie, wie die Nutzer über das eigene Unternehmen sprechen?*
13. *Wie aktiv sind die wichtigsten Wettbewerber im Bereich Social Media, und wie kommen die Aktionen bzw. Kampagnen bei den Nutzern an?*
14. *Werden die verschiedenen Werbemöglichkeiten berücksichtigt, die die jeweiligen Social-Media-Plattformen anbieten?*
15. *Werden die Social-Media-Aktivitäten mit der Unternehmenswebsite verknüpft (z. B. durch einen Gefällt-Mir-Button von Facebook)? (Keßler et al., 2017, S. 807)*

4.9.4 Kundenclubs

Die Entwicklung von **Kundenclubs** und -karten reicht bis ins letzte Jahrhundert zurück. Die Mitgliederzahlen reichen von einigen hundert bis zu mehreren Millionen. Es werden seitdem kontinuierlich neue Kundenclubs gegründet und -karten emittiert. Allerdings kommt es auch vor, dass diese Programme wieder eingestellt werden. Kundenclubs und -karten richten sich vorrangig an die Endkunden, die Metro-Card ist hier sicherlich eine erfolgreiche Ausnahme (Tomczak et al., 2003, S. 273). Die verschiedenen Aktionsparameter für Kundenclubs sind in Tab. 4.24 zusammengestellt.

Tab. 4.24 Aktionsparameter für Kundenclubs (Beispiele). (Quelle: Diller, 2001, S. 852)

Produkt-Mix	Preis-Mix	Kommunikations-Mix	Distributions-Mix
- spezifische Produktvarianten für Clubmitglieder - Spezielle Serviceleistungen, z. B. Kartenservice für Veranstaltungen - Produktschulung - höherer Servicestandard	- Mitgliederrabatte für Leistungen des Clubbetreibers und/oder für Leistungen Dritter - Bonusprogramme für Clubmitglieder - Kundenkarten mit Kreditkartenfunktion - exklusive Sonderpreis- oder vorgezogene Ausverkaufsaktionen für Mitglieder - Sammelrechnungen	- Clubzeitschriften - Mitglieder-Mailings - Mitglieder-Treffen - Mitglieder-Events - kostenlose Kataloge/ CD-ROM - Mitglieder-Online-Dienste - Ausstellungen/ Messen - gemeinsame Messebesuche - Veranstaltungstreffs	- clubgebundener Zugang zu Leistungsangeboten - Zugang zu E-Commerce-Plattform mit Bestellmöglichkeit - Zustellservice - Lagerservice (z. B. Winterreifen)

Tab. 4.25 Aufgaben der Kommunikation im Kundenclub. (Quelle: Tomczak et al., 2003, S. 280)

- über Grund- und Zusatzleistungen des Unternehmens und Clubs informieren - über aktuelle Angebote und Club-Events informieren über Abwicklung der einzelnen Leistungen informieren - Hintergrundinformationen zum Unternehmen und seinen Leistungen geben	- Auswahl zielgruppenrelevanter Medien und Response-Elemente - persönliche Ansprache und Kommunikationsstil; gleicher Ansprechpartner - zielgruppenrelevante Themen (nicht nur produkt- und unternehmensbezogen) - persönliche Ereignisse des Mitglieds beachten (z. B. Geburtstag, Einschulung des Kindes)

▶ „**Kundenclubs** sind typische Marketinginstrumente des Beziehungsmarketings und lassen sich als von einem oder mehreren Unternehmen oder anderen Organisationen initiierte, organisierte oder zumindest geförderte Vereinigung von tatsächlichen oder potenziellen Kunden mit einem bestimmten Organisationsgrad definieren (Diller, 1996, zitiert nach Diller, 2001, S. 851–852). Werden sie nur über das Internet als Medium betrieben, handelt es sich um virtuelle Communities" (vgl. dazu Abschn. 4.9.5) (Diller, 2001, S. 852).

Holland (2016, S. 362) hat die zentralen **Merkmale** eines Kundenclubs zusammengestellt:

• Kundenclubs dienen der Kundenbindung und Neukundengewinnung,
• sie schaffen Kommunikationsmöglichkeiten,
• durch sie wird der Aufbau einer umfangreichen Datenbank realisierbar,
• sie erlauben einen auf Kundendaten basierten Dialog zwischen dem Unternehmen und den Clubmitgliedern,

• Kundenclubs unterstützen andere Unternehmensbereiche und
• sie ermöglichen eine Steigerung von Umsatz, Marktanteil und Gewinn (Tab. 4.24).

Aus Sicht eines Unternehmens bietet ein Kundenclub die folgenden **Nutzenpotenziale** (Homburg, 2020, S. 1024):

• Durch den Kundenclub kommt es zu einer Optimierung der **Kommunikationspolitik**, siehe dazu auch Tab. 4.25 (z. B. durch die Intensivierung und verstärkte Dialogorientierung der einzelnen Kommunikationsmaßnahmen. Außerdem lassen sich Streuverluste minimieren. Dies wird durch eine spezifischere Zielgruppenansprache ermöglicht),
• Kundenclubs können die **Marktforschung** unterstützen (z. B. durch die gezielte Ansprache von Clubmitgliedern im Rahmen von Marktforschungsstudien) sowie
• eine vereinfachte **Kundenakquisition**.

4.9.5 Virtual Communities

Die Bedeutung von Social Media für Gesellschaft und Wirtschaft nimmt stetig zu. Die sozialen Medien verändern alle Lebensbereiche. Für die Unternehmenskommunikation sind insbesondere **Virtual Communities** (VC) von besonderem Interesse.

➤ „Eine **Virtual Community** ist eine von einem Virtual Community Organizer (VCO) betriebene Online-Gemeinschaft, deren Mitglieder untereinander stabile Beziehungen eingehen und zu einem bestimmten Themenkomplex interagieren (beispielsweise ein Forum für Softwareanwender) Auf diese Weise können im Beziehungsmarketing des E-Commerce die soziale Kundenbindung erhöht und individuelle Präferenzprofile gewonnen werden" (Weiber & Meyer, 2001, S. 1815).

Vom VCO wird die technische Infrastruktur zur Verfügung gestellt. Dabei kann es sich um eine Chat- oder Newsgroup-Plattform im Internet handeln. Außerdem definiert er den thematischen Rahmen für die Diskussion der VC. Damit nimmt er einen großen Einfluss auf die Gestaltung und die Kommunikation in der VC. Innerhalb der VCs dominieren **nicht-kommerzielle Gemeinschaften**. Es gibt aber auch **kommerzielle VCs**, die wiederum in VCs mit und ohne Anbieterbezug differenziert werden können. VCs mit Anbieterbezug stellen eine Art Online-Kundenclub dar. VCs ohne Anbieterbezug verstehen sich als Agent der Gemeinschaftsmitglieder (Weiber & Meyer, 2001, S. 1815).

Kreutzer (2014, S. 449) schlägt vor, einen **Community Manager** (CM) mit der Überwachung des Community-Engagements zu betrauen. Organisatorisch sollte dieser CM in der Marketing- oder Vertriebs-Abteilung eingebunden sein. Dadurch wird sichergestellt, dass der CM eine Nähe zur ein- und ausgehenden Kundenkommunikation hat und gewissermaßen zu einer Informationsdrehscheibe wird, die nach außen und innen kommuniziert. Um die Akzeptanz der Community-Mitglieder zu erhalten, muss der CM sehr ausgewogen kommunizieren. Keinesfalls darf die Kommunikation mit den Community-Mitgliedern zu marketinglastig sein. Eine gute Idee dies zu erreichen, ist die Vorstellung des CMs mit Foto und Namen. Das verleiht dem Community-Management ein „menschliches Gesicht" und kommt bei den Community-Mitgliedern gut an.

In der Praxis zeigen sich im Wesentlichen drei verschiedene **Ausprägungen eines CM** (Laub, 2021, S. 1):

- CM für Präsenzen in sozialen Netzwerken,
- CM für externe Zielgruppen auf On-Domain (unternehmenseigenen) Plattformen und
- Corporate CM bzw. interne CM.

Die wichtigste Aufgabe, die allen drei CM zukommt, besteht darin, für eine **angenehme Atmosphäre** in der VC zu sorgen. Der CM interagiert mit der jeweiligen Zielgruppe und versucht, einen Dialog aufzubauen. Dabei muss es gelingen, eine Brücke zwischen Community und Unternehmen zu bauen (Laub, 2021, S. 1).

Das **Aufgabenprofil** des CM ist, wie der Vorschlag von Pein (2016, S. 7) zeigt, sehr vielfältig: Der CM …

- … ist für den Auf- und Ausbau sowie die Aktivierung der VC und ihrer Mitglieder verantwortlich.
- … plant und gestaltet Inhalte, die zur VC und dem Unternehmen passen.
- … ist die lösungsorientierte Schnittstelle zwischen der VC und dem Unternehmen.
- … ist gefordert, Stimmungen und Tendenzen in der VC zu erkennen und zu bewerten.
- … ist ein aktiver Teil der VC und kennt Meinungsführer, Trolle und Kritiker und weiß, wie man mit diesen umgeht.
- … ist für das Krisenmanagement verantwortlich und kann die Wogen wieder glätten.
- … betreut Online- und Offline-Maßnahmen gleichermaßen.

4.9.6 Kundenkarten

In zahlreichen Branchen zählen **Kundenkarten** zu einem etablierten Instrument des Kundenbeziehungsmanagements. Beispielsweise setzen Kaufhausketten, Fluggesellschaften, Mineralölunternehmen oder Autovermieter Kundenkarten zur Kundenbindung ein (Homburg, 2020, S. 1025).

➤ „Eine **Kundenkarte** ist ein Identifikationsbeleg, in der Regel in der Form einer normierten Plastikkarte, den ein Unternehmen oder eine Unternehmensgruppe unter eigenem Namen an Kunden ausgibt" (o. V., 2001, S. 862).

Mittlerweile existieren eine ganze Reihe verschiedener **Kundenkartenprogramme**. Daher setzen sich immer mehr unternehmensübergreifende Konzepte (z. B. PAYBACK oder die Deutschlandkarte) durch. Dadurch versuchen die Unternehmen, die Attraktivität der jeweiligen Kundenkarte zu steigern. Dies ist gegeben, wenn die Kundenkarte bei einer Vielzahl von Anbieter eingesetzt werden kann. Ein weiterer Vorteil für den Kunden besteht darin, dass er jetzt weniger Kundenkarten aufbewahren und mitführen muss. Derartige unternehmensübergreifende Kundenkartsysteme sind besonders für kleinere und mittlere Unternehmen von Interesse, die selbst nicht über das Potenzial für eine eigene Kundenkarte verfügen (Zentes & Swoboda, 2001, S. 308–309). Tab. 4.26 zeigt die **Vielfalt existierender Kundenkarten**.

Kundenkarten erfüllen in der täglichen Praxis die folgenden **Funktionen** (Holland, 2016, S. 368):

- **Ausweisfunktion:** Mithilfe der Kundenkarte kann der Kunde seine Clubmitgliedschaft nachweisen.
- **Zahlungsfunktion:** Kunden können bargeldlos einkaufen. Dies ist möglich, da heutzutage die Kundenkarten häufig über eine Kreditkartenfunktion verfügen.

Tab. 4.26 Arten von Kundenkarten. (Quelle: Holland, 2016, S. 367)

Kundenkarte	- mit oder ohne Zahlungsfunktion - Bonuskarte (z. B. Miles & More) - Zugangsberechtigung (z. B. Metro) - Rabattkarte - Infocard mit und ohne Chip
Kundenkarte mit Zusatzleistungen	- Telefonkarte - elektronischer Ausweis, Zugangskarte - Schlüsselkarte (z. B. Empfang verschlüsselter TV-Programme) - Fahr-, Eintritts- oder Verrechnungskarte (z. B. für Parkgebühr)
Terminalkarte	- Bankterminalkarte - Masterkey für Gültigkeitszeitraum - Transaktionsnummer für E-Cash
Wertkarte	- anonyme Kundenkarte - elektronische Geldbörse
Wertkarte mit mehreren Börsen	- Telefoneinheiten - Rabatte - Flugmeilen
Affinity-Karte	- Kreditkarte für bestimmte Zielgruppe (z. B. Golfer, Segler) - Emittierendes Unternehmen bleibt im Hintergrund
Co-Branding-Karte	- Kombination aus Kundenkarte und Kreditkarte - weltweit einsetzbar - spezielle Unternehmensleistungen (z. B. FC Bayern Karte, Harley-Davidson-Karte)
Klassische Kreditkarte	- mit eigenem Kreditrahmen - monatliche Bezahlung in einer Summe oder auf Raten
Debit-Karte	- sofortige Abbuchung vom Girokonto ohne Kredit - Beispiel: EC-Karte
Charge-Karte	- Belastung am Ende des Monats - in der Regel Lastschrift-Einzug - viele „*Kreditkarten*" sind Charge-Karten

- **Bonusfunktion:** Kunden können durch ihre Einkäufe Bonuspunkte sammeln, die sie später gegen Prämien oder Bargeld eintauschen können.
- **Rabattfunktion:** Zusammen mit Coupons, die der Karteninhaber beim Einkaufen vorzeigt, erhält er einen sofortigen Rabatt.
- **Treuefunktion:** Das loyale Verhalten der Karteninhaber wird belohnt. So kann beispielsweise das kartenausgebende Unternehmen den Bonus ab einer bestimmten Umsatzgröße erhöhen.
- **Leistungsfunktion:** Durch die Kundenkarte wird der Karteninhaber berechtigt, bestimmte (Service-) Leistungen des ausgebenden Unternehmens zu nutzen (z. B. kostenloses Parken).
- **Erinnerungsfunktion:** Die Kundenkarte erinnert den Kunden an das Unternehmen sowie an dessen Produkte und Dienstleistungen.
- **Prestigefunktion:** Sollte der Karteninhaber ein Bedürfnis nach Anerkennung verspüren, dann kann er dies durch die Zugehörigkeit zu einer (elitären) Gruppe befriedigen.

Mit der Ausgabe von Kundenkarten werden eine ganze Reihe verschiedener **Ziele** angestrebt (Aßmann & Werg, 2008, S. 34–36; o. V., 2001, S. 862):

- **Kundenbindung:** Durch die Kundenkarte sollen die Kunden stärker an das Unternehmen gebunden werden.
- **Neukundengewinnung:** Wenn mit der Ausgabe der Kundenkarte ein Begrüßungsrabatt verbunden ist, lassen sich leichter neue Kunden anwerben.
- **Mehrumsätze:** Da durch die Kundenkarte normalerweise Rabatte gewährt werden, wirkt sich dies positiv auf die Kaufbereitschaft der Karteninhaber aus.
- **Erhöhung des Filialtraffics:** Durch die Kundenkarte werden die Kunden an das Unternehmen bzw. dessen Filiale(n) erinnert. Dies erhöht die Wiederbesuchswahrscheinlichkeit.
- **Image- und Bekanntheitseffekte:** Die Vorteile, die mit dem Besitz einer Kundenkarte verbunden sind, wirken sich positiv auf das Image des Unternehmens aus. Außerdem sprechen die Kunden im Freundes- und Bekanntenkreis über die Marketingaktionen, die

in Verbindung mit der Kundenkarte durchgeführt werden. Dies erhöht den Bekanntheitsgrad des Unternehmens.
- **Differenzierung vom Wettbewerb:** Da mittlerweile viele Unternehmen über eine eigene Kundenkarte verfügen oder Partner in einem Kundenkartenprogramm sind, ist dieses Ziel immer schwerer zu erreichen.
- **Erhebung von Kundendaten:** Dabei kann es sich um sozio-demografische Daten und Daten zum Kaufverhalten handeln.
- **Verbesserte Standortauswahl:** Die Kundendaten (insbesondere der Wohnort) geben Auskunft darüber wo die Kunden wohnen und wie groß das Einzugsgebiet einer Filiale ist. Diese Informationen können die Unternehmen für die Standortauswahl und -planung nutzen.
- **Reduzierung der Werbekosten:** Mithilfe der Kundenkartendaten kann der Nachweis erbracht werden, dass eine bestimmte Marketingkampagne (z. B. eine TV- oder eine Social Media-Kampagne) erfolgreich war und den Abverkauf gesteigert hat. Dies können sowohl Hersteller als auch Händler als Argumentationshilfe nutzen, je nachdem wer die Kundenkarte ausgegeben hat.

4.10 Beschwerdemanagement

4.10.1 Konzept des Beschwerdemanagements

Sollte ein Produkt einmal nicht funktionieren oder es ist beschädigt, dann wenden sich die Kunden in der Regel an den **Kundenservice**. Dies gilt auch für den Fall, dass bei der Einrichtung oder der Bedienung Probleme und Fragen auftreten. Das zentrale Interesse des Kundenservice sollte selbstverständlich die Problemlösung sein. Daher ist es von großer Bedeutung, dass die Service-Mitarbeiter dem Kunden das Gefühl geben, ernst genommen zu werden. Hier ist **aktives Zuhören** das A und O und sollte von jedem Service-Mitarbeiter beherrscht werden (Aßmann & Röbbeln, 2013, S. 195). Der Zusammenhang zwischen dem CRM-Ansatz, dem Customer-Care-Ansatz und dem Beschwerdemanagement ist in Abb. 4.14 visualisiert.

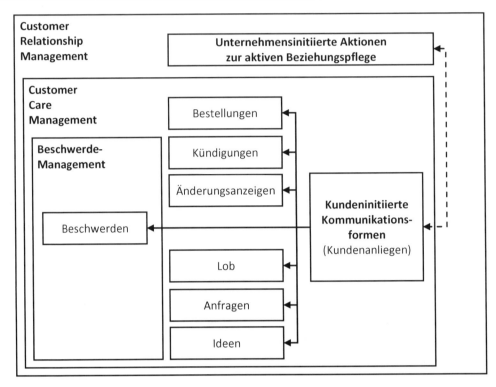

Abb. 4.14 Zusammenhang zwischen Customer Relationship Management, Customer Care Management und Beschwerdemanagement. (Quelle: Stauss & Seidel, 2014, S. 19.)

➤ „**Beschwerdemanagement** umfasst die Planung, Durchführung und Kontrolle aller Maßnahmen, die ein Unternehmen im Zusammenhang mit Kundenbeschwerden ergreift (Wimmer, 1985, S. 233, zitiert nach Stauss, 2006, S. 753–754). In **Kundenbeschwerden** äußern potenzielle, aktuelle oder verlorene Kunden ihre Unzufriedenheit mit einem Aspekt des Marktangebots direkt gegenüber dem Unternehmen" (Stauss & Seidel, 2014, S. 29).

Im Zusammenhang mit dem Beschwerdemanagement gibt es in der Praxis zahlreiche **Vorurteile** und **Missverständnisse**. Sechs davon sind in Tab. 4.27 wiedergegeben.

Die **Beschwerde*unz*ufriedenheit** verstärkt die Unzufriedenheit des sich beschwerenden Kunden. Dies führt zu einer stärkeren Belastung der Geschäftsbeziehung und zu einem Vertrauensverlust. Der Kunde beginnt, an der Zuverlässigkeit und Integrität des jeweiligen Unterneh-

mens zu zweifeln. Dadurch wird die emotionale Bindung im Sinne des Commitments geschwächt (Smith & Bolton, 1998, zitiert nach Stauss & Seidel, 2014, S. 52; Her Astuti et al., 2011, zitiert nach Stauss & Seidel, 2014, S. 52).

Dagegen gehen von der **Beschwerdezufriedenheit** positive Wirkungen aus. Kunden gewinnen zunächst ihre Zufriedenheit mit der Geschäftsbeziehung zu dem Unternehmen zurück. Ihr Commitment und ihr Vertrauen nehmen wieder zu. Wer im Falle einer Beschwerde von einem Unternehmen zufriedenstellend behandelt wurde, erzählt dies auch gern im Freundes- und Bekanntenkreis weiter. Außerdem werden diese Kunden erneut bei dem jeweiligen Unternehmen einkaufen (Stauss & Seidel, 2014, S. 53) (vgl. Abb. 4.15).

➤ „Das **Recovery-Paradox** bezeichnet ein Phänomen, bei dem unzufriedene Kunden nach einer erfolgreichen Beschwerdebehandlung eine hö-

Tab. 4.27 Vorurteile gegenüber Beschwerden. (Quelle: Stauss & Seidel, 2014, S. 64)

1	*„Unsere Kunden sind zufrieden, Die geringe Zahl von eingehenden Beschwerden beweist dies!"*	*„**Falsch**! Geringe Beschwerdezahlen sind kein aussagefähiger Indikator für Kundenzufriedenheit!"*
2	*„Die Zahl der Beschwerden ist zu minimieren!"*	*„**Falsch**! Die Zahl der unzufriedenen Kunden ist zu minimieren. Der Anteil unzufriedener Kunden, der sich beschwert, ist zu maximieren!"*
3	*„Kunden, die sich beschweren, sind Gegner!"*	*„**Falsch**! Kunden, die sich beschweren, sind Partner!"*
4	*„Die meisten Beschwerdeführer sind Nörgler oder Querulanten!"*	*„**Falsch**! Die weitaus meisten Beschwerdeführer sind keine Nörgler und Querulanten!"*
5	*„Beschwerden führen nur zu Kosten!"*	*„**Falsch**! Beschwerden sind nicht nur mit Kosten verbunden, sondern bieten Chancen für Erlöse und Gewinne! Demgegenüber führt die Vernachlässigung von Beschwerden nur zu Kosten, nie zu Erlösen!"*
6	*„Unternehmen sollen sich nicht um Beschwerden kümmern, sondern gleich so handeln, dass Kunden keinen Anlass zu Beschwerden haben!"*	*„**Nicht ganz richtig**! Zwar sollen Beschwerdeanlässe möglichst vermieden werden, doch erst die gezielte Nutzung der Beschwerdeinformationen ermöglicht es, die Anlässe für zukünftige Beschwerden zu beseitigen!"*

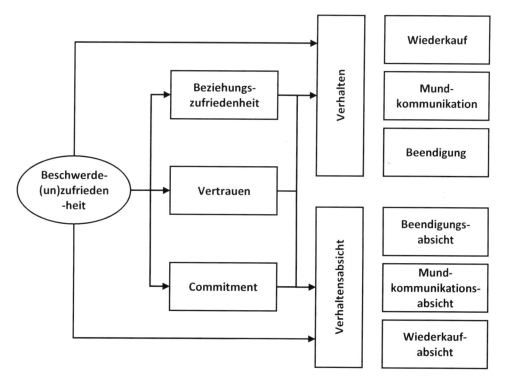

Abb. 4.15 Wirkungen der Beschwerde(un)zufriedenheit. (Quelle: Stauss, 2013, zitiert nach Stauss & Seidel, 2014, S. 53.)

here Zufriedenheit mit dem Unternehmen haben, als vor Eintritt des Beschwerdefalles" (McCollough & Bharadwaj, 1992, zitiert nach Niewerth & Thiele, 2014, S. 305).

Um die aufgeführten Ziele (siehe dazu die Übersicht in Tab. 4.28) des Beschwerdemanagements zu erreichen, müssen eine ganze Reihe an Aufgaben erledigt werden. Diese lassen sich entweder dem direkten oder dem indirekten Be-

schwerdemanagement zuordnen. Sie dazu auch Abb. 4.16.

4.10.2 Direktes Beschwerdemanagement

Mit der Bezeichnung *„direkt"* wird zum Ausdruck gebracht, dass die Aufgabe im direkten

Tab. 4.28 Ziele des Beschwerdemanagements. (Quelle: Stauss & Seidel, 2014, S. 64)

Zielkategorie	(Teil-)Ziele
Kundenbeziehungsrelevante Teilziele	- Stabilisierung gefährdeter Kundenbeziehungen bzw. Vermeidung von Kundenverlusten durch Herstellung von (Beschwerde-) Zufriedenheit - Erzielung von Mehrkäufen durch Erhöhung von Kaufintensität und Kauffrequenz sowie Förderung des Cross Buying-Verhaltens - Förderung eines kundenorientierten Unternehmensimages - Schaffung zusätzlicher werblicher Effekte mittels Beeinflussung der Mund-zu-Mundkommunikation
Qualitätsrelevante Teilziele	- Verbesserung der Qualität von Produkten und Dienstleistungen durch Nutzung der in Beschwerden enthaltenen Informationen - Vermeidung externer Fehlerkosten - Vermeidung interner Fehlerkosten
Produktivitätsrelevantes Teilziel	- effiziente Aufgabenerfüllung

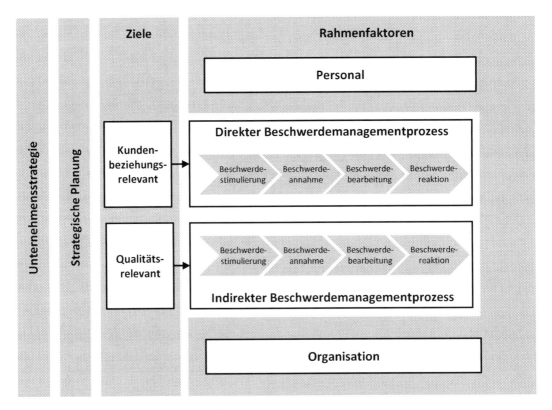

Abb. 4.16 Das Beschwerdemanagement im Überblick. (Quelle: Stauss & Seidel, 2014, S. 72.)

Kontakt mit dem Beschwerdeführer erledigt werden muss (Stauss & Seidel, 2014, S. 67–69):

- Durch die **Beschwerdestimulierung** sollen unzufriedene Kunden dazu ermuntert werden, ihre Beschwerde gegenüber dem Unternehmen zu äußern. Dazu ist es erforderlich, dass ein Beschwerdekanal eingerichtet wird. Dies kann ein mündlicher, telefonischer, schriftlicher oder elektronischer Kanal sein. Zusätzlich ist zu klären, an wen sich der Kunde mit seiner Beschwerde richten kann. Die einzelnen Beschwerdekanäle sind gegenüber den Kunden, aktiv zu kommunizieren. Darüber hinaus muss sichergestellt werden, dass die annehmende Stelle besetzt und erreichbar ist.
- Zentrale Aufgaben der **Beschwerdeannahme** sind die Organisation des Beschwerdeeingangs sowie die Erfassung der Informationen, die in der Beschwerde enthalten sind. Dabei ist entscheidend für welchen Beschwerdekanal sich der Kunde entscheidet. Im Falle des mündlichen oder telefonischen Weges erfährt der Kunde in der Regel sofort etwas über die Beschwerdereaktion des Unternehmens. Bei schriftlichen Beschwerden werden Zwischenbescheide verschickt, die den Kunden über den Stand der Beschwerdebearbeitung informieren sollen. Die jeweilige Beschwerdeannahme beeinflusst maßgeblich die Beschwerdezufriedenheit des Kunden. Daher sind im Rahmen der Organisation, klare Verantwortungsstrukturen festzulegen. Außerdem müssen die Mitarbeiter auf den Kontakt mit unzufriedenen Kunden vorbereitet werden. Mithilfe der Beschwerdeerfassung wird die vom Kunden geäußerte Beschwerde vollständig, schnell und strukturiert aufgenommen. Dies konkretisiert sich durch die Erfassungsinhalte (z. B. Informationen zur Beschwerdeannahme, Beschwerdebearbeitung, das Beschwerdeproblem und das Beschwerdeobjekt), die Kategorisierung der Beschwerdeinhalte sowie die Erfassungsform (z. B. standardisierte Formblätter und/oder Erfassungsmasken).
- Im Fokus der **Beschwerdebearbeitung** steht die systematische Gestaltung der Beschwer-

deabwicklung. Dabei ist es wichtig, Verantwortlichkeiten festzulegen: Der gesamte Beschwerdemanagementprozess wird vom „*Process Owner*" verantwortet. Die Einzelfallbearbeitung übernehmen der „*Complaint Owner*" und die einzelnen Bearbeitungsstufen die „*Task Owner.*" Für die einzelnen Prozesse und Teilschritte sind zudem Termine zu fixieren. Die Terminüberwachung erfolgt durch ein Mahn- und Eskalationssystem. Außerdem muss darüber entschieden werden, wie die Bearbeitung eines Beschwerdevorganges intern kommuniziert werden kann. In der Beschwerdehistorie werden alle Bearbeitungsschritte chronologisch dokumentiert.

- Das zentrale Ziel der **Beschwerdereaktion** besteht in der Beruhigung der Situation und im Auffinden einer für alle Beteiligten zufriedenstellenden Lösung. Dazu bedarf es der Definition von grundsätzlichen Leitlinien und Verhaltensregeln. Zu klären ist, welche Lösung dem Kunden angeboten werden kann bzw. soll. Es stehen den Unternehmen zahlreiche Möglichkeiten zur Verfügung (z. B. Preisnachlass, Geldrückgabe, Schadensersatz, Umtausch, Reparatur, Ersatzprodukt, Geschenk, Entschuldigung oder Information). Um eine richtige Entscheidung treffen zu können, werden detaillierte Daten über den Beschwerdeführer benötigt (z. B.: *Zu welcher Kundengruppe gehört der Beschwerdeführer? Wie ist sein ökonomischer Wert, für das Unternehmen einzustufen?*). Zudem sind der Umfang und die zeitliche Abfolge der Kommunikation mit dem Beschwerdeführer festzulegen (z. B. Eingangsbestätigung und Zwischenbescheid in mündlicher, telefonischer, schriftlicher oder elektronischer Form).

4.10.3 Indirektes Beschwerdemanagement

Aufgaben, die als „*indirekt*" bezeichnet werden, können ohne direkten Kundenkontakt erledigt werden. Durch sie wird ein innerbetrieblicher Lernprozess ermöglicht. Dieser Lernprozess basiert auf der gezielten Auswertung, Kommunikation und Nutzung der eingegangenen Beschwerden (Stauss & Seidel, 2014, S. 67 und 69–71):

- Im Rahmen der **Beschwerdeauswertung** werden die konkreten Hinweise, die in Beschwerden enthalten sind ausgewertet. Dabei geht es vor allem um unternehmerische Schwächen bei der Entwicklung, Produktion und Vermarktung von Produkten und/oder Dienstleistungen. Zusätzlich lassen sich auch Änderungen in den Präferenzen der Kunden entdecken und Marktchancen identifizieren. Die Beschwerdeanalyse erfasst den Beschwerdeumfang und das -aufkommen. Durch eine Priorisierung der Kundenprobleme wird die Grundlage für Korrektur- und Verbesserungsmaßnahmen geschaffen.
- Das **Beschwerdemanagementcontrolling** wird in drei Teilbereiche unterteilt: Das Evidenz-Controlling, das Aufgaben-Controlling und das Kosten-Nutzen-Controlling. Im Mittelpunkt des Interesses des **Evidenz-Controllings** steht die Frage, inwieweit es dem Beschwerdemanagement gelingt die Unzufriedenheit und deren Gründe aufzudecken und dem Management evident zu machen. Das **Aufgaben-Controlling** überprüft, ob die einzelnen Aufgaben im Rahmen des Beschwerdemanagements erfüllt werden. Das **Kosten-Nutzen-Controlling** schätzt die mit dem Beschwerdemanagement verbundenen Kosten- (z. B. Kosten der Beschwerdeannahme, -bearbeitung und -reaktion) und Nutzeneffekte (z. B. Informations-, Wiederkauf- und Kommunikationsnutzen) ab.
- Das **Beschwerdereporting** ist dafür verantwortlich, dass die Informationen, die mithilfe der Beschwerdeauswertung und dem Beschwerdecontrolling gewonnen werden, an die verschiedenen Zielgruppen im Unternehmen kommuniziert werden. Zunächst sind, die internen Zielgruppen zu bestimmen (z. B. Geschäftsführung, Qualitätsmanagement, Marketing, Vertrieb und Service). Darüber hinaus sind die Berichtsarten (qualitativ und/oder quantitativ) sowie die Berichtsintervalle zu bestimmen.
- Das Beschwerdemanagement will einen wesentlichen Beitrag zum Qualitätsmanagement des Unternehmens leisten. Daher muss die **Be-**

schwerdeinformationsnutzung dafür sorgen, dass entsprechende Verbesserungsmaßnahmen realisiert werden können. Dabei kommt es auf eine systematische Informationsnutzung an. Außerdem kommen spezifische Managementmaßnahmen und -instrumente zum Einsatz (z. B. Qualitätsplanungstechniken zur Ursachenanalyse, Entwicklung von Problemlösungen, Integration von Beschwerdeinformationen in ein Kundenwissensmanagement usw.).

≫ **Literaturtipps** Barlow, J. und Møller, C. (2003): Eine Beschwerde ist ein Geschenk. Der Kunde als Consultant, Frankfurt am Main: Redline Wirtschaft bei Moderne Industrie
   Haas, B. und Troschke von, B. (2007): Beschwerdemanagement. Aus Beschwerden Verkaufserfolge machen, Offenbach: Gabal.

4.11 Kundenrückgewinnungsmanagement (KRM)

4.11.1 Konzept des Kundenrückgewinnungsmanagements

Das **Kundenrückgewinnungsmanagement** (KRM) hat viel mit Psychologie zu tun. Es ist die Aufgabe des Managements, mit viel Geschick, Menschenkenntnis und Einfühlungsvermögen vorzugehen. Erst danach geht es um harte Fakten und IT-Unterstützung. Darüber hinaus ist wichtig zu wissen, dass der Kunde von heute in seiner Kaufentscheidung unberechenbar ist. Ob er nach einem Wechsel zur Konkurrenz wieder zum jeweiligen Unternehmen zurückkehrt ist ungewiss und kann nur durch das Verhalten der Kundenrückgewinnungsmitarbeiter beeinflusst werden (Gams, 2002, S. 20–21).

≫ „Die **Kundenrückgewinnungsstrategie** (KRM) dient der emotionalen Rückgewinnung abwanderungsgefährdeter Kunden sowie der faktischen Rückgewinnung bereits abgewanderter Kunden" (Bruhn, 2016, S. 151).

Das KRM muss sich an verschiedenen denkbaren **Szenarien** orientieren (Gams, 2002, S. 20):

- Der Kunde kauft nicht mehr beim Unternehmen ein, weil er **weggezogen** ist, nur einen Einmalbedarf gedeckt hat usw.
- Die Mitarbeiter des Unternehmens haben den Kunden **nicht gut bedient**, d. h. es gibt einen objektiven Grund für die Abwanderung des Kunden.
- Das Unternehmen hat den Kunden **gut bedient**, d. h. alle Absprachen wurden vereinbarungsmäßig erfüllt. Der Kunde hat jedoch festgestellt, dass ein **Wettbewerber** ein **besseres Angebot** gehabt hätte. Somit ist er nicht zufriedengestellt und wandert wahrscheinlich demnächst ab.
- Die Mitarbeiter haben den Kunden gut bedient. Trotzdem kommt es zu einer **subjektiven Unzufriedenheit** des Kunden, weil eine unausgesprochene Erwartung nicht erfüllt wurde.
- Es handelt sich um einen nicht bindungswilligen Kunden mit einem ausgeprägten **Variety Seeking-Motiv**.

Mithilfe der Kundenrückgewinnungsstrategie werden nach Bruhn (2016, S. 152) sowie Sauerbrey und Henning (2000, S. 7–8) verschiedene **Ziele** verfolgt:

- **Senkung der Wechselrate:** Die hohe Wechselrate der Kunden soll gesenkt und dadurch der Umsatz stabilisiert werden. Dies gilt insbesondere für profitable Kunden.
- **Rückgewinnung verlorener Kunden:** Zunächst sind die Ursachen, der Kundenabwanderung zu beseitigen. Anschließend geht es darum, Kunden, die zur Konkurrenz abgewandert sind, zurückzugewinnen.

- **Vermeidung negativer Mund-zu-Mund-Kommunikation:** Abgewanderte Kunden sind in der Regel mit den Unternehmensleistungen unzufrieden und betreiben in ihrem Umfeld negative Mund-zu-Mund-Kommunikation. Aus Sicht des jeweiligen Unternehmens, gilt es dies zu verhindern.
- **Fehlervermeidung:** Sobald sich das Management mit den Abwanderungsgründen beschäftigt, wird der Fokus automatisch auf die eigenen Schwächen gelegt. Hinzu kommt das Kundenfeedback, das wertvolle Informationen zur zukünftigen Fehlervermeidung enthält.

4.11.2 Strategisches Kundenrückgewinnungsmanagement

Bruhn (2016, S. 151–154) grenzt insgesamt vier verschiedene **Rückgewinnungsstrategien** ab (vgl. dazu auch Tab. 4.29):

- **Kompensationsstrategie:** Ziel dieser Strategie ist es, gefährdete Kunden emotional zurückzugewinnen. Dies erfolgt durch eine Wiedergutmachung der entstandenen Probleme bzw. Schwierigkeiten. Infrage kommt ein Ersatz der beschädigten Leistung oder Kompensationszahlungen.
- **Stimulierungsstrategie:** Diese Strategie richtet sich an faktisch abgewanderte Kunden. Beispielsweise können Rabatte bei Wiederaufnahme der Beziehung gewährt werden oder es werden Geschenke an die wiedergewonnenen Kunden verteilt.

Tab. 4.29 Kundenrückgewinnungsstrategietypen. (Quelle: Bruhn, 2016, S. 153)

Kundensituation / Art der Rückgewinnung	Abwandernde Kunden	Abgewanderte Kunden
Wiedergutmachung	**Kompensationsstrategie** Beispiele: – Ersatz beschädigter Leistungen – Kompensationszahlung	**Stimulierungsstrategie** Beispiele: – Rabatte bei Beziehungswiederaufnahme – Geschenk bei Wiederaufnahme
Verbesserung	**Nachbesserungsstrategie** Beispiele: – Reparatur beschädigter Leistungen – Service Recovery	**Überzeugungsstrategie** Beispiele: – Modifikation des Leistungsangebots – Innovation nach Kundenwunsch

- **Nachbesserungsstrategie:** Hier geht es um die drohende Abwanderung eines gefährdeten Kunden. Dies kann durch eine nachträgliche Leistungsverbesserung oder -ergänzung geschehen. Es erfolgt allerdings kein Ersatz der Leistung. Der Anbieter könnte beispielsweise beschädigte Produkte reparieren.
- **Überzeugungsstrategie:** Im Fokus dieser Strategie steht die Verbesserung bei bereits abgewanderten Kunden. Zu denken ist an eine Modifikation des Leistungsangebots oder Innovationen, die auf Kundenwünschen basieren (Tab. 4.29).

4.11.3 Operatives Kundenrückgewinnungsmanagement

Homburg et al. (2004, S. 101–113) haben einen **10-Schritte-Plan** bzw. **10 Prinzipien** für ein proaktives und systematisches KRM entwickelt, der im Folgenden in seinen/ihren Grundzügen vorgestellt wird/werden:

- **Schritt 1 – Abgewanderte Kunden gezielt identifizieren:** Dieser erste Schritt ist zugleich auch der schwierigste. Es muss nämlich geklärt werden, wer überhaupt von den Kunden abgewandert ist. Kunden wägen in der Regel vor der eigentlichen Abwanderung die Vor- und Nachteile einer Geschäftsbeziehung ab. Dies nimmt, je nach Geschäftsbeziehung, einen unterschiedlichen Zeitraum in Anspruch. Hinzu kommt, dass einige Kunden nur partiell abwandern. Sie wandern gewissermaßen nur von einigen Leistungen des Unternehmens ab und nutzen weiterhin andere Produkte und Dienstleistungen des Anbieters. Ein weiteres Phänomen stellt die indirekte Abwanderung dar. Dabei wird der Bedarfsdeckungsanteil des Kunden reduziert. Dies bedeutet, dass der Unternehmensanteil am gesamten Einkaufsbudget des Kunden zurückgeht. Um dies zu erkennen, empfiehlt sich eine „*Share of Wallet*"-Betrachtung bzw. -Analyse.
- **Schritt 2 – Abwanderungsursachen analysieren und beseitigen:** Grundsätzlich lässt sich die Abwanderung eines Kunden auf drei

verschiedene Ursachenbereiche zurückführen: Unternehmensbezogene Abwanderungsursachen (z. B. schlechte Qualität und/oder zu hohe Preise). Wettbewerbsbezogene Abwanderungsursachen (z. B. hat das Konkurrenzangebot ein besseres Preis-Leistungs-Verhältnis). Kundenbezogene Abwanderungsursachen (z. B. Wechsel des Wohnortes, finanzielle Engpässe, Heirat, Todesfall etc.). Wettbewerbsbezogene und kundenbezogene Abwanderungsgründe können vom Unternehmen nur schwer bzw. kaum oder gar nicht beeinflusst werden.

- **Schritt 3 – Abgewanderte segmentieren und Prioritäten bestimmen:** Zunächst ist zu klären, welche Kunden zurückgewonnen werden sollen. Zur Beantwortung dieser Fragestellung kommt die Kundensegmentierung anhand des Rückgewinnungsertrages zum Einsatz. Dieser ergibt sich aus der Zusammenführung des Kundenwerts des Kündigers und der jeweiligen Rückgewinnungswahrscheinlichkeit. Eine entsprechende Typologisierung ist in Abb. 4.17 dargestellt.
- **Schritt 4 – Prävention statt Reaktion:** Im Normalfall wandern Kunden nicht von einem zum anderen Tag ganz plötzlich ab. Vielmehr verläuft die Beendigung der Geschäftsbeziehungen in mehreren Phasen. Daher ist eine ausschließlich reaktive Kundenrückgewinnung nach der eingegangenen Kündigung zu kurz gedacht. Um dies zu erkennen, ist es notwendig, Frühwarnindikatoren festzulegen (z. B. sollten die Mitarbeiter einer Bank aufmerksam werden, wenn das Gehalt des Kunden nicht mehr auf dem Girokonto eingeht). Bei einem sehr großen Kundenstamm können Data Mining-Verfahren zum Einsatz kommen. Sobald ein abwanderungsgefährdeter Kunde identifiziert ist, sollte eine (telefonische) Kontaktaufnahme erfolgen. Dies ist dann eine gute Gelegenheit, den Kunden nach seiner Zufriedenheit mit den Unternehmensleistungen zu befragen und dadurch die drohende Abwanderung abzuwenden.
- **Schritt 5 – Schnell und transparent handeln:** Es ist zudem empfehlenswert, abgewanderte Kunden kurz nach der Kündigung durch eine freundliche Kontaktaufnahme seitens des

Abb. 4.17 Portfolio abgewanderter Kunden. (Quelle: Homburg et al., 2004, S. 106.)

Unternehmens zu überraschen. Ziel ist es, die vom Unternehmen geplanten Verbesserungsmaßnahmen, die sich an den Abwanderungsgründen orientieren sollten, dem Ex-Kunden zu kommunizieren. Außerdem kann aufgezeigt werden, wie der Ex-Kunde die Geschäftsbeziehung ohne viel Bürokratie wieder aufnehmen kann. Auch wenn die Mitarbeiter den Kunden nicht zurückgewinnen können, leisten sie dadurch einen wichtigen Beitrag zur Vermeidung einer negativen Mund-zu-Mund-Kommunikation.

- **Schritt 6 – Eine faire Wiedergutmachung anbieten:** Verlorene Kunden möchten für ihre Rückkehr durch Anreize belohnt werden. Dabei kommt es nicht immer auf hohe finanzielle Rückkehrprämien an. Besser ist es, an den Ursachen der Abwanderung anzusetzen und dem Kunden ein faires Angebot zu unterbreiten. Der vom Kunden subjektiv erlittene Schaden muss ausgeglichen werden. Es geht also mehr um eine psychologische als um eine materielle Wiedergutmachung. Mit einer ehrlichen Entschuldigung lässt sich in den meisten Fällen schon viel erreichen.
- **Schritt 7 – Den Prozess im Griff haben:** Das KRM ist effektiv und effizient zu organisieren. Daher kommt es auf eine formal klare und einfache Regelung des gesamten Rückgewinnungsprozesses an. Dies kann durch die schriftliche Festlegung und Dokumentation

des Soll-Ablaufs sichergestellt werden. Dabei spielen Schnittstellen zu betroffenen Abteilungen eine besondere Rolle. Es ist zu definieren, wie schnell die Kunden eine Rückantwort erhalten sollen und wie sie in die Entscheidungsfindung einzubeziehen sind. Diese Regelungen dürfen die Kreativität der Mitarbeiter nicht einschränken. Es muss vielmehr gewährleistet sein, dass sie eigenständig auch abteilungsübergreifende Maßnahmen einleiten können.

- **Schritt 8 – Den Kunden gut behandeln:** Der Umgang mit den wiedergewonnenen Kunden muss angenehm und fair sein. Während des Rückgewinnungsgesprächs müssen die Mitarbeiter daher auf eine angenehme und vertrauensvolle Atmosphäre bedacht sein. Kunden wollen schließlich höflich und zuvorkommend behandelt werden. Gerade abgewanderte Kunden sind jedoch oft noch verärgert und wollen in diesem Gespräch erst einmal *„richtig Dampf ablassen."* Dies stellt für die Mitarbeiter eine große Herausforderung dar, auf die sie, durch entsprechende Schulungen, vorzubereiten sind.
- **Schritt 9 – Am Kunden dran bleiben:** Am Anfang steht die Rücknahme der Kündigung bzw. die Wiederaufnahme der Geschäftstätigkeit zwischen wiedergewonnenem Kunden und dem Unternehmen. Allerdings rechnet sich das KRM erst, wenn der Kunde wieder

regelmäßig beim Anbieter einkauft. In einigen Fällen kann es sogar zu einer Intensivierung der Geschäftstätigkeit kommen. Das Management ist daher gefordert, den Kunden in seiner Entscheidung zu bestätigen. Beispielsweise lassen sich wiedergewonnene Kunden als Kundenbeiräte gewinnen. Das kritische Feedback aus den Kundenbeiräten ist eine wichtige Informationsquelle für das jeweilige Unternehmen.

- **Schritt 10 – Den Rückgewinnungserfolg messen:** Die Wirksamkeit der Kundenrückgewinnungsmaßnahmen ist kontinuierlich zu messen. Nur dann kann das Management interne Barrieren gegenüber dem KRM überwinden und die dauerhafte Akzeptanz bei allen Mitarbeitern im Unternehmen sicherstellen. Ein professionelles und kontinuierliches KRM-Controlling rundet daher ein proaktives und systematisches KRM ab.

Eine erfolgreiche Implementierung eines proaktiven KRM hängt von einigen **internen Rahmenbedingungen** ab (Homburg et al., 2004, S. 113–115):

- **Problemlösungs- und Fehlervermeidungskultur:** Für viele Mitarbeiter ist die Rückgewinnung von abgewanderten Kunden ungewohnt und nicht so beliebt wie die Neukundenakquise. Schließlich sind die Schwächen und Fehler des Unternehmens Gegenstand der täglichen Arbeit. Daher ist es erforderlich, dass die jeweiligen Mitarbeiter eine positive Einstellung zu dieser Thematik entwickeln. Auch für die Führungskräfte ist damit ein Umdenkprozess, weg von der Schuldfrage hin zu Lösungsansätzen, verbunden. Das Benennen von Schuldigen ist nicht zielführend, somit sollte im Mittelpunkt des Interesses die Wiedergutmachung gegenüber Kunden stehen.
- **Geschulte und motivierte Mitarbeiter im Kundenkontakt:** Der Rückgewinnungserfolg hängt ganz maßgeblich von der Motivation und Qualifikation der Kundenrückgewinnungsmitarbeiter ab. Bereits bei der Personalauswahl ist darauf zu achten, dass die jeweili-

gen Mitarbeiter für einen Kontakt mit verärgerten Kunden geeignet sind. Durch Weiterbildungsseminare lassen sich die entsprechenden Fähigkeiten weiter schulen.
- **Kundenorientierte Strukturen:** Ein Kundenmanagement im Allgemeinen und ein KRM im Speziellen benötigen eine kundenorientierte Organisation. Die Verantwortlichkeiten für das KRM sind klar zu regeln. Die Basis dafür bieten Stellenbeschreibungen, in denen die Aufgaben der Kundenrückgewinnungsmitarbeiter festgehalten sind.

▷ **Literaturtipps** Link, J. & Seidl, F. (Hrsg.) (2009): Kundenabwanderung. Früherkennung, Prävention, Kundenrückgewinnung. Mit erfolgreichen Praxisbeispielen aus verschiedenen Branchen, Wiesbaden: Gabler.
   Sauerbrey, Chr. & Henning, R. (2000): Kunden-Rückgewinnung. Erfolgreiches Management für Dienstleister, München: Vahlen.
   Schüller, A. M. (2007): Come back! Wie Sie verlorene Kunden zurückgewinnen, Zürich: Orell Füssli.

4.12 Customer Experience Management

4.12.1 Konzept des Customer Experience Managements

Customer Experience (CX) was ist das überhaupt? Die folgende Definition von Karin Glattes soll einen Einstieg in die CX-Thematik erleichtern.

▷ **„Customer Experience** (CX)/**Kundenerlebnis:** Unter Kundenerlebnis wird ein Gefühl oder Erlebnis verstanden, welches bei einem Kunden durch den Kontakt mit einer Marke oder einem Unternehmen entsteht" (Glattes, 2016, S. 248).

   Das Produkt sollte für die Kunden gemacht sein und die Dienstleistungen sollten die Probleme des Kunden lösen. Das einzige Ziel, das das Marketing-Team verfolgen sollte lautet: „*Verbes-*

sern Sie das Leben Ihrer Kunden!" Sollten die Mitarbeiter dies vergessen, ist die Gefahr groß, dass die Kunden zur Konkurrenz wechseln und evtl. nie wiederkommen (Kolle, 2020, S. 288).

➤ **„Customer Experience Management** (CEM) ist eine Leitidee für die Ausgestaltung von positiven Kundenbeziehungen mit dem Ziel, über alle Customer-Touchpoints des Unternehmens hinweg und über den gesamten Kundenbeziehungszyklus einen in sich wertschätzenden, wertschaffenden und konsistenten Eindruck zu vermitteln, um auf diese Weise Unternehmensziele besser zu erreichen" (Kreutzer, 2018, S. 96).

Beim CEM geht es um die Optimierung des gesamten Kundenbeziehungszyklus. Dabei sollte das Management die folgenden drei Prinzipien beherzigen (Kreutzer, 2018, S. 96–97):

- **Wertschätzung:** Die Wertschätzung, mit der das Unternehmen seinen Kunden begegnen muss, stellt eine wesentliche Voraussetzung des CEM dar. Dabei ist es völlig egal, mit welchem Anliegen sich der Kunde an das Unternehmen wendet, die Mitarbeiter müssen ihm mit einem hohen Maß an Respekt begegnen. Dies gilt ganz besonders für den Beschwerdefall.
- **Konsistenz:** Über alle Kanäle hinweg muss das Unternehmen auf einen einheitlichen Auftritt achten. Dabei spielt es keine Rolle in welcher Phase des Kundenbeziehungszyklus sich der Kunde an das Unternehmen wendet. Es ist wichtig, zu erkennen, dass jeder Kontakt einen gewissen Eindruck beim Kunden hinterlässt und dessen Erfahrungen prägt. Darüber hinaus verändert sich auch die Erwartungshaltung des Kunden im Laufe der Zeit.
- **Wertschaffung:** Mithilfe des CEM sollen Kundenbeziehungen gestaltet werden, die eine höhere Wertschöpfung des Unternehmens ermöglichen. Zunächst geht es um eine Steigerung der Unternehmensleistung für den Kunden. Daraufhin soll der erzielbare Kundenwert für das Unternehmen gesteigert werden.

➤ **„Customer Journey** (CJ)/**Customer Journey Mapping** (CJM): Die Kontaktpunkte, die ein Kunde durchläuft, werden als Customer Journey bezeichnet. Die Methode, diese Reise festzuhalten und abzubilden wird als Customer Journey Mapping bezeichnet" (Glattes, 2016, S. 249).

4.12.2 Management der Customer Experience

- **Zero Moment of Truth (ZMoT) – Internet-Recherche in der Vorkaufphase:** Im Entscheidungs- und Kaufprozess der Kunden vollzieht sich ein gravierender Wandel. Dadurch ist der ZMoT hinzugekommen. Gemeint damit ist der (Online-)Zugriff auf eine enorm große Anzahl an Informationen (insb. User Generated Content) und dies bereits vor dem eigentlichen Kaufprozess.

➤ **„Moments of Truth** (MoT): Momente der Wahrheit sind für das Kaufverhalten besonders relevante Kontaktpunkte/Touchpoints. Deren Gestaltung wirkt sich mehr als bei normalen Touchpoints auf die generelle Qualitätsbewertung, nachfolgende Kontaktpunkte und damit auf die Kundenzufriedenheit bzw. Weiterempfehlungsquote aus" (Glattes, 2016, S. 251).

- **First Moment of Truth (FMoT) – Begutachtung am Regal:** In diesem Moment nimmt der Interessent bzw. Kunde ein Produkt oder eine Dienstleistung zum ersten Mal in Augenschein. Dabei findet ein Abgleich der Erwartungshaltung mit der Produkt- und Dienstleistungsrealität statt.
- **Second Moment of Truth (SMoT) – Nutzung:** Dieser Moment umschreibt die eigentliche Nutzung des Produktes oder der Dienstleistung. Es kommt dabei zu einem weiteren Erfahrungsabgleich mit dem Ergebnis, dass der Kunde zufrieden oder unzufrieden mit dem Produkt oder der Dienstleistung ist.
- **Third Moment of Truth (TMoT) – Kommunikation eigener Erfahrungen:** Der TMoT bildet den Abschluss des eigentlichen Kauf-

prozesses. Kunden berichten beispielsweise in sozialen Netzwerken über ihre Kauf- und Konsumerfahrungen und bilden damit die Informationsbasis für den ZMoT anderer User.

der BWL Kennzahlen, anhand derer der Fortschritt oder der Erfüllungsgrad hinsichtlich wichtiger Zielsetzungen oder kritischer Erfolgsfaktoren innerhalb einer Organisation gemessen und/oder ermittelt werden kann" (Glattes, 2016, S. 250).

4.12.3 Controlling des Customer Experience Managements

Nachdem ein CEM im Unternehmen implementiert wurde, stellt sich die Frage nach der Wirkungsmessung, kurzgesagt: Ein CEM-Controlling ist unverzichtbar! Da sich die Wirkungen des CEM nicht so einfach quantifizieren lassen, steht das Management dabei vor großen Herausforderungen. Gefragt sind also entsprechende unternehmensspezifische Erfolgsindikatoren (sogenannte Key Performance Indicators (KPIs). Zusätzlich müssen noch die Kosten bestimmt werden, die mit den einzelnen Maßnahmen entlang der Customer Journey verbunden sind. Die folgende KPI-Liste vermittelt einen ersten Einstieg in die Controlling-Thematik des CEM (Maynes & Rawson, 2016; Oracle, 2015, beide zitiert nach Kreutzer, 2018; S. 116):

- Online- und Offline-Traffic,
- Conversion-Rate verschiedener Maßnahmen entlang der Customer Journey,
- durchschnittlicher Bestellwert,
- durchschnittlicher Umsatz pro Kunde,
- Abwanderungsquote,
- Net Promoter Score,
- Kundenzufriedenheit,
- Kunden-Sentiment (z. B. ermittelt mithilfe des Social Media Monitoring),
- …

Glattes betont in diesem Zusammenhang, dass Customer Experience nicht durch Big Data entsteht. Vielmehr geht es um das richtige Analysieren der gewonnenen Daten. Erst dadurch lassen sich interessante Customer Insights gewinnen, die als Anlass für Veränderungen dienen können bzw. sollten (Glattes, 2016, S. 93).

▷ „Key Performance Indicator (KPI): Der Begriff KPI bzw. Leistungskennzahl bezeichnet in

4.12.4 Quo Vadis Customer Experience Management

Derzeit zeichnen sich im Zusammenhang mit dem CEM die folgenden **Trends** ab, die jeder CX-Manager kennen und bei seiner täglichen Arbeit berücksichtigen sollte (Kolle, 2020, S. 302):

- **Return on Investment (ROI):** Das CX-Management muss dem Rest des Unternehmens zeigen, dass es profitabel arbeitet und einen wesentlichen Beitrag zum ROI leistet!
- **Omnichannel:** Da alle Kundeninteraktionen zunehmend über alle verschiedenen Kanäle stattfinden, steigt die Bedeutung des Omnichannel stetig an. Darauf muss das CEM vorbereitet sein!
- **Kombination aus Rehumanisierung, dem Luxus des menschlichen Kontakts, mit hybriden Entwicklungen:** Die Kundenbetreuung wird heute schon vielfach durch KI-Methoden und Bots abgewickelt. Aber, dazu gibt es eine Gegenbewegung, die wieder stärker die menschliche Begegnung bzw. Interaktion betont bzw. einfordert. Ein Königsweg wäre die geschickte Kombination aus KI und menschlichem Kontakt!
- **Simplicity:** Hier greift das altbekannte Motto: Keep it Simple Stupid (KISS). Das CEM muss es den Kunden an allen Stationen der Customer Journey so einfach wie möglich machen!
- **Unterstützende Technologie:** Technologie und CEM müssen sich ergänzen bzw. eine Symbiose bilden. Technik darf nie zum Selbstzweck werden!
- **Multimodale Datenerfassung, Datenzentralisierung, Predictive Analytics:** Die Unternehmen müssen damit beginnen, Daten über viele verschiedene Kanäle zu sammeln, um dadurch vorausschauende Analysen zu för-

dern und zu verstehen was die nächste Kundeninteraktion sein wird!

- **Durchbruch/Rückkehr des Langzeitdenkens:** Unternehmen müssen ihre Fixierung auf Quartalsergebnisse aufgeben, um kundenorientierten Initiativen genügend Zeit zu geben. CX-Initiativen brauchen ausreichend Zeit und Raum, um ihren Beitrag zum ROI belegen zu können!
- **Personalisierte, nahtlose, reibungsfreie Interaktionen:** Dieser Trend besteht schon seit längerem und besagt, dass die Unternehmen ihren Kunden durch die jeweiligen Schnittstellen, Prozesse und Geschäftsphilosophien das Leben erleichtern sollen!
- **Business-to-Business (B2B):** Auch B2B-Unternehmen erkennen zunehmend die Bedeutung des CEM an!

▶ **Wichtig**

1. *Wie ist das Verhältnis von (häufig unausgesprochenen) Kundenbedürfnissen und tatsächlichem Kundenerlebnis?*
2. *Wie kann das Unternehmen Vorteile im Kundenerlebnis gegenüber Wettbewerbern erreichen?*
3. *An welchen Touchpoints muss das Unternehmen besonders präsent sein, um Markenbekanntheit, Markenimage, Kauf und Zufriedenheit zu stimulieren und die gewünschte Customer Experience sicherzustellen?*
4. *Wissen die Mitarbeiter, wie sie zum Erfolg der Customer Experience beizutragen haben?*
5. *Welche Zielgruppen sollen jeweils durch welche Touchpoints schwerpunktmäßig erreicht werden?*
6. *Wie viele Kunden der Zielgruppe werden tatsächlich erreicht und wie oft kommen sie mit bestimmten Touchpoints während des Kaufprozesses während des Kaufprozesses in Berührung?*
7. *Können wir an diesen besonders wichtigen Touchpoints die gewünschte Customer Experience sicherstellen?*
8. *Welche Ziele der Customer Experience sollen an bestimmten Touchpoints erreicht werden?*
9. *Ist das Marketing-Budget auf die einzelnen Touchpoints richtig verteilt?*
10. *Welche Strukturen und Prozesse sind für die Experience-orientierte Ausgestaltung der Touchpoints erforderlich?*
11. *In wessen Hand liegt die Verantwortung für die Kundenerlebnisse an den verschiedenen Touchpoints und wer kontrolliert die erreichten Resultate?* (Esch & Knörle, 2016; Boyarsky 2016, zitiert nach Kreutzer, 2018, S. 99–100)

4.13 Zusammenfassung und Aufgaben

Zusammenfassung

Das Kundenmanagement muss strategisch ausgerichtet sein. Dies bildet die Basis für ein kundenorientiertes Customer Relationship Management. Um die Kunden zufriedenzustellen, müssen Unternehmen die Erwartungen ihrer Kunden kennen und diese gezielt beeinflussen. Der klassische Marketing-Mix aus Produkt-, Preis-, Distribution-, Personal- und Kommunikationspolitik bietet zahlreiche Ansatzpunkte zur Erzielung und Steigerung der Kundenzufriedenheit. Getreu dem Motto: *„Eine Beschwerde ist ein Geschenk"* sollten Unternehmen ein proaktives Beschwerdemanagement einrichten, um in möglichst vielen Beschwerdefällen, schnell eine Beschwerdezufriedenheit zu erzielen. Da es wesentlich günstiger ist, abgewanderte Kunden zurückzugewinnen als neue zu akquirieren, sollte ein Kundenrückgewinnungsmanagement ein fester Bestandteil des Kundenmanagements sein. Werden die hier diskutierten Managementkonzepte konsequent angewendet, ist eine entsprechend positive Customer Experience zu erwarten.

4.13.1 Wiederholungsfragen

- Worin bestehen die Unterschiede zwischen dem Transaktions- und dem Kundenmanagement?
- Welche Grundsätze sollten bei der Erarbeitung und Umsetzung einer Balanced Scorecard beachtet werden?
- Was verstehen Sie unter einer kundenorientierten Unternehmensstrategie? Finden Sie dafür Beispiele aus der Unternehmenspraxis.
- Nehmen Sie bitte zu den Thesen von Professor Homburg aus Tab. 4.7 kritisch Stellung.
- Welche Vor- und Nachteile sind mit dem QFD-Ansatz verbunden?
- Welche Aussage trifft das Gesetz der abnehmenden Sortimentsrentabilität?
- Welche preisbezogenen Auswirkungen der Kundenzufriedenheit kennen Sie?
- Was versteht man unter dem Konzept des Shopper Marketings?
- Was sagt das Kundenorientierungsprofil von Homburg und Stock aus?
- Aus welchen Bestandteilen besteht das Social-Media-Haus von Kreutzer?
- Welche Vorurteile gegenüber dem Beschwerdemanagement kennen Sie?

4.13.2 Aufgaben

A1: Aus welchen Perspektiven besteht die klassische Balanced Scorecard? Bitte erläutern Sie die einzelnen Perspektiven und geben Sie jeweils Beispiele für entsprechende KPIs.
A2: Aus welchen Bausteinen besteht ein modernes CRM-System? Bitte skizzieren Sie die einzelnen Bausteine in ihren Grundzügen.
A3: Erläutern Sie die einzelnen Ablaufschritte des QFD-Prozesses.
A4: Diskutieren Sie die verschiedenen Aktionsparameter eines Kundenclubs.
A5: Erläutern Sie die Schritte eines proaktiven und systematischen KRM.

4.13.3 Lösungen

L1: Die Balanced Scorecard setzt sich aus den folgenden Perspektiven zusammen: finanzwirtschaftliche Perspektive (die KPIs finden Sie in Tab. 4.2), Kundenperspektive (die KPIs finden Sie in Tab. 4.3), interne Prozessperspektive und (die KPIs finden Sie in Tab. 4.4), Lern- und Entwicklungsperspektive (die KPIs finden Sie in Tab. 4.5).
L2: Ein modernes CRM besteht aus einem operativen, analytischen und einem kollaborativen CRM. Hinzu kommen noch das Social CRM und das Mobile CRM.
L3: Schritt 1 – Kundenanforderungen ermitteln und strukturieren, Schritt 2 – Kundenanforderungen gewichten, Schritt 3 – Wettbewerbsvergleich durchführen, Schritt 4 – Produktmerkmale suchen, Schritt 5 – Zielwerte und Optimierungsrichtungen ermitteln, Schritt 6 – Wechselwirkungen feststellen, Schritt 7 – Schwierigkeit und Aufwand der Umsetzung, Schritt 8 – Technischer Wettbewerbsvergleich, Schritt 9 – Kundenanforderungen und Produktmerkmale in Beziehung setzen, Schritt 10 – Technische Bedeutung der Produktmerkmale – numerische Bewertung
L4: Sie finden eine Übersicht der verschiedenen Aktionsparameter in Tab. 4.23)
L5: Schritt 1 – Abgewanderte Kunden gezielt identifizieren, Schritt 2 – Abwanderungsursachen analysieren und beseitigen, Schritt 3 – Abgewanderte segmentieren und Prioritäten bestimmen, Schritt 4 – Prävention statt Reaktion, Schritt 5 – Schnell und transparent handeln, Schritt 6 – Eine faire Wiedergutmachung anbieten, Schritt 7 – Den Prozess im Griff haben, Schritt 8 – Den Kunden gut behandeln, Schritt 9 – Am Kunden dran bleiben, Schritt 10 – Den Rückgewinnungserfolg messen.

Literatur

Ahlert, D., & Kenning, P. (2007). *Handelsmarketing. Grundlagen der marktorientierten Führung von Handelsbetrieben*. Springer.
Aßmann, J., & Werg, J. (2008). Kundenkartenprogramme im Customer Relationship Management (CRM). In Institute of Electronic Business e.V. An-Institut der Universität der Künste Berlin vertreten durch Prof. Dr. Dr. Thomas Schildhauer (Hrsg.), *Einsatzmöglichkeiten und Erfolgsfaktoren von Kundenkarten aus Unternehmenssicht*. BusinessVillage.

Aßmann, S., & Röbbeln, S. (2013). *Social Media für Unternehmen. Das Praxisbuch für KMU*. Galileo Computing.

Bänsch, A. (2006). Kommunikationspolitik. In Handelsblatt (Hrsg.), *Wirtschaftslexikon. Das Wissen der Betriebswirtschaftslehre* (Bd. 6, S. 2937–2948). Schäffer-Poeschel.

Barlow, J., & Møller, C. (2003). *Eine Beschwerde ist ein Geschenk. Der Kunde als Consultant*. Redline Wirtschaft bei Moderne Industrie.

Bea, F. X., & Haas, J. (2016). *Strategisches Management. Praxisausgabe* (8. Aufl.). UVK.

Benkenstein, M. (2002). *Strategisches Marketing. Ein wettbewerbsorientierter Ansatz* (2. Aufl.). Kohlhammer.

Bernecker, M., & Beilharz, F. (2012). *Social Media Marketing. Strategien, Tipps und Tricks für die Praxis* (2. Aufl.). Johanna.

Boerner, S. (2009). Mitarbeiterführung. In C. Scholz (Hrsg.), *Vahlens Großes Personal Lexikon* (S. 742–744). C. H. Beck & Vahlen.

Boyarsky, B., Enger, W., & Ritter, R. (2016). *Developing a customer-experience vision*. http://www.mckinsey.com/business-functions/marketing-and-sales/our-insights/developing-a-customer-experience-vision. Zugegriffen am 16.06.2016. (zitiert nach: Kreutzer, R. T. (2018). Customer Experience Management – wie man Kunden begeistern kann. In A. Rusnjak & D. R. A. Schallmo (Hrsg.). *Customer Experience im Zeitalter des Kunden. Best Practices, Lessens Learned und Forschungsergebnisse* (S. 95–119). Springer Gabler.)

Brasch, C.-M., Köder, K., & Rapp, R. (2007). *Praxishandbuch Kundenmanagement*. Wiley-VCH.

Brauer, J.-P. (2013). Quality Function Deployment (QFD). In G. F. Kamiske (Hrsg.), *Handbuch QM-Methoden. Die richtige Methode auswählen und erfolgreich umsetzen* (2. Aufl., S. 739–764). Hanser.

Bruhn, M. (2002). *Integrierte Kundenorientierung. Implementierung einer kundenorientierten Unternehmensführung*. Gabler.

Bruhn, M. (2003). *Kundenorientierung. Bausteine für ein exzellentes Customer Relationship Management (CRM)* (2. Aufl.). Beck-Wirtschaftsberater im dtv.

Bruhn, M. (2008). *Qualitätsmanagement für Dienstleistungen. Grundlagen, Konzepte, Methoden* (7. Aufl.). Springer.

Bruhn, M. (2016). *Relationship Marketing. Das Management von Kundenbeziehungen* (5. Aufl.). Vahlen.

Bruhn, M., & Georgi, D. (2000). Kundenerwartungen als Steuerungsgröße. Konzept, empirische Ergebnisse und Ansätze eines Erwartungsmanagements. *Marketing ZFP, 22*(3), 185–196.

Bürkle, T. (2009a). Personalbedarfsbestimmungsmethode. In C. Scholz (Hrsg.), *Vahlens Großes Personal Lexikon* (S. 854–855). C. H. Beck & Vahlen.

Bürkle, T. (2009b). Personalbeschaffung. In C. Scholz (Hrsg.), *Vahlens Großes Personal Lexikon* (S. 859–862). C. H. Beck & Vahlen.

Burr, J. T. (1990, November). The tools of quality, part VI: Pareto charts. *Quality Progress (QP), 23*(11), 59–61. (zitiert nach Kamiske, G. F. und Brauer, J.-P. (2006). Qualitätsmanagement von A bis Z. Erläuterungen moderner Begriffe des Qualitätsmanagements (5. Aufl.). München und Wien: Hanser.)

Cadotte, E. R., Woodruff, R. B., & Jenkins, R. L. (1987). Expectations and norms in models of consumer satisfaction. *Journal of Marketing Research, 24*(3), 305–314. (zitiert nach Bruhn, M. & Georgi, D. (2000). Kundenerwartungen als Steuerungsgröße. Konzept, empirische Ergebnisse und Ansätze eines Erwartungsmanagements. *Marketing ZFP, 22*(3), 185–196, Jg. (2000).

Camp, R. C. (1994). *Benchmarking*. Hanser.

Corsten, H. (2000). *Lexikon der Betriebswirtschaftslehre* (4. Aufl.). Oldenbourg.

Czech-Winkelmann, S. (2011). *Der neue Weg zum Kunden Vom Trade-Marketing zum Shopper-Marketing*. Deutscher Fachverlag.

Decker, R., & Wagner, R.-P. (2001). Online Analytical Processing (OLAP). In H. Diller (Hrsg.), *Vahlens Großes Marketing Lexikon* (2. Aufl., S. 1220). C. H. Beck & Vahlen.

Diller, H. (1996). *Fallbeispiel Kundenclub. Ziele und Zielerreichung von Kundenclubs am Beispiel des Fachhandels*. IM-Marketing-Forum. (zitiert nach Diller, H. (2001). Kundenclub. In H. Diller (Hrsg.), Vahlens Großes Marketing Lexikon (2. Aufl., S. 851–855). München: C. H. Beck und Vahlen.)

Diller, H. (1997). Preisehrlichkeit – Eine neue Zielgröße im Preismanagement des Einzelhändlers. *Thexis, 14*(2), 16–21. (zitiert nach: Diller, H., Beinert, M., Ivens, B. & Müller, S. (2021). Pricing. Prinzipien und Prozesse der betrieblichen Preispolitik (5. Aufl.). Stuttgart: Kohlhammer).

Diller, H. (2000). Preiszufriedenheit bei Dienstleistungen. Konzeptionalisierung und explorative empirische Befund. *Die Betriebswirtschaft, 60*(5), 570–587, Jg. (2000).

Diller, H. (2001). Kundenclub. In H. Diller (Hrsg.), *Vahlens Großes Marketing Lexikon* (2. Aufl., S. 851–855). C. H. Beck und Vahlen.

Diller, H., Beinert, M., Ivens, B., & Müller, S. (2021). *Pricing. Prinzipien und Prozesse der betrieblichen Preispolitik* (5. Aufl.). Kohlhammer.

Eck, K. (2006). Weblogs in der Kundenkommunikation. In T. Schwarz (Hrsg.), *Leitfaden Integrierte Kommunikation. Wie Web 2.0 das Marketing revolutioniert. Mit 36 Fallbeispielen aus der Praxis* (S. 201–214). Marketing Börse.

EFQM (). *Das EFQM Modell* (2. Aufl.). https://www.efqm.de. Zugegriffen am 17.10.2021.

Esch, F.-R., & Knörle, C. (2016). Omni-Channel-Strategien durch Customer Touch-Point-Management erfolgreich realisieren. In L. Binckebanck & R. Elste (Hrsg.), *Digitalisierung im Vertrieb* (S. 123–137). Springer Gabler. (zitiert nach Kreutzer, R. T. (2018). Customer Experience Management – wie man Kunden begeistern kann. In A. Rusnjak, & D. R. A. Schallmo (Hrsg.), *Customer Experience im Zeitalter des Kunden. Best Practices, Lessens Learned und Forschungsergebnisse* (S. 95–119). Wiesbaden: Springer Gabler.)

Freiling, J. (2001). Qualitätsmanagement (QM). In H. Diller (Hrsg.), *Vahlens Großes Marketing Lexikon* (2. Aufl., S. 1451–1453). C. H. Beck & Vahlen.

Friedag, H. R., & Schmidt, W. (2015). *Balanced scorecard* (5. Aufl.). Haufe.

Füermann, T., & Dammasch, C. (2013). Prozessmanagement. In G. F. Kamiske (Hrsg.), *Handbuch QM-Methoden. Die richtige Methode auswählen und erfolgreich umsetzen* (2. Aufl., S. 341–392). Hanser.

Gams, M. (2002). *Profitable Kunden zurückgewinnen.
Probleme frühzeitig erkennen, Abwanderung vorbeu-
gen und überzeugende Rückgewinnungsmaßnahmen
entwickeln.* Redline Wirtschaft bei Verlag Moderne
Industrie.

Gawlik, T., Kellner, J., & Seifert, D. (2002). *Effiziente
Kundenbindung mit CRM. Wie Procter & Gamble,
Henkel und Kraft mit ihren Marken Kundenbeziehun-
gen gestalten.* Galileo Business.

Gehringer, J., & Michel, W. J. (2000). *Frühwarnsystem
Balanced Scorecard. Unternehmen zukunftsorientiert
steuern. Mehr Leistung, mehr Motivation, mehr Gewinn.* Metropolitan.

Geldern, H. (2017). *Personalmanagement. 360 Grundbegriffe kurz erklärt.* UVK.

Glattes, K. (2016). *der Konkurrenz ein Kundenerlebnis voraus. Customer Experience Management – 111 Tipps zu
Touchpoints, die Kunden begeistern.* Springer Gabler.

Grieger, J. (2009). Assessment Center. In C. Scholz
(Hrsg.), *Vahlens Großes Personal Lexikon* (S. 83–84).
C. H. Beck & Vahlen.

Groening, Y. (2009). Personalbedarfsplanung. In C.
Scholz (Hrsg.), *Vahlens Großes Personal Lexikon*
(S. 855). C. H. Beck & Vahlen.

Haas, B., & Troschke von, B. (2007). *Beschwerdemanagement. Aus Beschwerden Verkaufserfolge machen.*
Gabal.

Haist, F., & Fromm, H. (1991). *Qualität im Unternehmen.
Prinzipien, Methoden, Techniken* (2. Aufl.). Hanser.

Haller, S. (1998). Beurteilung von Dienstleistungsqualität. Überblick zum State oft he Art. *Zeitschrift für be-
triebswirtschaftliche Forschung, 45*(1), 19–38. (zitiert
nach Bruhn, M. (2008). *Qualitätsmanagement für
Dienstleistungen. Grundlagen, Konzepte, Methoden*
(7. Aufl.). Berlin und Heidelberg: Springer).

Haller, S. (2008). *Handelsmarketing* (3. Aufl.). Kiehl.

Her Astuti, P., Nusantara, J., & Basu Swastha, D. (2011).
The evaluation of customer complaint handling with
justice dimensions, effect on trust and commitment with
prior experiences as moderating effect. *Interdiscipli-
nary Journal of Contemporary Research in Business,
2*(11), 228–237. (zitiert nach Stauss & Seidel 2014).

Herrmann, J., & Fritz, H. (2016). *Qualitätsmanagement.
Lehrbuch für Studium und Praxis* (2. Aufl.). Hanser.

Hofbauer, G., & Schöpfel, B. (2010). *Professionelles
Kundenmanagement. Ganzheitliches CRM und seine
Rahmenbedingungen.* Publicis.

Hofmann, L. M. (2009). Personalentwicklung. In C.
Scholz (Hrsg.), *Vahlens Großes Personal Lexikon*
(S. 871–874). C. H. Beck & Vahlen.

Holland, H. (2016). *Dialogmarketing. Offline- und Online-Marketing, Mobile- und Social Media-Marketing*
(4. Aufl.). Vahlen.

Homburg, C. (1999). Kundenbindung im Handel. Ziele
und Instrumente. In O. Beisheim (Hrsg.), *Distribution
im Aufbruch. Bestandsaufnahme und Perspektiven*
(S. 873–890). Vahlen.

Homburg, C. (2020). *Marketingmanagement. Strategie, Instrumente, Umsetzung, Unternehmensführung* (7. Aufl.).
Springer Gabler.

Homburg, C., & Stock, R. (2000). *Der kundenorientierte
Mitarbeiter. Bewerten, begeistern, bewegen.* Gabler.

Homburg, C., Fürst, A., & Sieben, F. (2004). Willkommen
zurück! In Harvard Business manager (Hrsg.), *Kunden
verstehen, gewinnen, halten* (S. 95–116). Redline
Wirtschaft.

Huber, M. (2013). *Kommunikation und Social Media*
(3. Aufl.). UVK.

Jossé, G. (2005). *Balanced Scorecard. Ziele und Strategien messbar umsetzen.* Beck-Wirtschaftsberater im
dtv.

Kamiske, G. F., & Brauer, J.-P. (2006). *Qualitätsmanagement von A bis Z. Erläuterungen moderner Begriffe
des Qualitätsmanagements* (5. Aufl.). Hanser.

Kaplan, R. S., & Norton, D. P. (1997). *Balanced scorecard.* Schäffer-Poeschel.

Kappeller, W., & Mittenhuber, R. (2003). *Manage-
ment-Konzepte von A-Z. Bewährte Strategien für den
Erfolg Ihres Unternehmens.* Gabler.

Keßler, E., Rabsch, S., & Mandic, M. (2017). *Erfolgreiche
Websites. SEO, SEM, Online-marketing, usability.*
Rheinwerk Computing.

Knorr, C., & Friedrich, A. (2016). *QFD – Quality Function Deployment. Mit System zu marktattraktiven Produkten.* Hanser.

Kohli, A. K., & Jaworski, B. J. (1990). Market orientation:
The construct, research propositions, and managerial
implications. *Journal of Marketing, 54*(4), 1–18. (zitiert nach Bruhn, M. (2002). *Integrierte Kundenorientierung. Implementierung einer kundenorientierten
Unternehmensführung.* Wiesbaden: Gabler).

Kolle, S. (2020). Operative Excellence im TPM: CX messen und managen. In B. Keller & C. S. Ott (Hrsg.),
*Touchpoint Culture. Alle Bereiche des Unternehmens
konsequent auf den Kunden ausrichten, Freiburg*
(S. 287–304). Haufe.

Koschate-Fischer, N. (2016). Preisbezogene Auswirkungen von Kundenzufriedenheit. In C. Homburg (Hrsg.),
*Kundenzufriedenheit. Konzepte, Methoden, Erfahrun-
gen* (9. Aufl., S. 93–121). Springer Gabler.

Krause, A. (2000). Personalentwicklung. In J.-A. Meyer
& M. G. Schwering (Hrsg.), *Lexikon für kleine und
mittlere Unternehmen* (S. 220). Vahlen.

Kreutzer, R. T. (2014). *Praxisorientiertes Online-Marketing. Konzepte, Instrumente, Checklisten* (2. Aufl.).
Springer Gabler.

Kreutzer, R. T. (2018). Customer Experience Management – wie man Kunden begeistern kann. In A. Rusnjak & D. R. A. Schallmo (Hrsg.), *Customer Experience im Zeitalter des Kunden. Best Practices, Lessens Learned und Forschungsergebnisse* (S. 95–119). Springer Gabler.

Kumpf, A. (2001). *Balanced Scorecard in der Praxis. In 80 Tagen zur erfolgreichen Umsetzung.* Verlag Moderne Industrie.

Kyrer, A. (2001). *Wirtschaftslexikon* (4. Aufl.). Oldenbourg.

Laub, T. (2021). Community-Manager: Die wichtigsten Aufgaben und Verantwortlichkeiten. https://www.communitymanagement.de/community-manager-die-wichtigsten-aufgaben-und-verantwortlichkeiten/. Zugegriffen am 31.08.2021.

Leibfried, K. H. J., & McNair, C. J. (1995). *Benchmarking. Von der Konkurrenz lernen, die Konkurrenz überholen.* Haufe bei Knaur.

Link, J., & Seidl, F. (Hrsg.). (2009). *Kundenabwanderung. Früherkennung, Prävention, Kundenrückgewinnung. Mit erfolgreichen Praxisbeispielen aus verschiedenen Branchen.* Gabler.

Mayer, R. (1993). Prozeßmanagement. In P. Horváth (Hrsg.), *Vahlens Großes Controlling Lexikon* (S. 534–535). C. H. Beck & Vahlen.

Maynes, J., & Rawson, A. (2016). *Linking the customer experience to value.* http://www.mckinsey.com/business-functions/marketing-and-sales/our-insights/linking-the-customer-experience-to-value?cid=other-eml-alt-mip-mck-oth-1603. Zugegriffen am 02.07.2016. (zitiert nach Kreutzer, R. T. (2018). Customer Experience Management – wie man Kunden begeistern kann. In A. Rusnjak & D. R. A. Schallmo (Hrsg.). *Customer Experience im Zeitalter des Kunden. Best Practices, Lessens Learned und Forschungsergebnisse* (S. 95–119). Wiesbaden: Springer Gabler).

McCollough, M. A., & Bharadwaj, S. G. (1992). The recovery paradox: An examination of consumer satisfaction in relation to disconfirmation, service quality, and attribution based theories. In C. T. Allen & T. J. Madden (Hrsg.), *Marketing theory and applications.* American Marketing Association. (zitiert nach: Niewerth, B. & Thiele, H. (2014). *Praxishandbuch Kundenzufriedenheit. Grundlagen, Messverfahren, Managementinstrumente.* Berlin: Erich Schmidt).

Meckl, R. (2009). Personalmanagement. In C. Scholz (Hrsg.), *Vahlens Großes Personal Lexikon* (S. 898–899). C. H. Beck & Vahlen.

Meffert, H., Burmann, C., Kirchgeorg, M., & Eisenbeiß, M. (2019). *Marketing. Grundlagen marktorientierter Unternehmensführung. Konzepte, Instrumente, Praxisbeispiele* (13. Aufl.). Springer Gabler.

Meyer, A. (2001). Servicepolitik. In H. Diller (Hrsg.), *Vahlens Großes Marketing Lexikon* (2. Aufl., S. 1536–1538). C. H. Beck & Vahlen.

Müller-Hagedorn, L., Toporowski, W., & Zielke, S. (2012). *Der Handel. Grundlagen, Management, Strategien* (2. Aufl.). Kohlhammer.

Munro-Faure, L., & Munro-Faure, M. (1992). Implementing total quality management. Financial Times/Pitman Publishing series/Financial times series. (zitiert nach Bruhn, M. (2008). *Qualitätsmanagement für Dienstleistungen. Grundlagen, Konzepte, Methoden* (7. Aufl.). Berlin und Heidelberg: Springer).

Nagel, M., & Mieke, C. (2017). *Strategie. Die wichtigsten Methoden* (2. Aufl.). UVK.

Nagle, T. T., & Hogan, J. E. (2007). *Strategie und Taktik in der Preispolitik. Profitable Entscheidungen treffen* (4. Aufl.). Pearson.

Nicolai, C. (2021). *Personalmanagement* (7. Aufl.). UVK.

Niewerth, B., & Thiele, H. (2014). *Praxishandbuch Kundenzufriedenheit. Grundlagen, Messverfahren, Managementinstrumente.* Erich Schmidt.

o. V (2001). Kundenkarte. In H. Diller (Hrsg.), *Vahlens Großes Marketing Lexikon* (2. Aufl., S. 862–863). C. H. Beck & Vahlen.

Oehme, W. (1992). *Handelsmarketing. Entstehung, Aufgaben, Instrumente* (2. Aufl.). Vahlen.

Olbrich, R., & Battenfeld, D. (2014). *Preispolitik. Ein einführendes Lehr- und Übungsbuch* (2. Aufl.). Springer Gabler.

Oliver, R. L. (1980). A cognitive model of the antecedents and consequences of satisfaction decisions. *Journal of Marketing Research, 17*(4), 460–469. (zitiert nach Bruhn, M. & Georgi, D. (2000). *Kundenerwartungen als Steuerungsgröße. Konzept, empirische Ergebnisse und Ansätze eines Erwartungsmanagements. Marketing ZFP, 22,*(3), 185–196, Jg. (2000)).

Oracle. (2015). *Customer Experience (CX) Metrics and key performance indicators.* http://www.oracle.com/us/products/applications/cx-metrics-kpi-dictionary-1966465.pdf. Zugegriffen am 20.06.2016. (zitiert nach: Kreutzer, R. T. (2018). Customer Experience Management – wie man Kunden begeistern kann. In A. Rusnjak & D. R. A. Schallmo (Hrsg.). *Customer Experience im Zeitalter des Kunden. Best Practices, Lessens Learned und Forschungsergebnisse* (S. 95–119). Wiesbaden: Springer Gabler).

Parasuraman, A., Zeithaml, V. A., & Berry, L. L. (1988). SERVQUAL. A multiple-item scale for measuring consumer perceptions of service quality. *Journal of Retailing, 64*(1), 12–37. (zitiert nach Bruhn, M. &Georgi, D. (2000). Kundenerwartungen als Steuerungsgröße. Konzept, empirische Ergebnisse und Ansätze eines Erwartungsmanagements. *Marketing ZFP, 22*(3), 185–196, Jg. (2000)).

Pechtl, H. (2014). *Preispolitik. Behavioral Pricing und Preissysteme* (2. Aufl.). UVK/Lucius.

Pein, V. (2016). Stellenprofil Community Manager, herausgegeben vom Bundesverband Community Management e. V. für digitale Kommunikation und Social Media. https://www.bvcm.org/wp-content/uploads/2016/03/160226-Whitepaper-Stellenprofil-Community-Manager.pdf. Zugegriffen am 31.08.2021.

Pepels, W. (2001). *Kommunikations-Management. Marketing-Kommunikation vom Briefing bis zur Realisation* (4. Aufl.). Schäffer-Poeschel.

Pfeiffer, T., & Koch, B. (2011). *Social Media. Wie Sie mit Twitter, Facebook und Co. Ihren Kunden näher kommen.* Addison-Wesley.

Pilz, G. (2019). *Personalwirtschaft Schritt für Schritt. Arbeitsbuch* (3. Aufl.). UVK.

Pöppelbuß, D. (2000). Preispolitik. In J.-A. Meyer & M. G. Schwering (Hrsg.), *Lexikon für kleine und mittlere Unternehmen* (S. 228). Vahlen.

Probst, H.-J. (2001). *Balanced Scorecard leicht gemacht. Warum sollten Sie mit weichen Faktoren hart rechnen?* Ueberreuter.

Raaij van, W. F. (1991). The formation and use of expectation in consumer decision making. In T. S. Robertson & H. H. Kassarjian (Hrsg.), *Handbook of consumer behavior* (S. 401–418). Prentice-Hall. (zitiert nach: Bruhn, M., & Georgi, D. (2000). Kundenerwartungen als Steuerungsgröße. Konzept, empirische Ergebnisse und Ansätze eines Erwartungsmanagements. *Marketing ZFP, 22*(3), 185–196, Jg. (2000).

Relyea, D. B. (1989, Mai). The simple power of Pareto. *Quality Progress (QP), 22*(5), 38–39. (zitiert nach Kamiske, G. F. & Brauer, J.-P. (2006). *Qualitätsmanagement von A bis Z. Erläuterungen moderner Begriffe des Qualitätsmanagements* (5. Aufl.). München und Wien: Hanser).

Rudolph, A., & Rudolph, M. (2000). *Customer Relationship Marketing – individuelle Kundenbeziehungen. Beziehungen und Kompetenz in Szene setzen. Database Marketing. Datawarehousing und Data Mining.* Cornelsen.

Rudolph, T. (2021). *Modernes Handelsmanagement. Eine Einführung* (4. Aufl.). Schäffer-Poeschel.

Rudolph, T., & Schweizer, M. (2004). Kunden wieder zu Käufern machen. In Harvard Business manager (Hrsg.), *Kunden verstehen, gewinnen, halten* (S. 59–79). Redline Wirtschaft.

Ruekert, R. W. (1992, August). Developing a market orientation: An organizational strategy perspective. *International Journal of Research in Marketing, 9,* 225–245. (zitiert nach Bruhn, M. (2002). Integrierte Kundenorientierung. *Implementierung einer kundenorientierten Unternehmensführung.* Wiesbaden: Gabler).

Saatweber, J. (2011). *Kundenorientierung durch Quality Function Deployment. Produkte und Dienstleistungen mit QFD systematisch entwickeln* (3. Aufl.). Düsseldorf.

Sabisch, H., & Tintelnot, C. (1997). *Integriertes Benchmarking für Produkte und Produktentwicklungsprozesse.* Springer.

Sauerbrey, C., & Henning, R. (2000). *Kunden-Rückgewinnung. Erfolgreiches Management für Dienstleister.* Vahlen.

Scharf, A., Schubert, B., & Hehn, P. (2015). *Marketing. Einführung in Theorie und Praxis* (6. Aufl.). Schäffer-Poeschel.

Schmidt, A. (2021). *Wissenszentriertes Kundenbeziehungsmanagement. Wie Customer Artificial Intelligence Ihr Unternehmen smart macht.* Kohlhammer.

Schmitt, R., & Pfeifer, T. (2015). *Qualitätsmanagement. Strategien, Methoden, Techniken* (5. Aufl.). Hanser.

Schnauffer, R., & Jung, H.-H. (2004). *CRM-Entscheidungen richtig treffen. Die unternehmensindividuelle Ausgestaltung der Anbieter-Kunden-Beziehung.* Springer.

Schröder, H. (2002). *Handelsmarketing. Methoden und Instrumente im Einzelhandel.* Moderne Industrie.

Schröder, W. (1998). Ohne Mitarbeiterorientierung keine Kundenorientierung. In A. Papmehl (Hrsg.), *Absolute Customer Care* (S. 47–76). Signum.

Schüller, A. M. (2007). *Come back! Wie Sie verlorene Kunden zurückgewinnen.* Orell Füssli.

Schwetz, W. (2000). *Customer Relationship Management. Mit dem richtigen CAS/CRM-System Kundenbeziehungen erfolgreich gestalten.* Gabler.

Shingo, S. (1969). *Zero quality control: Source inspection and the Poka Yoke system.* Productivity Press. (zitiert nach Kamiske, G. F. & Brauer, J.-P. (2006). *Qualitätsmanagement von A bis Z. Erläuterungen moderner Begriffe des Qualitätsmanagements* (5. Aufl.). München und Wien: Hanser).

Siems, F. (2009). *Preismanagement. Konzepte, Strategien, Instrumente.* Vahlen.

Simon, H., & Fassnacht, M. (2009). *Preismanagement. Strategie, Analyse, Entscheidung, Umsetzung* (3. Aufl.). Gabler.

Simon, W. (2009). *Managementkonzepte von A bis Z. Managementtheorien, Führungsstrategien, Führungstools.* Gabal.

Smith, A. K., & Bolton, R. N. (1998). An experimental investigation of customer reactions to service failure and recovery encounters – Paradox or peril? *Journal of Service Research, 1*(1), 65–81. (zitiert nach Stauss, B. & Seidel, W. (2014). *Beschwerdemanagement. Unzufriedene Kunden als profitable Zielgruppe* (5. Aufl.). München: Hanser).

Stauss, B. (2006). Beschwerdemanagement. In Handelsblatt (Hrsg.), *Wirtschaftslexikon. Das Wissen der Betriebswirtschaftslehre* (Bd. 02, S. 753–761). Schäffer-Poeschel.

Stauss, B., & Seidel, W. (2014). *Beschwerdemanagement. Unzufriedene Kunden als profitable Zielgruppe* (5. Aufl.). Hanser.

Stengl, B., Sommer, R., & Ematinger, R. (2001). *CRM mit Methode. Intelligente Kundenbindung in Projekt und Praxis mit iCRM.* Galileo Press.

Stock-Homburg, R. (2016). Kundenorientierte Mitarbeiter als Schlüssel zur Kundenzufriedenheit. In C. Homburg (Hrsg.), *Kundenzufriedenheit. Konzepte, Methoden, Erfahrungen* (9. Aufl., S. 279–304). Springer Gabler.

Strunz, H., & Dorsch, M. (2001). *Management.* Oldenbourg.

Swoboda, B., Foscht, T., & Schramm-Klein, H. (2019). *Handelsmanagement. Offline-, Online- und Omnichannel-Handel* (4. Aufl.). Vahlen.

Teas, R. K. (1993). Expectations. Performance evaluation, and consumers' perceptions of quality. *Journal of Marketing, 57*(4), 18–34. (zitiert nach Bruhn, M. &

Georgi, D. (2000). Kundenerwartungen als Steuerungsgröße. Konzept, empirische Ergebnisse und Ansätze eines Erwartungsmanagements. *Marketing ZFP, 22*(3), 185–196, Jg. (2000)).

Thom (2006). Vorschlags- und Verbesserungswesen. In Handelsblatt (Hrsg.), *Wirtschaftslexikon. Das Wissen der Betriebswirtschaftslehre, Band 11* (S. 6128–6138). Schäffer-Poeschel.

Thom, N. (2003). *Betriebliches Vorschlagswesen. Ein Instrument der Betriebsführung und des Verbesserungsmanagements* (6. Aufl.). Lang.

Tietjen, T., Müller, D. H., & Decker, A. (2011). *FMEA-Praxis: Das Komplettpaket für Training und Anwendung*, 3. Aufl. Hanser.

Tomczak, T., Reinecke, S., & Dittrich, S. (2003). Kundenbindung durch Kundenkarten und -clubs. In M. Bruhn & C. Homburg (Hrsg.), *Handbuch Kundenbindungsmanagement* (4. Aufl., S. 271–291). Gabler.

Töpfer, A. (1997). Kernfragen des Benchmarking. In A. Töpfer (Hrsg.), *Benchmarking. Der Weg zu Best Practice* (S. 3–14). Springer.

Tse, D. K., & Wilton, P. C. (1988). Models of consumer satisfaction formation. An extension. *Journal of Marketing Research, 25*(2), 204–212. (zitiert nach Bruhn, M. & Georgi, D. (2000). Kundenerwartungen als Steuerungsgröße. Konzept, empirische Ergebnisse und Ansätze eines Erwartungsmanagements. *Marketing ZFP, 22*(3), 185–196. Jg. (2000)).

Walgenbach, P. (2006). Qualitätsmanagement. In Handelsblatt (Hrsg.), *Wirtschaftslexikon. Das Wissen der Betriebswirtschaftslehre* (Bd. 09, S. 4889–4897). Schäffer-Poeschel.

Watson, G. H. (1993). *Benchmarking – Vom Besten lernen*. Moderne Industrie.

Wehrmeister, D. (2001). *Customer Relationship Management. Kunden gewinnen und an das Unternehmen binden*. Deutscher Wirtschaftsdienst.

Weiber, R., & Meyer, J. (2001). Virtual Community. In H. Diller (Hrsg.), *Vahlens Großes Marketing Lexikon* (2. Aufl., S. 1815). C. H. Beck & Vahlen.

Weigert, M., & Pepels, W. (1999). *WiSo-Lexikon. Band I: Betriebswirtschaft, Statistik, Wirtschaftsrecht*. Oldenbourg.

Wilde, K. D. (2006). Customer relationship management. In Handelsblatt (Hrsg.), *Wirtschaftslexikon. Das Wissen der Betriebswirtschaftslehre, Band 03* (S. 1160–1168). Schäffer-Poeschel.

Wimmer, F. (1985). Beschwerdepolitik als Marketinginstrument. In U. Hansen & I. Schoenheit (Hrsg.), *Verbraucherabteilungen in privaten und öffentlichen Unternehmen* (S. 225–254). Campus (zitiert nach Stauss, B. (2006). Beschwerdemanagement. In Handelsblatt (Hrsg.). *Wirtschaftslexikon. Das Wissen der Betriebswirtschaftslehre* (Bd. 2, S. 753–761). Stuttgart: Schäffer-Poeschel).

Wood, M., & Preece, D. (1993). The use of statistical process control for service processes. In The Swedish School of Economics and Business Administration (Hrsg.). *Proceedings of the workshop on quality management in services III* (S. 435–454), May 3–4, Helsinki/Helsingfors. (zitiert nach Bruhn, M. (2008). *Qualitätsmanagement für Dienstleistungen. Grundlagen, Konzepte, Methoden* (7. Aufl.). Berlin und Heidelberg: Springer).

Zentes, J., & Swoboda, B. (2001). *Grundbegriffe des Marketing. Marktorientiertes globales Management-Wissen* (5. Aufl.). Schäffer-Poeschel.

Lernziele

- Sie machen sich mit den wichtigsten Trends im Kundenmanagement vertraut.
- Sie lernen, dass CRM kein partieller Technologie- sondern ein ganzheitlicher Managementansatz ist.
- Sie können die Aussage: *„Human First statt Digital First"* beurteilen.
- Sie lernen zentrale Digitalisierungstrends kennen, die einen Einfluss auf das Kundenmanagement der Zukunft ausüben.

5.1 CRM-Studie 2020

Im Februar 2020 wurde die sechste Auflage der CRM-Studie der MUUUH! Consulting GmbH veröffentlicht. Sie gilt als der Richtungsweiser für erfolgreiches Kundenbeziehungsmanagement. Die Online-Befragung wurde gemeinsam mit itdesign, MaibornWolff und der SIEVERS-GROUP durchgeführt. Insgesamt haben 832 Entscheider aus der Wirtschaft daran teilgenommen (MUUUH! Consulting, 2020, S. 3).

Die Autoren kommen zu dem Schluss, dass **CRM keine Technologie** und **kein System**, sondern ein **Managementansatz** ist: Es geht vielmehr um eine kundenorientierte Unternehmensstrategie oder -kultur bzw. die Unterstützung der langfristigen Kundenbindung und der Abbildung der gesamten **Customer Journey**. Allerdings fällt es den Unternehmen immer noch schwer, diese Ziele umzusetzen. Dadurch entsteht eine Umsetzungslücke zwischen dem aufgedeckten Handlungsbedarf und den jeweils geplanten Aktivitäten. Lediglich sieben von einhundert Unternehmen können die Customer Journey ihrer Kunden vollständig in ihrem CRM-System abbilden. Außerdem betonen die Autoren, dass die Datenbasis für die vollständige Entfaltung des Potenzials der CRM-Systeme immer noch lückenhaft sei.

> *„Bei Themen wie Kundenzufriedenheit, Kundenbindung oder Kundenbedarfen fehlen drei von vier Unternehmen die notwendigen Daten in ihren CRM-Systemen."*

Daher fordern sie ein **unternehmensweites CRM-Verständnis**. Allen Mitarbeitern muss die Bedeutung kundenbezogener Informationen für den nachhaltigen Geschäftserfolg bewusst sein.

> *„Hier braucht es ein intensives Change Management, das die Mitarbeiter dazu befähigt und motiviert, systemgestützte Kundenorientierung mit Leben zu füllen."*

Bisher können daher die meisten CRM-Softwarelösungen ihr Potenzial nicht entfalten. Immerhin jedes dritte Unternehmen denkt darüber

A. Magerhans, J.-F. Engelhardt, *Kundenzufriedenheit klipp & klar*, WiWi klipp & klar,
https://doi.org/10.1007/978-3-658-38496-8_5

nach, ihr CRM-System abzulösen (MUUUH! Consulting, 2020, S. 7).

Für den nachhaltigen Erfolg eines Kundenmanagements mit CRM-Unterstützung konnten die Autoren vier zentrale **Erfolgsfaktoren** identifizieren (MUUUH! Consulting, 2020, S. 9):

- **Management Commitment:** Das Top-Management muss das CRM-Projekt unterstützen und aktiv in die Gestaltung involviert sein. Dies sichert bei der Einführung und dem Betrieb die Akzeptanz des CRM-Systems im gesamten Unternehmen.
- **Saubere Grundlagenarbeit:** Wird versucht, Unternehmensprozesse einfach 1-zu-1 in das CRM-System zu übertragen, ist dieses Vorgehen zwangsläufig zum Scheitern verurteilt. Es wird dagegen empfohlen, vor der Implementierung alle kundenbezogenen Prozesse zu hinterfragen, kontinuierlich zu optimieren und auf ihre Digitalisierbarkeit kritisch zu prüfen.
- **Change-Prozess:** Durch ein gezieltes Change Management sollte bei allen Nutzern ein notwendiges Verständnis und die erforderliche Akzeptanz für ein systemgestütztes Kundenmanagement geschaffen werden. Denn CRM ist viel mehr als lediglich eine Softwarelösung.
- **Unterstützung:** Unternehmen können nur in den seltensten Fällen ein CRM-Projekt ohne externe Hilfe umsetzen. Das Tagesgeschäft ist zu umfangreich, in den einzelnen Abteilungen herrscht immer noch ein Silodenken und der Prophet zählt im eigenen Land bekanntermaßen immer noch nur sehr wenig.

Für die CRM-Studie konnten insgesamt 832 Teilnehmer (19 % Top-Entscheider (Unternehmensinhaber, C-Level-Führungskräfte, IT-Leiter), 26 Prozent CRM-Projektleiter (verantwortliche CRM-Projektleiter, CRM-Administratoren) und 55 % CRM-Nutzer) aus unterschiedlichen Branchen, Geschäftsfeldern und Unternehmensgrößen gewonnen werden. 48 % der Teilnehmer stammen aus dem Business-to-Business-Bereich. 34 % sind sowohl im Business-to-Business- als auch im Business-to-Consumer-Bereich tätig. 18 % arbeiten ausschließlich im Business-to-

Consumer-Bereich. Damit ist es die größte CRM-Studie in Deutschland. Die Online-Befragung wurde von August bis Oktober 2019 durchgeführt. Dies ermöglichte es bei einigen Fragestellungen, die Besonderheiten der jeweiligen Nutzergruppen miteinander zu vergleichen (MUUUH! Consulting, 2020, S. 11–12).

Was verstehen die Entscheider unter CRM? Das war eine zentrale Frage, die zu den Ergebnissen in Abb. 5.1 geführt hat (MUUUH! Consulting, 2020, S. 16).

Darüber hinaus wurde abgefragt, was die Entscheider mit dem Begriff *„Kundenmanagement"* verbinden. Es konnte ermittelt werden, dass es sich dabei im Wesentlichen um nicht-technologische Assoziationen handelt: Customer Journey, Kundenbindung und Transparenz (siehe dazu Abb. 5.2) (MUUUH! Consulting, 2020, S. 17).

Das Management von Kundenbeziehungen und Kundendaten ist für drei von vier Befragten von Bedeutung. Allerdings geht nur jeder zweite davon aus, dass die eigenen Kundendaten aktuell sind. Außerdem sind lediglich vier von zehn Befragten der Ansicht, dass die Kundeninformationen zwischen Marketing, Vertrieb und Service optimal ausgetauscht werden. Dies weist auf einen enormen **Handlungsbedarf** hin. Zunächst müssen die Mitarbeiter erkennen, dass es wichtig ist, die Kundendaten einzugeben und zu pflegen. Dafür sind einfache Schnittstellen erforderlich (MUUUH! Consulting, 2020, S. 17).

Zu den folgenden Aussagen ergaben sich über alle Befragten (n = 832) hinweg folgende Ergebnisse (MUUUH! Consulting, 2020, S. 18):

- **79 %** = Für unseren zukünftigen Unternehmenserfolg ist das systematische Management von **Kundenbeziehungen** extrem wichtig!
- **76 %** = Für unseren zukünftigen Unternehmenserfolge ist das systematische Management von **Kundendaten** extrem wichtig!
- **56 %** = **Kundeninformationen** werden in unserem Unternehmen zum Zweck der bestmöglichen Kundenbetreuung ideal zwischen allen Abteilungen (Marketing, Vertrieb und Kundenservice) ausgetauscht!

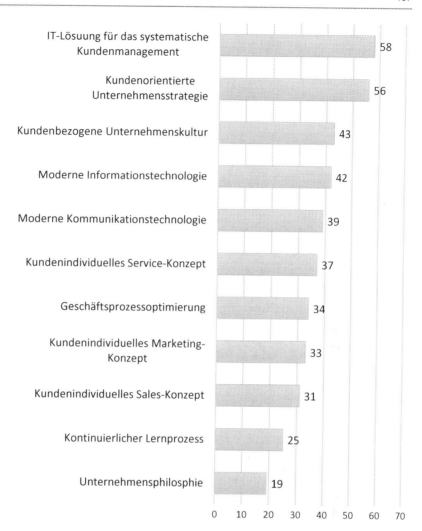

Abb. 5.1 Das CRM-Verständnis der Entscheider (n = 832). (Quelle: MUUUH! Consulting, 2020, S. 16)

- **54 %** = Das Thema **Datenschutz** stellt unser Unternehmen in der Zukunft vor eine große Herausforderung!
- **51 %** = Bei den in unserem Unternehmen vorliegenden **Kundendaten** ist stets davon auszugehen, dass diese aktuell sind.
- **46 %** = Eine übergreifende Auswertung über die **Kennzahlen** im Vertrieb (Kunden, Leads, Wandlungsquoten, Umsatz/Produkt, Profitabilität etc.) ist auf einfachste Weise möglich!

Für die Top-Entscheider sind die in Abb. 5.3 dargestellten Prozesse von besonderer Bedeutung (MUUUH! Consulting, 2020, S. 20).

Unter Berücksichtigung dieser Befragungsergebnisse wird deutlich, dass die CRM-Systeme ihr volles Potenzial nicht entfalten können. Dies wird erst gelingen, wenn sie den gesamten Kundenlebenszyklus bzw. die vollständige Customer Journey der Kunden unterstützen können (MUUUH! Consulting, 2020, S. 20).

„Aus unserer Beratungs- und Implementierungspraxis wissen wir: Ohne eine klare strategische Ausrichtung und den Willen, Customer Relationship Management auch kulturell in den Köpfen und Herzen der Mitarbeiter zu verankern, werden Prozessoptimierungen und -automatisierungen oder Verbesserungen der Analytik den Unternehmenserfolg nicht nachhaltig sichern können.“

Abb. 5.2 Das Kundenmanagement-Verständnis der CRM-Projektleiter (n = 98). (Quelle: MUUUH! Consulting, 2020, S. 17)

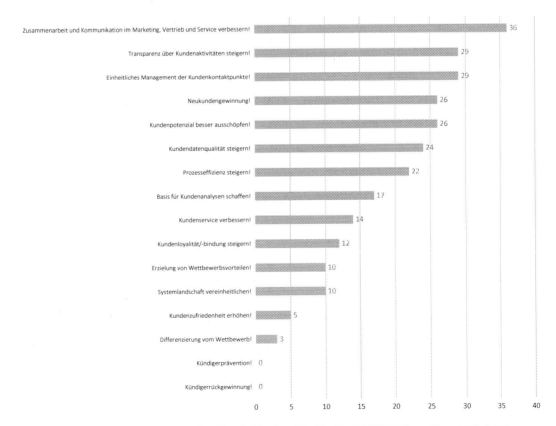

Abb. 5.3 Das Prozess-Verständnis der Top-Entscheider (n = 71). (Quelle: MUUUH! Consulting, 2020, S. 20)

5.2   Trendbook Smarter Customer Experience

Durch die Digitalisierung unserer Lebenswelt werden unzählige neue Möglichkeiten geschaffen. Allerdings kann es dadurch auch zur Überforderung der Menschen kommen. Daher wünschen sich die Kunden einfache Lösungen. Die zentrale Frage lautet: *Welche digitalen Services erleichtern unser Leben und geben uns Zeit für die wirklich wichtigen Dinge?* Schließlich ist die Digitalisierung kein Selbstzweck. Sie soll die Menschen in ihren Alltagssituationen unterstützen und das Leben leichter machen. Unternehmen müssen daran interessiert sein, den Komfort, die Autonomie und die Kompetenz ihrer Kunden zu stärken bzw. zu verbessern. Das Motto dafür muss lauten: *„Human First statt Digital First!"* (Steimel & Steinhaus, 2021, S. 11).

Wenn Unternehmen mit der smarten Customer Experience mehr Geschäftserfolg erzielen wollen, sollten sie die folgenden zehn Gebote berücksichtigen. Diese können sie bei der Entwicklung von digitalen Innovationen bzw. Lösungen unterstützen (Steimel & Steinhaus, 2021, S. 11, vgl. Abb. 5.4).

Steimel und Steinhaus (2021, S. 12) identifizieren **drei Digitalisierungstrends**, die den Wandel in Richtung smarter Customer Experience beschleunigen:

- **Konsumenten sind im Lockdown fremdgegangen:** Die Kunden haben neue Marken ausprobiert und neue Vertriebsformen (wie z. B. *„click&collect"*) kennengelernt und übernommen!
- **Unternehmen haben massiv in die Digitalisierung investiert:** Die digitalen Vertriebskontakte haben sich im Business-to-Business-Vertrieb auf bis zu 80 % erhöht und jede fünfte Einkaufsentscheidung wird bereits auf Online-Plattformen getroffen!
- **Smarte Produkte und Service erfordern Netzwerke:** Unternehmen können die smarte Revolution nicht im Alleingang bestehen. Für die Erschließung neuer Geschäftschancen sind digitale Ökosysteme und Online-Plattformen immanent wichtig!

Aufwand senken!

1. **Einfach intelligent:** Alles, was meine Gewohnheiten kennenlernt und meine Entscheidungen individuell unterstützt!
2. **Einfach bequem:** Alles, was mein Leben leichter macht und Zeit-diebe eliminiert.
3. **Einfach zuverlässig:** Alles, was funktioniert wie ein Schweizer Uhrwerk und immer tut, was ich erwarte.
4. **Einfach verständlich:** Alles, wofür ich kein Benutzerhandbuch lesen muss.
5. **Einfach nützlich:** Alle kleinen und großen Helferlein, die mir im Alltag gute Dienste leisten.

Nutzen steigern!

6. **Einfach genial:** Alles Originelle oder Bahnbrechende, was mich begeistert, unterhält und Spaß macht.
7. **Einfach perfekt:** Alles, was bis ins letzte Detail überzeugt und in seiner Disziplin Weltklasse ist.
8. **Einfach vernetzt:** Alle clever kombinierten Dienste mit der unsichtbaren Hand, die alles regelt.
9. **Einfach schön:** Alles, was mein ästhetisches Empfinden anspricht, sich gut anfühlt und die Sinne verwöhnt.
10. **Einfach unwiderstehlich:** Alles, was faszinierend, fesselnd, begehrenswert, verlockend und sexy ist.

Abb. 5.4 Zehn Gebote für eine smarte Customer Experience. (Quelle: Steimel & Steinhaus, 2021, S. 11)

Mittlerweile lässt sich **künstliche Intelligenz (KI)** einsetzen, um den Vertrieb, das Marketing und den Kundenservice intelligenter zu machen (Steimel & Steinhaus, 2021, S. 14):

- **Preisoptimierung:** Eine KI kann für jede Transaktion den optimalen Preis vorschlagen. Zu denken ist beispielsweise an eine Preisreduktion, wenn das Mindesthaltbarkeitsdatum erreicht ist.
- **Customer-Lifetime-Value-Analyse:** Mithilfe Data Analytics und KI kann der Kundenbestand auf Abwanderungsrisiken und/oder Up-Selling-Chancen analysiert werden. Besonders wertvoll sind derartige Analysen in dynamischen Märkten, in denen es zu einer starken Kundenfluktuation kommt.
- **Cross- und Up-Selling:** Insbesondere für Bestandskunden können die KI und Machine Learning neue Angebote ermitteln. Beispielsweise kann ein Hotel seinen Kunden individuelle Sonderangebote unterbreiten.
- **Gebietsoptimierung:** Indem mithilfe von geografischen Kunden- und Produktdaten die Vertriebsgebiete optimiert werden, lassen sich enorme Einsparungen in der Logistik erzielen.
- **Opportunity Scoring:** Die KI kann dazu genutzt werden, Gewinnwahrscheinlichkeiten vorherzusagen. So lassen sich profitable Kunden aktiv identifizieren. Anschließend können diesen Kunden individuelle Angebote unterbreitet werden.

Zukünftig muss das Motto lauten: *„Kundenzentrierung statt Produktfokus!"* Entlang der Customer Journey können die Kundenkontaktpunkte noch wesentlich verbessert werden. Dies erfordert Kenntnisse in der Anwendung von **Customer Journey Mapping** und **Data Analytics**. Durch **Selfservices** wird die Vertriebsfläche verbreitert. Dies beschleunigt die Transaktionen und es werden Ressourcen für Beratung und Service frei. Mit kundenorientierten smarten Services können neue **Wertschöpfungsquellen** erschlossen und neue **Wettbewerbsvorteile** gesichert werden (Steimel & Steinhaus, 2021, S. 22).

5.3 Die Einschätzung von Jörg Stefan (DEFACTO)

Unsicherheit und starke Umwälzungen prägten das Jahr 2020. Hinzu kommen sich beschleunigende Trends. Stefan (2021, S. 1) wirft einen Blick auf die kommenden 12 Monate und sieht die folgenden **sieben Trends** im Kundenmanagement (KM):

- **Customer Experience ist ein zentraler Differenzierungsfaktor:** Das konkrete Erleben der Kunden vor, während und nach dem Einkauf bzw. dem Kontakt mit einer Marke oder einem Unternehmen – die Customer Experience – wird zum zentralen Erfolgsfaktor des Kundenmanagements. Dies schafft Differenzierungsmöglichkeiten.
- **Es kommt zu einer stärkeren Segmentierung:** Der derzeitige Fokus, insbesondere im (stationären) Handel liegt auf Marketingmaßnahmen, die schnelle Umsätze und einen hohen ROI sicherstellen. Kunden werden zukünftig daher stärker entsprechend ihres Kundenwerts adressiert.
- **Personalisierung und Automatisierung rücken in den Fokus des Kundenmanagements:** Unternehmen haben im letzten Jahr stark in neue Technologien investiert. Dies schafft neue Möglichkeiten für die Automatisierung von Prozessen sowie die Personalisierung von Angeboten.
- **Omnichannel und neue Services:** Kunden haben neue, digitale Vertriebskonzepte kennengelernt. Mittlerweile gehören *„click&collect"*, *„Home delivery"* und *„preorder per mobiler App"* zum Alltag der Konsumenten. Dies fordert insbesondere den traditionellen stationären Handel heraus. Er muss mit diesen Entwicklungen Schritt halten, um seine Kunden zufriedenzustellen und an sich zu binden.
- **Digitalisierung bleibt höchst relevant:** Die digitalen Kanäle sind unaufhaltsam weiter auf dem Vormarsch. Dies gilt ganz besonders für die sozialen Netzwerke. Daran haben sich die Kunden ebenfalls gewöhnt. Sie nutzen ganz

selbstverständlich die unterhaltende und visuelle Kommunikation. Unternehmen sind dadurch stark gefordert. Sie müssen relevanten Content zur Verfügung stellen, um die Aufmerksamkeit ihrer Kunden zu wecken.

- **Es kommt zu einer Renaissance der Loyalisierung:** Zunächst wird nach der Pandemie eine Art Sonderkonjunktur erwartet. Mithilfe gut gepflegter Kundenbeziehungen, z. B. durch mehrwertorientierte und kundenzentrierte Loyality-Programme lässt sich die Kundenfrequenz in die richtigen Kanäle lenken.
- **Daten und Datenmanagement bleiben wichtig:** Kundendaten werden auch als DANN des Kundenmanagements bezeichnet. Erfolgreich ist, wem es gelingt, diese Daten zielführend zu erheben, zu strukturieren und den verschiedenen Unternehmensbereichen (vor allem dem Vertrieb, dem Marketing und dem Kundenservice) zur Verfügung zu stellen. Wichtig ist, dass die Daten die Unternehmensprozesse unterstützen.

5.4 Zusammenfassung und Aufgaben

Zusammenfassung
- CRM ist keine Technologie, sondern ein ganzheitlicher Managementansatz.
- Bei Themen wie Kundenzufriedenheit, Kundenbindung oder Kundenbedarfen fehlen drei von vier Unternehmen die notwendigen Daten in ihren CRM-Systemen.
- Für den nachhaltigen Erfolg eines Kundenmanagements mit CRM-Unterstützung sind vier zentrale Erfolgsfaktoren verantwortlich: Management Commitment, saubere Grundlagenarbeit, der Change-Prozess und die externe Unterstützung.
- Künstliche Intelligenz lässt sich für die Preisoptimierung, die Customer-Lifetime-Value-Analyse, das Cross- und UpSelling, die Gebietsoptimierung und das Opportunity Scoring einsetzen.

5.4.1 Wiederholungsfragen

- Laden Sie sich die CRM-Studie 2020 herunter und lesen Sie sich diese in Ruhe durch.
- *Zu welchen Erkenntnissen gelangt das Trendbook Smarter Customer Experience?* Erarbeiten Sie eine PowerPoint-Präsentation zu den wichtigsten Erkenntnissen.
- Recherchieren Sie im Internet zu Studien zum Themenkomplex *„Künstliche Intelligenz und Kundenmanagement."*

5.4.2 Aufgaben

A1: Diskutieren Sie bitte die zentralen **Erfolgsfaktoren** eines Kundenmanagements mit CRM-Unterstützung!

A2: Welche **Digitalisierungstrends** werden von Steimel und Steinhaus identifiziert?

5.4.3 Lösungen

L1: Die zentralen **Erfolgsfaktoren** eines Kundenmanagements mit CRM-Unterstützung lauten:

- **Management Commitment:** Das Top-Management muss das CRM-projekt unterstützen und aktiv in die Gestaltung involviert sein. Dies sichert bei der Einführung und dem Betrieb die Akzeptanz des CRM-Systems im gesamten Unternehmen.
- **Saubere Grundlagenarbeit:** Wird versucht, Unternehmensprozesse einfach 1-zu-1 in das CRM-System zu übertragen, ist dieses Vorgehen zwangsläufig zum Scheitern verurteilt. Es wird dagegen empfohlen, vor der Implementierung alle kundenbezogenen Prozesse zu hinterfragen, kontinuierlich zu optimieren und auf ihre Digitalisierbarkeit kritisch zu prüfen.
- **Change-Prozess:** Durch ein gezieltes Changemanagement sollte bei allen Nutzern ein notwendiges Verständnis und die erforderliche Akzeptanz für ein systemgestütztes Kundenmanagement geschaffen werden. Denn

CRM ist viel mehr als lediglich eine Software-lösung.

- **Unterstützung:** Unternehmen können nur in den seltensten Fällen ein CRM-Projekt ohne externe Hilfe umsetzen. Das Tagesgeschäft ist zu umfangreich, in den einzelnen Abteilungen herrscht immer noch ein Silodenken und der Prophet zählt im eigenen Land bekannterma-ßen immer noch nur sehr wenig

L2: Die folgenden **Digitalisierungstrends** wer-den von Steimel und Steinhaus identifiziert:

- **Konsumenten sind im Lockdown fremdge-gangen:** Die Kunden haben neue Marken aus-probiert und neue Vertriebsformen (wie z. B. click&collect) kennengelernt und übernommen!
- **Unternehmen haben massiv in die Digitali-sierung investiert:** Die digitalen Vertriebs-kontakte haben sich im Business-to-Business-Vertrieb auf bis zu 80 % erhöht und jede fünfte Einkaufsentscheidung wird bereits auf Online-Plattformen getroffen!

- **Smarte Produkte und Service erfordern Netzwerke:** Unternehmen können die smarte Revolution nicht im Alleingang bestehen. Für die Erschließung neuer Geschäftschancen sind digitale Ökosysteme und Online-Platt-formen immanent wichtig!

Literatur

MUUUH! Consulting. (2020). *CRM-Studie 2020. Der Richtungsweiser für erfolgreiches Kundenbeziehungs-management.* https://www.muuuh.de/sites/default/fi-les/2020-02/muuuh_consulting_crm_studie_2020.pdf. Zugegriffenam 02.10.2021.
Stefan, J. (2021). *Trends im Kundenmanagement 2021.* https://www.defacto.de/trends-im-kundenmanage-ment-2021/. Zugegriffen am 02.10.2021.
Steimel, B., & Steinhaus, I. (2021). *Trendbook Smarter Customer Experience. Mit Digitalisierung zum Kunden-zentrierten Unternehmen.* https://www.t-systems-mms.com/expertise/downloads/trendbook-smarte-customer-experience.html?wt_mc=psa_1:21:0015&gclid=EAIaI-QobChMIyeH1zfar8wIVSp_VCh1vtQ02EAAYA-SAAEgIea_D_BwE. Zugegriffen am 02.10.2021.

Printed in the United States
by Baker & Taylor Publisher Services